中国社会科学院创新工

U0577504

能源和美国社会
——谬误背后的真相

Energy and
American Society –
Thirteen Myths

Benjamin K. Sovacool
Marilyn A. Brown
Editors

Springer

【美】 本杰明·索尔库 主编
玛丽莲·布 朗

锁 箭 毛剑梅 姚京春 曹绍纯 译

经济管理出版社
ECONOMY & MANAGEMENT PUBLISHING HOUSE

《能源经济经典译丛》专家委员会

　　能源已经成为现代文明社会的血液。随着人类社会进入工业文明，能源的开发利用成为经济活动的重要组成部分，与能源相关的生产、贸易、消费和税收等问题开始成为学者和政策制定者关注的重点。得益于经济学的系统发展和繁荣，对这些问题的认识和分析有了强大的工具。如果从英国经济学家威廉·杰文斯1865 年发表的《煤的问题》算起，人们从经济学视角分析能源问题的历史迄今已经有一个多世纪了。

　　从经济学视角分析能源问题并不等同于能源经济学的产生。实际上，直到20 世纪 70 年代，能源经济学才作为一个独立的分支发展起来。从当时的历史背景来看，70 年代的石油危机催生了能源经济学，因为石油危机凸显了能源对于国民经济发展的重要性，从而给研究者和政策制定者以启示——对能源经济问题进行系统研究是十分必要的，而且是紧迫的。一些关心能源问题的专家、学者先后对能源经济问题进行了深入、广泛的研究，并发表了众多有关能源的论文、专著，时至今日，能源经济学已经成为重要的经济学分支。

　　同其他经济学分支一样，能源经济学以经济学的经典理论为基础，但它的发展却呈现两大特征：一是研究内容和研究领域始终与现实问题紧密结合在一起。经济发展的客观需要促进能源经济学的发展，而能源经济学的逐步成熟又给经济发展以理论指导和概括。例如，20 世纪 70 年代的能源经济研究聚焦于如何解决石油供给短缺和能源安全问题；到 90 年代，经济自由化和能源市场改革的浪潮席卷全球，关于改进能源市场效率的研究极大地丰富了能源经济学的研究内容和方法，使能源经济学的研究逐步由实证性研究转向规范的理论范式研究；进入

21世纪，气候变化和生态环境退化促使能源经济学对能源利用效率以及能源环境问题开展深入的研究。

需要注意的是，尽管能源经济学将经济理论运用到能源问题研究中，但这不是决定能源经济学成为一门独立经济学分支的理由。能源经济学逐步被认可为一个独立的经济学分支，主要在于其研究对象具有特殊的技术特性，其特有的技术发展规律使其显著区别于其他经济学。例如，电力工业是能源经济学分析的基本对象之一。要分析电力工业的基本经济问题，就需要先了解这些技术经济特征，理解产业运行的流程和方式。比如，若不知道基本的电路定律，恐怕就很难理解电网在现代电力系统中的作用，从而也很难为电网的运行、调度、投资确定合理的模式。再如，热力学第一定律和第二定律决定了能源利用与能源替代的能量与效率损失，而一般商品之间的替代并不存在类似能量损失。能源开发利用特有的技术经济特性是使能源经济学成为独立分支的重要标志。

能源经济学作为一门新兴的学科，目前对其进行的研究还不成熟，但其发展已呈现另一个特征，即与其他学科融合发展，这种融合主要源于能源在经济领域以外的影响和作用。例如，能源与环境、能源与国际政治等。目前，许多能源经济学教科书已把能源环境、能源安全作为重要的研究内容。与其他经济学分支相比，能源经济学的研究内容在一定程度上已超出了传统经济学的研究范畴，它所涉及的问题具有典型的跨学科特征。正因为如此，能源经济学的方法论既有其独立的经济方法，也有其他相关学科的方法学。

能源经济学研究内容的丰富与复杂，难以用一本著作对其包括的所有议题进行深入的论述。从微观到宏观，从理论到政策，从经济到政治，从技术到环境，从国内到国外，从现在到未来，其所关注的视角可谓千差万别，但却有着密切的内在联系，从这套经济管理出版社出版的《能源经济经典译丛》就可见一斑。

这套丛书是从国外优秀能源经济著作中筛选的一小部分，但从这套译著的书名就可看出其涉猎的内容之广。丛书的作者们从不同的角度探索能源及其相关问题，反映出能源经济学的专业性、融合性。本套丛书主要包括：

《能源经济学：概念、观点、市场与治理》（Energy Economics: Concepts, Issues, Markets and Governance）和《可再生能源：技术、经济和环境》（Renewable Energy: Technology, Economic and Environment）既可以看做汇聚众多成熟研究成果的出色教材，也可以看做本身就是系统的研究成果，因为书中融合了作者的许多真知灼见。《能源效率：实时能源基础设施的投资与风险管理》（Energy Efficiency: Real Time Energy Infrastructure Investment and Risk Management）、《能源安全：全球和区域性问题、理论展望及关键能源基础设施》（Energy Security: International and Local Issues, Theoretical Perspectives, and Critical Energy Infrastructures）和《能源与环境》（Energy and Environment）均是深入探索经典能源问题的优秀著作。《可再生能源与消费型社会的冲突》（Renewable Energy Cannot Sustain a Consumer Society）与《可再生能源政策与政治：决策指南》（Renewable Energy Policy and Politics：A Handbook for Decision-making）则重点关注可再生能源的政策问题，恰恰顺应了世界范围内可再生能源发展的趋势。《可持续能源消费与社会：个人改变、技术进步还是社会变革？》（Sustainable Energy Consumption and Society：Personal，Technological，or Social Change？）、《能源载体时代的能源系统：后化石燃料时代如何定义、分析和设计能源系统》（Energy Systems in the Era of Energy Vectors：A Key to Define，Analyze and Design Energy Systems Beyond Fossil Fuels）、《能源和国家财富：了解生物物理经济》（Energy and the Wealthof Nations：Understanding the Biophysical Economy）则从更深层次关注了与人类社会深刻相关的能源发展与管理问题。《能源和美国社会：谬误背后的真相》（Energy and American Society：Thirteen Myths）、《欧盟能源政策：以德国生态税改革为例》（Energy Policies in the European Union：Germany's Ecological Tax Reform）、《东非能源资源：机遇与挑战》（Energy Resources in East Africa：Opportunities and Challenges）和《巴西能源：可再生能源主导的能源系统》（Energy in Brazil：Towards a Renewable Energy Dominated Systems）则关注了区域的能源问题。

对中国而言，伴随着经济的快速增长，与能源相关的各种问题开始集中地出现，迫切需要能源经济学对存在的问题进行理论上的解释和分析，提出合乎能源发展规律的政策措施。国内的一些学者对于能源经济学的研究同样也进行了有益的努力和探索。但正如前面所言，能源经济学是一门新兴的学科，中国在能源经济方面的研究起步更晚。他山之石，可以攻玉，我们希望借此套译丛，一方面为中国能源产业的改革和发展提供直接借鉴和比较；另一方面启迪国内研究者的智慧，从而为国内能源经济研究的繁荣做出贡献。相信国内的各类人员，包括能源产业的从业人员、大专院校的师生、科研机构的研究人员和政府部门的决策人员都能在这套译丛中得到启发。

翻译并非易事，且是苦差，从某种意义上讲，翻译人员翻译一本国外著作产生的社会收益要远远大于其个人收益。从事翻译的人，往往需要一些社会责任感。在此，我要对本套丛书的译者致以敬意。当然，更要感谢和钦佩经济管理出版社解淑青博士的精心创意和对国内能源图书出版状况的准确把握。正是所有人的不懈努力，才让这套丛书较快地与读者见面。若读者能从中有所收获，中国的能源和经济发展能从中获益，我想本套丛书译者和出版社都会备受鼓舞。我作为一名多年从事能源经济研究的科研人员，为我们能有更多的学术著作出版而感到欣慰。能源经济的前沿问题层出不穷，研究领域不断拓展，国内外有关能源经济学的专著会不断增加，我们会持续跟踪国内外能源研究领域的最新动态，将国外最前沿、最优秀的成果不断地引入国内，促进国内能源经济学的发展和繁荣。

丛书总编　**史丹**

2014 年 1 月 7 日

致谢

Acknowledgments

没有橡树岭国家实验室（ORNL）的支持，本书就无法完成。我们特别要感谢工程科学技术部门主管 Ted Fox 先生对本书理念和创作的支持。我们最终作品的品质是对 24 位背景各异——从大学、智囊团、企业到政府——的作者才能的检验，背景的差异必将是关于能源技术和政策的广泛角度的生动对话。

本书的文字编辑 Charlotte Franchuk 在本书全部 15 章的布局和协调手稿准备方面的工作也特别值得称赞。Laura Wagner（关键词提炼）、Dave Cottrell（刻印设计）、Nancy Markham（表格）、Rita Thearp（数据库）和 Susan Johnson（校对）给予了其他有价值的协助。本书所表达的任何观点、发现和结论或评论皆为作者所有，不代表橡树岭国家实验室（合同号 DE-AD05-00OR22725）的观点。

Benjamin K. Sovacool 博士是位于田纳西州橡树岭的橡树岭国家实验室的一名博士后，研究科学政策方向，师从于尤金·P.维格纳教授。过去，Sovacool 博士是能源重组联合会的一名研究分析员，他在那里利用自然科学基金会的电网效率和安全项目的拨款，调查可再生能源系统社会性的和法规性的阻碍。他曾经也是位于弗吉尼亚布莱克斯堡的弗吉尼亚煤炭和能源研究中心的一名研究员，为弗吉尼亚州评估可再生能源的潜能。

Marilyn A. Brown 博士是佐治亚理工大学公共政策学院能源政策系主任，也是橡树岭国家实验室一位杰出的访问科学家。Brown 博士是在新能源和环保技术的商业化、政府规划与政策改进等方面具有国际知名度的专家。她发表过 150 多篇文章，并且在美国众议院和参议院的相关委员会成立之前就是听证会的一位专家证人。她还是国家能源政策委员会与国家科学院能源和环境系统委员会的成员，同时也是一名注册能源管理师。

Rosalyn McKeown-Ice 博士是田纳西大学地理和环境教育中心的主任。McKeown 博士侧重于研究教育在一个更可持续发展的未来中和评估大学本科生的环境知识方面的作用。作为其评估工作的一部分，McKeown 博士开发并验证了教学环境问题和环境教育的社会—政治—文化基础的框架体系。她也是可持续发展知识普及教育网站的创始人，以及田纳西环境教育协会的前任主席。

Lee R. Lynd 博士是一名工程学教授，也是达特茅斯学院的生物科学兼职教授和南非斯坦陵布什大学的著名微生物教授。因在促进技术发展和保护自然与人类环境之间的平衡中所做的工作，他曾获得过一次美国国家科学基金会美国总统奖和两次查尔斯·林德伯格奖。他的主要专业活动包括成为减少私家车温室气体排放总统顾问委员会成员，并在一项名为"生物质能在美国能源未来中的作用"的项目中担任项目的共同领导人。Lynd 博士撰写过 60 多篇同行评审的手稿，发明了 5 项专利。

Mark Laser 博士是达特茅斯学院赛尔工程学院的一名研究助理，教授工艺设计和化学工程基础。他最近与人合写了一篇关于生物质提炼，题为"战略生物精炼分析"的研究报告，也有生物质预处理研究方面以及生物乙醇工艺设计和经济分析方面的经验。

John McBride、Kara Podkaminer 和 John Hannon 都是达特茅斯学院赛尔工程学院的研究生。

Joseph Romm 博士是温室气体减排、清洁能源技术和改良型汽车方面的权威专家。同时，他也是《困难重重：全球暖化——解决方案和政策》（莫罗出版社，2007）和《氢能的炒作：拯救气候的竞赛中的事实与虚构》（岛屿出版社，2005）的作者。1997 年，Romm 是美国能源部能源效率和可再生能源 10 亿美元办公室的代理助理主任。他目前是能源和气候解决方案中心的执行理事以及 E 资本集团的主要合伙人。

Jerry Taylor 博士是卡托研究所的高级研究员。他是美国被引用最多的能源专家之一，也是关于节能、可再生能源、能源稀缺性、能源研发、电力监管、能源价格管制、能源部和战略石油储备等方面的研究报告的作者和合著者。他曾多次在国会能源相关事项上作证，热衷于讲座并活跃在媒体上。

Peter Van Doren 是《监管》杂志的编辑。他是《政治、市场和国会政策选择》（密歇根大学出版社，1991）的作者，该书考察了政府能源干预的历史。同时，他还是关于可再生能源、电力监管、能源价格控制和战略石油储备的能源研究报告的作者和合著者。

Richard F. Hirsh 博士是位于布莱克斯堡的弗吉尼亚理工大学的一名历史学和科技学教授。Hirsh 博士出版了两本关于美国电力行业系统近代史的书——《美国电力行业的变迁和技术》（剑桥和纽约：剑桥大学出版社，1989）和《功率损耗：美国电力行业系统的管制解除和重组的渊源》（马萨诸塞剑桥：麻省理工大学出版社，1999）。他目前还是能源重组协会（一个由研究分布式发电技术的教学人员和学生构成的跨学科团体）的主席。

Rodney Sobin 博士致力于各种关于商业辅助、污染预防、技术创新和商业化，以及环保和能源技术方面的议题的工作。他目前供职于弗吉尼亚州环境质量部门。他之前的工作是为国防部和其他客户进行关于技术转换和环保技术的阐释和分析。他为国会技术评估局和世界资源研究所进行了关于创新及商业化，技术和环境，环境、贸易和国外援助，以及相关议题的政策分析，并撰写相关方面的报告。

Thomas R. Casten 先生在 1977~2000 年期间，是一家纽交所上市公司——Trigen 能源公司的创始主席和首席执行官，现在是一家合资初级能源有限责任公司——总部在伊利诺伊州奥克布鲁克的多伦多股票交易所附属机构——初级能源回收公司的创始主席和首席执行官，在开发分散式能源回收项目上已经有 30 年的经验。Casten 先生曾是国际地区能源协会的主席，并先后被美国热电联产协会评为"热电联产业冠军"。Tom 的著作《关闭热能》（普罗米修斯出版社，1998）解释了世界如何可以节约资金和减少污染。他的文章发表在各种能源杂志上，并且在美国参议院和众议院能源会召开之前，他就在一些场合做了证实，同时曾在印度、中国和巴西做过能源行业监管的官方顾问。

Robert U. Ayres 博士在哈德逊研究所、未来资源研究所和卡耐基梅隆大学工作之前（他在那里是一名工程和公共政策教授），曾被训练成为一名理论物理学家。他还曾供职于奥地利拉克森堡的国际应用系统分析研究所（1986~2000）。他曾撰写或与人合著了 200 多篇同行评审期刊文章、一些书的部分章节和 16 本书，另外编撰或与人合编了 12 本从理论物理学和热动力学到技术变化、能源、生态经济和产业代谢方面的书籍。

Amory B. Lovins 先生是落基山研究所的负责人。Lovins 先生获得了九个荣誉博士学位，还获得了麦克阿瑟奖、亨氏奖、林德伯格奖、正确生活奖、世界技术奖、时代杂志地球英雄奖、哈波尔特金奖、日产尼桑奖、新乡奖、米切尔奖、奥纳西斯奖。他的工作侧重于碳氢化合物、汽车、房地产、电力、水能、半导体和一些其他能提高资源生产率的行业。他撰写和与人合著了 29 本书和数百篇文章，并在世界范围内为许多工业企业和政府部门提供咨询。《新闻周刊》称赞他为"西方世界最具影响力的能源思想家之一"。《汽车》杂志则将其列为全球汽车行业最有权力的人第 22 位。

Edward Vine 博士是劳伦斯伯克利国家实验室的材料科学家与加利福尼亚能源和环境研究所的环保项目的负责人。他在评估地方、州、区域、国家和国际层面的能源效率计划和政策方面有超过 27 年的经验。他发表了许多关于能源项目、技术和政策的论文。Vine 博士是国际能源计划评估会议、美国评估协会和美国能源服务专业联合会的规划委员会和董事会成员。

Marty Kushler 博士是美国能源效率经济委员会的电力行业项目主任。在美国能源效率经济委员会，他主持了若干广为人知的对电力行业能源效率政策和计划的研究。在加入美国能源效率经济委员会之前，Kushler 博士做了近 10 年密歇根公共服务委员会的评估主管。他从事能源效率和电力行业的直接研究与评估已经

20 多年了，其成果在多处发表，同时他还为联邦和很多州政府提供咨询。

Dan York 博士是美国能源效率经济委员会电力和公共利益项目的高级助理研究员。在此期间，York 博士研究和分析了电力行业的能源效率政策和计划问题。代表性的项目有能源效率计划最佳实践研究、公共利益计划回顾和能源效率计划趋势追踪。在此之前，York 博士在威斯康星能源中心做了 5 年高级项目主管。在其刚毕业时，York 就获得了研究挪威重组电力行业的能源规划和政策问题的富布莱特奖学金。

Daniel Kammen 博士是加州大学伯克利分校的能源与资源集约管理学教授，也是高曼公共政策学院的公共政策教授和核子工程系的核子工程教授。此外，他还是适当可再生能源实验室的创始主任。在到伯克利任教之前，Kammen 博士是普林斯顿大学伍德罗·威尔逊公共和国际关系学院的一名助理教授，也是科学、技术和环保政策项目的主任。他发表过 90 多篇期刊文章，并出版了一本名为《我们应该冒这个险吗》（普林斯顿大学出版社，1999）的专著。

Greg Nemet 先生是加州大学伯克利分校能源与资源集约管理学的博士研究生。他的论文旨在帮助理解能源行业的创新进程，揭示技术政策模式。他是伯克利气候变迁政策研讨会（一个包含学生、教师和校园研究者的双周论坛）的联合领导人。来伯克利之前，他是未来研究院的一名研究主管。

Eileen Claussen 女士是全球气候变迁和全球环保战略皮尤中心的主管。Claussen 女士是美国负责海洋、国际环境和科学事务的前助理国务卿。在其职责范围内，她代表美国负责制定和执行关于主要国际问题的政策，包括气候变迁、臭氧消耗、化学药品、自然资源问题（包括深林、生物多样性、海洋、渔业和野生生物保护），以及国际多边发展银行和联合国的可持续发展工作。在进入美国国务院之前，Claussen 女士做了 3 年总统特别助理和国家安全委员会全球环境事务高级主管。

Janet Peace 博士是全球气候变迁皮尤中心经济项目的高级研究员。在皮尤中心，她是内部经济学家并协调中心对气候变迁政策的经济模型的研究。在进入皮尤中心之前，Peace 博士是加拿大的一个非营利组织（气候变迁中心）研究补偿交易的发展和产业关系的主任。在那里，她研究《京都议定书》的执行问题，包括成本效益的评估，以及对产业和各级政府来说具有政治可行性的替代政策。为了处理这些利益相关者问题，她曾是国家补偿量化工作组（一个跨政府/行业的组织，目前正开发被提议用于加拿大补偿体系的标准化的补偿量化协议）的创始主席。

Tom Wilbanks 博士是美国橡树岭国家实验室的企业研究员，并负责实验室的全球变化和发展中国家项目。他主持和发表了关于诸如可持续发展、能源和环保技术与政策、全球气候变迁的肇因，以及地理范围在所有这些问题中的作用等广泛的问题研究。他在许多全国性和国际性的能源和气候变迁评估方面发挥了作用，包括作为政府间气候变化专门委员会第四次评估报告中关于气候变化脆弱性、影响和适应前景的"产业、社区和社会"一章的主要作者。Wilbanks 也是美国国家研究委员会全球气候变化人文因素委员会的主席。

目录

Contents

第❶章 简 介
—— 能源和美国社会引人注目的纠葛

1.1 引 言

在美国似乎经受住了 1973 年欧佩克石油禁运引起的能源危机之后不久，参议员 Gaylord Nelson（1979，p.2）在一场关于能源政策的听证会一开始时就发表评论说，能源本身不是目的而是手段。"因此我们必须继续追问，"他接着道，"什么目的？当我们做出关于能源决策的选择时，我们试图演进到何种类型的社会？"这些评论是本书强调的中心议题，即能源和美国社会的无缝结合。

参议员 Nelson 的问题今天听起来甚至更具刺激性，因为美国为获得更广泛的服务所消耗的能源比 1979 年多得多。毕竟，当今社会没有什么能比能源更普遍地存在，能源为我们的汽车提供动力，为我们的工作场所照明，生产食物，使产品的生产和分配得以进行，为我们的家制热和制冷。根据诺贝尔经济学奖获得者 E.F. Schumacher 的说法，能源"不只是另外一种商品，而且是所需商品的先决条件，是一种等同于空气、水和土壤的基本要素"（Kirk，1977，pp.1-2）。因此，能源是被身处美国文化中的每一个人直接或间接使用的东西。

作为无所不在的一个例子，请考虑被消费得最广泛的一种能源形式——电力。2002 年美国电力产业获得了超过 7000 亿美元的嵌入式投资，使其成为美国经济中获得投资最多的行业（即美国资本总支出的 10%）。同年电力年销售额大约为 3000 亿美元，接近国内生产总值的 4%（GDP）。为产生这个收入，电力行业几乎消耗了全国 40% 的能源，以及接近 5% 的国民生产总值（Lovins et al.，2002，pp.69-71；Masters，2004，p.107）。

这种复杂的机制使电力行业受到 53 个联邦、州、城市公共委员会以及

44000 多条州政府和地方规定的监管。在 2003 财年，242 个上市电力公司经营着全国电力产能的 75%，此外还有 3187 个私人电力公司，900 个合作电力公司，2012 个公用事业公司，400 家电力销售公司，2168 个非电力发电单位，以及 9 家联邦电力公司。这些组织通过 500000 英里的高压输电线和前所未有的数量的配电线配送它们的电力（Palast et al., 2003）。

处理这些复杂的问题时，关于能源和美国社会的大量研究常常集中于评估单项技术或预测能源的未来。

对于第一种方法——技术评估，大部分近期关于美国能源的政治简报和书籍，都是从技术上和学科上的狭窄边界的角度看待这个问题的。爱迪生电气协会（EEI）和电力研究所（EPRI）常常仅集中于对电力供需的经济学分析上，而像皮尤全球气候变化中心和自然资源保护委员会这类组织的报告，则强调能源消耗的环境维度。美国国家科学院和忧思科学家联盟对能源部门面临的安全和基础设施挑战已做出富有见地的分析，而像美国节能联盟和美国能效经济委员会仍然主要关注节能和能源效率。那些分析能源供给的特定研究，时常将它们的分析局限在一个有限的技术范畴内，很少探讨这些技术如何作为一个整体在社会中运行。

这种"火炉管"式的方法传递到了国际能源研发的设计和发展中——存在于政府、学界、行业的所有层级中。联合系统和跨越技术、学科、经济部门界限的整合概念难以达成。开发完全创新的概念是一个跨学科的、要求新型的伙伴和联盟关系，以及对技术和市场的广泛理解的复杂工作。与此同时，将概念结合成更具效率的功能系统，对能源的未来有重大而积极的含义。

例如，在近期关于美国气候变化的研发组合的一篇综述中，缺乏对集成技术的关注被视为一个严重的缺陷（Brown et al., 2006）。对几种受到有限关注合并的技术组合说明如下：

● 插电式混合电动车（HEVs）：如果主要用诸如核电和可再生资源电力这样的低碳电力充电的话，插电式电动车充电和放电与电网的结合，以及对电力公司调峰的支持，可以大幅减少电力消费和温室气体排放。

● 系统工程式的城市规划和设计：土地使用可以通过规划来减少人们的行程，并促进对能源、水和其他资源有一般性需求的活动的同地化，其结果是大幅减少对交通运输燃料的需求；通过能源和碳汇的同地化，可以进一步减少温室气体排放。

● 整合式废弃物管理的系统方法：用在废弃物管理上的能源和源自填埋沼气的甲烷的利用可以通过系统化方式被优化。系统化方法包含为产品贴上标签并进行分类，以促进废弃物、物品的重复利用和循环使用，还有将转化成电力和燃料的分布式废弃物处理（如家中、企业中和工厂中）中回收的能源最大化。

● 水—能源关系：在当今社会，水和能源无可避免地被绑在一起，并且其中任何一个的未来技术都将可能影响另外一个。最终，社会需要更有效地利用能源来支持水的配送和治理，并更有效地利用水来支持能源供给。这种交叉关联很大程度上在未经测试的情况下已经开始了。

因此，评估能源系统和社会的交叉部分的新型的、创造性的方法普遍被需要，几乎就像它们不可能出现在当下对美国能源政策的讨论中一样迫切。

第二种被分析家广泛采用的关于能源和社会的分析方法是进行技术预测。美国能源信息署（EIA）、美国环保局（EPA）和国际能源署的报告一般都集中在评估发电产能、预估燃料成本以及预测某种能源技术的环境影响上。例如，这类研究报告中的佼佼者，美国能源信息署的《年度能源展望》（美国能源信息署，2005b），预测了当前和未来能源技术的技术潜力，但是没有预测预期的政策变化，亦没有提出政策建议。就像落基山研究所的主任 Amory Lovins（2005）最近对参议员们说的那样，"《年度能源展望》的预测不是最终结果，它不是人们必须服从的命令，它完全没有阐释出国家能源选择的真正范围。" R. Neal Elliott（2005，p.84）补充道："美国能源信息署需要提高其建模能力，以反映美国电力部门面对的全部市场现实。"换句话说，能源预测常常建立在对该行业现有结构的假设之上，因此要将思维限制在一个极为狭窄的替代选择范围里。

例如，这种预测工具一般关注于平均数，而不去探索构成这些数字的潜在成分，因而忽视了隐藏在编制统计数据过程中的子市场的大幅变化和广泛趋势。历史学家 Theodore Porter（1995）提出，这种量化有很多缺陷，包括（但不限于）样本的选择、样本的保存、试剂的控制、测量方法、样品的监管、记录数据的方法、人员培训、偏差控制和分类形式。社会学家 Nikolas Rose（1991）补充道，政治考量隐含在对测量什么、如何测量、测量的频率如何以及怎样解释结果的选择之中。例如，在描述能源资源时，美国能源信息署使用诸如煤炭、石油、天然气和可再生能源这样的燃料分类。这种分类对能源效率的忽略强化了这样的看法，即节省 1 兆瓦电力（也就是"1 负瓦"）不如发出 1 兆瓦电力有价值。量化方式最终并不比其他人类活动的随意性和主观性更小。然而，作为一种文化，我们选择给予"数字"（以及由它们构成的研究报告）巨大的权力。

此外，这样的预测者常常无法用"统计推演"来分析他们基于历史模式和趋势的模型的有效性。劳伦斯伯克利国家实验室近期的一份研究报告中指出：

对预测者最具打击性的事情之一是他们缺乏历史的观念。他们很少做回顾，即使回顾过去的工作既能解释其成功或失败的原因，又可以改进当前和未来的预测方法（Koomey et al.，2003，p.2）。

排除历史的观念常常使能源预测极为不可靠。历史学家 Vaclav Smil（2004，

p.121) 称，"100 多年以来，对能源事务的长期预测——不管是关于特定的发明和新的转化技术之后的商业扩散，或者是试图描绘的广泛的行业的、国家的或全球的趋势——除了一些验证了这一规则的众多周知的例外，是一系列的失败记录。"能源预测固有的这些问题有助于解释为什么在 1945~1960 年有超过 544 个对于美国石油生产峰值的错误预测，但是只有一个预测——M.King Hubbert 在 1954 年做的预测——在 1971 年前后被证明是正确的（Yergin，1991；Adelman，1995；Deffeyes，2001）。

公平地说，预测构成了一种臭名昭著的令人不安的尝试。即便是在气象学领域，详细的预测也是不现实的，除非只是提前几天。当然，政治和社会预测要更加难。在奥利弗·克伦威尔时期，很多受过良好教育的英国人相信，上帝将在 17 世纪 50 年代终结世间的秩序，并因此在《圣经启示录》中寻找关于 17 世纪世界末日的暗示。著名的经济学家 Thomas Malthus 预言，1798 年人口的增长会制造"周期性的困境"，并将"永远持续存在"，除非人类大幅降低其出生率。哲学家 Stephen Toulmin（1992）在其对预测的评价中提到，历史不可知论和短视的思维方式已经困扰了受过良好教育的人数百年。所有这些困难使 Alan Kay（2006，p.ii）——个人计算机的先驱——得出结论"创造未来比预测它更容易"。

尽管如此，这两种方法都会很有用——对单项技术的评估有助于追踪它们在社会中的扩散，预测为预计一个社会的能源选择结果提供了一个动态工具。

实际上，几乎本书的每一章都部分地依赖于某些技术评估和能源预测形式。但是我们认为，分析家也必须认识到任何一种方式都不能单独给出对于能源技术的跨学科和整体分析。这样的分析考虑了文化态度和社会利益怎样与能源的生产和消费模式产生交叉。因此，评估和预测必须通过对社会、经济、政治和文化因素的探索来提供，并将其置于这种背景之中加以考虑。

确实，当代社会的能源问题是如此之多，以至于描述它们真的需要写到每个方面（从小型电厂的管理实务到天然气对性别角色产生微妙影响的方式和女性在家中所承担的工作）。然而，取而代之，我们选择写"传说"。优秀的读者也许会问："为什么?"

1.2　传说在当代能源政策中的重要性

答案在于"传说"不能绝对真实地反映一个给定的事实、说法或观念，但却反映了人们的真实感受。人类学家、历史学家、心理学家和哲学家常把传说定义为"来源于历史的故事，其通过许多代的习俗获得了以产生它的社会文化为中心的象征意义"（Slotkin，1987，p.70）。在它们最好的一面，传说"从来都不是事实本身：它们是想象、情结和观念的产物"（Kuklic，1972，p.436）。那么探索能源和美国社会的虚构程度，应较少地就绝对"真实"进行辩论，而要更多地就态度、价值观和深层假设进行调查研究。

习惯上，对传说的研究旨在区分真相和假象。在其历史的和普遍的用法上，"传说"和"事实"这两个词被用来表示相互矛盾的事物。我们听过的故事可能是真的，也可能是假的，如果是真的，那它就是事实，如果是假的，那它就是传说。很多学者界定什么是传说的常用例子从希腊故事中关于俄狄浦斯和诸神的故事，到关于伐木巨人与可爱的蓝色巨牛和下水道中的短吻鳄的篝火故事。但是，这样的构想构成了传说或幻想和理性或科学之间的二元对立（Bidney，1950；Bidney，1955；Hyman，1955；Munz，1956；Watts，1971；Segal，1980；Campbell，1981；Foster，1984；Doty，1986）。进而，传说的这种二元概念时常被用来区别原始的、未开化的文化和科学的、先进的文化。这种区别在 Rubin Goteskyde 的表述中被很好地概括为："一个社会越是科学，它就越能区分传说和非传说。结果，随着一个社会越来越科学，它所拥有的传说就越来越少。"Jeffrey Schrank 补充道："传说通常产生于人们早在他们能够更清楚地了解之前所做的那类事情时。"

尽管如此，对于本书的意图来说，我们提出了一个稍微不同的解释。社会理论家 Clande Levi-Strauss（1995）认为，人们可以在其能够发现语言和文化的任何地方发现传说的存在。因此，他认为，所有的文化，不管是"原始的"还是"先进的"，都在用传说应付紧张的生活、解释自然事件以及阐释历史。Levi-Strauss 强调，最重要的并非是传说是否存在——不管文化多进步，它们都存在——而是这样的传说反映了社会的什么。那么，对传说的研究就不仅是对民间传说和事实的研究，而是识别大众意识和根深蒂固的思维方式的方法（Kuklick，1972，p.16）。从这个角度出发，历史学家 Read Bain（1947，p.1）宣称："在相当程度上，人类的历史就是传说的历史。"

以这种方式看待传说有很多好处，主要来说，有两个一般意义上的和两个特别意义上的好处。

第一，在一般意义上，传说揭示了我们文化的重要维度。法学教授 Suan H. Williams（1986）评论称，传说可以被看成对文化的深入理解的一种简略表达或浓缩的汇编。即使这些传说是明显错误的，Williams 仍认定，"传说，连同其全部的不一致性和偶然性，都是文化的产物"（p.154）。David Bidney（1955）强调，由于传说与构建特定的社会现实相关，故而它们创造了一个特定人群所希望的真实的符号化表征。Philip Wheelwright（1995，p.473）曾表示："在其被接受时，所有的知识都涉及思维的整合活动——这是形成传说的关键。"

第二，在一般意义上，识别和解释传说的过程使启蒙活动得以进行。就像任何一个故事讲述者都知道的那样，一旦采信了传说，它们就像有了自己的生命一样，开始一再重现，并不加选择地被人们接受。它们所蕴含的巨大的诱惑力使它们能够消解世界不断增加的复杂性，使其变成一种简单、可知和难忘的概念。最后，尽管并不总是基于事实，但这种概念却可以构成现实，有时甚至呈现出像"自然事实"一样的真实性。因而这些传说成为限制思维和行为的因素，并可以变成维持某一特定世界观的有力工具（Bain，1947；Nimmo and Combs，1980；Slotkin，1987）。然后，启蒙过程——解释一个给定的传说背后的渊源和假设——可以成为重申个人自主性的一个重要过程。

第三，在特别意义上，对传说的强调提醒我们能源技术既是技术性的，也是社会性的。相比之下，大部分分析家常常纯粹从技术的角度讨论能源系统的创新和扩散。例如，很多工程师和物理学家提出，要使技术进步以一种理性的、有序的和可预知的方式进行。他们视"科学技术为一条流水线"，起始于基础科学研究，随后是一项特定技术的开发和市场化，最后以消费者购买其产品结束（Wise，1985；Elliott，1988）。相比之下，我们认为能源技术与社会同步演进，所以制造者和使用者的态度对技术变迁过程的影响和硬件一样重要。历史学家Thomas J. Misa（2003，p.3）阐述道："技术与社会和文化有很深的相互作用，但是这种相互作用涉及交互影响、大量的不确定性和历史分歧。"而历史学家David E. Nye（1999，pp.5-6）称：

机器不像流星那样，从天外自由而来，并产生影响。当然，每个机器都是人类生命的延伸：有人制造了它的组件，有人将其推向市场，有人抵制它，很多人使用它，而所有人都在解释它……没有一个技术体系是历史前进不可阻挡的力量；每个技术体系都是因不同的时期和文化而不同的社会进程的一部分。

换句话说，我们认为能源技术和社会是错综复杂而准确无误地连接在一起的，并且技术是成功还是失败的问题既要依赖于技术可行性，同时还有社会接受度。

第四，在特别意义上，对能源传说的调研以不同的方式使我们文化中的隐性因素得以凸显。如果真有其事的话，能源系统在美国社会中已是根深蒂固，以至于很少有人对其进行批判性的或建设性的思考。历史学家James C. Williams（2001）认为，人们知道技术和技术系统是与他们的日常生活产生交互影响的工具，但是一旦技术景观建成之后，人们就会把它们彻底地融入到心里，以至于这些确实存在的景观几乎变成无形。例如，历史学家David E.Nye（1999）称，这种技术的景观就像是自然的一样，因为它们自一个个体的历史意识开始之时就在那里。根据 Nye（pp.6-7）的说法：

一个社会所采纳的技术系统建立了个人关于什么是规范的和可能的事物的预期和假设……每个人的生活都伴随着一系列的诸如一个人能跑多快，一天内能到达多远，以及关于我们能做多少工作，有多少工具可用，某项工作如何融入社区等的自然假设。这些假设共同形成了对某种现存环境的固有看法，即它一直存在是理所当然的。

Nye 指出，一个生于存在汽车和飞机的世界中的孩子，将它们视为理所当然，并学会自然地看待一个一小时可以跨越数百公里的世界。类似地，大部分人似乎都融入了电力系统巨大的技术网络，以至于他们甚至没有意识到这样一个系统的存在。因而，当被调查到关于拓展电力供应的可能方式时，消费者表示，可以简单地通过在家里安装更多的插孔来实现——忽视了增加"插头装置"通常需要电厂的扩张，更多的输电线和输电塔，以及新增加的变压器和变电站。

结果，在当今的社会中，大部分人以为技术只是指最新的高科技项目，如新型的和突然出现的技术和系统。具有更深远历史意义的发明——陶器、纸、电——不再"算作"技术。社会学家 Paul N. Edwards（2003，pp.185-186）评论道：

当代（工业和后工业）世界，技术最突出的特点是大部分技术在大部分时间里对大部分人来说作用都不明显……事实是，成熟的技术——汽车、道路、城市用水供应、下水道、电话、铁轨、天气预报、建筑，甚至是电脑的主要用途——处在一个自然化的背景下，对我们来说就像树、阳光和灰尘一样平常和不起眼。我们的文明以之为基础，但是我们主要在它们失效时才会注意到它们，而它们很少会失效。

因此，探讨有关能源系统的传说，几乎就像调查一系列看似无形的技术的隐蔽性。同时，因为它们符合人们所相信的事实，所以关于能源的传说常常被不加严格检验地悄然接受。结果，揭示与能源供给、需求和消费相关的传说可以成为揭示美国文化和社会中久被隐去的维度的重要工具。专注于这些方面还能有助于指出压力和矛盾点，迫使与能源相关的各方以他们所设想的方式变得更全面和更具反思性，促使其谈论——最重要的是做出与能源相关的决策。

1.3　公众对当代能源行业的认知和其面临的挑战

讽刺并且或许矛盾的是，在社会学家、历史学家和政治科学家中有个不断强化的信念，即由于我们现代社会的知识密集度变得越来越高，人们对于能源的生产、运输、使用以及如何通过公共政策对其进行监管和支持越来越了解。Arthur L. Costa（2006，p.62）指出，我们正进入这样一个时代：

知识不到五年就翻番，并且预计到 2020 年每 73 天就会翻一番……我们的世界已经从工业型社会转向知识型社会。

教育改革——公众越来越感兴趣的当代问题——和电信与信息处理的发展（如更先进的电脑和互联网日益增长的访问量）都被认为正在推动着这种知识型经济的发展。因此，Matt Leighninger（2004，p.38）认为，民主组织者最终能够"培养那种有根有据的、积极的公民精神"，这正是他们所向往的。

按照这样的思路，这些变化确实已经开启了一个更具能源感知力、更具环保意识以及更知性的美国社会。例如，Susan Charnley 和 Bruce Engelbert（p.165）2005 年时断言：

近几十年，公众对由政府部门引导的环境决策的制定的参与度有了大幅提高。这种提高受到两种因素的驱动：需要在影响他们利益的决策形成过程中发挥更大作用的公众，和意识到公众参与其决策制定过程所带来好处的相关部门。

David Morris（2006，A3）评论道："高油价、能源安全问题，以及不断加深的对气候变迁的了解将碳水化合物经济的前景带回到公共事务议程上来。"Michael J. Brandemuehl（2005，p.E4）同意这种说法并阐释道："对能源挑战的认知过程是呈波浪形的，而其中一波似乎在今天到来了。"英国《卫报》进行的一项关于国际绿色产业的调查表明，"对于建立一家社会性企业，似乎从未有过像现在这样好的时候——对于公平交易的公众认知在增长，折磨着我们所有人的环境罪恶感正在等待平复，更多的资金被引向道德投资"（Tickle，2005，p.3）。类似地，一篇题为《2005 年的能源政策》的文章提出，旨在促进谨慎地利用能源，实施高效的监管措施，以及提高这种形式的能源关税比例的长期的民间运动和公众教育，已经使美国人对他们的能源决策的认知度提高了 10%~30%（Jaber et al.，2005，p.1329）。纽约州能源研发局的 Paul DeCotis 甚至更进一步地说，《2005 年能源法案》"成功地将能源推向公众讨论的风口浪尖，再加上更高的能源价格、不稳定的供应，以及像卡特里娜飓风和丽塔飓风那样的灾难性事件，已经大大提高了存在于消费者、政策制定者和政治家头脑中对能源问题的认知"（Sovacool，2006，p.287）。

作为对这些论调的直接挑战，我们认为绝大多数美国公众——也包括一些政策制定者和行业领袖——对美国能源政策的很多方面仍然是不了解的。相应地，理解能源传说和其战略设计，通过纠正它们来更好地反映更复杂的现实，需要具备关于能源怎样生产、如何配送以及如何被使用的全面知识。国家面临的能源挑战和许多不断恶化的能源趋势与模式的严重性，凸显了修正这一传说的紧迫性。

过去 30 年间，美国能源部门发生了巨大的转变。由煤炭行业、天然气行业、石油行业和电力行业组成的联盟，以前被认为是稳定的、安全的，并受到严格监管的。现在这个系统已经摆脱了政府的监管，并且似乎非常容易受到自然灾难、恐怖袭击和包括操纵市场在内的其他干扰的影响。尽管政策制定者在 20 世纪 70 年代的能源危机中学到了传统智慧，但是现代的能源部门仍然面临着 30 年前同样存在的问题。美国能源消耗稳定而快速的增长——在 1970~2004 年间几乎增长了 50%——加剧了这些问题（美国能源信息署，2005a，表 1.5，p.13）。

虽然人们在美国的交通运输效率、环境质量和教育效果的综合指标上做了大量的工作，但是依然没有能够评价美国能源状况的标准的复合指标。为了弥补这个缺陷，我们开发了包含 12 项指标的美国能源系统"能源可持续发展指标"

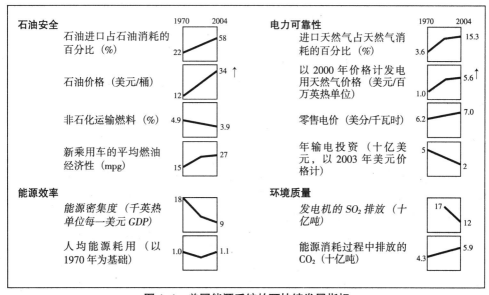

图 1–1 美国能源系统的可持续发展指标

注：除了其他标明的财务指标之外，都以 2004 年美元价格计，斜体显示的三个（译者注：图中只有两个斜体与文本吻合）指标呈现出有利趋势，所有其他指标都显示情况正在恶化。

（ESI）（见图 1-1）。这些指标包含四个方面：石油安全、电力可靠性、能源效率和环境质量。对比 1970 年和 2004 年的这 12 项指标，其中有 9 项指标趋向不利的方向，2 项指标趋向有利的方向，还有 1 项指标基本保持不变。假设各个指标的重要性相同，简化的"能源可持续发展指标"包含了 1970 年与 2004 年对比的 7 个结果。

能源安全方面的四个指标反映了不断恶化的或至多是停滞的安全状况。美国石油消耗的迅速增长——连同萎缩的国内石油生产——导致对进口石油的依赖度不断提高。进口石油占美国石油消耗总量从 1970 年的 22% 上升到现在的 58%（美国能源信息署，2005a，表 5.7）。最近世界石油市场的趋势，包括中国和印度作为全球主要需求国的出现，中东地区持续的不稳定以及由墨西哥沿岸飓风引起的炼油厂停产，已经使石油价格达到了近年来的最高点，从 1990 年历史平均水平的 12 美元/桶，上升到 2004 年的 34 美元/桶，并且在 2005 年和 2006 年的大部分时间突破了 70 美元/桶（美国能源信息署，2005a，p.167）。燃料的多样化是积极应对石油依赖性和价格波动性的一个重要的长期战略，但是目前还未取得进展：2004 年非石油燃料实际上在美国交通运输业的能源消耗中所占的比例（3.9%）比 1970 年（4.9%）还小（美国能源信息署，2005a，表 2.1e，p.42）。最后，20 多年来，汽车的燃油经济性并没有发生实质性改变，这也加剧了这种情况。

电力的可靠性也受到了威胁。天然气市场的波动，价格的持续上涨，以及进口天然气的不断增加，推动着相关部门对环境友好型燃料的关注。过去十年，环境友好型燃料已经成为新发电厂的首选。进口天然气占美国天然气消耗量的比例已经从 1970 年的 3.6% 上升到 2004 年的 15.3%，使美国的天然气需求置于不稳定的世界市场的控制之下（美国能源信息署，2005a，表 6.1，p.185）。天然气价格——特别是适用于发电的天然气——也在上涨，相比于 1 美元/百万英热单位的历史价格，2004 年平均价格已达到 5.6 美元/百万英热单位。

电力需求和燃料价格不断提高的结果是：电力成本不断上涨。对于所有消费者来说，扣除物价因素后，电力的平均零售价从 1970 年的 6.2 美分/千瓦时上升到 2004 年的 7.2 美分/千瓦时（美国能源信息署，2005a，p.259）。相应地，有 22 家电力公司提高了它们的零售价格，并且到 2007 年初，还有 40 多家电力公司可能也会这么做。6 月末，德玛瓦电厂位于特拉华州的商业用户被揭示其承受的实际电价提高了 118%。巴尔的摩天然气和家用电力组织宣布，其实际价格提高了 72%。新泽西的消费者承受的价格可能会提高 28%；佛罗里达将提高 29%；威斯康星将提高 14.4%（Ackerman，2006；Lessen et al.，2006）。

不断提高的电力负荷和不断降低的电网投资持续带给美国输电系统的压力，

加重了价格和燃料可靠性的问题。美国在输电基础设施上的开支，在 1970 年达到大约 100 亿美元的峰值，但是在过去的 20 年中每年都在减少，已降低到不足这个数字的一半（美国电力研究所，2003，pp.2-4；爱迪生电气协会，2005，pp. 1-3）。俄勒冈州一家服务于 83000 名用户的中型电力公司的主席 Patrick Lanning 最近告知投资者，他的电网所获得的投资非常不足，以至于他的公司 85% 的输配电设备已使用了 30 年之久了。Lanning 告诫道："电线、断路器、变电站和其他设备都接近或已达到其使用寿命年限，需要替换或升级，如果我们现在不开始关注这些需求，电力的可靠性会下降到可接受的水平之下"（Ackermnan，2006，p. 14）。爱迪生电气协会还指出，输电网的负荷正在快速上升。例如，美国东部要求减轻输电网负荷的系统运营商，从 1998 年 7 月的大约 50 家，增加到 2002 年 7 月的 180 家，再到 2004 年 7 月超过 275 家（Ackermnan，2006）。

能源效率方面的两个指标在它们的方向性趋势上前后矛盾。从积极的一面看，能源需求的增长并未如经济的增长一样迅速。1970 年，美国每一美元 GDP（以实际值计算）消耗 1.8 万英热单位能源，而到 2004 年，衡量能源密度的这一指标下降到 9200 英热单位（美国能源信息署，2005a，表 1.5，p.13）。但是从消极的一面看，人均能源消耗量在增长。使用一个将 1970 年的情况设定为 1.0 的指标进行测量，现在的人均能源消耗量正接近 1.1。例如，爱迪生电气协会估算，2005 年全国电网中增加了 110 万居民用户和 18 万商业用户，并且每个用户消耗的电量在 2004 年至 2005 年间提高了 5.95%（Ackermnan，2006）。

类似地，环境质量方面的两个指标也是混在一起的。轿车、卡车和化石燃料电厂排放和散布二氧化硫（和其他空气污染物）及二氧化碳（和其他温室气体），威胁着人类和生态系统的健康。一方面，在 1989~2003 年，发电过程和热电联合系统的二氧化硫排放量大幅降低：从 1989 年的 1710 万吨下降到 2003 年的 1170 万吨（美国能源信息署，2005a，表 12.7a，p.351）。另一方面，美国能源消耗过程中的二氧化碳总排放量大幅增长：从 1970 年的 43 亿公吨增加至 2004 年的 59 亿公吨（美国能源信息署，2005a，表 12.2，p.341；二氧化碳信息分析中心，2006）。

要扭转这种趋势需要理解阻碍进步的技术性和非技术性障碍。后面几章将对包含这些障碍中的大部分传说进行描述，下面是对其进行的一个概述。

1.4 解释十三个能源传说

在最广泛的意义上，本书是对公众进行能源政策教育的一个尝试。它触及了能源和环保政策研究中的核心难题：美国文化中一直存在的与能源、环境和社会相关的传说是什么？我们扩展了要问的问题：怎样重新检验并揭示这些传说，以使平民、政策制定者、企业家、学生和学者可以创造更可持续发展的能源未来？最后，公众应怎样搞懂美国能源部门近期的危机和状况？

对这些问题的探索构成了美国社会中盛行的、我们一直坚信不疑的 13 个传说。这些传说中的前两个是关于能源和美国社会的广泛问题，它们涵盖了能源可持续发展指标体系中的所有指标。

第一个传说是当今的能源危机只是"炒作"。在这一章中，Marilyn Brown 列举了许多人们不相信能源危机存在或即将来临的理由。它们包含这样的观点，即美国的能源问题是：①虚构的——例如，是由操纵市场和价格计量方式引起的；②在掩盖真相——例如，为了后工业政策和反环保政策；③在夸大其词——例如，资源上和技术上的解决方案实际上是足以解决问题的。实际上，美国能源系统面临着和 30 年前同样的挑战，并且不存在可以确保未来能源可持续发展的选择。这种危机的五个方面包括：石油固有的易损性、电力供应问题、脆弱的能源基础设施、尚未开发的能效潜力，以及能源—环境关系。包含 1742 页能源法规的《2005 年能源政策法案》的通过，也许会促使美国为满足其未来能源需求做准备。但是，诸如美国能源政策委员会和能源联盟提出的那些替代性政策建议表明，要克服美国面临的能源挑战，需要政府采取更大的行动。将能源危机视为"炒作"的传说必须被澄清，这样才能调动大量的资源来克服美国面临的真正的和重大的挑战。

第二个传说是公众对能源和环境保持着充分的了解。在这一章中，Rosalyn McKeown 指出，尽管有两次石油危机发生、环保运动兴起、公众可获得的信息透明度逐步提高，但是大部分美国人对能源的供应、输送和使用的复杂性还是无法理解。

2001 年，一项针对美国家庭的调查结果显示，美国公众的能源智商很低，而与此同时人们却高估了他们的能源知识。此外，美国人只是隐约知道他们的能源消耗会给环境造成巨大影响。考虑到知情的公众对以社区为基础的决策制定和各级政府决策的公众参与的成功有重要作用，所以需要更多自由选择学习的机会。这应该包括环保教育的全部五个目标：提高认知、构建知识、发展技能、确认价值标准和参与解决问题的机会。为了解决美国众多的能源问题，需要将公众是知情的这一传说带到现实中来。

这 13 个传说中，有 3 个是关于石油安全问题的。它们涉及引起激烈争论的、相互抵触的观点，包括对于用于粮食生产和燃料生产的土地的不同观点、对氢能源的过度宣传和对插电式混合电动车的实际潜力的不同观点、价格和市场力量解决分配问题的能力和对政府干预的需求的不同观点。

第三个传说是土地需要量大和不利的能源平衡阻碍了生物乙醇在提供能源服务中发挥重要作用。由 Lee Lynd、Mark Laser、John McBride、Kara Podkaminer 和 John Hannon 所写的该章，论述了一个在生物燃料的论辩中流传的更具危害性的传说，即根本就没有足够的土地同时供燃料作物和农作物生产。该章还涉及一个流传已久的传说，即用木质纤维素生产乙醇所需要的化石燃料能比这些生物燃料所含的能量还多。最后，一个简短而明确的分析表明，通过基于广泛的前提而设计良好的工艺，确实会产生一个正的矿物燃料替代率，这证明了后者的不足信。文中还讨论了影响生物质原料潜在供应量的深层关键因素，并思考了对生物能未来贡献的评估为什么如此不同。这些因素包括技术创新——特别是燃料产量以及每英亩粮食作物和能源作物产量的逐渐提高——和行为的改变，如车辆和饮食选择。作者认为，将生物燃料的原料生产和受管理的土地相结合的新方式，包含技术和行为的改变，时常在评估未来生物质原料的可得性和在不增加土地需求的前提下所能发挥的巨大作用时被忽略。考虑到可在每英亩燃料产量上预见的技术创新，目前汽油需求的一半可以通过 5000 万英亩土地上生产的纤维素生物燃料来满足，这个量的土地是可以获得的。作者认为，如果技术创新与有助于提高生物质燃料的有效性的行为改变相结合，那么用生物质燃料供应美国全部动力需求的预期就会成为现实。

第四个传说是氢能经济是国家能源问题的"灵药"。在反驳这个传说时，Joe Romm 称，效率是减少排放物和石油使用的成本效益最高的短期战略。最终，我们需要用无碳燃料来取代汽油，以实现温室气体的大幅减排。所有的替代燃料车（AFV）都需要技术进步和强有力的政府措施才能成功。在技术方面，氢动力车是最具挑战性的替代燃料车，因为它们需要科学多方面的突破性进展来实现，而且需要做大量的工作来改变美国现有的汽油基础设施。最有前景的替代燃料车方案是可以连接电网的混合动力车。这些被称为插电式混合动力车或混合电动车的车辆，用一度电行驶的距离可能是燃料电池车的 3~4 倍。理论上，这些先进的混合动力车还具有燃料灵活性，能够由生物燃料和汽油混合驱动。这种车用一加仑汽油（或者五加仑纤维素乙醇）可以行使数百英里，并且其温室气体排放量不到目前的混合动力车的 1/10。氢能经济是国家能源问题的"灵药"的传说，使稀有的公共资源从更有前景和更现实的替代燃料上转移开了。

第五个传说是价格信号不足以引致有效的能源投资。Jerry Taylor 和 Peter Van Doren 通过对汽油价格的案例研究来阐释这个传说。经济学家认为政府对市场的干预，包括对能源市场的干预，当且仅当存在市场失灵，且政府干预确实能够纠正这种市场失灵时才能提高经济效率。文中列举了那些导致能源市场失灵的能源市场的特性。例如，子孙后代的选择权没有反映在能源价格中，相应价格变化的短期供需变化不大，以及能源价格没有反映使用矿物燃料带来的巨大健康、环保和国家安全成本。大部分情况下，他们认为能源价格合理地反映了市场状况。那些确实存在的市场扭曲常常是现有政策造成的。纠正这个问题最好的方法是取消现有政府政策，而非采取补偿性的干预措施。

这三章探讨与电力可靠性相关的传说，它们涵盖了技术创新的非技术障碍、可再生能源选择的潜力、电力行业重组和分布式发电等议题。

第六个传说是新能源技术和革新的能源技术的障碍主要是技术上的。这个传说表明，大部分人认为新型能源技术无法得到广泛使用，是因为它们在技术上不可行。为了揭穿这个传说，Benjamin Sovacool 和 Richard Hirsh 探讨了创新的小规模发电技术——如分布式发电（往复式内燃机、微型发电机、热电联产系统）——广泛使用的非技术性障碍（如政治的、社会的、经济的和文化的障碍）和可再生能源系统。作者认为，许多新型能源技术，就运行的可靠性和发电的经济性而言是可行的。但是要被广泛地采用，它们必须克服电力行业的阻挠、公众的误解和对电力生产和消费的历史态度。通过强调技术难题的重要性，这个传说将人们的注意力从 Benjamin Sovacool 和 Richard Hirsh 所认为的更重要的非技术性障碍上移开了。

第七个传说是可再生能源系统不可能满足美国日益增长的电力需求。Rodney Sobin 反驳了这个流传甚广的观点，即可再生能源系统不够充足并太过分散，无法满足美国大部分的电力需求。与之相对应，这一章是为可再生能源发电正名，并且特别关注于随着可再生能源技术的进步和环境、健康、安全以及矿石燃料等其他成本越来越明显，它们的前景将可能会如何地光明。这章探讨了可再生能源的资源基础，相应的技术趋势和进展，还有成本——其中包括与发电相关的外部成本。由于这个传说的结局很大程度上依赖于未来的政策是否会激励可再生能源资源的环境和安全效益，这一章还讨论了相关政策选择及其含义。

第八个传说是电力系统正处在经济上和环保上的最佳状态。在讨论这个传说时，Tom Casten 和 Robert Ayres 描述了引起美国电力问题的四个重要原因。第一，这个系统无法循环利用发电工程或工业生产过程中产生的废弃能量。第二，规章制度是根据过去的技术制定的，阻碍创新。第三，法规很大程度上阻止了能源回收电厂（本地电源）获取其为社会创造的效益。第四，对集中式发电的大量补贴使在当地发电的发展处于不利位置。美国电力系统不是最佳的系统，所产生的热能很少被回收利用。由于在当地发电大多被禁止，因此美国电力行业通过建立新的集中式发电厂和新的输电线来满足电力负载的提高，这需要的资本量是在当地发电的两倍。而后这些昂贵的、新的集中式发电厂燃烧的矿物燃料是经济上最佳的系统所燃烧燃料的两倍。这加剧了环境和收支平衡的问题，并且使电力系统在面对极端天气和恐怖分子时显得无比脆弱。在解释了电力系统处在最佳状态的传说后，作者建议，消除妨碍回收利用废弃能量在当地发电发展的障碍。

接下来的三个传说是关于能源效率在满足美国能源需求中发挥的潜在作用。它们探讨了认为能源效率已经"黔驴技穷"了的观点，认为能源效率的测量是不可靠的、不可预知的和无法强制执行的，以及政府的能源研发要数十年才能取得成功（如果有的话）。

第九个传说是能源效率的提高已经达到极限了。在这一章里，在断言能源效率还有大量的提升空间之前，Amory Lovins 讨论了提高能源效率经济性、政治性和社会性的障碍。总的来说，现在美国每单位经济产出使用的能源比 30 年前低 43%，使现在的能源成本每天减少 10 亿美元——就如同可以削减联邦赤字的大幅综合税减免。但是，美国的能源系统还有巨大的潜力。如果热电联产系统能像它们在欧洲那样受到支持的话，美国的发电站丢弃的大量废热——比日本全部能源耗用还多 1/5——回收再利用就是有利可图的。将发电厂里的煤炭能量转化成房间里的白炽灯光的效率的只有 3%，美国大量的电厂排出 CO_2 只是为了驱动关闭了的设备。如果能源效率有如此大的潜力，那么为什么还没被发掘出来呢？朴素经济模型假设自由市场非常完美，已经做出了具有成本效益的能效投资。而其反面却是事实：尽管大部分还未被开发，但是能源效率已经"开发殆尽"的传说，使人们低估了我们节约能源的潜力。30 年的经验已经揭示，能源效率的提高存在大量的阻碍——也许有 60~80 个市场失灵——每个都可以转变成商业机会。

第十个传说是能源效率的测量是不可靠的、不可预知的和无法强制执行的。Edward Vine、Marty Kushler 和 Dan York 向那些认为能源效率不能作为一种电力系统资源来依赖的人发起了挑战。尽管行业分析家提出了反证，但是这个传说还是流传了很久，并不断周期性地浮现出来。这一章在电力系统规划和运营的背景下——包括发电、输配电的扩张带来的风险和不确定性，以及能源效率的风险管理效益——回顾了可靠性、可预知性和可执行性的概念。近期的监管措施因能源效率减少风险的价值显著提高而在资源获取上得以凸显。这一章还回顾了过去 20 年能源效率项目和技术的评价历程，包括评估工具的开发和应用，能源效率项目评估的重要发现，保证和强化能源效率测量、能源效率项目和能源效率投资组合效果的方法。不像这个盛行的传说所言，能源效率项目足够可靠，足具可预知性和可执行性，使需求方管理可以被整合成一个电力系统资源。

在对第十一个传说——能源研发投资要花数十年才能传达到市场上的讨论中，Dan Kammen 和 Greg Nemet 调查了自 20 世纪 90 年代中期以来的能源行业的研发投资和其资金大范围的、明显的减少。私人部门投资的大幅减少应是政策制定者特别关注的方面。对专利活动的多重度量揭示出与研发投资相关的创新活动大范围减少——尤其是具有重大环保意义的风能和太阳能领域。这些方面也被用来说明市场还没慢下来，进行能源创新活动。然而，在这种令人失望的背景下，它们发现投资之后都获得了成功。在各种不同的能源技术中，创新将改良的技术推向了市场，在有些情况下其效果几乎是立竿见影的。根据之前对能源研发最优投资水平的研究，Dan Kammen 和 Greg Nemet 确定了足以解决能源相关问题的有价值的工作范围。对比基于过去公共研发项目和行业投资数据的简单方案，能源研发投资增长 5~10 倍是既合理又可行的。最重要的是，市场化技术引致的投资历史表明，总的来说投资给单个企业和社会都带来了短期回报。

最后两个传说讨论了环境质量问题。这几章一起明确表述并揭穿了关于解决全球变暖问题的成本和发展中国家采取的纠正措施的传说。这几章共同证明了当今的能源生产和使用方式带来的环境破坏，并提出了解决这些问题的替代性方案。

第十二个传说声称，解决全球变暖问题会破坏美国经济。在这一章中，Eileen Claussen 和 Janet Peace 坚称，这个传说主要是基于不完善的经济模型，其产生的结果常常表明，任何气候政策都是代价高昂的。他们探讨了推迟气候政策的执行为什么会使问题更严重，为什么会提高后代的成本，以及为什么会提高气候被严重破坏的风险。由于意识到需要侧重于低碳技术的长期方案，他们坚称我们必须现在就开始施行一套关注于能源的政策，因其可以在当前为新的低碳排放技术的大规模投入使用建立一座桥梁。专注于解决气候变化问题的政策，结合新一代技术，不会比今天可以采取的措施——节能和提高能效——成本效益更高。由于可以减轻我们对进口石油的依赖，有助于减少其他类型的空气污染物，并且通常可以在总体上巩固经济发展（由于减少了在能源上的开支，所以可以把资金投到别处），所以现在采取行动节约能源和提高投资能效，可以为消费者和企业节省资金，对能源价格施加下行压力。

第十三个传说是发展中国家在应对全球气候变化问题时，没有承担起它们的那部分义务。这一章中，Tom Wilbanks 反驳了这个盛行的传说——发展中国家在解决与全球气候变暖相关的能源问题时没有承担起它们的那部分义务。由于潜藏在这个问题之下的驱动力量主要来自于发达国家，所以应该根据公平和可持续发展的原则决定什么是属于它们的工作。然而，与此同时，尽管它们不是《京都议定书》的主要部分，但是在某些情况下，在论证重要的清洁的替代能源和考虑将其作为整合应对方案的一部分来采用方面，它们是全球领导者。它们目前的反应模式作为以未来对它们有意义的方式来提高它们贡献的可能路径的信息来源，是很重要的。发展中国家没有承担起它们的那部分义务的传说，无法为其他人的不作为辩护。

1.5 结 论

虽然我们讨论了 13 个重要的传说和一系列各式各样的错误概念，但是这本书并不能称得上全面。例如，我们没有涉及关于核电、煤矿开采和煤电厂、碳捕获、碳固定和需求响应技术的许多传说。希望我们已经促使读者思考那些影响社会的大量传说。我们还希望本书可以促进与能源传说相关的知识的增长，并催生出检测它们含义的系统化方法。

能源传说的巨大差异——以及它们涵盖的议题——将提醒我们与美国能源政策相关的问题会广泛地影响技术、人群和制度。因此，它们也塑造着国家所意识到的技术选择、利益相关者（电力公司经营者、商业领袖、系统运营者、消费者）的社会利益和自然资源的稳定性。但是由于能源技术的这些选择、利益、影响永远不可能是完全可预知的和完全绝对的，故而不管国家寻求的是哪条能源路径，都必须持续忍受一定程度的不确定性。

在这种不确定程度下，关于能源和美国社会的任何假说都很容易获得支持。在 Arthur Conan Doyle 的《波希米亚丑闻》（1891，p.43）里，Sherlock Holmes 评论道：“一个人在得到数据之前建立理论是最大的错误。”Analogously，G.K. Gilbert（1886，p.22）曾作过著名的评论：

检验假说时，研究人员和理论家之间存在着巨大的差异。一个积极探索事实，这些事实可能会推翻他或她的最初理论，另外一个则回避这些，而只收集那些支持他们理论的事实。

能源行业显而易见的复杂性——以及能源与交通运输业、工业、农业、建筑业和大量的基础设施的无缝结合——为理论家收集那些支持给定观点的事实提供了广阔的空间（Clark，1990）。

虽然如此，当我们意识到我们对能源系统的所有检验都体现出假设和先入之见时，我们努力把它们反映在我们的研究中。通过探讨各种不同的传说和讨论关于过去、现在、未来的能源系统，我们希望本书能为每一个关心能源系统的人提供一些真相。我们强调，分析家和政策制定者必须拓宽他们看待涉及社会问题和行为、经济、文化因素的能源需求、服务和资源的视野。只有运用这种范围广泛的具有批判性而且深刻的分析，才能真正地检验未来能源技术的作用。我们试图在本书的每一章中坚持的，正是这种广泛的调查和批判性思维。

参考文献

Ackerman, Eric: 2006, "Where Are We Headed? Life After the Energy Policy Act of 2005," Presentation to the Edison Electric Institute, [online] http: //www. eei.org/meetings/nonav_2006-01-19-dm/EPACTpptJan06.pdf, accessed July 2006.

Adelman, M.A.: 1995, The Genie Out of the Bottle: World Oil Since 1970, MIT Press, Cambridge, MA, USA.

Bain, Read: 1947, "Man, the Myth-Maker," The Scientific Monthly, 65 (1), pp.61-69.

Bidney, David: 1950, "The Concept of Myth and the Problem of Psychocultural Evolution," American Anthropologist 52 (1), pp.16-26.

Bidney, David: 1955, "Myth, Symbolism, and Truth," The Journal of American Folklore, 68 (270), pp.379-392.

Brandemuehl, Michael J.: 2005, "A Sustainable Energy Future Possible," The Denver Post (December 4), p.E4.

Brown, M.A., Antes, M., Franchuk, C., Koske, B.H., Michaels, G., and Pellegrino, J.: 2006, Results of the Technical Review of the Climate Change Technology Program's R&D Portfolio, Oak Ridge National Laboratory, Oak Ridge, TN, [online] http: //www.ornl.gov/sci/eere/communications.htm, accessed June 21, 2006.

Campbell, Joseph: 1981, The Mythic Image, Princeton University Press, Princeton, NJ, USA.

(CDIAC) Carbon Dioxide Information Analysis Center: 2006, [online] http: //cdiac. esd.ornl.gov/trends/ emis_mon/stateemis/graphics/usacemissions.jpg, June 23, 2006.

Charnley, Susan and Bruce Engelbert: 2005, "Evaluating Public Participation in Environmental Decision Making: EPA's Superfund Community Involvement Program," Journal of Environmental Management 77 (3), pp.165-182.

Clark, John G.: 1990, The Political Economy of World Enerey: A Twentieth Century Perspective, University of North Carolina Press, Chapel Hill, NC, USA.

Costa, Arthur L.: 2006, "Five Themes in a Thought-Full Curriculum," Thinking Skills and Creatitvity 1 (1), pp.62-66.

Deffeyes, Kenneth S.: 2001, Hubbert's Peak: The Impending World Oil

Shortage, Princeton University Press, Princeton, NJ, USA.

Doty, William G.: 1986, Mythography: The Stuay of Myths and Rituals, University of Alabama Press Tuscaloosa, AL, USA.

Doyle, Arthur Conan: 1891, A Scandal in Bohemia, Penguin Press, New York, NY, USA.

[EEI] Edison Electric Institute: 2005, EEI Survey of Transmission Investment: Historical and Planned Capital Expenditures (1999-2008), EEI, Washington, DC [online] http: //www.eei.org/industry_issues/ energy-infrastructure/transmission, June 22, 2006.

Edwards, Paul N.: 2003, "Infrastructure and Modernity: Force. Time. and Social Organization in the History of Sociotechnical Systems," in Thomas J.Misa, Philip Brey, and Andrew Feenberg (eds.) Modernity and Technology, MIT Press, Cambridge, MA, USA, pp.185-226.

[EIA] Energy Information Administration: 2005a, Annual Energy Review 2004, DOE/EIA-0384 (2004), Washington, DC [online] http: //www.eia.doe.gov/ emeu/aer/, June 21, 2006, pp.71-75.

[EIA] Energy Information Administration: 2005b, Annual Energy Outlook 2005, DOE/EIA-0383 (2005), Washington, DC [online] http: //www.eia.doe.gov/ oiaf/archive.html, June 22, 2006.

[EPRI] Electric Power Research Institute: 2003, Electricity Technology Roadmap: Meeting the Critical Challenges of the 21st Century, EPRI, Palo Alto, CA, USA.

Elliott, Brian: 1988, "Introduction," in Brian Elliott (ed.) Technology and Social Process, Edinburgh University Press, Edinburgh.

Elliott, R.Neal: 2005, "Statement Submitted for the Record: EIA 2005 Annual Energy Outlook" Hearing Before the Senate Committee on Energy and Natural Resources, U.S.Government Printing Office, Washington, DC, USA.

Foster, Harold M.: 1984, "The New Literacy: Television, Purveyor of the Modern Myth," The Engilsh Journal 73 (2), pp.26-30.

Gilbert, Grove Karl: 1886, "On the Validity of Scientific Hypotheses," American Journal of Science 31.

Gotesky, Rubin: 1952, "The Nature of Myth and Society," American Anthropologist 54 (4), pp.523-531.

Hyman, Stanley Edgar: 1955, "The Ritual View of Myth and the Mythic,"

The Journal of American Folklore 68 (270), pp.462–472.

Jaber, Jamal O., Mamlook, Rustom, and Awad, Wa'el: 2005, "Evaluation of Energy Conservation Programs in Residential Sector using Fuzzy Logic Methodology," Energy Policy 33 (10), pp.1329–1338.

Kay, Alan: 2006, Contemporary Authors: The Biography of Alan N.Kay, Thompson Gale, New York. NY, USA.

Kirk, Geoffrey: 1977, Schumacher on energy: Speeches and writings of E.F. Schumacher, Jonathan Cape, London, UK.

Koomey, Jonathan, Craig, Paul, Gadgil, Ashok, and Lorenzetti, David: 2003, "Improving Long –Range Energy Modeling," Draft Report for Lawrence Berkeley National Laboratory LBNL –52448, [online] http: //eetd.lbl.gov/ie/pdf/ LBNL–52448.pdf, accessed July 2006.

Kuklick, Bruce: 1972, "Myth and Symbol in American Studies," American Quarterly 24 (4), pp.435–450.

Leighninger, Matt: 2004, "The Seven Deadly Citizens: Moving From Civic Stereotypes to Well–Rounded Citizenship," Good Society 13 (2), pp.29–38.

Lenssen, Nicholas, Hanson, Sue, and Enbar, Nadav: 2006, "The Distributed Energy and Renewable Energy Outlook," Presentation at the EPRI Solutions Outlook Conference, Boulder, Colorado, CO, USA, May 18–19.

Levi–Strauss, Claude: 1955, "The Structural Study of Myth," The Journal of American Folklore 68 (270), pp.428–444.

Lovins, Amory, Datta, E.Kyle, Feiler, Thomas, Lehmann, Andre, Rabago, Karl, Swisher, Joel, Wicker, Ken: 2002, Small is Profitable: The Hidden Benefits of Making Electrical Resources the Right Size, Rocky Mountain Institute, Snowmass, CO, USA.

Lovins, Amory: 2005, "Statement Submitted for the Record: EIA 2005 Annual Energy Outlook," Hearing Before the Senate Committee on Energy and Natural Resources (February 3), pp.93–96.

Malthus, Thomas: 1798, An Essay on the Principle of Population, Jay Johnson, London, [online] http: //www.econlib.org/library/Malthus/malPop.html, accessed July 2006.

Masters, Gilbert M.: 2004, Renewable and Efficient Electric Power Systems, Wiley and Sons, London, UK.

Misa, Thomas J.: 2003, " The Compelling Tangle of Modernity and

Technology, " in Thomas J. Misa, Philip Brey, and Andrew Feenberg (eds.) Modernity and Technology, MIT Press, Cambridge, MA, USA, pp.1–32.

Morris, David: 2006, "The Once and Future Carbohydrate Economy, " American Prospect (April), p.A3. Munz, Peter: 1956, "History and Myth, " The Philosophical Quarterly 6 (22), pp.1–16.

Nelson, Gaylord: 1979, "Introduction, " in Hugh Nash (ed.) The Energy Controversy: Soft Path Questions and Answers, Friends of the Earth, San Francisco, CA, USA, pp.11–14.

Nimmo, Dan and Combs, James E.: 1980, Subliminal Politics: Myths and Mythmakers in America, Prentice-Hall, Englewood Cliffs, NJ, USA.

Nye, David: 1999, Consuming Power: A Social History of American Energies, MIT Press, Cambridge, MA, USA.

Palast, Greg, Oppenheim, Jarrold, and MacGregor, Theo: 2003, Democracy and Regulation: How the Public Can Govern Essential Services, Pluto Press, London, UK.

Porter, Theodore M: 1995, Trust in Numbers, Princeton University Press, Princeton, NJ, USA.

Rose, Nikolas: 1991, "Governing by Numbers: Figuring Out Democracy, " Accounting, Organizations and Society 16 (7), pp.673–692.

Schrank, Jeffrey: 1973, "Mythology Today, " Media and Methods 9 (April): 22–40.

Segal, Robert A.: 1980, "The Myth–Ritualist Theory of Religion, " Journal for the Scientific Study of Religion 19 (2), pp.173–185.

Slotkin, Richard: 1987, "Myth and the Production of History, " in Sacvan Bercovitch and Myra Jehlen (eds.) Ideology and Classic American Literature, Cambridge University Press, Cambridge, pp.70–90.

Smil, Vaclav: 2004, Energy at a Crossroads: Global Perspectives and Uncertainties, MIT Press, Cambridge, MA, USA.

Sovacool, Benjamin K.: 2006, "The Power Production Paradox: Revealing the Socio–technical lmpediments to Distributed Generation Technologies, " Ph.D.Thesis, Science and Technology Studies Department, Virginian Tech, Doctoral Dissertation, Blacksburg, VA. [online] http: //scholar.lib. vt. edu/theses/available/etd–04202006–172936/, accessed July 2006.

Tickle, Louise: 2005, "Why Green May Not Mean Go, " The Guardian

(London), November 12, p.3.

Toulmin, Stephen: 1992, Cosmopolis: The Hidden Agenda of Modernity, University of Chicago Press, Chicago, IL, USA.

Watts, Alan: 1971, W. Myth and Ritual in Christianity, Beacon Press, London, UK.

Wheelwright, Philip: 1955, "The Semantic Approach to Myth," The Journal of American Folklore 68 (270), pp.473–481.

Williams, James C.: 2001, " Strictly Business: Notes on Deregulating Electricity," Technology & Culture 42, pp.626–630.

Williams, Susan H.: 1986, "The Uses of Myth," Journal of Law and Religion 4 (1), pp.153–159.

Wise, George: 1985, "Science and Technology," Osiris 1, pp.229–241.

Yergin, Daniel: 1991, The Prize: The Epic Quest for Oil, Money, and Power, Simon & Shuster New York, USA.

Yergin, Daniel: 2006, "Ensuring Energy Security," Foreign Affairs 85 (2), pp.69–82.

第❷章　能源传说一
——当今的能源危机是"炒作"

在美国有一个普遍存在的信念，即当市场发挥它自身的功能时，就可以满足社会的需要。解决社会问题的技术性方案常常已经存在，它们发挥作用的所有障碍在于市场的不完善，而这可以用简单的、修正性的公共政策消除。当需要新技术的时候，科学家和企业家们在迅速实现这些技术上显示出了令人印象深刻的能力。那么，能源危机怎么可能会降临到我们头上呢？事实上，政府和行业只投资了解决国家能源问题方案开发中所需的一小部分，并且地方、州以及联邦政府的政策和积极性亦有不足。因此，当前确保能源有可持续前景的方案并不存在，而国家确实面临着遭遇能源危机的风险。

许多时事评论员和政策制定者否认能源危机的可能性，代之以断言美国所面临的能源挑战是捏造的、言过其实的或是低级错误的。例如，操纵市场被那些宣称能源危机是骗局的人所普遍谴责。按照哥伦比亚广播公司新闻记者 Vince Gonzales 的说法，加利福尼亚的能源危机——2001 年使加州付出数十亿美元代价的停电和天价电——是由将电力供应囤积起来以获取超额收益的主要电力公司造成的。

总的来说，这些公司保留了超过 30%~50% 的电力不向市场供应，在一些危机最严重的时刻，他们甚至保留得更多——从他们发电量的 55% 到 76% 不等。一年多以前，有告密者向哥伦比亚广播公司揭发，所有这一切都是为了缩减电力供应和抬高价格。[1]

近来，更多针对操纵市场的申诉出现，以反对那些在美国人面对破纪录的汽油价格时却得到了破纪录利润的石油公司。2006 年 4 月 26 日，来自俄亥俄州的众议员 Dennis Kucinich 在美国众议院议政厅发言建议，为向"石油公司暴利"征收的超额利润税立法，他阐释道："通过对超额利润的征税，可以阻止坐地起价，并且降低石油价格。"[2] 类似地，2004 年，美国司法部指控全球能源巨头英国石油公司通过秘密购买得克萨斯至纽约的一条主要管道中储存的几乎全部丙烷，致使丙烷市场陷入困境。这个案件显示，操纵市场可以使家庭取暖季节高峰期时的丙烷价格提高了 50%（Wilke and Cummins，2006）。本来清晰的长期能源危机被这些供给和价格扭曲的问题搅得模糊不清。

人为的能源危机观念也被描述成是为了掩饰支持工业和反环保政策。2001年，当 Anthony York（还有其他人）建议用工业友好型的计划应对人为的能源危机时，请思考紧随政府发布其 2001 年国家能源计划后的一篇新闻报道。York 宣称，政府的"第一次国内（能源）危机很大程度上是自己造成的。尽管在布什的花言巧语中，那不是一次能源危机，因为除了加州以外，专家认为我们并非真的正面临一次能源危机，而是面临着一次公众信心危机。"[3] 类似地，《福布斯》杂志的编辑 Dan Ackman 这样描述："一场虚幻的能源危机：布什政府已然使国民相信，我们正处在紧急的电力问题之中，但是事实表明并非如此。"他继续道："切尼（布什政府时期副总统译者注）曾从事过能源生意，布什也是，所以他们应该更清楚，对能源危机的大肆宣传是不实的。当局鼓吹能源危机是为了回馈他们石油生意上的伙伴吗？"[4] 其他一些人认为能源危机只是为了缓解环境问题压力的诡计。"布什是在用虚假的'能源危机'来做环境问题的挡箭牌吗？"Frank Pellegrini 在 2001 年 5 月 22 日时代杂志的一篇新闻报道中如是问。[5]

由于认为技术解决方案能够应对社会的能源挑战，科技界的佼佼者们质疑能源危机发生的现实性。这些佼佼者们争论说社会所面临的任何能源危机都会无一例外地通过人类的智慧和技术进步得到解决。太阳能光伏、天然气管道、蒸汽动力、核能以及聚变技术的支持者们各自都辩称他们的系统能够解决社会全部的能源需求。例如，未来技术学家争论说，位于地球之上数英里的风急流足够供应全世界的能源需求。据称，这种能源可以通过结合使用现有技术连接起飘浮的涡轮机获得。如果仔细考量所有成本的话，它将比化石燃料和核能在经济性上表现得更好。"使用这种能源不仅能够解决我们的能源依赖问题，而且可以阻止全球变暖。"[6]

与之相似，纽约大学物理学名誉教授 Marty Hoffert（2006）描述了一系列对可再生能源的未来憧憬。[7] 其中之一涉及将光伏板置于地球同步轨道上以持续地接收日光，从而为地球供应可靠的电流。基于可持续的原则，这个利用反光效应的太阳能人造卫星还可以用无线传输的方式向地球输送电力，可能能满足地球上全部的能源需求。

能源资源分析家时常这般乐观。"不存在能源短缺。"Kiodex（一家企业能源占用成本管理软件提供商）的首席执行官 R. Martin Chavez 说，"在地下蕴藏着如此多的石油和天然气，它们当前已知的储量比以往都多。"[8] 能源资源充足的论断常用来佐证诸如沥青砂和油页岩等非常规石油资源的可用性，而对于非常规天然气资源，如甲烷水合物，这些富含甲烷的水合物以冰的形态在全世界的海底和北极的永久冻土中被发现了。根据橡树岭国家实验室研究员 Lorie Langley 的观点，"评估在 350 年至 3500 年的供应区间内，储存在甲烷水合物中的能量能满足多少需求，要以当前的能源消耗为基础……"[9]

总而言之，国家的能源问题被表述成是捏造的、夸大的和虚假的。与之相反，本章认为，与美国在 1973~1974 年遭遇的情况类似，当前的能源状况确实达到了危机的程度。尽管固有观念不同意这一点，但是进入 21 世纪后，美国的能源系统的健康的确就像 30 年前一样糟糕。大体上总览比较统计数据之后，通过对比它们现在与 1970 年的状况，五个相互关联的能源挑战已经被调查出来。我们以着眼于国家石油的弱点开始；然后，关注点转向电力系统，首先考量国家的电厂，继而转向电网和其他关键的能源基础设施问题；接着我们考量了需求部门的发展，特别将注意力集中在建筑物、社区和建成环境中影响能源需求的方面。我们以对能源和环境质量之间的关联的讨论结束本章。因此，我们大体上遵循着能源可持续性指标的维度（见第 1 章）。总之，这个评估得到了这样的结论：美国应对能源挑战以通向良好未来的各种方式都是失败的。

2.1 能源危机：一些比较统计数据

对美国的能源分析家来说，1973~1974 年的能源危机是一个转折性的事件。它发生在一个大多数美国人对电力和汽油供应的不足反应平淡的时期。这种态度的巨大转变始于 1973 年，当时消费者开始遭遇停电和快速上涨的燃料价格。同年 10 月，欧佩克成员设置了石油贸易限制，大幅削减石油供应，结果导致燃料定量配给和加油站前大排长龙。1974 年，由于限制的持续，美国经济伴随着高通胀和高失业率而衰退（美国能源信息署，1998）。以实际值计算，原油的连锁加权法计算的价格（2000）从 1970 年的 11.55 美元每桶上涨到 1974 年的 19.78 美元每桶（美国能源信息署，2005a，p.167）。以实际值计算，对所有顾客的平均零售电价从 1970 年的 6.2 美分/度上涨到 1974 年的 7.2 美分/度（美国能源信息署，2005a，p.259）。

石油价格居高不下的情况持续到 20 世纪 80 年代中期，并在 1981 年达到 53.74 美元的峰值（美国能源信息署，2005a，p.167）。在这一时期，市场做出如下反应：国内石油产量增加，能源的最终使用效率提高。但是 1986 年石油价格暴跌之后，美国的石油产量也下滑了，进口石油的比重开始快速上升，而且能源使用效率提高的步伐也放慢了。国家能源安全的进步从那时起变得缓慢起来。这个问题由于过去几十年所遭遇的众多的能源灾难而令人震惊。这些灾难包括：1979 年三里岛核电事故，1989 年阿拉斯加湾漏油事件，2002 年和 2003 年的加州电力危机，2003 年的美加大停电，还有 2005 年墨西哥湾飓风引起的油价骤涨。此外，2001 年 9 月 11 日，恐怖袭击将国家关键的能源基础设施的弱点暴露给了恐怖分子，只是随着自 2004 年以来石油价格的逐渐上升，美国公众才重新恢复了对能源问题的兴趣。

随着经济对可靠的电力和持续供给的燃料的依赖性不断增加，能源灾难的次数、范围、严重性似乎也在增长。回溯 1970 年，那时候没有个人电脑和手机，互联网还正在被创造的过程中。工厂大量的产成品被航运至仓库，这些仓库存有大量的库存以备将来交货，而这些货物大部分是根据邮购订单来发的。当前快捷的信息经济不可避免地要与可靠的电力连在一起。我们的即时制造供应链凭借不断增加的为了及时发货随时准备出发的车队，与相应的卫星手机订单和高速的互联网沟通。这种高度的相互依赖性比以往任何时候对电力可靠性、安全性和负载能力的要求都高。

今天，美国能源部门依然面临许多与 30 年前相同的问题，然而与此同时，当前还有新的挑战。今天的困难包括：与能源供应失调和中断相关的能源价格上涨；超负荷的电力配送网络；能源利用效率低的建筑、社区、制造业和运输系统；持续的环境污染问题和不断增加的温室气体排放（跨实验室工作组，2000；美国能源部，2002；美国国家环境预报中心，2004）。

美国在其能源系统很多方面的现代化上已经取得了显著的进步。一方面通过利用航空工业的发展，有效的燃气涡轮技术开始主导新电厂的设计。现有的核电站已经达到创纪录的产出水平和利用率，同时，水电和生物能源从 1970 年已开始增长。虽然总的能源消耗已经从 1970 年的 68 夸特增加到 2004 年的 100 夸特（美国能源信息署，2005a，表 1.5，p.13），但是美国现在每单位经济产出能耗比 35 年前降低了 45%，其通过降低使用费每天总共为所有消费者大约节省 10 亿美元。

另一方面，美国的发电系统就像半个多世纪以来一样，持续地在其 33% 的水平上运行。[10] 输送电力使用的传输电缆还是 50 年代的技术，有很大的电阻损耗[11] 和容量限制。核废料是建设新核电站的一个重大障碍，但美国仍然没有具可操作性的仓库储存它们。温室气体排放持续增长，全球气温上升以及空气污染威胁着人类和生态系统的健康。20 年来，汽车燃料市场几乎没有变化，国家的运输系统几乎全部（98%）依赖于石油。还有，美国的能源产量仅从 1970 年的70 夸特缓慢地提高到 2003 年的 80 夸特，这增加了对进口能源的依赖并且还在提高，尤其是石油（见图 2-1）。因此，在过去的 30 年，美国并没有强有力的解决方案来应对能源危机和灾难。很多分析家认为，未来 30 年内美国必须转变其能源系统，以应对新近出现的化石能源的局限和全球气候变迁问题。

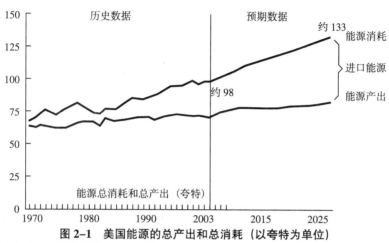

图 2-1　美国能源的总产出和总消耗（以夸特为单位）

资料来源：美国能源信息署，2005b，图 6，p.7。

未来 30 年，美国人口和经济预计将有大幅增长——人口将从 2004 年的 2.03 亿增长到 2035 年的 3.78 亿（美国人口调查局，2004）。这种增长将要求美国在建筑物、工业、商贸业和交通基础设施方面有一个巨大提升，所有这些都要使用相配套的能源。能源信息署（美国能源信息署）预测，2030 年美国将消耗 134 夸特能源，比当前多出 1/3（见图 2-1）。很难说怎样才能承受这样的能耗增长率。

2.2　石油固有的不足

1973~1974 年的阿拉伯石油贸易限制是第一次引起价格大幅上涨和世界范围内能源危机的石油供应失调。石油供应失调在持续，而且若不足的石油产能继续收缩，同时产出仍然集中在世界上那些不稳定的地区，供应失调可能会更严重。1990 年，当伊拉克入侵科威特的时候，欧佩克拥有大约 55 亿桶/天（MBD）的剩余产能，足够替代以上两个国家的石油输出，满足全球 8% 的需求。而今天，欧佩克的剩余产能只能满足全球 2% 的需求，并且其中有 90% 的产能处于沙特阿拉伯的控制之下（国家能源政策委员会，2004）。中国和印度为发展经济而引致了石油需求的迅速增长，给世界石油供给施加了前所未有的压力（还有其他基础原料像混凝土、铝、铁），并已把原油价格推至 70 美元/桶或更高。剩余产能极端有限和在一个地区高度集中这一现实，使世界石油市场极为脆弱而常发生短期失调。鉴于全世界已探明常规石油储量的一半位于沙特阿拉伯、伊拉克、伊朗，这种情况短期内很难得到改善。

在过去的 30 年间，美国试图通过提高全球石油供应商的多样性、打造全世界最大的战略石油储备的方式提高石油安全，同时通过公司平均燃料经济标准（CAFE）减少国内能耗。在 1974~1987 年间，公司平均燃料经济标准使新客车的平均燃料经济性从 15 英里/加仑提高到 17.5 英里/加仑。与此同时，车辆的功能和安全性也得到了提升。由于这些政策的影响和经济从能源密集型的产业发生结构性转移，当前美国经济的石油集中度已经低于 1970 年的水平。美国经济承受石油价格冲击的能力随着石油在 GDP 中占比的下降而提升。在 1970 年，国家每产生 1000 美元（按 2000 年价格计算）GDP 就要消耗 1.33 桶石油。到 2004 年，这个数字几乎下降了一半，至每 1000 美元 GDP 消耗 0.67 桶石油（美国能源信息署，2005a，表 5.13c，p.154 和 Appendix D，p.373）。

尽管有这样的进步，目前美国面对石油供应失调和价格暴涨还是像以往任何时候一样脆弱。美国已经成长为远超其他国家的全世界最大的石油消耗者，与此同时它的石油产量却萎缩了。石油进口弥补了逐渐扩大的空缺，而进口石油占美国石油总消耗的比重也从 1970 年的 22% 上升到了现在的 58%（美国能源信息署，2005a，表 5.7）。

为了获得对一个如此局限的世界石油市场扰动的认知，2005 年美国国家能源政策委员会——一个由全国 16 位权威能源专家组成的跨党派小组——模拟了一个"石油供给震荡波"。这个模拟的震荡波在三个使世界石油市场每天减少 3 百万桶供给的假设性事件的影响下陡然下降：尼日利亚产油区的动荡，阿拉斯加石油设施遇袭，外国人从沙特阿拉伯突然撤离。这些事件的结果是：美国汽油的价格涨至 5.75 美元/加仑，200 万人失业，消费者价格指数暴涨 13%。更糟的是，包括参议员 Richard Lugar 和 Joseph Lieberman 在内的参与模拟"石油供给震荡波"的小组成员认为，这些扰乱开始之后，无论如何都无法避免其影响。[12]

美国汽车燃油经济的停滞不前加重了美国石油的脆弱性。对于美国的汽车来说，其公司平均燃料经济（CAFE）标准在 1985 年达到 27.5 英里/加仑的峰值，其中轻卡——包括日益扩大的运动概念车队伍的这一标准只是略微上升到 2005 年的 22.5 英里/加仑。在过去 20 年间，诸如前轮驱动传输、电子燃油喷射、强化的动力传动装置，和电脑控制的引擎等技术进步，使消费者能够购买尺寸更大、动力更强的汽车，而没有被用来实现更低的油耗。结果是，新车的燃油经济性并不比 1981 年时更高，但是车重却增加了 24%，动力几乎增加了一倍（美国国家环境预报中心，2004，p.7）。此外，美国人现在开车开得越来越多：过去 10 年，汽车行驶英里数每年增加近 3%。

在不牺牲尺寸和动力的前提下，混合动力车（HEVs）和先进的柴油机技术为提高燃油经济性带来了机会。特别是混合动力车，因为它们已经进入了市场，并在不降低动力的情况下实现了燃油经济的实质性提高，所以它们是潜在的"规则改变者"。通过在启动内燃机之前用全电力行驶最初的 20~60 英里（根据电池的性能而定），混合动力车在节油方面展现了更好的前景。但是，全球石油消耗预计到 2025 年依然会增长 50%。尽管有混合动力技术，但是世界能够生产充裕的石油满足日益增长的需求时间。

纤维素乙醇、生物柴油和从废物中提取的柴油，将会被用来拓展美国的运输燃料并使其多样化。尽管这一努力从 20 世纪 80 年代后期就开始了，非石油燃料（主要是天然气、玉米乙醇、电力）占美国交通运输部门能源消耗的比重仍然从 1970 年的 4.9% 下降到只占 3.9%（美国能源信息署，2005a，表 2.1e，p.42）。纤维素乙醇（从纤维素和木质材料，甚至是玉米中获取）中短期内可作为一种减少石油进口、降低温室气体排放、支持农村经济的方法，看起来前途无量。通过稳定地降低成本和提高产量，纤维素乙醇能够在不影响粮食生产的情况下，取代大部分的石油消耗。其面临的主要技术挑战是找到可以将纤维素分解成糖的酶和确定微生物能够吸收这些糖以产出乙醇。此外，新技术在将包括动植物废料在内的有机物转化成清洁的柴油燃料方面是大有希望的。由于非传统石油资源的发展，所有这些选择对确保未来能源的安全都是关键的。

2.3 电厂的问题：新旧更替

美国依赖电力满足消费、商业和工业需求的程度正不断提高。作为美国能源耗用的一部分，电力所占比重已从 1970 年的 25% 上升到现在的 40%，国家的电力产销量比 1970 年提高了 150%。根据能源信息署的预测，美国的电力耗用将以每年 1.6% 的增长率增长至 2030 年（美国能源信息署，2006，p.147）。尽管这比 1973 年能源危机时经历的 7% 的年增长率低得多（Hirsh，1999），但是当前的增长率依然要求发电量在今后大约 40 年内翻一番。

与交通运输部门虽然在能源耗用上有与之相似的增长，但几乎一直完全依赖于石油不同，发电所用的燃料和技术在不断变化着。1970 年，煤炭作为主要燃料（今天也是如此）生产了美国 46% 的电力；天然气和水力也是重要能源资源

（今天也是如此）。主要的不同是：1970年时只有1%的电力来自核能，除了水力之外基本没有其他可再生资源发的电，12%的电力用燃油生产；2004年，煤炭发电量占美国电力的50%，核能发电量占20%，水力之外的其他可再生资源发电量占2%（大部分是木材和废物燃料，还有地热能、风能、太阳能），然而燃油发电量只占3%（美国能源信息署，2005a，p.228）。由此，我们可以看到核能的兴起，以石油为基础生产的电力被替换，以及一些可再生资源技术的出现。这些趋势有助于石油安全，但围绕着核电站，包括核扩散和核废料储存，也引起了许多安全问题（美国国家环境预报中心，2004）。

　　当前，对电力生产的格外关注方兴未艾。最近对电力部门发电容量的投资已用在了天然气内燃轮机或联合循环设备上（见图2-2）。相较传统的煤电厂，天然气联合循环发电机的建设费用更便宜、建设速度更快，而且废气排放更少。这导致在1999~2004年，燃气发电量增加了150千兆瓦。这波天然气需求大潮的到来正值美国国内天然气产量开始稳定的时候（美国国家环境预报中心，2004）。展望未来，由于美国大部分煤电厂都有20~50年使用时间了（Morgan et al.，2005），所以它们中的很多将可能被燃气发电取代（见图2-3）。

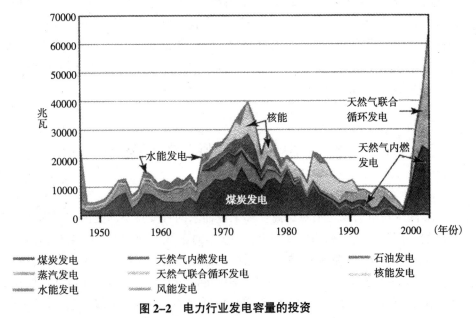

图2-2　电力行业发电容量的投资

资料来源：美国国家环境预报中心，2004，图4.3，p.44。

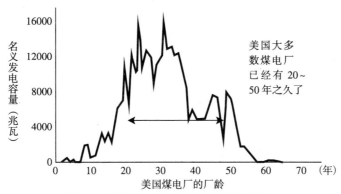

图2-3 截至2004年美国煤电厂的厂龄
资料来源：Morgan等人，2005，图20，p.55。

能源分析师们已经看到这种趋势所带来的问题。近年来在天然气发电容量上空前巨大的投资将严重影响燃料需求。进口天然气所占美国天然气耗用的比重已从1970年的3.6%上升到2004年的15.3%（美国能源信息署，2005a，表6.1e，p.185）。美国国家石油委员会预测，北美的资源只能够满足美国75%的天然气需求，进口还会继续增加（美国国家石油委员会、天然气委员会，2003）。当天然气进口像石油市场那样，在美国能源耗用中的比重不断增加时，天然气安全问题可能就会出现。

天然气市场对预计需求和国内有效供给之间差距的反应是一系列伴随着价格波动的涨价。这已经引起了那些高度依赖天然气的产业的衰退。另外，解决天然气供需失衡的失败将会对环境造成负面影响。天然气作为一种燃料已被很多人视作美国通向拥有清洁能源或可再生能源未来的桥梁。近来暴涨的天然气价格或将颠覆这种趋势，并导致煤炭耗用的上升（美国国家环境预报中心，2005）。这种情况的恶化会导致一种可能，即如果当前的许可证到期，现在的核电站会在接下来的50年里逐渐退出，那时美国的一个重要的无碳能源资源将消失。

由于美国拥有全世界最大规模的探明碳储量，煤炭毫无疑问要在为美国经济提供动力方面持续地扮演关键角色（见图2-4）。然而，煤炭发电的低效率、高含碳量、污染治理成本带来了挑战，这也许能够解释为什么过去十年建的煤电厂那么少（见图2-2）。煤炭集成气化联合循环（IGCC）技术开启了净化燃煤发电和碳捕获之门。该技术首先需要将碳通过化学过程转化成合成气，这种合成气反过来为燃气轮机提供燃料，燃烧释放的热量用来产生蒸汽，进而用这些蒸汽发电。这个气化过程提供了有效的成本隔离、收集杂质和大部分碳的可能。然而，这一过程的成本溢价阻碍了其市场成长，这也是为什么2005年的能源政策法案为煤炭集成气化联合循环电厂提供了8亿美元的设备投资税收减免。

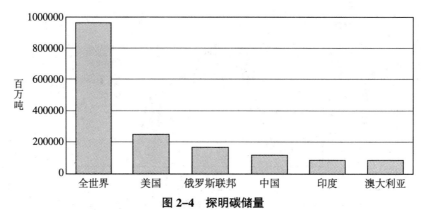

图 2-4　探明碳储量

资料来源：美国国家能源政策委员会，2004，图 4.6，p.51。

其他发电资源的情况如何呢？一方面，由于存在与燃料资源、废物处理以及潜在的公众反对相关的安全问题，因此无法期望新的核电站在短期内大范围投入使用。另一方面，非水力可再生能源技术却显示了广阔的前景，尽管它们的市场占有率仅限于发电量的 2%。

由于联邦以及州政府的大力支持，非水力可再生资源（如生物能、地热能、风能、太阳能）的成本在过去 30 年内急剧下降。因此，鉴于经验的积累和技术的进步，风力发电的成本相较 1970 年下降了 80% 以上。其现在的成本在 4~6 美分/千瓦时，在美国，这一成本几乎可以与天然气发电和燃煤发电相抗衡。相比传统电厂可以按照需求生产稳定的电力，风能断断续续的特性就成了其在电力系统中运营的障碍。光伏并网系统的发电成本也下降了，现在大约为 20~25 美分/千瓦时（美国国家环境预报中心），但是依然比其他资源并网发电贵得多。鉴于非水力可再生能源要在主要供电方面扮演重要角色，因此需要更进一步的技术和成本突破或财政支持。

为了可再生资源电厂能在 2007 年底前投产，2005 年美国能源政策法案为其提供了延期两年的 1.8 美分/千瓦时的税收抵免，届时这些电厂将开始它们为期 10 年的发电周期。当前政府预测，在技术进步和州及联邦政府包含延期生产税抵免在内的激励政策下，非水力可再生资源发电量占总发电量的比重将从 2004 年的 2.2% 上升到 2030 年的 4.3%（美国能源信息署，2006，p.81）。生物能、风能和地热能有望占这些增长的一大部分。尽管有如此迅速的增长，到 2030 年这三种可再生能源中任一种的发电量预计仍然不足发电总量的 2%。

对于这些问题，美国电力研究所（EPRI）——一个电力部门智囊团——认为，"对即将到来的竞争空前激烈、危机环伺的数字经济的需求，美国的电力企业还远没有准备好。"（美国电力研究所，2003）

2.4 脆弱的能源基础设施

近来所有主要的能源资源都要求复杂的和昂贵的基础设施将它们转换成可用形式并送至市场。石油在被用作运输燃料之前必须经过萃取、航运、精炼、管道运输和搬运等环节。天然气必须经过萃取、加工、管道运输、铁路或船舶运输或其他输送方式，才能用来发电、取暖以及为工业提供燃料。电力一旦生产出来，必须立即通过互联的输电和配电电网送达使用者。此外，还必须处理好供应链各个环节使用过的核燃料、粉煤灰以及其他废物流。

配置几乎全部主要能源类型的基础设施一直是很困难的。然而，1970 年公众对于将核心的能源基础设施安置在人口密集地区或环境敏感地区并不是很反对。那时，三里岛核事故和阿拉斯加湾漏油事件还未发生，美国环保局刚刚成立，恐怖袭击在风险评估中还不突出。

今天的能源基础设施比过去更加广泛和多样化，同时，通常也会引起公众的抵制。当前的能源设施包含核电站和废料储存库、液化天然气（LNG）终端、风电场、太阳能塔，所有这些对美国而言都是 1970 年以来的新事物。另外，监管建设和运营关键的能源基础设施的环保法规在 30 年前还处在初级阶段，但是今天它们已经相当完善了。这些法规被那些越来越不愿意在他们的社区或州建设能源项目的公众所使用，这可以从亚卡山核废料库和南塔基特湾的科德角风电项目、在很多地区建设填埋气体发电厂、在缅因州和新泽西建设液化天然气终端、在康涅狄格州和长岛之间架设水下输电线的抗议中得到证明。核电站和水电大坝已经成为公众关注的主题，过去 10 年有些已经关闭了。与此同时，对于增加能源基础设施以经济可靠地满足商业和消费需求的需要越来越迫切。这就导致当今的能源基础设施需要进行扩张和现代化，也是 2001 年国家能源计划的重要主题（国家能源政策发展小组，2001），成为国家能源政策委员会当前的焦点。在其 2006 年题为"引证重要能源基础设施"的报告中，委员会提到本地关怀胜过范围更大的地区和国家目标的过程意味着：

能源基础设施并不总是在最需要它们的地方或最迫切的时候提出或建设；及时获得建设这些设施的许可时常需要付出非凡的努力；政策的不确定性及其造成的延误，提高了设施自身的成本，同时也提高了能源的输送价格。

（美国国家环境预报中心，2006，p.1）。

展望未来 30 年，随着美国能源系统的扩张和现代化进程，几乎全国每个地区都需要新的能源基础设施（见图 2-5）。随着石油和天然气进口的增加，与国际货运相关的危险性可能也会增加，进而需要扩展港口设施并确保其安全。另外，可能还需要更新大量新的液化天然气终端，上千英里的新输电线，全新的封存碳的站点，生物能源冶炼厂，以及氢的储存和运输管道设施。如果燃煤发电厂的碳永久封存会在未来起到重要作用，那么还需要碳储存站。潜在的储存库包括枯竭的油气田，不可开采的深部煤层，或者深层含盐层，以及玄武岩层。每一种地质形态都呈现出独特的困难，并且在进行大规模的储存前还需要经过相当多的公众审查。所有这些系统现在就必须具备很强的适应性，不仅要针对操作错误、设备故障、极端天气，还要针对潜在的恶意干扰和袭击。

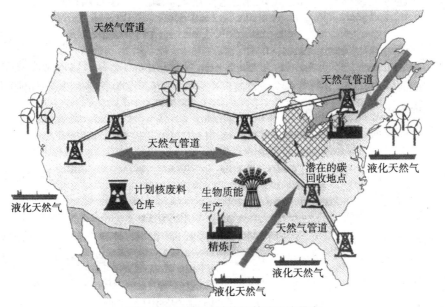

图 2-5　美国主要的能源基础设施需求
资料来源：美国国家环境预报中心，2004，图 5.1，p.85。

在美国，面临压力最大的基础设施之一就是高压输电网。过去 30 年电力需求的迅速增加是导致这一基础设施脆弱性的重要因素，因为在输电设施上的投资没有与在发电设施上的投资成比例增长。1970 年，美国在输电基础设施上的开支达到接近 100 亿美元的峰值，但是 1998 年却下降到 22 亿美元的低谷（均以2003 年美元价格为基础）（EPRI，2003，pp.2-4）。输电基础设施投资下降的趋势似乎也是从那时扭转过来的，2002 年为 38 亿美元，2003 年达到 41 亿美元（Brown，2003；爱迪生电力研究所，2005，pp.1-3）。然而，许多分析家认为有必要更多地投资于将电力输送给由电力行业重组创造出的批发和零售市场

(Hirst，2004)。

1992 年能源政策法案结合联邦能源管理委员会的 888 号和 889 号命令促进了电网利用率的提高，另外也除去了投资电网升级改进的激励（Silberglitt et al.，2002，pp.8-12）。结果，美国以夏季需求峰值（按兆瓦英里/兆瓦需求）为标准的输电容量在 1989~2002 年间下降了 21%（2004，表 4），并且在夏季高峰时段，发电容量边际增长率（计划发电容量资源预期比预计峰值需求多出的百分比）也从 1990 年的 21.6% 下降到 2004 年的 19.2%（美国能源信息署，2005a，表 8.12，p.267）。由于电网组件以接近它们的技术极限和超越它们初始计划寿命的方式运行，因此美国很多地区的电力可靠性降低了。2005 年能源政策法案制定了几条有助于提高输电能力的规定，包括简化输电计划的制定及批准过程，增加国家输电走廊许可，鼓励提高对输电线的投资等。[13]

1970 年后出现的一种趋势，即分散式能源（DER）的发展，或将提高电网的可靠性。分散式能源是被安置在靠近消费者使用点的小型发电或蓄电系统，它们带来了燃料弹性，降低了输配电线上的损耗，提高了电力的质量和可靠性，提高了终端用户的控制能力。虽然有些分散式能源设备包含柴油发电机组，会造成严重的空气污染，但是其他一些分散发电技术却在减少当地废气和二氧化碳方面显示了巨大的潜力，这一方面是因为废热发电的高效率，另一方面是因为使用了当地可再生资源和像天然气这种温室气体（GHG）含量低的燃料。因为光伏系统的生产情况与峰值需求高度一致，所以它们对于确保电网的稳定性、可靠性和安全性至关重要。很多专家相信这些方面的潜在优势将带来能源行业的"范式转换"，即从集中发电转向分散式发电。

一些分散式发电技术，像光伏板和燃料电池，相较于中心电站燃烧化石燃料的发电厂，几乎不排放或极少排放废气。如果产生的废热能够有效地当场用于提高整体系统的效率，那么分散式发电通过使用微型轮机和内燃机也可以减少总体废气排放。仅是基于废热发电这一个产业部门的剩余技术潜力，估计 2025 年将节约接近 1 夸特的初级能源（Worrell et al.，2004）。具有冷却能力的成套的热电联产机组预计 2025 年能够节约 0.3 夸特能量（因此对商业建筑的运营者比较有吸引力）（Hadley et al.，2004）。

1970 年，分散式发电作为柴油发电机的后备来提供安全电力，局限在一个很小的范围内。从那时起，分散式发电市场在规模和种类方面开始增长，其现在的用户有医院、工厂、互联网服务中心，以及其他用电成本高的商业组织。市场很可能随着财富的增长而成长，因为更多的用户愿意为避免断电带来的不便付费。分散式能源在以下几个较小的利基市场正在增长：作为偏远地方的独立电源；降低电费高峰期和波峰时的成本；作为利用废热发电的一种具有效率优势的途径。通过降低对输电线的要求，更好地响应快速增长的电力需求，分散式发电在新定居区具有特别的优势。在未来50年，对可靠性极强的电力服务的需求的增长可能会远高于对电本身的需求。分散式能源或将满足，至少部分满足这种需求。

2.5　尚未开发的能源效率潜能

完全依赖新能源供应来摆脱其能源困境对美国来说是不经济的。通过更高效地使用能源来控制能源需求，是一个重要的协同战略。许多人认为能源效率是国家最快捷、最经济、最清洁的能源。然而，虽然这一资源在过去曾发挥过重要作用，但是由于存在大量阻碍以及政策上的不足，其当前的潜能并没有被充分发掘出来（Brown，2004）。

在1973~1974年阿拉伯石油禁运之前，美国能源消耗的增长是紧随其GDP的。以每一美元GDP的能源耗用量来衡量，美国的能源密集度仍在保持不变。经济增长似乎引致了更大的能源消耗。

这一趋势在能源价格快速上涨的1973~1986年期间发生了改变，这一时期美国经济（以GDP衡量）增长了35%，而其能源消耗依然处在不变的74夸特。结果，经济的能源密集度大幅下降（见图2-6）。人们购买更具燃油经济性的汽车和电器，使他们的房屋隔热、隔冷以及能够耐风雨，调整他们的恒温器以节能。

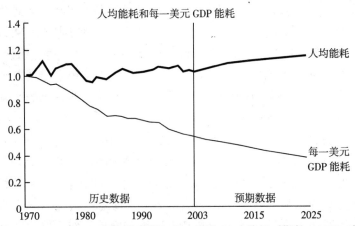

图2-6　1970~2030年人均能耗和每一美元GDP能耗（指数，1970=1）

资料来源：美国能源信息署，2005b，图3，p.5。

商家改装他们的办公楼，安装效率更高的取暖和制冷设备，以及能源管理和控制系统。工厂采用更有效率的生产流程，为传送带、泵、风机和压缩机购买更有效率的马达。高能源价格和联邦、州政府的政策促进了对这些提高效率的技术的投资。这一时期，能源使用中节约的能源约有 1/3 是由经济结构变化造成的，包含能源集中性产业的衰退和服务业的增长；大约 2/3 是因为能源效率的提高造成的（美国能源部，1995）。这一时期能源生产率获得的效益展现了 20 世纪伟大的经济成就之一。

从 1986 年开始，能源的集中度就持续降低，但是其下降速度很慢。1970年，每生产一美元（以 2000 年美元价格为基础）GDP 要消耗 18000 英热单位能量（美国能源信息署，2005a，表 1.5，p.13）。到 1986 年，这一能源集中度指标降到 12300 英热单位，2004 年降到 9200 英热单位。如果今天美国的能源集中度与 1970 年相同的话，那么 1970 年的能源需求将大约是当前的两倍，全国每天的能耗费用大约比当前高 10 亿美元（见图 2-7）。在投资于提高效率和促使经济结构从能源集中度高的制造业转向服务业及信息产业的联合作用下，20 世纪 70 年代末 80 年代初经济的能源集中度确实下降了。提高能源效率曾经是并且当前仍然是强化国家能源系统具有吸引力的选择，因为它是一个"百利无一害"的方法——用于提高能源效率的投资在拓展了国家能源的同时也为消费者和企业节省了钱，降低了能源进口，减少了污染和温室气体排放。

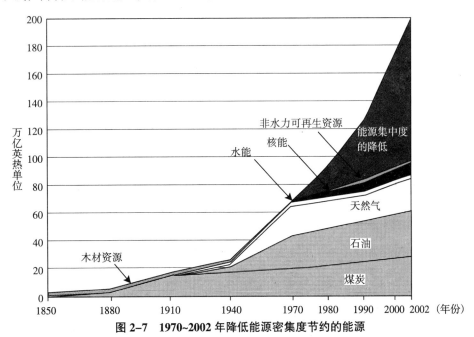

图 2-7 1970~2002 年降低能源密集度节约的能源

资料来源：美国能源信息署，年度能源报告。

　　建筑行业是美国能耗最大的行业。全国 1.06 亿住户、460 万栋商业大厦、建筑面积 15.5 万亿平方英尺的工业厂房大约消耗了美国能源预算的 41%。这些能源大部分被住宅楼耗用（20.9 夸特），其次是商业大厦（17.4 夸特），再次是工业厂房（2.0 夸特）（Brown et al., 2005）。大部分用在建筑物中的能源是由将燃料和电转化成最终使用形式的设备消耗的，这些最终使用形式有：暖气或空调、灯光、热水、信息管理和娱乐等。

　　1972 年以来，建筑行业能源总体使用量一直以低于 GDP 增速一半的速度增长。并且从 70 年代末以来——那时刚刚能获得能源使用的详细数据——住宅能源人均用量下降了 27%，户均用量下降了 37%；商业大厦能源用量每平方英尺建筑面积下降了 25%（见图 2-8）。

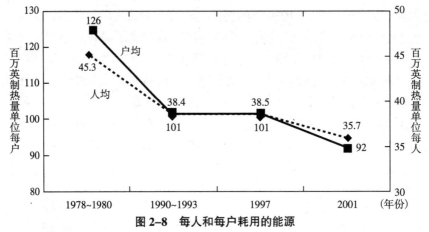

图 2-8　每人和每户耗用的能源

资料来源：改编自 Brown 等人，2005，图 2，p.2。

　　尽管自 1970 年以来，美国的家庭数增加了 50%，同时空调、电气设备、电视以及大量插座的使用量也在不断增长，但是其能源集中度却下降了。今天，美国家庭中安装中央空调的比例从 1970 年的 34% 上升到 85%（Brown et al., 2005）。

　　关于能源效率提升潜力的一个显著的例子就是家用冰箱。从 20 世纪 70 年代中期开始，在政府和行业的协同努力下，在不影响尺寸和价格的情况下，家用冰箱获得了能源的大幅节约。今天的冰箱能耗比它们 1970 年时低 75%。这些技术进步连同电气标准的发布，在能源成本上为美国消费者节省了数十亿美元，同时还减弱了对建设新电厂的需求（国家研究委员会，2001）。根据最近对大功率电器和设备的效率标准的评估（Nadel et al., 2006），以及对整个经济的能源效率的工程估算（Brown et al., 2001）的文件记录，能源效率持续提高的潜力仍然很大，但是需要有政策将潜力变成现实。

由 50 多个组织和机构制定和支持的国家能源效能行动计划（2006），提出了五条建议帮助州和发电厂克服政策、法规以及其他限制能源效能投资的障碍：

（1）将能源效率视作高优先级的能源；

（2）做出有力的、长期的承诺，将能源效率作为一种资源实现其成本效益；

（3）广泛地将提高能效的机会和收益联系起来；

（4）创立充足的、及时的、稳定的项目基金将能源效率传送至具有成本效益的地方；

（5）随着具有成本效益的能源效率的传输，调整政策使之与厂家激励相匹配，同时调整定价方案以促进对提高能效的投资。

最后一条建议对未来电力的最终使用效率特别重要，因为它符合很多州的情况，这些州发电与售电的收益成比例，结果却促进了更多的用电。

与过去 30 年来建筑行业在能效上的进步截然不同，交通运输业没有获得燃料经济的提高。事实上，交通运输业能耗的增长比其他任何行业都快，图 2-6 显示的人均能耗增加是原因所在。造成这种情况的原因有很多，包括自 1981 年以来汽车燃油经济的停滞不前。有趣的是，建筑环境的布局对交通运输业燃料使用的增长也产生了很大影响。很明显，"二战"后居民和商业向郊区转移造成了城市扩张，致使每日往返上班的人、货物、服务要跨越的距离不断扩大（Burchnell et al.，1998）。城市扩张的一个重要特点就是开阔地的出现，产生了基本上可做单一用途的土地，普及的私家车、便宜的汽油、发达的高速公路扩建项目使之成为可能并得到了鼓励，其中包括留作建造独立的单一家庭住宅的土地、大面积供发展商业旅行的土地、建造多商店购物中心的土地、建造办公室和工业园区的土地。这种出发地和目的地的分离不仅增加了日常往返距离，而且增加了购物和提供个人服务的频率和行程。在 1969~2001 年间，每年每台家庭汽车平均行驶里程从 12400 英里增加到 21500 英里（而每个家庭平均人数从 3.2 人降到 2.6 人，同时每户汽车拥有量从 1.2 台增加到 1.9 台）（美国交通运输部，美国交通运输统计局，2003）。

过去 10 年间，很多州、规划中的地区以及大都会区都已经开始进行了基于明确空间增长管理战略的反扩张立法。它们尝试了各种财政刺激，全部旨在获得更紧凑的、交通更为便利的土地使用布局。发展绿色建筑及其理性增长让人印象最深刻的进步产生于社区和开发商都想使其在有效使用资源和减少废物以应对当地土地使用规划、能源供给、空气质量、垃圾填埋限制、水资源等问题上处于绝对领导地位。但是进步是缓慢的，并且成功与否也不确定。过去 30 年土地使用遗留下了很难改变的问题。

根据最近几年的典型情况，为了说明改变的需要，假设美国能耗每年增长 1.5%。按照这一比率，美国到 2025 年能耗将增长 35%，到 2100 年将增长 410%。如果美国将其年增长率降低一半，到 2025 年其能耗只会增加 16%，到 2100 年增长 200%。结果将是会有一个更有活力的能源增长比率。

2.6 能源—环境关系

美国的能源企业和环境质量是密切连在一起的，因此，"能源危机"还有一个环境维度。例如，对能源的追求危害了人类和生态系统的健康，包括采矿期间移除山顶，冷却水影响了水生生物，水电大坝致鱼类死亡，风电涡轮机致鸟类死亡，油罐车泄漏，油气管道泄漏。连同空气污染和温室气体排放（下面将探讨），这些环境问题导致了 1997 年《经济学家》杂志的一个著名论断："今天的能源使用方式比任何一种和平的人类活动对环境的破坏都大。"如图 2-9 所示，化石燃料的使用是美国一系列污染气体和二氧化碳排放的主要原因。

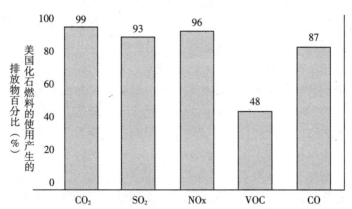

图 2-9 美国化石燃料的使用产生的排放物的百分比
资料来源：美国环境保护局（2004）和美国能源信息署（2000）。

尽管美国对"清洁空气"立法已有 30 年了，但是空气污染依然是生态系统健康的严重威胁。美国人正处于呼吸道疾病的多发期（尤其是儿童哮喘发病率已经破了纪录），同时由于电厂和汽车尾气排放的影响，能见度在持续降低。这些问题在依赖煤电的地区尤为严重，例如东南部的很多地区。大烟山国家公园就是一个恰当的例子，那里的空气污染破坏被很好地记录了下来。每年臭氧警报都会使游客登山活动和公园管理员的工作中止几个星期。大烟山现在的能见度已很难达到其曾经令人激动的 93 英里的自然极限了。今天的大烟山，冬季每年的平均能见度下降到了 25 英里，夏季下降到了 12 英里。

发电、乘用车和卡车是美国最大的空气污染源。过去几十年美国在减少电厂、工业、交通运输业的有害气体排放方面已经取得了重大进步。1989~2003年，发电和热电联产系统的废气排放量急剧下降，SO_2 降低了 32%（从 1989 年的 1710 万吨下降到 2003 年的 1170 万吨），NOx 下降了 46%（从 1989 年的 900 万吨下降到 2003 年的 480 万吨）（美国能源信息署，2005a，表 12.7a，p. 351）。由于在火电厂安装了污染控制设备，能降低工业加工设备的污染排放并降低燃料的平均含硫量，使用像天然气这样比较清洁的能源为住宅和商业场所供暖，才能实现废气排放随着时间的推移有如此的下降。为了解决悬浮微粒和酸雨问题，为了提高能见度，SO_2 和其他污染物还要进一步减少。电力生产对空气污染的影响被 2003 年 8 月 14 日的美加大停电生动地记录了下来。大停电切断了美国和加拿大 5000 万人的电力供应，也切断了来自俄亥俄谷和美国东北部的火电厂的污染。事实上，断电偶然地成了一个测评大气对电网崩溃的反应的实验。其结果令人印象深刻：停电 24 小时之后，大气中 SO_2 的浓度下降了 90%，悬浮微粒下降了 70%，臭氧浓度下降了一半，如此大幅的下降超出了空气质量模型构建者的预期（Marufu et al.，2004）。

除了污染问题，当前的能源趋势将扩大温室气体的排放量，温室气体似乎会造成全球气候变暖、冰川消融，以及更频繁、更极端的气候事件发生，如飓风和干旱。当然，对气候变迁的科学理解还在不断发展，就像政治和商业对其所做的那样（Aston and Helm，2005）。然而，二氧化碳和其他温室气体的日益积累对地球大气层的潜在影响正逐步获得公众的高度关注。1970 年，"全球变暖"这一概念就广为人知了。而直到 1992 年，相关部门才通过第一个《联合国气候变化框架公约》，强调了这一环境问题的近因。现如今这一问题已经被大众传媒广泛讨论，包括最畅销的小说（如 Michael Crichton 的《恐惧之邦》）和热门的好莱坞影视作品（如《后天》），它们通过描绘与全球变暖相关的情节激发公众论辩。前副总统阿尔·戈尔的电影《难以忽视的真相》，也为全球变暖的辩论注入了活力。

然而，人为的温室气体排放与全球气候变化之间的关联还不确定，如果它们之间存在因果关系的话，那么这就与能源耗用密切相关了。石化燃料的燃烧是温室气体排放的主要原因——例如，美国每夸特能耗会带来大约 5900 万公吨的二氧化碳排放量（美国能源信息署，2005a，表 12.2，p. 341）。

美国由能源消耗产生的二氧化碳排放总量增长迅速：从 1970 年的 43 亿公吨 [14] 到 1980 年的 47 亿公吨，再到 2004 年的 59 亿公吨（美国能源信息署，2005a，表 12.2，p. 341）。美国能源信息署预测能源消耗产生的二氧化碳排放在未来将以平均每年 1.2% 的比率增长，到 2025 年二氧化碳排量将达 81 亿吨（美国能源信息署，2006，表 A18，p. 160），几乎是 1970 年排量的两倍。显然，过去 30 年美国没有获得其需要的低碳电力和燃料以稳定大气层中温室气体含量——这也是联合国气候变化框架公约设定的目标。二氧化碳含量的稳定意味着在接下来的几十年里全球二氧化碳排放必须达到峰值然后无限期地下降。预计到本世纪末，全世界二氧化碳排放量每年需要减少 145 亿吨（见图 2-10）（美国气候变化技术规划，2006）。为了阐释这一挑战的艰巨性，请考虑 Placet、Humphreys 和 Mahasenan（2004，p.202）提出的 10 亿吨/年的碳减少量的例子。通过建设 1000 家 500 兆瓦的"零排放"火电厂代替没有使用碳捕获及储存技术的火电厂，可以达成每年减少 10 亿吨碳排放的目标。或者，通过配备 10 台燃油效率可以达到 40 英里/加仑的新车来替代 20 英里/加仑的旧车，也能够使碳排放每年减少 10 亿吨。又或者，通过将 30 倍于爱荷华州耕地面积的贫瘠土地变成新的森林，也能达到每年减少 10 亿吨碳排放的目标。

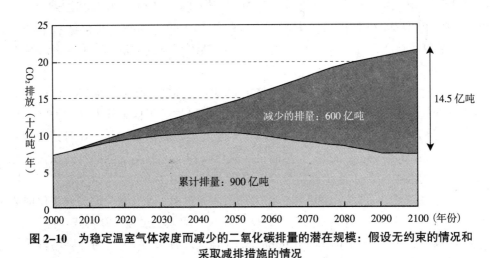

图 2-10 为稳定温室气体浓度而减少的二氧化碳排量的潜在规模：假设无约束的情况和
采取减排措施的情况

资料来源：气候变化技术规划，2006。

　　如此的温室气体减排目标要求世界生产和使用能源的方式发生根本改变，而这将要求开发新一代的能源技术和方法。积极主动的州立法和监管对减少污染开始产生积极影响。例如，加州大约四分之一的电是通过分散式和新能源技术产生出来的。结果尽管用电增加了 25%，但 2002 年的温室气体排放量只比 1990 年多 12%。不幸的是，这种进步只是个案，并不普遍。

　　要解决一个世纪范围内的气候变化问题，还需要科学上的突破来扩充当下的选择。当前，美国政府每年花 30 亿美元用于发展应对气候变化的技术（Brown et al., 2006)，这比 20 世纪 70 年代末联邦政府用于能源研发的花费的一半还少（美国国家环境预报中心，2004）。考虑到国家能源挑战的严重性和对新技术解决方案的迫切需求，能源研发预算应该加大而不是收缩。

总的来说，过去 30 年来，对于用以帮助稳定大气层温室气体含量的低碳电力和燃料而言，并未见其取得市场突破。我们的能源系统要"逐步改变"，以使能源在不损害环境质量的前提下取得增长。

2.7 能源政策方案

美国能源挑战的严峻性在 2005 年能源政策法案（EPAct）签署之前的四年中不断被讨论，该法案在 2005 年 8 月被总统签署为法律（http://www.ne.doe.gov/EPAct2005/hr6_textconfrept.pdf，June 23，2006）。这个法案长达 1724 页的能源立法确立了一系列激励和监管措施，以发展下一代电厂、燃料和基础设施，从而使美国为满足其未来的能源需求做好准备。例如，2003 年和 2004 年包含新能源生产税抵免在内，每年大约包含了 30 亿美元的税收补贴。2005 年能源政策法案要求 145 亿美元的额外税收激励，为期 10 年，这一举措使各种新能源供应和基础设施投入运营。一些政策规定下面着重说明：

● 清洁煤：给予集成气化联合循环电厂 20% 的投资税抵免，总额 8 亿美元。

● 石油 & 天然气：联邦能源管理委员会被授予建设液化天然气端口的独立联邦监管责任，联邦能源管理委员会还被指定为代联邦政府审批州际天然气管道建设和监管国家环境政策法案实施的领导部门（NEPA）。

● 核电：给予新安装投产的核电站最初 6000 兆瓦发电量 1.8 美分/千瓦时的生产税抵免（PTC）。

● 可再生能源：为了使可再生能源电厂能在 2007 年投产，为其提供 1.8 美分/千瓦时的生产税抵免，延期两年，并且扩大其适用范围。除了风能和太阳能之外，还包括在现有大坝上新增的水力、波能、海流能、潮汐能、海洋热能、地热能、开环生物能、填埋区沼气发电厂。

● 能源效率：为 12 种民用产品和 5 种商用产品制定了新的能源效率标准。同时，为高能效住房的建筑商、高能效设备制造商，以及提高家庭能效和购买先进的精益燃烧与混合动力的汽车、卡车的纳税人提供税收抵免。

● 电力可靠性：要求监控接入电网中的电站的实时信息，并且给出了电力可靠性的强制标准。

此外，2005 年能源政策法案还批准了很多研发和示范项目，以鼓励对新出现的清洁能源技术的投资。其中有些技术被该法案作为目标提供以下支持：

● 为清洁煤的商业示范和研发提供超过 30 亿美元的资金；

● 为通过核能产生氢产品的两个示范项目提供 1 亿美元资金支持；

● 为生物柴油示范项目提供每年 1 亿美元的资金，直到 2009 年；

● 为建厂生产乙醇和其他可再生能源的生产者提供补助；

● 为新能源技术的研发提供 22 亿美元资金，直至 2009 年。

尽管该法案通过了很多强化国家能源基础设施和为所需清洁能源提供一个可持续的未来所需要的举措，但是仍然还有很多事要做。例如，基金需要专用于引导 2005 年能源政策法案批准的研发和示范项目。没有专项拨款，资本市场、工业行业、商业行业、消费者能否被激励实现该法案所制定的全部目标，是值得怀疑的。此外，需要制定气候政策去解决温室气体排放问题，需要提高公司平均燃油经济标准以促进国家车辆的燃油经济性。许多这些附加的政策都被国家能源政策委员会提过（美国国家环境预报中心，2004）。

成立于 2002 年的国家能源政策委员会开发了对收入没有影响的一揽子政策，这些政策被设计来确保美国在 21 世纪具有经济可靠的能源，同时能够应对不断增加的能源安全和全球气候变迁的风险。Hewlett 基金、Pew Chari 信托基金、John D.和 Catherine T.MacArthur 基金、David 和 Lucile Packard 基金，以及能源基金一起成立了一个 100 亿美元的基金。这个 16 人的跨党派委员会代表了各领域的专家和机构。

在开始运作的前三年，委员会开了十几次会议，主持了超过 35 项独立研究分析，撰写了《结束能源僵局》（www.energycommission.org，June 23，2006）。一些 2005 年能源政策法案没有涉及的重要政策建议在表 2.1 中着重列出。该委员会的报告也会记录这些政策在推动美国走向可持续的能源未来的过程中所产生的重大影响。例如，相比于美国能源信息署预测的到 2020 年非水力可再生能源发电量将增长至总发电量的 3%，美国能源政策委员会预计，受被提议的温室气体排放许可证交易和不断增加的研发基金影响，到 2020 年非水力可再生能源发电量将增长至总发电量的 10%（美国国家环境预报中心，2004，p.62）。专栏 2.1 列出的美国国家能源政策委员会的政策建议表明，为应对国家面临的能源挑战，政府需要采取的举措类型。

专栏2.1　国家能源政策委员会政策建议摘选

石油安全
● 提高世界石油生产并使其多样化，强化全球战略储备网络。
● 显著提高小汽车和轻卡的联邦燃油经济标准，同时改革公司平均燃油经济性规划。
● 为生产者和消费者提供激励，以促进国内石油生产并提高对能效高的、先进的柴油和混合动力车的使用。

能源供应
● 采用有效的公众激励措施帮助阿拉斯加天然气管道建设。
● 继续投入研发，开发利用非常规天然气的技术，像甲烷水合物。
● 将可再生能源的联邦生产税抵免延期至2009年。

能源基础设施
● 继续按照从容不迫的速度完成能源部运作亚卡山地质储存的许可证申请工作，准备好一切所需资源以确保严格地、及时地完成申请审查。
● 消除用以支撑不断增加的液化天然气进口的基础设施的选址和建设障碍。
● 支持联邦能源管理委员会继续努力促进基于市场化方法，将具有波动性的资源整合到各州之间的能源网络系统中。

终端使用效率
● 将针对性的技术激励、研发、消费者信息，以及由电力和燃气厂家资助的项目等方面的优势整合到效率标准中。
● 促进提高建筑法规的遵从性。
● 工业和建筑业要寻求进一步提高效率的机会。

气候变化
● 采用一个强制性的、覆盖整个经济的排放许可证交易体系，以限制温室气体的排放，同时设置一个安全阀来限制成本。
● 为在各个地方从事炭地质储存的商业化示范项目提供支持。

研发
● 在2005~2010年期间，将联邦直接投入在能源研发上的经费加倍。

2.8 结 论

过去 30 年用于生产和消耗能源的燃料和技术发生了重大变化。有些变化强化了国家的能源体系,特别是建筑业和工业能效的显著提高,以及当前各种用来发电的燃料的使用效率的提高。其他一些变化却加重了美国能源的脆弱性,包括燃料进口的激增和新增输电线路投资的贫乏。美国人需要越来越多的能源,然而与此同时,他们又反对新的能源供应和基础设施项目的建设,因为他们不明白这种变化对满足其消费需求的必要性。

基于本文阐释的趋势,美国能源系统当前的压力和其在 20 世纪 70 年代早期的压力一样大。过去 30 年,由于其不断增长的能耗,多样性贫乏的交通运输燃料,以及充满问题的能源基础设施,美国的经济、环境、政治、军事威慑都越来越脆弱。认为能源危机是言过其实的、捏造的,或者简单将其看作是掩饰的固有观念,会对这些问题起到反作用。将能源危机描述成"炒作"阻碍了大量资源和政治意愿的调动,而这些正是成功解决世界和美国所面临的真实的、重大的能源挑战所需要的。

致 谢

笔者要感谢由 Benjamin Sovacool(美国橡树岭国家实验室魏格纳研究员)和 Richard Hirsh(弗吉尼亚理工学院和州立大学的历史学和科技学教授)提供的重要文献综述。

注释

[1] This quote is from the CBS News story on September 17, 2002, called "California Energy Crisis A Sham," (http: //www.cbsnews.com/stories/2002/09/17/eveningnews/main522332.shtml, June 23, 2006).

[2] See the following website for a more complete description of the proposed legislation: http: //www.kucinich.us/floor_speeches/env_excess_profits26apr.php, June

23, 2006.

[3] This story appeared in Salon News A Salon-eye view of the day's news, with investtigative reports, analysis and interviews with newsmakers, at http: // archive.salon.com/politics/ feature/20011/5/17/energy_plan/, June 23, 2006.

[4] Dan Ackman's, May 8, 2001, http: //archive.salon.com/politics/feature/ 2001/05/08/energy/, June 23, 2006.

[5] http: //www.time.com/time/nation/article/0, 8599, 103558, 00.html.

[6] In the "Chevron Will You Join Us" on-line debate on energy issues, the dialogue on high altitude wind kites can be found at: http: //www.willyoujoinus.com/ discussion/comment.aspx? pid=5434, June 23, 2006.

[7] Additional information on solar terrestrial and space power generation can be found at: http: //www.climatetechnology.gov/stratplan/comments/Hoffert-3.pdf.

[8] This and other quotes appear in "Top of The News: There Is No Energy Crisis," Dan Ackman, Forbes.com, May, 2001, http: //www.forbes.com/2001/05/ 02/0502nocrisis.html, June 23, 2006.

[9] See the discussion of methane hydrates at: http: //www.ornl.gov/info/ reporter/no 16/methane.htm, June 23, 2006.

[10] In 2004, 40.7 quads of energy were consumed to produce a net generation of electricity of 13.5 quads (EIA, 2005a, p. 223).

[11] Transmission and distribution losses in 2004 amounted to a 9% loss of net electricity (EIA, 2005a, p. 223).

[12] More information on the " Oil Shockwave -An Oil Crisis Executive Simulation" can be found at: http: //www.energycommission.org/site/page.php? report=8, June 23, 2006.

[13] Activities by the Federal Energy Regulatory Commission (FERC) to implement the Energy Policy Act are described at: http: //www.ferc.gov/legal/maj - ord-reg/fed-sta/ene-pol-act.asp, June 23, 2006.

[14] The Carbon Dioxide Information Analysis Center (CDIAC) at Oak Ridge National Laboratory is the source for the estimate of U.S. carbon emissions in 1970 (http: // cdiac.esd.ornl.gov/trends/emis_mon/stateemis/graphics/usacemissions. jpg, June 23, 2006). The Energy Information Administration's estimates begin with 1980.

参考文献

Action Plan Leadership Group: 2005, National Action Plan for Energy Efficiency, [online] http://www.epa.gov/cleanenergy/actionplan/leadership.htm, accessed September 3, 2006.

Aston, A. and Helm, B.: 2005, "Top Green Companies: The Race Against Climate Change: How top companies are reducing emissions of CO_2 and other greenhouse gases," Business Week 12 December, p.58.

Brown, M.A.: 2004, "Obstacles to Energy Efficiency," Encyclopedia of Energy, Volume 4, pp.465–475.

Brown, M.A., Antes, M., Franchuk, C., Koske, B.H., Michaels, G., and Pellegrino, J.: 2006, Results of the Technical Review of the Climate Change Technology Program's R&D Portfolio, Oak Ridge National Laboratory, Oak Ridge, TN, [online] http://www.ornl.gov/sci/eere/communications.htm, accessed June 21, 2006.

Brown, M.A., Southworth, F., and Stovall, T.K.: 2005, Towards a Climate-Friendly Built Environment Pew Center on Global Climate Change, Washington, DC, [online] http://www.pewclimate.org/global warming –in –depth/all reports/buildings/index.cfm, accessed June 22, 2006.

Brown, M.S., Levine, M.D., Short, W., and Koomey, J.G.: 2001, "Scenarios for a Clean Energy Future," Energy Policy 29 (14), pp.1179–1196.

Brown, S.: 2003, "How Will the Blackout Shape the Future of T&D," Utility Automation and Engineering T&D, Vol. 9, No.5.

Burchnell, R.W., Shad, N.A., Listokin, D., Phillips, H., Downs, A., Seskin, S., Davis, J.S., Moore, T., Healton, D., and Gall, M.: 1998, The Costs of Sprawl–Revisited. TCRP Report 39. Transportation Research Board, National Academy Press, Washington, DC, USA.

Eddison Electric Institute: 2005, EEI Survey of Transmission Investment: Historical and Planned Capital Expenditures (1999–2008), EEI, Washington, DC, [online] http://www.eei.org/industry.issues/energy.infrastructure/transmission, accessed June 22, 2006.

[EIA] Energy Information Administration: 1998, 25th Anniversary of the 1973 Oil Embargo. DOE/EIA–0624, Washington, DC, [online] http://www.eia.doe.gov/

emeu/25 opec/anniversary.html, accessed June 21, 2006.

[EIA] Energy Information Administration: 2000, Emissions of Greenhouse Gases in the United States. DOE/EIA-0573 (00). EIA, Washington, DC, USA.

[EIA] Energy Information Administration: 2004, Annual Energy Review 2004, [online] http: //tonto.eia.doe.gov/FTPROOT/multifuel/038404.pdf, accessed July 2006.

[EIA] Energy Information Administration: 2005a, Annual Energy Review 2004, DOE/EIA-0384 (2004), Washington, DC, [online] http: //www.eia.doe.gov/emeu/aer/, accessed June 21, 2006.

[EIA] Energy Information Administration: 2005b, Annual Energy Outlook 2005, DOE/EIA-0383 (2005), Washington, DC, [online] http: //www.eia.doe.gov/oiaf/archive.html, accessed June 22, 2006.

[EIA] Energy Information Administration: 2006, Annual Energy Outlook 2006, DOE/EIA-0383 (2006), Washington, DC, [online] http: //www.eia.doe.gov/oiaf/aeo/, accessed June 21, 2006.

[EPRI] Electric Power Research Institute: 2003, Electricity Technology Roadmap: Meeting the Critical Challenges of the 21st Century, EPRI, Palo Alto, CA, USA.

Hadley, S.W., MacDonald, J.M., Ally, M., Tomlinson, J., Simpson, M., and Miller, W.: 2004, Emerging Energy -Efficient Technologies in Buildings: Technology Characterizations for Energy Modeling Prepared for the National Commission on Energy Policy, ORNL/TM-2004/63, Oak Ridge National Laboratory, Oak Ridge, TN, USA.

Hirsh, Richard F.: 1999, Power Loss: The Origins of Deregulation and Restructuring in the American Electric Utility System, MIT Press, Cambridge, MA, USA.

Hirst, E: 2004, U. S. Transmission Capacity: Present Status and Future Prospects, Consulting in Electric Industry Restructuring, Bellingham, WA, USA.

Hoffert, M.: 2006, "Embrace the Disruptive," Technology Review, July/August, p.3.

Interlaboratory Working Group on Energy-Efficient and Clean Energy Technologies: 2000, Scenarios for a Clean Energy Future, Oak Ridge National Laboratory and Lawrence Berkeley National Laboratory. [online] http: //www.ornl.gov/sci/eere/communications.htm, accessed June 21, 2006.

Marufu, L.T., Taubman, B.F., Bloomer, B., Piety, C A., Doddfidge, B.G., Stehr, J.W., Dickerson, R.R: 2004, "The 2003 North American electrical blackout: An accidental experiment in atmospheric chemistry," Geophys. Res Lett., 31, L13106, doi: 10.1029/2004GL019771.

Morgan, G., Apt, J., and Lave, L.: 2005, The U. S. Electric Power Sector and Climate Change Mitigation, Pew Center on Global Climate Change, Washington, DC, USA.

Nadel, S., deLaski, A., Eldridge, M., and Kliesch, J: 2006, Leading the Way: Continued Opportunities for New State Appliance and Equipment Efficiency Standards, Report Number A062, American Council for an Energy Efficient Economy, Washington, DC, USA.

[NCEP] National Commission on Energy Policy: 2004, Ending the Energy Stalemate: A Bipartisan Strategy to Meet America's Energy Challenges, [online] http: //www.energycommission.org, accessed September 3, 2006.

[NCEP] National Commission on Energy Policy: 2005, Oil Shockwave: Simulation Report and Summary of Findings, [online] http: //www.rff.org/rff/Events/loader.cfm? url=/commonspot/security/getfile.cfm&PagelD=18167.accessed June 21. 2006.

[NCEP] National Commission on Energy Policy: 2006, Siting Critical Energy Infrastructure: An Overview of Needs and Challenges, [online] http: //www. energycommission.org, accessed September 3, 2006.

National Energy Policy Development Group: 2001, National Energy Policy, The U.S.Government Printing Office, Washington, DC, [online] http: //www. whitehouse. gov/energy/, accessed June 21, 2006.

National Petroleum Council, Committee on Natural Gas: 2003, Balancing Natural Gas Policy: Fueling the Demands of a Growing Economy, Volume 1, Summary of Findings and Recommendations National Petroleum Council, Washington, DC, 118 pp, [online] http: //www.npc.org/reports/ng.html, accessed June 21, 2006.

National Research Council: 2001, Energy Research at DOE: Was It Worth It? Energy Efficiency and Fossil Energy Research 1978 to 2000. National Academy Press, Washington, DC, [online] http: //www.nap.edu/books/0309074487/html/, accessed June 21, 2006.

Placet, M., Humphreys, K.K., and Mahasenan, N.M.: 2004, Climate Change Technology Scenarios: Energy, Emissions and Economic Implications,

Pacific Northwest National Laboratory, Richland, WA, [online] http: //www.pnl. gov/energy/climatetechnology.stm, accessed June 21, 2006.

Silberglitt, R., Ettedgui, E., and Hove, A.: 2002, Strengthening the Grid, RAND Science and Technology Policy Institute Santa Monica, CA, USA.

U.S. Census Bureau: 2004, Statistical Abstract of the United States: 2003.U.S. Census Bureau, Washington, DC, USA, p.9, table 3.

U.S. Climate Change Technology Program: 2006, Strategic Plan (Washington, DC: U.S. Department of Energy, DOE/PI-0005, http: //www.climatetechnology.gov. accessed December 23, 2006.

[DOE] U.S. Department of Energy (DOE): 1995, Energy Conservation Trends, DOE/PO-0034, National Renewable Energy Laboratory, Washington, DC, USA.

[DOE] U.S. Department of Energy (DOE): 2002, "Homeland Security: Safeguarding America's Future With Energy Efficiency and Renewable Energy Technologies." Tenth Annual Report of the State Energy Advisory Board, U.S. Department of Energy, Washington, DC, [online] http: //steab.org/docs/STEAB_ Report_2002.pdf, accessed June 21, 2006.

[DOE] U.S. Department of Energy, Energy Efficiency and Renewable Energy (DOE/EE): 2004, Wind Power Today and Tomorrow: An Overview of the Wind and Hydropower Technologies Program, U.S. Department of Energy, Office of Policy, Washington, DC, USA.

U.S. Department of Transportation, Bureau of Transportation Statistics: 2003, NHTS 2001 Highlights Report BTS 03 -05, [online] http: //www.bts.gov/ publications/highlights_of_the_2001_national_household_travel_survey/, accessed June 21, 2006.

[EPA] U.S. Environmental Protection Agency: 2000, National Air Pollutant E- missions Trends Report, 1998, EPA-454/R-00-0002-March 2000. EPA, Washing- ton, DC, USA.

Wilke, John R. and Cummins, Chip: 2006, "U.S. Accuses BP of Manipulating Price of Propane," Wall Street Journal, June 29, p.1.

Worrell, E., Price, L., and Galitsky, C.: 2004, Emerging Energy-Efficient Technologies in Industry: Case Studies of Selected Technologies.LBNL -54828. Lawrence Berkeley National Laboratory, Berkeley, CA, USA.

第❸章　能源传说二

—— 公众掌握了足够的关于能源的信息

3.1　引　言

美国公众的受教育水平很高，大约 25% 的美国人拥有学士学位（美国人口普查局，2005a）。在某些城市，像西雅图和旧金山，25 岁以上的人群中有 51% 的人拥有学士学位（美国人口普查局，2005b）。此外，超过 80% 的美国青年在高中毕业后的 5 年内接受了某些形式的高等教育（联合国教科文组织，1998）。作为一个受教育程度高的国家，我们期望民众能够掌握足够的关于他们的社区当前所遭遇的事件和问题的信息，尤其是现在信息通过互联网可以很便捷地传递到家庭和企业中。不幸的是，公众对当前社会所面临的许多问题——像能源和环境问题——的情况并不是十分了解（国家环境教育和培训基金会 & 罗普公司，2002；国家环境教育和培训基金会，2005）。

但是因为通过搜索引擎可以随时访问和获得信息，而且我们国家的公民是受到良好教育的，所以我们不禁会假设公众掌握了足够的信息。遗憾的是，信息的获得不会直接转化成公众更深入的理解。其他因素，如个人动机，会严重影响个人学习的意愿，以及他们的意识和知识（Bigge and Hunt，1980）。而且，公众能够获得的信息数量增长是如此迅速，以至于没人能够成为一个全球学者。Lyman 和 Varian 发表的一项研究《有多少信息？2000》认为：

对于每个人而言世界的信息量总计大约 250MB。显然，我们正处在信息的海洋之中。我们的挑战就是学会在信息的海洋里遨游，而不是被其淹没。

(结论第一段).

Costa（2006，p.62）称："现在我们拥有的信息已经超过了集体思维能够科学理解的范围了。"Marshall 和 Tucker（1992, p.xii）认为："现在、未来属于那些能够组织其成员进行学习的社会。"

信息的可得性对于以社区为基础的决策制定很重要。过去几十年，这种可得性为公众参与政府计划的人数不断增加打下了基础。

在 20 世纪 90 年代，社会对规划和建设宜居社区的兴趣激增，同时，就联邦政府而言，其为社区的可持续发展提供所需的支持和信息的承诺不断升级。在地方、州、联邦政府各层级，全部努力都是以在决策制定过程中纳入在这些地区生活和工作的所有人为方针。而且，公民参与也被复杂的决策过程从头到尾对社区的生活质量的影响所激发。

（国家研究委员会，2002, pp.2-3）

掌握足够信息的公众在这一过程中是至关重要的，特别是由于社区领导者似乎并不比普通公众具有更好的环境素养（国家环境教育和培训基金会，2005）。遗憾的是，公众高估了他们与能源这个主题相关的知识（国家环境教育和培训基金会 & 罗普公司，2002）。

在公众受过良好的教育这一背景下，让我们测试一下普通人群的能源知识，以及影响社区成员的环境学习和行为的因素。

3.1.1 背景信息

2001 年，国家环境教育和培训基金会（NEETF）委托罗普公司——一家以电话和在线调查而闻名的全球市场研究和咨询公司——进行一个全国范围的电话调查，调查涉及能源的使用、保护以及教育。调查结果以"美国的低'能源智商'：未来能源的一个风险——为何美国需要上一堂能源进修课"为题发布。这个报告包括，"美国在能源知识上不及格"（国家环境教育和培训基金会 & 罗普公司，2002, p.ii）。进一步，该报告称："大多数美国人高估了他们的能源知识。"（p.7）这份报告描绘了一幅残酷的画面：2001 年，美国人对能源问题不甚了解，并且他们还没有意识到他们这方面知识的缺乏。

然而，最近一连串的事件——加州随着电价暴涨发生的频繁停电、伊拉克的持续战争、卡特里娜飓风、汽油价格的持续上涨——使美国公民对能源的来源和成本，以及能源政策更加清楚。现在，大多数美国人知道了美国的能源主要来自化石燃料，并且我们依赖于从世界上一些政治不稳定的地区进口石油。突然之间，节油车、公司平均燃油经济标准，以及节能对公众更有意义了。

本章主要关注美国公民在与能源相关的某些问题上的意识、知识和态度。首先，本章探究了 2001 年全国范围的能源相关知识的调查结果。知识部分 10 个问题中平均只有 4.1 个被正确回答，这是一个不及格的成绩。美国人似乎并不知道他们的电是从哪来的，以及处理美国能源需求问题最快、最具成本效益的方式就是节约能源。接着本章探究了能源和环境教育方面的五个"传说"：①人们了解他们的能源耗用带来的环境后果；②知识和意识会改变行为；③价值观会改变行为；④消费者时常在使用能源上做出糟糕的决定，原因是他们不清楚现有的节能选择；⑤能源教育是从幼儿园至高中阶段的基础教育课题。本章通过检测这些"传说"，从正反两方面分析了意识、知识以及价值观与人们表现出的环境行为之间的关系，包含正反两方面。

3.1.2 从环境教育和行为改变入门

教育时常被当作改善世界的有效工具。教育活动在改变人的行为方式进而提高公众的健康水平、改善经济条件、增进人类福祉等方面取得了世界范围的成功。基于其在历史上的这种作用，教育被视作创造一个更可持续发展的世界的巨大希望（联合国教科文组织，2005）。在美国，教育扮演着很多角色，包括专门通过环境教育打造更具环保素养的公民。

环境教育的最高目标是：

教育全世界的人们，使其认识和关注环境及相关的问题，同时使人们具备独立或集体为解决现存环境问题及阻止新问题的产生而工作的知识、技巧、态度、动机和承诺。

（联合国教科文组织–UNEP，1976，pp.26–27）

这个总体目标被进一步细分为五个目标，这些目标是为了让社会团体和个人能够：

● 获得对整个环境及其相关问题的认识和敏锐度。

● 获得对于环境及相关问题的经验和基本理解。

● 学到关于环境和积极参与环境保护和改善的动机的一套价值体系，以及关注这些问题的情怀。

● 习得鉴别和解决环境问题的技巧。

● 获得积极参与各个层次的致力于解决环境问题的活动（联合国教科文组织，1978）。

环境教育与以掌握规律为基础的教育（如生物）的不同之处在于其目标是改变行为。其他学科致力于传授和发展认识、知识和技巧，但是环境教育更进一步，旨在培养人们的积极态度，并给予人们参与改善现有环境问题及防止新的问题发生的机会。好的环境教育项目具有全部这五个目标的烙印。事实上，研究表明，仅靠知识和行为无法带来行为改变（Hungerford and Volk，1990）。相同地，环保价值观也无法直接带来环境友好型的行为（Byers，2000）。每个年龄段的人都在正式的和自由选择的学习环境中接受环境教育，诸如博物馆项目和自然中心释义项目以前都被当作非正式环境教育项目。

考虑到环境教育涉及行为改变，让我们简要地看一下一个着眼于决心和行动的行为模型。这个模型基于 Fishbein 和 Ajzen 的"理性行为理论"研究（Ajzen，1985），该模型识别了意志行为中的心理因素。理性行为理论"基于这样的假设，即人类的行为是理性的，他们会考量可利用的信息并暗中或明确地评估他们行动的意义"（p.12）。"这个理论假定个人采取（或不采取）某行为的意图是其行动的立即决定因素。除了不可预见的事件之外，人们期望其行为与意图一致"（p.12）。当然，意图会随着时间变化，时间间隔越长，不可预见的事情改变意图的可能性就越大。决定意图的因素既有个人的又有社会的。个人因素是个体对其行为结果正反两方面的评估，这种个人因素叫做"行为态度"。社会因素是个体对采取或者不采取某种行为受到的社会压力的感知，由于它以感知为基础，所以被称作"主观规范"。个人因素和社会因素的相对重要性因不同的人和不同问题而不同。

为了更进一步地理解意图，Fishbein 和 Ajzen 测试了行为态度和主观规范。"行为态度决定于对于该行为的突出信念……行为态度决定于该行为结果带来的个人评价以及这种相关性的强度。"简言之，个体对其行为将产生所期望的结果的可能性的主观评价是其行动意图的核心。例如，如果一个人认为这么做将减少当地的废物流、防止污染，并降低花在废物处理上的税费，他将对废物回收利用采取积极的态度。这种个人的行为态度的基础信念被称作"行为信念"。此外，主观规范也与信念相关，但不是个人信念。主观规范是一种来自于其他人或其他团体认为其应该或不应该表现出某种行为的个人信念。例如，当一个人看到他的大部分邻居将本可循环使用的废弃物放在路边等待处理时，他会认为废物回收利用与他无关。Ajzen（1985）这样总结理性行为理论："总的来说，当人们对某个行为有积极的评估或者他们认为某个行为将严重影响别人对他们的看法时，他们会想要表现出这个行为。"（p.12）Ajzen 也表明，并非所有的行为都在意志控制之下，由于缺乏技巧、时间或机会，可能会阻碍人们做出某一行为（尽管这是他们想要做出的行为）。例如，一个人想要参与废物回收利用，但是社区中没有回收站。

特别着眼于环境行为态度，Hungerford 和 Volk（1990）认为知识、个人特质、态度以及技巧都会影响环保意识。他们的研究在有些方面与理性行为理论相似，但是在环境问题的改善上有所不同。这个问题很复杂，而且需要分析当前问题以及提出和执行解决方案的技巧。

　　了解一些人类行为和环境教育的基础理论有助于本章下面将要呈现的对这一传说的检验。

3.2　能源知识状况

3.2.1　2001：低能源智商

　　过去 10 年中，每年国家环境教育和培训基金会——一个国会特许建立的私营非营利组织——都会受到委托进行一项关于环境问题的针对美国家庭的调查。调查的主题每年都会变化——水、能源、废弃物等。2001 年他们调查能源的使用、节约以及能源教育。当时，汽油价格大约为 1.5 美元/加仑（全球安全分析所，2006），美国正处于经济持续增长的时期。相对于其他时期，汽油价格似乎并不高。除了加州频繁的断电使那个夏天特别显眼，当时交通运输用、居民用以及工业用能源都很充足。那时，能源既不是民众考虑的重点也不是大型政治演说的重点，大部分美国人并不关注国家的能源安全。当然，那些研究能源和了解能源的大量生产和消耗产生的环境后果的人会关注它。在这种情况下，国家环境教育和培训基金会和普罗公司就能源问题进行了一个全国范围的电话调查。

　　通过电话，普罗公司在全国范围内采访了 1503 位 18 岁及以上的成年人。这个采访在 2001 年 7~9 月进行。误差范围是"在 0.95 的置信水平上加减两个百分点"（国家环境教育和培训基金会 & 罗普公司，2002，p.42）。普罗公司询问了知识方面的问题，例如：

● 美国的大部分电力是怎么生产出来的？
● 美国经济的哪个行业消耗的石油最多？
● 美国能耗占世界能源的比重是多少？
● 汽车每英里耗油量在过去 10 年是增加了还是减少了？（国家环境教育和培训基金会 & 罗普公司，2002，pp.46-47）

　　受访者对 10 个知识性问题的回答总体上很差（见表 3-1）。如果像很多高中那样把 64% 的正确率设为及格线，那么 89% 的美国人在一项基础的能源知识测试中不及格。

表 3-1　答对数：能源知识

答对数	占总样本的百分比
9~10	1
8	3
7	8
6	13
5 或更少	76

资料来源：基于 NEETF 和 Roper，2002，p.6。

　　受访者还答错了很多与能源相关的问题。表 3-2 记录了测试知识题库，以及受访者回答正确的百分比（每个题目都是选择题，相较于填空题难度有所降低）。正确率最高的是有 66% 的受访者知道普通美国家庭制冷和制热使用的能量最多，正确率最低的是只有 17% 的受访者知道过去 10 年汽车的平均燃油经济性。遗憾的是，2001 年大部分受访者不知道美国家庭和工业使用的电力的发电资源。也许更可悲的是，只有 39% 的受访者知道节约能源是解决能源需求问题最具成本效益的方式。

表 3-2　能源知识问题的答对率

问题内容	受访者答对率
一般家庭中使用的能源的来源	66
从外国进口的石油的百分比	52
美国占世界能耗的百分比	50
美国核废料的清理	47
满足能源需求最快的和成本效益最好的方式	39
过去 10 年美国能源需求提高最大的行业	38
美国用来生产其大多数能源的燃料	36
美国的大部分电能是怎样生产的	36
美国经济中消耗石油占比最大的部门	33
过去 10 年中汽车每消耗 1 加仑汽油行驶的平均里程	17
答对的平均题数	4.1

资料来源：基于 NEETF 和 Roper，2002，p.6。

　　国家环境教育和培训基金会—罗普公司报告的题目是"为什么美国需要上一堂能源进修课"。考虑到美国人在这一问题上的低得分，这个题目很恰当。

　　低分与受访者自称的知识水平形成鲜明的对比（见表 3-3）。受访者高估了他们的能源知识。

　　这种对能源知识的自我高估促使我们思考哪个更糟：一个不了解情况的人还是一个不了解情况而自己还没意识到这点的人？

表3-3 自我宣称的能源知识和答对的平均题数

自我宣称的知识水平	答对的平均题数
丰富	5
一般	4.2
很少/几乎为零	3.5

资料来源：基于 NEETF 和 Roper，2002，p.7。

我们要正确地看待这些低分，只有12%被调查的美国人及格（>64%）。这远低于国家环境教育和培训基金会—罗普公司之前对环境问题的一次调查，其及格率为30%。尽管这个报告没有给出理由，但是它引出了这个问题，即为什么人们与能源相关的知识少于一般的环境知识？其原因并非显而易见。让我们更具体地考察这个调查中关于能源知识的问题。

当被问到"美国的大部分电力是怎样生产的？"，只有36%的受访者回答正确——通过石油、煤炭和木材。对各种乱七八糟的选择（也就是错误答案）的分析十分有趣。36%的人选择了水力作为发电的主要形式，接下来是11%的人选择了核电，2%的人选择了太阳能，还有16%承认他们不知道。2001年，水力发电量不足6%（美国能源信息署，2005a）。表3-4显示了2001年美国用来发电的资源。

表3-4 2001年美国的发电情况

发电资源	10亿千瓦时	占比（%）
煤炭	1904	51
石油	125	3
天然气	639	17
核能	769	21
水能	217	6
其他	83	2

资料来源：美国能源信息署，2005b。

水力发电在空气污染方面要比燃烧石油、煤炭和木材发电更清洁。特别地，燃煤发电厂平均产生的污染物如下所示：

● 3700000吨二氧化碳。

● 10000吨二氧化硫。

● 500吨悬浮微粒。

● 10200吨氮氧化合物。

● 720吨一氧化碳。

● 220 吨碳氢化合物。

● 170 磅汞。

● 225 磅砷。

● 114 磅铅。

● 4 磅镉，还有其他有毒重金属，以及微量的铀（科学家忧思联盟，2005）。

这些污染物排放到大气中会降低空气质量，导致全球变暖，并会严重影响人类和环境健康。

尽管水电对环境并不是完全没有影响（如打乱鲑鱼的生活规律及危害浅滩物种），但是它几乎不会产生空气污染。因此，36%的受访者说美国发电的主要资源是水力的含义是，很多美国人认为的发电活动比它实际上要清洁得多。

美国人似乎对不同家庭的能源使用情况很了解：2/3 的受访者认为家庭能源主要用在取暖和制冷上了。然而，对于美国经济的哪个部门消耗的石油最多这一问题的回答，就没有表现出同样的知识水平。尽管有 33%的受访者正确回答了交通运输业，但有 28%的受访者认为是工业部门，10%的受访者认为是商业部门，还有 9%的受访者认为是居民住宅。21%的受访者坦言他们不知道。公众对交通运输部门能源耗用产生的环境影响有所了解的意义重大。大约 2/3 的公众似乎并不知道由于个人和商务原因使用交通工具而产生的烟雾有那么多。

交通运输部门排放的污染物是很多的。一辆承载一个人的汽车行驶每英里的汽油燃烧会产生以下污染：0.51 千克二氧化碳，2.57 克非甲烷烃或活性有机化合物，20.36 克一氧化碳，1.61 克氮氧化物，0.04 克总悬浮颗粒物，以及 0.07 克硫氧化合物（Gordon，1991，p.65）。我们知道 1994 年美国每辆汽车平均行驶了11400 英里，每 21 英里耗用一加仑汽油，这产生了大量的污染物（美国能源信息署，2002）。按照每年这个里程数，每辆车平均每十二个月产生 5814 千克二氧化碳。

应对排放到大气中的二氧化碳和与之相关的全球变暖问题的一个战略是碳固定，如植树。虽然固碳率因树龄和数种不同而不同，但是一棵 25 年树龄的普通北方松树每年能够吸收 6.4 千克二氧化碳，并将碳封存在树干、树根和树枝中（科罗拉多树联盟，2006；塔夫茨气候倡议，2006）。封存一个司机每年制造的 5814 千克二氧化碳需要 910 棵松树。

读者应该意识到上面的数字不包括制造这些小汽车和卡车引起的空气污染和其他污染，而这也是很严重的。"大约 15%的污染排放源自于车辆制造和维修保养"（Brower and Leon，1999，p.55）。在污染核算上，这些污染是制造业引起的，但是显而易见，交通运输业实质上是造成这些污染的主因。

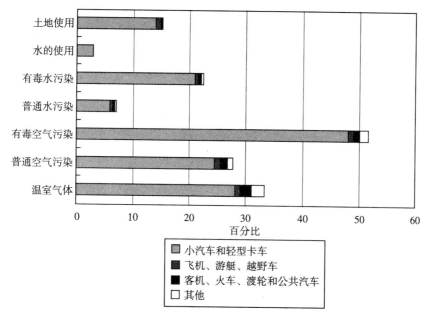

图3-1 交通运输部：各种交通工具占总消耗的百分比

资料来源：源自 Brower 和 Leon，1999。

图 3-1 显示了交通运输业对土地使用、水的使用、水的污染、空气污染以及温室气体排放的影响。交通运输业还以一种公众不易察觉的方式扩大了其对环境的影响。例如，"大约 4% 排放到水中的有毒化学物质完全来自于为家用汽车制造电池的工厂。"(Brower and Leon，1999，p.56)

当被问到"尽管美国的污染只占世界污染的 4%，但是美国能源耗用占世界能源的比重是多少？答案是……"时，受访者一般回答错误或表示不知道（见表 3-5）。

表 3-5 回答美国占世界能源耗用的比例的受访者的百分比

美国占世界能源耗用的比例（%）	作答的受访者的百分比（%）
5	2
15	8
20	19
25（正确答案）	50
不知道	21

资料来源：基于 NEETF 和 Roper，2002，p.4。

这些答错或不知道的人，缺乏与两件事相关的知识。第一，也是最明显的，他们不知道我们的社会是怎样消耗能源的；第二，他们不知道美国的这种能源使用方式对环境造成的影响程度。这是对能源和环境的无知的两记组合拳。

当被问到"过去 10 年，美国车辆平均每英里油耗是增加了、保持不变、下降了，还是没有被记录？"时，只有 17% 的受访者回答正确（见表 3-6）。

表 3-6　汽车的每加仑平均英里数

	作答的受访者的百分比（%）
提高了	62
维持不变	12
下降了（正确答案）	17
无记录	3
不知道	5

资料来源：基于 NEETF 和 Roper，2002，p.5。

遗憾的是，很多人没有意识到车辆的燃油经济性在 1985 年达到峰值之后就开始下降了。对像运动概念车（SUVs）这类大型车辆购买的增加，降低了公路上行驶的车辆的总体能效（见第 2 章）。2005 年销售的车辆中，有一半是包含 SUVs 的"轻卡"（环境保护局，2005）。事实上，美国公众对更大、更快、动力更强的车辆的追求使近来燃油经济性方面的技术进步黯然失色。"环境保护局估算，如果 2005 年的新轻型车有与 1987 年一样的功能配置和重量，那么其燃油经济性能会提高大约 24%"（环境保护局，2005，p. V）。

这个调查最可悲的结果是关于节能的。当要求受访者回答"科学家说解决我们能源需求问题最快和最具成本效益的方式是……"时，只有 37% 的受访者正确回答了"促进更多的能源节约"（见表 3-7）。

表 3-7　满足能源需求最快和成本效益最高的方式

	作答的受访者的百分比（%）
开发国内全部可能的石油和天然气资源	16
建设核电站	14
建设更多的水电站	13
加强能源节约	39
不知道	18

资料来源：基于 NEETF 和 Roper，2002，p.5。

建设新电厂和勘探石油都是很昂贵、很费时的工作。相比之下，采取节能措施会很快捷，通常也很便宜。16% 的受访者认为发展国内石油资源似乎是解决国内石油安全问题的一个方案。事实上，美国的石油储量只占世界的 3%，把它们都开采出来也不能更接近于满足国内能源需要，尤其是从长期来看。环境保护局

（2005）通过燃油经济性直接将能源节约与国家的能源安全联系在一起，"燃油经济性之所以与能源安全直接相关是因为轻型车大约占到了美国石油消耗的40%，并且这些石油很多是进口的。"（p.4）一个令人遗憾的事实是，61%的美国人没有意识到节约能源能够大大减少美国与能源相关的各种问题。

2001年，美国公众的能源知识状况很差。实际上，其状况是如此之差，以至于国家环境教育和培训基金会—罗普公司的报告认为"美国的低'能源智商'将我们的能源未来置于风险之中"（2002，p. v）。

3.2.2 2005：意识的转变

自从国家环境教育和培训基金会—罗普公司的报告发布以后，第二次伊拉克战争的爆发和媒体报道的油田和输油管道被破坏的影像提高了美国人在能源和能源问题方面的知识。接着，卡特里娜飓风通过破坏东海岸能够停泊满载石油的大型油轮的主要港口毁灭了新奥尔良。汽油价格立即飞涨并出现燃料短缺，其他能源价格（如家庭取暖燃料）也上涨了。很短时间之后，消费品的价格上涨反映了制造商能源成本的提高。突然之间，廉价的、充裕的燃料不再容易获得，相对地，美国人的能源意识和知识出现了惊人的提升。

2005年5月，耶鲁大学森林与环境研究院进行了一项关于美国人的态度和环境的研究（耶鲁大学森林与环境研究院，2005）。在主要的发现中，92%的受访者认为对进口石油的依赖是一个严重问题。作为一个潜在的解决方案，93%的受访者希望美国政府要求汽车行业生产低能耗的汽车。该报告显示，美国人对能源政策很感兴趣，而且对怎样提高能源效率也有一定的想法。

2005年9月中旬——卡特里娜飓风袭击新奥尔良之后仅几周——观点研究公司为40英里/加仑组织和机构公民社会研究所进行了一个全国范围的美国人观点调查。该报告的要点是：

● 87%的受访者认为大石油公司通过加油站的高油价欺诈消费者。

● 79%的受访者支持对石油公司征收暴利税。

● 81%的受访者认为联邦政府在应对中东地区的石油依赖和高能源价格上做得不够。

● 80%的受访者认为汽车制造商应开发混合动力技术以节约燃料（40MPG.org，2006）。

20世纪90年代后期和新世纪初期公众那种对能源表现出的明显的自满情绪消失了。过去5年，随着能源变成一个经济和政治问题，美国人的能源意识和知识状况发生了巨大的转变。即便是能源已经占据国内新闻的主要位置，但是公众已经掌握了有关能源方方面面的足够的信息很可能仍然只是个"传说"。

3.3　美国人的环境素养

美国人的能源意识和知识落后其环境素养一大截[1]。能源知识只是环境知识的一部分，与其聚焦于一个部分，不如让我们来考察一下在一个大框架中相互关联的环境系统。国家环境教育和培训基金会这样描述环境素养的养成：

人一生中，会从学校、传媒、个人阅读、家庭成员和朋友、户外活动、娱乐媒体，以及其他广泛的职业和个人经历等的联合作用中积累环境知识。对于一些积极的人来说，这些最终会促使他们成功地养成一些环境素养。但是对大多数美国人来说，这是远远不够的。大多数人获得的只是各种各样、互不相连的零星的趣闻、一些原则（有时是不正确的）、很多观点以及极少的正确理解。研究表明，大多数美国人自认为他们所知道的环境知识比他们实际知道的要多。

（国家环境教育和培训基金会，2005，p. v）

尽管环保知识像大部分知识一样是通过一生的时间来积累的，但是国家环境教育和培训基金会—罗普公司的调查提出了对美国成年人的这种知识，尤其是更复杂的环境问题的总体积累的疑问。

虽然最简单形式的环保知识很普遍，但是公众对更复杂的环保主题的理解还是很有限的。不考虑年龄、收入、受教育水平，大部分人抓不住环境科学，重要的因果关系，诸如径流污染、发电、燃料使用，以及水流分布模式等基本概念的本质方面。

（国家环境教育和培训基金会，2005，p.ix）

国家环境教育和培训基金会很好地描述了环境素养不足的公众带来的结果。

我们把低水平的环境知识看作是公众对接下来几年不断增长的环保责任还没有准备好的一个信号。随着环保主题和问题变得更复杂、更普遍，我们数十年来对公私部门里满足我们需要的训练有素的专家的依赖将走向尾声。未来，很多重要的环境问题——从水质到生态系统管理——需要更有技能的非专家作为个人或者社区领导通过小事情来处理。

（国家环境教育和培训基金会，2005，p.ix）

国家环境教育和培训基金会—罗普公司的调查显示"普通美国人与那些监管机构的人、市议会的人、公司董事会的人，以及其决策能够对环境产生广泛影响的人的环保知识水平相差无几"（p.ix）。这一结论令人非常不安，尤其是考虑到一般公民的环保知识水平是很低的。很多美国人设想，处在负有责任的位置上的人比他们拥有更多的知识。在环保知识方面，这似乎是一个无效的假设。

美国环保知识糟糕状况的根源是多方面的——媒体对环境问题和主题报道得不完整，正规教育课程没有纳入新世纪对待全美社区面临的环境问题的观点，以及公众缺乏获得更多知识的动力。本章下一部分将聚焦于环保知识和环保负责行为的常见误区。

3.4 环境和能源教育的谬误

1976 年，Harold Hungerford 和 Ben Peyton 出版了《环境教育教学》一书。他们罗列并解释了环境教育中的八个误区。该书包含了一些时事话题，如"别担心，一切都'会好起来的'——投影理论综合症"。他们揭露了这样的环境教育方式，即"环境污染可以并且以后也可通过科技手段解决"（p.6）。本章清除了与能源、教育和人类行为相关的五个谬误。这些谬误是：

● 人们明白他们的能源消耗造成的环境后果。

● 知识和意识会改变行为。

● 价值观会改变行为。

● 消费者时常做出糟糕的能源决策是因为他们不知道存在高效能的选择。

● 能源教育是幼儿园到高中的基础教育课题。

你也许会问："为什么要清除这些谬误？"谬误就像错误观念，"在学习新概念之前，必须清除现有的错误观念"（Phillip，1991，p.21）。为了理解教育在培养公众意识、知识和负责的环境行为中的作用，你需要明白常见的错误概念并确定你是否也持有这样的观点。如果一个人持有错误观点，这会妨碍其学习新知识和新概念。同时，个体持有错误的知识将会影响教育计划和教学的设置。Liggit-Fox（1997）称：

我们假设给出"正确"的信息能够使他们抛弃错误概念并接受这个新信息。我们要明白学生是基于他们的经历形成错误概念的。所以，我们的学生没有放弃他们坚信的信念的动机，因为他们的错误概念似乎很有效。

（p.29）

发现错误概念很困难，常常也很耗时（Philips，1991）。一旦发现，教育工作者经常分享他们发现的错误概念以及他们的识别方法。通过阅读关于公众观点的研究报告，与世界各地的同行讨论，以及个人多年的观察，笔者确定了本章要讨论的五个谬误。

3.4.1　人们明白他们的能源消耗造成的环境后果

1995 年，梅里克家庭基金会委托进行了一项公众观点调查，哈伍德集团（哈伍德集团是哈伍德公共研究所的一部分，这是一个针对公共创新的非营利中立组织，致力于提高公共生活和政策）做了这个调查。调查结果形成了一个题为"渴望平衡：对消费、物质主义和环境的看法"的报告，该报告得出了公民对消费问题的观点。其结论是：

人们察觉到了他们的购买和消费量与他们对环境破坏的担心之间的联系，但是他们对这种联系的理解在某种程度上是模糊的和一般性的。人们没有深入思考他们自身的生活方式的生态意义，然而，他们有种对我们想要"更多、更多、更多"的习性的不可持续性的直观感觉。

(p.2)

该报告详述道：

抛开对我们正处在错误的道路上的常规意义上的感知，公众对于消费和环境之间关系的理解依然有点模糊。更为熟悉的概念如废弃物、污染和回收再利用，被认为与环境问题及其解决方案的联系更为直接。

(p.4)

在笔者自己的作为培养环境素养和公民评估工具一部分的环境问题评估工作中，也发现人们对常见的环境问题的因果有一个模糊的感知。在一项简单的测试中，笔者让一群具有各种专业背景的刚毕业的学生分别列出本地和全球范围的三个环境问题的因果关系。结果显示，学生们能够指出并描述一个环境问题，但是无法将其与一个特定的原因联系起来。例如，他们能够描述斯莫基山脉铁杉的死亡，但是很多人将其归因于空气污染，如臭氧，而不是一种外来昆虫——球形蚜——的入侵。另外一个例子是，学生们列出空气污染是工业造成的，但是，更多的空气污染是交通运输部门造成的。一位在伊利诺伊州一所大学的同行说她的学生对相同评估给出了类似的错误答案。对环境问题和其诱因之间的关系认识不足是当今社会的一个普遍现象。

"渴望平衡：对消费、物质主义和环境的看法"报告（梅里克家庭基金，2005）中也指出："只有一小部分受访者提到他们自身消费也是问题的一部分。"关于环境的公共观点调查很少讨论个人责任。受访者常常评论政府做的不够或者应该做的更多。

总之，美国人对于他们的能耗对环境造成的巨大负面影响只有一点模糊的意识。

3.4.2 知识和意识会改变行为

笔者在国外的时候，反复听到，如果美国人和大家都能够意识到技术使用产生的环境后果的话，他们会避免让其发生。但是当笔者看到交通工具——小汽车、出租车和运货卡车——堵塞着除南极洲外的每个洲的大街时，不禁怀疑这种谬误为何能够得以流传。笔者通常回答："每个人都想要辆车，尽管我们知道这会让我们的城市变脏、吵闹和拥挤。"这种表述有些过度概括了，但是它证明了存在其他个人因素——如机动性、方便、地位——遮蔽了人们与环境相关的决策和行为对环境的负面影响。然而，这个关于知识和技术使用的陈述确实指向了一个固有的谬误，即知识和意识将改变人们关于环境的行为。

笔者经常听到"如果人们知道……"，以此推断知识将如何非凡地改变行为。文献里包含许多与行为和行为改变相关的理论。例如，前面提及的 Fishbein 和 Ajzen 的研究中的描述"从信念到态度和意图再到实质行为的联系"（Ajzen，1985，p.11）。

尽管我们很少将广告技术与教育努力相提并论，但是麦迪逊大道（美国广告业中心）的广告专家将告诉你要吸引人们购买他们的产品仅靠认知是不够的。所以我们不能期望消费者与能效技术相关的决策仅仅以认知为基础。知道低流量淋浴喷头既可以节约水又可以节约加热水的能源并不能吸引业主安装它（Mckenzie-Mohr and Smith，1999）。但是，通过对消费者或业主进行教育，在教育和营销领域受过训练的工作人员能够让业主愿意使用能源节约技术（Scherzer，1996）。

社会化营销认识到并且强调了改变人类行为的复杂性。社会化营销是"一个基于社会效益而非商业效益的目标，在一个大的范围内，通过运用市场营销规律影响人类行为的过程"（Smith，1999，p.9）。Mckenzie-Mohr 和 Smith 形容基于社区的社会化营销方法是用来培养更多与减少废物、节约水和能源以及交通运输相关的可持续行为。总的来说，基于社区的社会化营销涉及：揭示期望行为的障碍和效益、建立承诺、促进期望行为、建立规范、为增强采取行动的动机提供激励，以及扫除外部障碍（Mckenzie-Mohr and Smith，1999）。通过这个多步骤的过程，社会化营销在促进一些环保行为方面取得了显著的成功（Mckenzie-Mohr and Smith，2006）。

作为受过多年基础教育的学生，我们也知道如果老师期望我们获得某项技能，我们必须去练习它——只有认知是不够的。我们通过练习而不仅是认知，学会了阅读和解数学题。学前教育的老师经常使用多步骤教学方法来教小孩子。这里有一个教幼儿园学生（3~5 岁）使用垃圾桶的例子。老师告诉学生她想要的行为，接着她演示给他们看，继而看着他们做，然后夸奖他们帮她保持了教室的清洁。清洁的教室让她非常喜欢，她认为学生们也会喜欢。儿童、青少年、成人也需要用类似的多步骤教学方法来教育或改变行为。告知是不够的。

就像前面提到的，环保教育基于五个目标，好的环保教育课程都有这五个目标的烙印。很显然，通过包含这五个目标的成功的环保教育，将培育出有规律地做出负责的环境行为的公民，而仅仅依靠知识是不够的。

当然，行为的改变还有其他维度。关于承担社会责任，"渴望平衡：对消费、物质主义和环境的看法"报告（梅里克家庭基金，2005）称："很多人对于别人采取行动的意愿持怀疑态度。我们对于一起行动缺乏集体意识，人们干坐着等待别人先采取行动"（p.7）。这个研究表明人们倾向于等待其他人或组织采取行动——政府、大公司或者他们的邻居。其他受访者表示单独行动是无效的——"个体无法行动"（p.7）。该报告认为，人们倾向于"抗拒太过严格地检视他们自己的生活方式"（p.7）。所以，我们再一次看到仅仅依靠知识无法带来整个社会的行为改变。

认知和知识带来负责的环境行为的情形并非完全不可能发生。这里有个好消息，国家环境教育和培训基金会（2005）报告称，环保知识确实影响着一些简单行为的实现。"增加的环保知识对简单容易的信息和行为，如消费者节约水电的决定所起到的作用最好"（国家环境教育和培训基金会，2005，p.xi）。国家环境教育和培训基金会同时报告称，具备环境知识的人中，"10%的人很可能节约家里的能源，50%的人很可能响应废物的回收再利用，10%的人很可能会购买对环境无害的产品，50%的人很可能在庭院护理时避免使用化学品"（p.xi）。

在改变环境行为方面有一个很好的例子，与 70 年代中期宣告氯氟烃（CFCs）会破坏臭氧层相关。美国人停止购买用氟利昂作为推进剂的喷雾器罐，他们从使用喷雾罐除臭剂和发胶转向使用打气筒式的和滚涂式的容器。由于生产出的氟利昂有一半都用在了这些化妆品上，所以其影响是很大的（Brower and Leon，1999，p.16）。Brower 和 Leon 进一步指出从喷雾器的使用上转变过来是一个很容易做到并且没有痛苦的生活方式的改变。他们称："我们可以看到当消费者不需要做出重大牺牲时，个体消费者行为能够起到更好的作用"（p.17）。他们继续指出，承担环保责任很少像那样轻而易举。

3.4.3 价值观会改变行为

从电视和广播里无数的谈话秀以及周围的谈话中，笔者得到这样的印象：一般公众认为如果人们拥有不同于现在的价值观，我们将不会处在我们当下的环境中——社会环境和自然环境。这使我们识别出一个错误观念，即价值观能够直接影响和改变行为。但是，价值观和行为改变之间的联系并非那么直接，就像理性行为理论描述的意图和行为之间的联系并非直线关系一样。首先，我们来看一下美国人的价值观是什么及其是怎样与环境治理——包括能源使用——相联系的。

"渴望平衡：对消费、物质主义和环境的看法"（梅里克家庭基金，2005）的调查考察了参与者的价值取向和他们想法中的社会价值取向。大部分参与者看重责任、家庭生活和友情，但是他们认为总的来说社会不太看重这些。受访者还看重经济保障和职业成功，同时认为其他人也是这样。参与者特别关注下一代过度注重购物和消费。此外，95%的受访者将美国人描绘成物质主义者。"很多人断言，过度的物质主义是我们很多社会问题的根源"（p.4）。"人们在他们自身价值观产生的深深的矛盾情绪中挣扎"（p.9）。受访者感受到了在他们对社会沉迷于物质的批判和他们自身为跟上不断膨胀的美国梦的努力之间的压力。这种矛盾情绪说明，仅靠价值观并不足以直接引起行动。

John heenan（2006）——新西兰一位著名的价值教育家解释道，将个人价值观与行动联系起来需要将道德知识和道德感与行为联系起来（也即道德行为）。

Byers（2000）描述了一个包含九种方法的理解和改变行为的过程。这九种方法是：

①阐明你自身的动机和兴趣；②确定利益相关者和利益相关者的利益；③积极主动与利益相关者对话；④确认影响环境的行为；⑤在实施关键行动上达成共识并保证其优先级；⑥掌握更多影响关键行动的因素；⑦形成一个有利于可持续发展的未来愿景；⑧采取措施对影响行动的因素施加影响；⑨适当地监控、提升和管理。

(p.9)

尽管Byers没有使用价值观这个词，但是它们是动机和利益的一部分。Byers说明，从持有一种价值观到在日常行为中将这种价值观表达出来，是一系列复杂的步骤。只改变价值观并不能改变行为。

3.4.4　消费者时常做出糟糕的能源决策是因为他们不知道存在高能效的选择

Brower和Leon（1999）在《消费者有效环保选择指南：忧思科学家联盟的实用建议》中考察了通过消费选择来降低能源使用和环境影响。他们提供了怎样通过选择和使用大宗购买——如买车和买房——来降低环境影响的明智建议。这本书是诸如《孩子能做的拯救地球的 50 件事》和其他提供了数百个小技巧以降低日常生活的环境影响的畅销书的参照物。Brower 和 Leon 建议着眼于能够减少消费和相关环境影响的重大活动,而非专注于大量只能够对环境产生细微影响的行为。通过对环境研究和风险评估的分析,他们得出了消费决策产生的环境影响的四个主要方面,分别是:空气污染、全球变暖、栖息地变化、水污染。他们指出最具危害的消费活动是:

● 小汽车和轻卡。
● 肉类和家禽。
● 水果、蔬菜、粮食。
● 暖气、热水、空调。
● 家用电器和照明。
● 住宅建设。
● 家庭用水和污水排放 (p.50)。

他们接着列出了用以降低环境影响的"美国消费者的优先活动":

交通

(1)选择在能够减少开车需求的地方居住。
(2)购置另外一辆车时三思而行。
(3)选择高能效、低排放的汽车。
(4)为减少行程设置固定目标。
(5)如果可行的话,步行、骑车或乘公共交通工具。

食物

(6)少吃肉。
(7)购买通过有机认证的产品住宅的选择和装修。
(8)谨慎地选择住房。
(9)降低取暖和热水的能耗。
(10)安装节能的照明设备和电器。
(11)选择使用可再生能源的供电商 (p.85)。

此外,他们还列出了最好应避免的会产生较大影响的活动或事物:"汽艇、农药和化肥、庭院汽油动力设备、壁炉和木材炉子、娱乐性的越野驾驶、有危害的清洁剂和油漆,以及濒危和受威胁物种的产品" (p.109)。他们还建议不用为小事产生的环境影响担忧或有负罪感,如为孩子买一套乐高玩具。他们承认这些塑料的生产会造成污染,但是这些玩具可以反复使用并有可能传递下去,而不是被扔掉。

Brower 和 Leon 解释道,很多消费决策的环境影响不能责怪消费者,因为几乎没有完全环保的选择。他们称："消费者对于他们消费了什么，及其引起的危害并没有完全的控制力"（p.13）。他们引用了近代史上的一些例子。在放松电厂管制之前，消费者无法选择他们的电力来源——不清洁资源或者绿色资源。尽管人们仍然关心环境中的铅含量，但是他们不得不等待石油公司生产出无铅汽油。Brower 和 Leon 深刻地指出：

需要改变的是消费者能够获得的选择。然后，需要企业、研究所、政府这一层面做出关键的决策，而不是个人。通过对当地、州或联邦政府施压，让其采取相关扶持政策，为美国人寻求降低环境影响的产品提供最好的服务，甚至要求产品制造商和使用者选择对环境无害的产品。

Brower 和 Leon 列举了家用电器的例子，特别是冰箱。1983 年，联邦政府设置了 1993 年冰箱应达标准。那时，市场上没有冰箱能够达到这个未来标准。消费者从这些新规定中得到了巨大的利益，10 年间节省了 22 亿美元的用电成本。联邦政府也要求冰箱贴上能效标签。这解决了消费者无法只是简单地检查一下，就能知道一个新冰箱的节能情况从而做出明智决策的问题。这样的标签很受消费者欢迎。通过法规，政府能够做到消费者做不到的事情。

美国政府目前资助了能源之星项目®，该项目提供了 40 多种产品的能效信息，这些产品包含了从电气到住房等能源之星项目涉及的全部分类。[2]

Brower 和 Leon 这样概括他们的方法："因此，我们不应该假定消费者引致了大部分的环境破坏，相反，我们应该将我们的注意力聚焦在改变组织而不是个人上。"（1999，p.14）

当前也存在与能源消耗相关的负责环境行为的其他社会性障碍。例如，很多社区没有可供选择的对环境无害的住宅。有两个朋友想买"简易房"，他们想要一套节能的房子，并且希望所在住宅区可以步行至杂货店、图书馆和操场。遗憾的是，他们上班的地方附近的新住宅小区，既没有人行道也没有全屋节能的户型。这对年轻人很沮丧，他们同意 Brower 和 Leon 的说法："我们的选择……常常被环境塑造和限制。"节能行为时常是被贫乏的消费选择、建筑规范、城市规划挫败的，而不是知识的缺乏。

因此，Brower 和 Leon 认为："好的政府政策需要作用于个人生活方式层面以取得成功。"（1999，p.146）

3.4.5 能源教育是幼儿园到高中的基础教育课题

当婴儿潮一代上学的时候，现在美国面临的很多与能源相关的问题还不是很普遍，也不是基础教育课程的一部分。随着世界能源生产的大幅提升和能源政策的大幅演进，要对当前的能源问题有所见识，只接受基础教育是不够的。

幸运的是，在美国，能源知识在幼儿园到高中的基础教育中都有所涉及。一般来说，十五年级的科学课程通常包含一章能源课，就像高中的物理科学或科学概论。如同我们在这本书中看到的，能源既是社会问题又是科学技术问题。然而，一些社会学课程忽视了能源。在为一个全州范围的会议做课程分析的时候，笔者发现了这个现象。笔者从互联网上下载了该州指定的高中课程，然后在其中搜索 "能源" 一词。令人吃惊的是，"能源" 一词出现在了科学课程中，却没有在社会学课程中出现。怎么可能在教授世界历史，特别是在学习工业革命或者当代社会时不提能源呢？在支持基础教育中的能源教育方面，非营利组织和州政府部门已经做出了显著的工作（如威斯康星州基础教育的能源教育项目，2003）。但是总的来说，基础教育中指定的能源教育水平无法与当前国家能源状况突出的严重性相匹配。

美国全部高中生的辍学率大概是 1/3。那些辍学的学生的主要不满是 "课程没意思"（Bridge et al.，2006，p.3）。根据笔者近年来的高中教学经验，笔者知道学生找不到课程与他们生活的相关性。此外，笔者很多在高中教书的同行认为，9~12 年级的课程设置不能很好地为学生服务，故而需要一个大的转变。修改和改变课程的一个方式是使课程纳入对当今我们的社会面临的主要问题的研究。新世纪的青少年很喜欢可以开车上学，也关注燃油价格的不断上涨。在这个大的框架下，他们对能源也会感兴趣。如果学生被允许学习吸引他们的课题，如能源和交通，也许上学会更有趣、更有意义。

儿童和青少年的环境教育受到公众的高度支持。国家环境教育和培训基金会—罗普调查揭示：

95% 的公众支持在学校里开展环保教育，并且大部分美国人希望环保教育能够持续到他们成年阶段。超过 85% 的人赞同政府部门应该支持环保教育项目。多数人（80%）认为私营企业应该培训他们的雇员以帮助解决环境问题。人们想要理解环境问题并将之应用到他们的日常生活中。

（国家环境教育和培训基金会，2005，p.ii）

即便有如此多的公众支持环保教育，但是这还不够。

3.4.5.1 传媒

我们也必须看到我们的社会中存在着一支非常强大的势力，它会极大地消解学校和社会的能源和环保教育带来的好处。广告产业每年花 6200 亿美元刺激消费者对产品的购买欲望（Brower and Leon，1999）。大量的广告投放在了北美，由于我们的电影、杂志、媒体出口到世界各地，这让赞助商无偿地获得了全球关注（Charles Hopkins，联合国教科文组织主席，人员传播，2006 年 2 月）。"2~18

岁的孩子每天平均看 3 个小时的电视……看电视的时长在 8~18 岁的孩子中还有增长"（Singer and Singer，2001，p.xiv）。考虑到电视中大约每七分钟就插入一条商业广告，美国青少年高中毕业前会接触到 360000 条商业广告（网络学院网上校园，2006）。为了教给儿童和青少年意识、知识和技能，使他们能够明白广告的不断刺激并能够更全面地理解日常生活中传媒的影响，很多国家教授传媒知识。Brown（2006）报告称："在英国、加拿大、澳大利亚、苏格兰、西班牙和其他一些地方，传媒被指定为 7~12 年级语言艺术课程的一部分"（p.687）。在美国的基础教育中，这样的修改会使环保和能源教育课程更持久。

在美国，传媒对环保素养的影响远远超越了广告的影响。国家环境教育和培训基金会报告称："孩子通过媒体获得的环境信息（83%）比其他任何来源都多。对大部分成年人来说，媒体是唯一稳定的环境信息来源"（2005，p.x）。通过在电视上看美国的晚间新闻，笔者获知新闻媒体一般只呈现环境信息的片段。媒体很少针对一个环境问题进行深度报道。这种片段式的和不完整的报道暗示了美国环境素养的状况。事实上，这可能说明，像本章前面描述的那样，美国公民的总体环境素养很低。

3.4.5.2　能源教育

文献中有很多能源教育的成功例子。例如，加利福尼亚的"省一瓦"教育项目使全州范围内的能源使用降低了 6%~12%（国家环境教育和培训基金会，2005）。加拿大开展能源教育课程的学校，仅是通过节约就使水电费下降了 6%（Dearness foundation，私人通信，2002 年 5 月）。

对于此类项目的急迫性，国家环境教育和培训基金会简单描述如下：

解决问题的"拦路虎"是美国人当前能源和环境问题相关知识的缺乏。没有更广泛的能源知识，那么用于家里、车里、商业上的燃料资源就无法得到妥善的使用，会有更多的浪费。重要的是，能源素养的缺乏意味着对进口石油持续的依赖。但是掌握丰富的能源知识之后，我们可以很容易地在能源的使用上呈现出总体下降的趋势。家庭和车辆的能源使用效率会更高，并且我们能够更好地应对未来的能耗技术。

（国家环境教育和培训基金会 & 罗普公司，2002，p.36）

3.5　结　论

尽管美国人正接受着越来越好的教育，并且能源问题的重要性也越来越突出，但是因此就认为公众对我们的能源体系和政策的复杂性已经非常了解的观点，很可能依然只是一个传说。公众需要更多可以自由选择的学习机会。这种项目应该比只是提高意识和改变价值观更为有效，它们要涉及环保教育的全部五个目标（即提高意识、构建知识、发展技能、确立价值观以及有机会参与运用新意识、新知识、新技能和新价值观）。但是，我们不能期望对能源问题有充分了解的公众解决能源和环境相关问题，尤其是通过他们的消费和生活方式选择。教育工作要与政府行动保持平衡。如果没有可供选择的产品，即使是了解情况的人们也很难做出好的消费选择。教育必须与其他举措结合起来，如用于创造一个更可持续的未来的开明政府政策。

注 释

[1] Several definitions of environmental literacy exist in the literature. In general, environmental literacy is a multi-dimensional quality that is gained over a lifetime. Charles Roth did groundbreaking work on the subject defining three levels of environmental literacy -nominal, functional, and operational. Simmons (1994) gathered many frameworks of environmental literacy as background for the National Project for Excellence in Environmental Education. She synthesized the work into a framework of environmental literacy with seven components: affect (e.g., sensitivity to nature at the intrapersonal level), ecological knowledge, socio-political knowledge, knowledge of environmental issues, cognitive skills (e.g., the ability to analyze, synthesize, and evaluate information about environmental issues), additional determinants of responsible behavior (e.g., locus of control and assumption of personal responsibility), and environmentally responsible behaviors (Volk and McBeth, 1998).

[2] "ENERGY STAR is a joint program of the U.S. Environmental Protection Agency and the U.S. Department of Energy helping us all save money and protect the environment through energy efficient products and practices." (ENERGY STAR, 2006) Products in more than 40 categories, such as appliances, heating and cooling, and office equipment, are eligible to earn the ENERGY STAR label. One of the purposes of the ENERGY STAR program is to provide consumers with easy access to energy-efficiency information (Brown et al., 2004). The ENERGY STAR label assures the customer that the product uses less energy, saves money, and helps protect the environment. Another purpose of the program is to reduce market barriers

for energy –efficient technologies. For more information visit http：//www.energystar. gov/.

参考文献

Aizen, I.: 1985, "From theory to actions: A theory of planned behavior," in J.Kuhl and J.Beckman (eds.) Action–control: From cognition to behavior, Springer, Heidleberg, pp.11–39.

Bigge, M.L.and Hunt, M.P.: 1980, Psychological Foundations of Education: An introduction to human motivation, development, and learning, 3rd ed., Harper and Row, New York, NY, USA.

Bridgeland, J. M., Dilulio, J. J., and Morison, K.B.: 2006, The silent epidemic: Perspective of high school dropouts, The Gates Foundation, [online] www.gatesfoundation.org/, search for the title, accessed March 12, 2006.

Brower, M. and Leon, L.: 1999, The consumer's guide to effective environ– mental choices: Practical advice form the Union of Concerned Scientists, Three Rivers Press, New York, NY, USA.

Brown, J. S.: 2001, "Media literacy and critical television viewing in education," in D. G. Singer and J. L. Singer (eds.) Handbook of children and the media, Sage Publications, Inc., Thousand Oaks, CA, USA.

Brown, M. A.: forthcoming 2007, "Myth one: today's energy crisis is 'hype'," in B. K. Sovacool and M.A.Brown (eds.) Energy and American Society: thirteen myths, Springer Press, The Netherlands.

Brown, M A., Southworth, F., and Stovall, T.K.: 2005, Towards a climate– friendly built environment, Pew Center on Global Climate Change, Arlington, VA, [online] http：//www.pewclimate.org/global–warming–in–depth/all–reports/buildings/ index. cfm, accessed July 8, 2006.

Byers, B.: 2000, Understanding and influencing behaviors: A guide, World Wildlife Fund, Inc., Washington, DC, [online] http：//www.worldwildlife.org/bsp/ publications/(search Byers), accessed August 4, 2004.

Colorado Tree Coalition: 2006, Benefit of trees in urban areas, Colorado Tree Coalition, Fort Collins CO, [online] http：//www.coloradotrees.org/benefits. htm#carbon, accessed July 9, 2006.

Costa, Arthur L.: 2006, "Five Themes in a Thought –Full Curriculum,"

Thinking skills and creativity 1（1）（April），62–66.

Cyber College Internet Campus：2006，The Social impact of television，Part 1，[online] http：//www.cybercollege.com/frtv/frtv030.htm，accessed May 23，2006.

[EIA] Energy Information Administration：2002，Transportation Chapter 3. Vehicle–Miles Traveled，[online] http：//www.eia.doe.gov/emeu/rtecs/chapter3.html，accessed May 24，2006.

[EIA] Energy Information Administration：2005a，Electric power annual，http：//www.eia.doe. gov/cneaf/electricity/epa/epa –sum.html#figes 1，accessed May 17，2006.

[EIA] Energy Information Administration：2005b，Energy perspectives，Figure 8，Table 8.2a Electricity Net Generation，http：//www.eia.doe. gov/emeu/aer/ep/ep–frame.html，accessed May 19，2006.

ENERGY STAR：2006，"About energy star，" [online] http：//www.energystar. gov/index cfm? c=about.ab_index，accessed July 7，2006.

[EPA] Environmental Protection Agency：2005，Light –duty automotive technology and fuel economy trends：1975 through 2005 –executive summary，[online] http：//www.epa.gov/fueleconomy/fetrends/ 420s05001.htm，accessed May 23，2006.

40MPG.org.：2006，"Big backlash at the gas pump，" [online] http：//www. resultsforAmerica.org/ calendar/files/092205–release.pdf，accessed March 20，2006.

Gordon，D.：1991，Steering a new course：Transportation，energy，and the environment，Island Press，Washington，DC，USA.

Heenan，J.：2006，"Making sense of values，" [online] http：//www. teachingvalues.com/valuesense.html.accessed 10 July 2006.

Hungerford，H.R. and Payton，R.B.：1976，Teaching environmental education，J.Weston Walch Publisher，Portland，ME，USA.

Hungerford，H.R.and Volk，T.L.：1990，"Changing learner behavior through environmental education，" Journal of Environmental Education 21（3），8–21.

Institute for the Analysis of Global Security：2006，"Global comparison of price per gallon gasoline（January 2001），" [online] http：//www.iags.org/gaspricetable. htm，accessed March 31，2006.

Liggitt –Fox，D.：1997，"Fighting student misconceptions：Three effective strategies，" Science Scope 20（February），28–30.

Lyman，P. and Varian，H.R.：2000，How much information? 2000，[online] http：// www2.sims.berkeley.edu/research/projects/how-much-info/summary.html#conclusion, accessed July 13, 2006.

Marshall, R.and Tucker, M.: 1992, Thinking for a living: Work, skills, and the future of the American Economy, Basic Books, New York, NY, USA.

McKenzie-Mohr and Associates: 2006, "Fostering Sustainable Behavior," [online] http://www.cbsm.com (click on cases), accessed July 6, 2006.

McKenzie-Mohr, D. and Smith, D.: 1999, Fostering sustainable behavior: An introduction to community-based social marketing, New Society Publishers, Gabriola Island, BC.

Merck Family: 1995, Yearning for balance: Views on consumption, materialism and the environment, [online] http://www.newdream.org/yearning/yearn full. html, accessed March 28, 2006.

[NEETF and Roper] National Environmental Education and Training Foundation and Roper ASW.: 2002, Americans' Low "Energy IQ." A Risk to Our Energy Future: Why America Needs a Refresher Course on Energy, NEETF, Washington, DC, [online] http://www.neetf org/roper/roper.html, accessed February 11, 2005.

[NEETF] National Environmental Education and Training Foundation: 2005, "Environmental literacy in America: What 10 years of NEETF/Roper research and related studies say about environmental literacy in the U. S." NEETF, Washington, DC, [online] http://www.neetf.org/pubs/index.htm, accessed November 1, 2005.

National Research Council: 2002, Community and quality of life: data needs for informed decision making, National Academy Press, Washington, DC, [online] http://darwin.nap.edu/books/0309082609/html/1.html.accessed July 14, 2006.

Philips, W.C.: 1991, "Earth science misconceptions: You must identify what they are before you can try to correct them," The Science Teacher 58 (2), 21-23.

Scherzer, Philip: 1996, "Completing the conservation cycle: Customer education and customer satisfaction: Human dimensions of energy consumption," Proceedings ACEEE Summer Study on Energy Efficiency in Buildings, American Council for an Energy-Efficient Economy, Washington, DC, pp.8.171-8.177.

Simmons, D.: 1994, The NAAEE standards project: Working papers on the development of environmental education standards, Monograph, NAAEE, Washington, DC, USA.

Singer, D.G. and Singer, J.L.: 2001, Handbook of children and the media, Sage Publications, Inc., Thousand Oaks, CA, USA.

Smith, W.: 1999, Social marketing lite, Academy for Educational Development, Washington, DC, [online] http: //www.aed.org/Social Marketingand Behavior Change/(click on Social Marketing Lite), accessed August 4, 2004.

Tufts Climate Initiative: 2006, Sequestration: How much CO_2 does a tree take up? [online] http: //www.tufts.edu//tie/tci/sequestration.htm, accessed July 26, 2006.

UNESCO: 1978, Ed/MD/49, April, Final Report of the Intergovernmental Conference on Environmental Education, Tbilisi, UNESCO, Paris, [online] http: // unesdoc.unesco.org/images/0003/000327/032763eo.pdf, accessed May 25, 2006.

UNESCO: 1998, The World Education Report 1998: Teachers and Teaching in a Changing World, UNESCO Publishing, Paris.

UNESCO: 2005, The United Nations Decade of Education for Sustainable Development 2005 -2014 international implementation scheme, UNESCO, Paris, [online] http: //unesdoc.unesco.org/images/0014/001403/140372e.pdf accessed July 7, 2006.

UNESCO-UNEP: 1976, "The Belgrade Charter," Connect 1 (1), UNESCO, Paris.

Union of Concened Scientists: 2005, "Environmental impacts of coal power: air pollution, [online] http: //www.ucsusa.org/clean -energy/coalvswind/c02c.html, accessed May 17, 2006.

U. S. Census Bureau: 2005a. People: Education. Available online http: // factfinder.census.gov/jsp/saff/SAFFInfo.jsp? _pageId=tp5_education, accessed July 13, 2006.

U. S. Census Bureau: 2005b. "Places within United States R1402. Percentage of people 25 years and over who have complete a Bachelor's Degree: 2004, Universe: Population 25 years and over.Data Set: 2004 American Community Survey," [online] http: //factfinder.census.gov/servlet/GRTTable? -bm =y& -geo_id =01000US& -_box_head -nbr =R1402& -ds -name =ACS_2004_EST_GOO& -redoLog =false& -mt_name=ACS-2004-EST-G00-R1402-US30&-format=US-32 accessed July 2006.

Volk, T. L. and McBeth, W.: 1998, "Environmental literacy in the United States," in H. R. Hungerford, W. J. Bluhm, T. L. Volk, and J. M. Ramsey (eds) Essential readings in environmental education, Stipes Publishing L. L. C., Champaign, IL, USA.

Wisconsin K-12 Energy Education Program: 2003, A conceptual guide to k-12 energy education in Wisconsin, University of Wisconsin -Stevens Point, Wisconsin

Center for Environmental Education, Stevens Point, WI, USA.

[YSF and ES] Yale University School of Forestry and Environmental Studies: 2005, Survey on American attitudes on the environment: Key findings, [online] www.yale.edu/envirocenter/poll2key.prn.pdf, accessed March 20, 2006.

第❹章　能源传说三

——土地需求量大和不利的能源平衡
阻碍了生物乙醇在提供能源服务
中发挥重要作用

4.1 引　言

在美国交通运输业能否转变成由生物燃料为其提供动力的论辩中，有一点经常被提到，即国家没有那么多土地同时满足国民的粮食和燃料需求。本章将探讨在能源服务大量供应的情况下，生物能源的潜在充足性。在这里仅考虑纤维素生物质，因为这类生物原料一般被认为在大规模生产能源方面潜力最大。本章的分析集中在一种前景良好的液体燃料——乙醇的生产，以及美国生物资源充足性方面的研究，同时参考了一些针对在全球范围内提高生物能源潜能的较为有限的文献。

最后，我们认为生物能源可以作为世界一直寻找的实现可持续、安全未来能源的方式，而成为大规模能源服务的提供者。我们希望本章不只是在文献中已经大量存在的评估中再增加一个观点，而且能有助于理解决定生物资源充足性以及为何对这个问题的不同分析会得到不同结论的因素。

4.2 困　境

对于是否能有足够的生物能源来很好地满足人们对于能源服务的需求，同时又不违背诸如保证粮食生产、保护野生环境、休闲娱乐等目标，文献中的不同分析得到了截然不同的结论。确实，在这种情况下对生物能源未来作用的评价，从认为乙醇可以成为支撑人类的最大能源资源到认为会维持现状的都有。也许能够观察到这些评价不是聚集于一个中心观点，而是呈现出一个双峰分布，即大部分设想不是认为生物能源作用极小，就是极大。

在认为生物能源在满足能源需求上的作用极为有限的研究中，David Pimentel（Goodman and Pimentel，1979；Pimentel et al.，1981；Pimentel et al.，1984；Giampietro and Pimentel，1990；Giampietro et al.，1992；Pimentel et al.，1994；Giampietro et al.，1997；Pimentel et al.，2002）领导的研究团队，还有 Pimentel 团队的前成员（Ulgiati，2001；Giampietr and Ulgiati，2005）发表了一系列文章批评生物能源的生产，并且提议不要扩大生物能源的使用，理由是生物能源需要大量的土地，会造成诸如破坏生物多样性的环境影响，产生诸如提高种植生物能源作物的人员的职业风险，以及需要很大一部分劳动力种植这些作物等问题。例如，1990 年 Giampietro 和 Pimentel 的一项研究称，在美国不可能在将生物能源作为主要能源的同时维持高标准的生活水平。Giampietro 等人（1997）还称，通过特殊的转换将木质作物转变为乙醇以满足美国每个人的能源需求所需要的土地面积是 25 亿公顷（62 亿英亩，是美国本土 48 个州的土地面积的 3 倍多）。Giampietro 等人（1997）和 Giampietro & Ulgiati（2005）认为"大规模生产的生物燃油不能代替当前使用的石油，甚至也不是部分取代石油的明智选择"。

除了 Pimentel 和他学生的论文，很多其他研究者也认为将生物能作为大规模的能源使用是受局限的、不可取的或不可能的。Hoffert 等人（2002）称光合作用功率密度太低而不能对降低温室气体的排放起到作用。Kheshgi 等人（2002）的报告称，要取代石化燃料需要全球土地面积的两倍来种植生物燃料作物。Cook 等人（1991）宣称，需要与 1988 年的耕地相同面积（1.3 亿公顷）的土地才能满足美国交通运输业的燃料需求。Trainer（1995）认为大规模液态生物燃料的生产需要树木种植园的大量产出，但是这些种植园不可能达到期望面积，因此，无法为大量的液态燃料提供足够的生物质大量产出。美国能源信息署 2006 年的"年度能源展望"（美国能源信息署，2006）预测，可再生能源只能从 2004 年总能耗的 5.8%提升到 2025 年的 6.7%……生物能在可再生能源中的占比几乎保持不变（2004 年占 42%，2025 年占 44%），植物纤维生产的乙醇将只占 2030 年乙醇销量的 2%，并且最终玉米和植物纤维产出的乙醇只能占到 2030 年交通运输业总能耗的 2.5%。Huesemann（2004）宣称"……任何为生产能源而大量种植的生物质作物都会剥夺其他物种的食物来源，并且引起世界范围的生态系统崩溃"，同时提出了禁止为生产生物能使用大面积土地的要求。华盛顿邮报近期的一篇文章（Jordan 和 Powell，2006）认为，由于生物燃料的大量土地需求"……不是一个长期的、可操作的能解决我们交通运输燃料需求的方案。"Avery（2006）最近称："显然，要使乙醇成为美国重要的燃料资源将需要大量的林地，并且要将其转移至农场中。"

尽管很多对于生物能源能否成为大规模能源资源潜力的研究得出了消极的结论，但是还是有很多得到了积极的结论。Johannson 等人（1993）预计由于一两个因素，到 2050 年生物能源将成为支撑人类的最大的能源资源。Swisher 和 Wilson（1993）估计，2030 年生物能源的应用潜能能够达到当前全球能源总需求的 30%。Woods 和 Hall（1994）估计，全世界 80% 的能源需求可以由植物生产，并且更进一步，10% 可以由生物质残留物生产。Kassler（1994）认为，生物能是在能源需求不断增长的情境下的可持续资源中贡献最大的，同时也是由环保组织组成的财团开发的"能源创新"中贡献最大的（美国能效经济委员会，1997）。此外，Leemansd 等人（1996）绘制了一个生物质密集的蓝图，在这一蓝图下，生物能大约能够满足 2100 年全球能源需求的一半。国家研究委员会的一份报告（2000）预测，生物能最终能够提供美国燃油产量的 50% 以上，以及化工产品的 90% 以上。利用系统动态模型 GLUE，Yamamoto（1999）预测，2100 年潜在的生物质能潜能将达 425 万亿兆焦耳/年（EJ/yr）（对比 Berndes（2003）给出的数据，2003 年全球能源总需求大约是 400 万亿兆）。Lave 等人（2001）认为纤维素乙醇应该取代美国轻卡使用的所有汽油，尽管他们同时也预计那将需要 300 万~500 万英亩土地（这可以与美国本土 48 个州所拥有的 18 亿英亩土地对比）。Fischer 和 Schrattenholzer（2003）认为到 2050 年可供使用的生物质能的供给潜力巨大，超过了当前的能源需求总量，并且描绘了一个场景——全球能源需求的 15% 将由生物质能满足。关于生物质能在美国未来能源中的作用的项目报告"日益增长的能源"（Greened et al.，2004）表明，到 2050 年生物燃料的产出水平将达到当前美国交通运输业能耗的 50% 以上，结合汽车能耗的提高和理性增长，获得大力推动的生物燃料将完全取代石油。Lovins 等人的研究"石油残局致胜"(2004) 预计，到 2025 年，生物燃料和产品将提供每天消耗 2000 万桶石油的化石产品需求的 20%。类似地，2004 年 "25 x' 25" Ag 能源工作组的报告称，美国石油进口的 25%~30% 将被由农业原料制造的液体燃料取代，此外，农业部门（包括风电场和太阳能发电）将满足美国总能耗的 25%。美国能源部和农业部进行的一项联合研究预计，21 世纪中叶将有 13 亿吨生物质原料可以被用来转化成交通运输燃料，足够满足当前需求的 1/3（Perlack，2005）。最后，Hoogwijk 等人（2005）发现，考虑到将生物质转换成燃料的效率和撂荒地、低产土地，以及"闲置土地"的总产能，2050 年和 2100 年生物质能将数倍于当前的全球石油耗用量。

除了明确表明生物能作为一种能源资源的作用可能（或应该）很大或很小之外，其他很多研究着眼于将人类不断增长的、大规模的资源耗用和废物产出的各种方式和这个星球系统最终能够为这种活动提供的支持的对比。作为其中的一个例子，Wackernagel 等人（2002）的"足迹分析"表明，人类的全球能源消耗率大约在 1980 年的时候就超过了地球的再生能力，在新千年的开端大约需要 1.2 个地球来支撑人类社会。如果考虑到世界人口预计将增长至 100 亿，并且假设增长的人均能耗按世界上贫穷的大多数人的标准计，那么人类将需要好几个地球维持其持续发展。在人类的全部足迹中，本章的核心内容展现了 2/3：能源生产和作物用地。Lester Brown（2004）曾提到人类"在过度消耗地球"和由此导致的逐渐紧迫的食品安全挑战。由于生物能值得作为能源服务的一个大规模供应者被仔细考量，因此必须提出一个有说服力的理由来说明，在生物能源生产还未扩大时土地资源就很有限的地球上，不断增长的能源需求对土地的额外需求是可能也是可以满足的。

4.3　先决考虑条件

由于生物能资源的充足性问题很重要，因此必须满足两个先决条件：正的化石能源置换率，以及持续生产燃料和循环使用的潜力。

4.3.1　化石燃料置换率

生物能源转化对化石燃料的置换率 R 的表达式是：

$$R = \frac{\text{化石燃料输出}}{\text{化石燃料投入}} = F/(A+C) \tag{4-1}$$

其中：

A：农业能源投入；

C：将生物质原料转化成燃料的能源投入；

F：生物质转化中输出的产品置换的能源；

在接下来的讨论中，所有这些能源流都被表达成等值的化石燃料相对于纤维素生物质进入转换过程后的低热值无量纲比率。

对于纤维素生物质，学术界有个共识，即在原料生产上的能源投入（包括种植、栽培、收割、储存、运输）很小。所以，在所有研究中，包括那些得出总的能源替换率（Giampietr and Ulgiati，2005；Pimentel and Patzek，2005）在 0.02~0.08 之间的消极结论的研究中，A 的数值是已知的（Nonhebel，2002；Venturi

and Venturi，2003；Kim and Dale，2004；Lynd and Wang，2004；美国阿贡国家
实验室，2005；Farrell et al.，2006）。无一例外地，笔者所知道的每一项详细设
计的研究（例如，Lynd et al.，1991；美国能源部，1993；Wooley et al.，1999；
Aden et al.，2002；Reith et al.，2002；Greene et al.，2004；Morris，2005；
Farrell et al.，2006）都发现纤维素原料生产乙醇的过程中所需要的能量可以由富
含木质的加工废料提供。换句话说，即便是当前的技术也能够使变量 C 的值达到
0。在现有技术下，F 的估计值在 0.37~0.51；在成熟的技术下，可以达到 F≥0.7，
这依赖于技术配置。[1]

　　回到公式（4-1），即使使用农业能源投入（A）的上限值为 0.08，现有技术
下的 R 值也可达到 0.37/0.08~0.51/0.08，即 4.6~6.4。在成熟的技术下，依然代入
农业能源投入的最大值，我们得到 R≈9。如果假设 A 的值更小，那么可以得到
一个更大的 R 值。读者可能也注意到了，投入到石油萃取、运输、精炼（不包括
将原油运送到精炼厂所使用的能源）中的能源大约是原料氧化能源的 13%（基于
GREET 模型的估算；美国阿贡国家实验室，2005），大约是种植纤维素生物质的
农业投入值的两倍。

　　根据这些条件，在宽泛的假设下，纤维素生物质到燃料（包括但不限于乙
醇）的转化或所需能量，毫无疑问地达到了一个很好的化石燃料替换率。大部分
认为用生物质生产乙醇的化石燃料替换率≤1 的研究，将它们的计算建立在生物
质的形式不同于纤维素原料这一基础上（例如，Pimentel et al.；Giampietro and
Pimentel，1990）。Pimentel 和 Patzek（2005）最近的研究考虑了纤维素生物质，
呈现了一个外部提供的转换过程所需能源（C）不为零的过程。此外，这项研究
不容许生物质转换过程中内部能源进行整合。这种整合是当前各石油精炼厂的普
遍特点（美国能源部，2002），同时有充分的理由相信未来的生物质能提炼厂也
能做到这点。尽管 Pimentel 和 Patzek 设想的低产能的生物质转换过程在技术上是
可能的，但是这些研究者并没有给出其他很多研究者设计的产能高得多的转化过
程是不可能的任何证据。总的来说，关于在设计良好的代表预期工业实践的转换
过程中，化石燃料替换率毫无疑问地支持用纤维素生物质生产乙醇，相关研究者
的观点并无明显的差异。

4.3.2　可持续性

　　从各个方面对生产纤维素乙醇的可持续性分析并不在本章范围内。由包含环
保宣传团体代表在内的学者所做的关于这个问题最全面的研究——能源增长报告
（Greene et al.，2004）认为，纤维素乙醇的生产不存在任何干扰，同时，从环保

的角度来看还有很多潜在的环境效益。纤维素乙醇一个重要的环境贡献是，整个过程的温室气体排放近乎于零，这是极为高效的能源替换率的一个直接结果（见前文）。其他重要的效益还有提高土壤碳含量和降低水土流失，以及相较于传统的中耕作物诸如柳枝稷等多年生作物的种植可以降低水污染。这份能源增长报告提到的主要环境问题是，低级乙醇——汽油乙醇混合燃料——的大量使用给城市空气质量带来负面影响的可能。该报告称，这可以通过考虑这样做的动机来杜绝。从整体来看，纤维素乙醇被看作是石油衍生运输燃料的最有前景的潜在可持续替代品（Greene et al.，2004；Lovins et al.，2004）。对于大多数（如果不是全部的话）能源供给的选择来说，实现纤维素乙醇生产和使用带来的大量环境的和可持续发展的效益需要付出很大的努力。

关于以单位为基础表述的生存期问题——例如提高每英亩土地的碳含量，替代每单位化石燃料投入的石油，替代汽车每英里的石油消耗，或千兆焦耳乙醇——有充分证据显示纤维素乙醇的表现很好。对于大规模的能源供给，若要产生实质性的差异，就必须将这每一单位的效益乘上大量的单位数。相较于生存期问题，与大规模乙醇或其他由纤维素生物质生产的燃料相关的资源问题带来的挑战更大（Lynd and Wang，2004）。

4.4　最终使用的优先次序

生物质最终使用形式的优先级促进了对生物质资源可得性的系统思考。正如除了供给终端使用的生物质外可选路径的可用性所指出的，一个合理的等级结构可以建立在生物质独立满足各种最终使用需求的程度的基础上。这些选择可以基于持续性的资源，也可以基于非持续性的资源。

如表 4-1 所示，这一方法显示食物是优先级最高的生物质能最终使用形式，因为我们既没有可持续的生物质替代品，也没有非持续性的生物质替代品。有机物质（如木材、纺织物、塑料）是次优先级的最终使用形式，因为我们有非持续的生物质替代品，但是没有预期可持续的替代品。在交通运输燃料或能源的储存领域，生物质能是唯一可预见的在常压下可以液态形式存在的燃料资源。然而，生物质能可持续的替代品不涉及液态燃料，例如以氢气和电池的形式存在的移动储备能源。因此，生物质在交通运输方面具有独特的功能，但是与有机物质相比，基于具有可持续的替代品的燃料是优先级较低的生物质最终使用形式。考虑到一些明显的可持续性资源，例如风能、太阳能、海洋能或水能、地热能、核能等都非常适合发电,这与食物、有机物质或交通运输能源储存截然不同,所以,与其他最终使用方式相比,电力是优先级更低的生物质最终使用形式。最后,有很多选择可以代替生物质供热,特别是热电联产,这说明供热是优先级最低的生物质最终使用形式。

表 4-1 生物质最终用途的长期的层次结构

最终用途	替代选择的有效性		生物质是唯一适用的吗?	需求规模(相关的)
	可持续性的	不可持续的		
食物	否	否	是	大
有机材料	是	否	是,在可持续性之中	小
以液态形式储存的运输能源(1 个标准大气压)	是	否	在可持续性之中是唯一的	大
非液态	是	是	否	大
发电	是	是	否	大
制热	是	是	否	大

有机物质的资源需求与用在交通运输燃料、电力、供热上的能源关联度很低。因此在表 4-1 呈现的优先结构次序中,交通运输燃料是优先级很高的生物质最终使用形式,因为其资源供给可能是一个重大问题。也许读者也注意到了,交通运输业所占石油消耗的份额比美国和其他国家其他方面能耗的总和还多。

4.5 资源充分性

4.5.1 生物燃料生产的土地需求

4.5.1.1 土地需求——框架和方法

尽管围绕与生物质能源相关的资源充足性问题的争议很大,但是对提供一个给定的生物燃料生产带来的流动性,其所需的土地面积的计算是很简单的。由于轻型汽车的使用,这种土地需求将受到汽车行驶总英里数(VMT,等于人口数乘以每人每年行驶英里数)、汽车能效(MPG,英里/加仑乙醇)、转化过程的效率($Y_{P/F}$,加仑乙醇/吨生物质),以及原料生产的生产率(P,吨生物质/英亩/年)等因素的影响。此外,可以将纤维素生物质与目前还没有纤维素生物质回收的受管理的土地协同生产,通过这种集成,获得生产燃料所需生物质。下面将会更详细地讨论这点。将每年由与受管理的土地的集成而带来的可用的生物质总量表示为 I。

根据前文定义的变量，产出一个给定的流动性水平需要的净新增土地（除了受管理的土地）（NNL，英亩）可以通过下式得出：

$$NNL_{FP} = \left\{ \frac{VMT}{MPG \cdot Y_{P/F}} - I \right\} \frac{1}{P} \tag{4-2}$$

公式（4-2）的下标表示食物生产所需土地的面积已设定，后面将会给出约束条件。

该式括号中的第一项是每年在燃油经济性的英里/加仑乙醇（MPG）和燃油产率（$Y_{P/F}$）条件下，行驶与汽车行驶总英里数（VMT）相同的英里数所需要生物质总量。括号中的第二项是每年将原料生产与受管理的土地集成带来的生物质总量。因此，这些变量之间的不同之处就是每年新增土地产出的净吨数。然后乘以生产率的倒数（年·英里/吨）得出 NNL_{FP}，其单位是英亩。读者也许也注意到了公式（4-2）中各种变量直观上令人满足的趋势。因此，所需的净新增土地与 VMT 正相关，与汽车能效、过程产率、燃料生产与受管理的土地的集成生产率和农业生产率等负相关。

对于利用水生生物质生产能源的可能性，我们认为尽管其具有作为一个降低与生物能生产相关的土地需求战略的潜在重要性，但是至少对我们掌握的知识而言，目前的认知还不足以广泛建立基于水生生物质的可持续的能源生产系统项目。

当前，在战略层面，评估生物质是否具有规模充足性以对能源供应做出实质性的贡献是很重要的。然而，还需要几十年的快速发展，美国生物质的可得性在生物燃料行业的任何可能的增长率上才可能遇到确实的限制。因此，生物质的充足性问题是一个几十年后的事态问题。过去 30 年，农业和能源都发生了令人震惊的变化。不管怎样，更深远的变化也是可能的，甚至如果在接下来的几十年世界在可持续发展和安全方面的动机不断增强，可能会发生我们前所未见的更大的变化。

接下来我们将展示公式（4-2）中每个变量的高或低值，以说明这些值对计算土地需求的影响，以及为何不同的分析会得出截然不同的结论。此处呈现的高或低值意在代表关于生物质可得性的不同研究所使用的范围。这里描述的值不是为了表现物理可行性的范围，也不是为了说明这些值的精确程度和可能性，但是本章第七节给出了这个判断。

4.5.1.2 公式（4-2）中变量的高或低值的解释

汽车行驶总英里数（VMT）。美国人均汽车行驶总英里数（VMT）在 10 年间（1992~2002 年）以每年 1.2% 的速度增加（美国商务部，2003），并且一些研究预计这一趋势还会持续（例如，Hu et al.，2000）。显然，个人和城市规划者都可能做出选择来实质性地降低 VMT，尽管今天还没证据显示有谁正在做出这种选择。在美国诸多可以减少 VMT 的更为详尽的尝试中有一个叫做"汽车对话"的委员会（政策对话咨询委员会，1996）。相比于以诸如提高汽车燃油效率和减少汽车行驶英里数等战略相结合为特征的"理性增长"方案提出的平均 1.3% 的年增长率，该委员会规划了一个可能的年平均增长率——1.9%，作为未来 35 年间的预估（BAU）底线。在本文的分析中，我们使用"汽车对话"委员会规划的增长率，这表明 VMT 平均每年减少的潜力还有 33%（1.9% vs 1.3%）。基于此，若我们使用"汽车对话"委员会的分析中使用的底线值，即较大值，则 2050 年汽车和轻卡行驶里程为 6.1 万亿英里，若基于理性增长方案的较小值，则这一数字是 4.5 万亿英里。

英里/加仑（PMG）。 2000 年美国轻卡的每加仑英里数是 21PMG（美国环保局，2005），在基础案例中，我们没有改变这一英里数。显然，通过消费者的选择和技术进步相结合，每加仑英里数可以大幅提高。一些研究指出，轻卡达到目前混合动力车的每加仑英里数还要 20~40 年（Weiss et al.，2000；Friedman，2003；Cooper，2006）。例如，Freidman（2003）称，充分利用了混合动力车和其他先进汽车技术的汽车和卡车，其燃油经济性平均可达 60MPG，并将为消费者在汽车的使用寿命内实现节约。过去 5 年进行的大多数研究都假设汽车的功能特征保持不变。如果消费者愿意牺牲一些功能（如动力、尺寸），那么每加仑英里数的大幅提升就是可能的。尽管不考虑未来设计的改变，当前生产的高能效汽车广泛地出现在对乘客来说最安全的汽车中，并且没有成比例地出现在这些最安全的汽车冲撞到的汽车中（Ross 和 Wenzel，2002）。根据这些因素，我们认为长期来看，汽车行驶英里数的最大值和最小值的比率取 2.5 是非常合理的，所以最大和最小值分别就是 21MPG 和 52.5MPG。

制程产率。 鉴于近期的过程产率，我们假设其值为 55 加仑/每干吨生物质（36 加仑汽油当量/干吨），这个值得自于国家再生能源实验室（Wooley et al.，1999）开发的一个过程设计，使用的参数值与国家再生能源实验室关于集成生物乙醇转化过程的一个成功的模拟实验相一致。尽管一些对于近期技术的评估高于这个值（例如，Aden et al.，2002），但是在本文的分析中我们采用 36 加仑汽油作为低档产率值。与美国未来能源项目中生物质的作用相结合的详细分析预测，在成熟技术下，产率高达每干吨生物质产出 91 加仑汽油，这种成熟的技术以高效的乙醇生产联合利用费托技术从生物发酵残渣中生产燃料为特征。

受管理的土地联产。 大多数关于生物质的可得性的研究都没有考虑改变对土地的使用以应对非营养性纤维素的需求。因此，为了描述现状，使用最低值 0 来表示在当前管理的土地中融入原料协同生产可获得的大量生物质似乎是很合理的。

除了生产燃料，集成受管理土地还可以达到生产大量纤维素类生物质的目的。这种战略包括利用现有活动中产生的废弃物，如树叶，粮食生产产生的茎秆和麸皮，制糖过程产生的甘蔗渣、林业废料和残渣、造纸产生的废浆。或者可以通过新型作物和新的种植体系来实现用受管理的土地集成联产生物质原料，这可以生产更多的生物质来满足当前需求，例如通过在当前种大豆的地里种植能同时生产饲料蛋白质和纤维素生物质的柳枝稷，利用培育的新型作物生产更多的废渣，同时又不牺牲当季收割的作物的产率如大型生物质大豆 [(Wu et al., 2004; McMurtrey et al., 2005)]，或在当季闲置的土地上种植冬天生长的作物。一些地方已经开始并且将报道关于在受管理的土地上集成生产生物质原料的更为详细的分析。在这里要注意，生产纤维素乙醇的成本有效的技术的发展，会引起对非营养性纤维素生物质的大量需求出现，这一情况带来的市场力量可能会引起这种我们现在无法预见的战略集成的发展。

美国能源部和农业部最近的一项研究预计，美国可用的废弃生物质超过了 6 亿吨 (Perlack et al., 2005)。这个评估涵盖了不可能 (如粪肥) 或很难 (如软木材) 转化成乙醇的原料，同时还包含大量很难通过对环境有益的方式获取的森林生物质。与此同时，美国能源部和农业部的评估没有考虑对能源生产的新需求催生的作物和种植体系重大改变引致的受管理的土地生产的生物质的大幅增加。例如，一个在受管理的土地上产出 6 亿吨纤维素生物质的可选路径是：在当前用来种植大豆的 7400 万英亩土地中的 6000 万英亩上种植可以同时产出饲料蛋白质和生物燃料原料的柳枝稷，并且达到 10 干吨/英亩/年的生产率。其他选择，以及一些选择的结合，也都是有可能的 (见后面段落的讨论)。根据这些平衡因素，我们认为使用美国能源部和农业部的研究中的 6 亿干吨作为分析受管理的土地产出的原料的最大值是很合理的。

生产纤维素生物质的生产率。公式 (4-2) 中出现的最后一个变量，原料生产率 (P, 收获的吨数/英亩/年) 是特别重要的。Pimentel 等人使用 1.3 吨每英亩每年作为他们的分析中的生产率的最小值，这是建立在他们关于生物质能潜力的分析中森林的可持续生产率的基础之上的 (Pimentel et al., 2002)。

此时，在本文分析的背景下估计一个很高的生物质生产率是一个具有挑战性的任务。一开始就应该明示，不同的生产率适合不同的目的，并且在比较不同研究和对未来的不同规划的数据时要保证慎之又慎。例如，同一种作物在不同的情况下 (如降雨、生长季节、土壤质量等差别) 会有不同的生产率。另外，不同的研究对生物质生长环境条件的假设也不同，并且对某一种作物来说适宜的条件也许对另外一种作物来说就会非常不同。此外，一些实验中时常出现很高的生产

率，是因为种植者努力使水和肥料等影响因素足够充足。这种最佳情况下的生产
率经常是在经济约束条件下生产率的2~3倍，但是在经济约束条件下的生产率可
能更能代表全国的平均水平。与此同时，由于培育的改良作物以及改进的农林作
业方式，生产率的提高有着很大的潜力。对于纤维质作物来说更是如此，纤维质
作物获得了旨在提高随时可收获的非营养性干作物的生产率的研究支持，尽管这
种支持还不足够。确实，任何主要作物的渐进生产率限制还没有被证实，包括那
些已经从大量的开发工作中增产的作物，如玉米（Tiefenthaler et al.，2003）。因
此，在大量的研发工作之后，我们几乎没有实践经验来实现对渐进限制的基础评
估。值得一提的是，过去几十年实现的玉米产量的增加是在氮肥施肥量某种程度
上下降的情况下发生的，产量的增加并非因为化学肥料投入的增加（Hallberg，
2001）。

在能源增长报告中由Samuel McLaughlin博士主持的研究（Greene et al.，
2004），从全局的视角更详尽地分析并进一步支持了对柳枝稷当前和未来生产率
的评估（McLaughlin et al.，2005）。全国平均生产力水平（干吨每英亩每年）基
于这样一个经济模型，即倾向于认为当前柳枝稷的边际产量为5干吨每英亩每
年，2025年这一数字为8，2050年为12.5。能源增长报告中提到，这些数字是
在不使用转基因技术的情况下达到的。基于对该作物生长的一般物理环境、生物
化学环境和生理机能的模拟，Samuel McLaughlin等人估计柳枝稷的（将来）潜在
最大产率为21干吨/英亩/年。能源增长报告中预测的生产率驱动比率的增长与美
国过去十年柳枝稷实现的增长率相符。一般来说，这种旨在开发一种以前没有尝
试过的项目，初始阶段取得生产率的提高相较于后期更为容易。因此，要维持一
个给定的生产率增长率，随着项目的进行需要付出很大的努力。与此同时，人们
期望有效的种植培养的新方法可以较快地获得收益。这些方法包括不会产生转基
因植物的标记辅助育种，也包括转基因植物的开发（McLaughlin and Kszos，
2005）。

在美国，柳枝稷被作为草本能源作物的代表来研究，并获得比其他任何一种
作物都多的现场数据。然而，人们逐渐意识到其他候选作物的存在，并且其中有
些作物取得了比柳枝稷高得多的生产率。例如，在美国进行的迄今唯一一次柳枝
稷和芒草的对照比较中，采用了伊利诺伊州三个种植地两年的数据，其中芒草的
平均产率为16.5干吨/英亩/年，而柳枝稷的平均产率为4.6干吨/英亩/吨（Heat
and Long，人员传播，2006）。在美国被广泛研究的纤维质能源作物在受到良好
控制的研究中呈现出3倍的增长率，这是该领域达到一个新阶段的标志。在这三
个最好的种植地点最好的两年，实现了25干吨每英亩每年的产率，这相当于在
全年都有可见光照射该地点的前提下，达到了4.4%的太阳能收集效率（Heat and

Long，人员传播，2006）。

　　生物质高生产率的报告和项目并不仅限于多年生草本植物。甘蔗专家（Frikkie Botha，南非糖研究所；Fernando Reinach，Allelyx and Votorantim 新商业）推断，以总生物质产率最大化为目标的培育和栽培很可能在较短的时间内达到大约每英亩每年收获 25 干吨生物质。尽管甘蔗目前受限于热带和亚热带气候，但是与评估甘蔗相关的生物质产能潜力的资料正在收集中，并且提高甘蔗栽培的地理范围的调查也正在进行中。巨型植物集团公司已经测量过北美硬木中的波罗尼亚树，其生产率是 28 干吨/英亩/年（Ray Allen，人员传播，2006）。

　　克瑞斯——一家植物生物领域的领导企业——认为现有信息"明确显示大约在接下来的十年间，现代培育和生物技术的应用将使能源平均产率至少达到 15 吨每英亩，并且这些平均值可以在广泛的地理和环境条件下得以保持，全美7500 英亩的农作物和牧场，在不影响国内粮食生产的情况下，可以轻松地被转换成生物质作物的种植（Richard Hamilton，人员传播，2006）。风险投资家Vinod Khosla 推断，诸如柳枝稷和芒草这样的能源作物的平均生产率在 25 年后将达到 20~24 吨/英亩/年（Khosla，2006）。

　　我们用 Khosla 的 24 吨/英亩/年作为该分析中美国全国平均生物质生产率的最大估计值。进一步的研究涉及纤维质作物用于能源生产的生产率——包括旨在提高生产率和缩小合理预期的生产率波动范围——将会出现在一个很高的优先级上。

4.5.1.3　公式（4-2）中变量的最大值和最小值的累积效应

　　4.5.1.2 部分描述了五个重要变量的最大值和最小值，这五个变量影响着除了当前用于粮食生产的土地外所需的净新增土地量，以提供公式（4-2）计算出的能动水平。这五个变量分别是：车辆行驶英里数、车辆能效、制程良率、从与其他最终使用方式融合中获取的能源原料，以及作物生产率。在表 4-2 中，通过将每个变量的最低效率值和最高效率值带入公式（4-2），计算出了满足美国 2050年预计流动量需求的净新增土地需求。对于代入最低效率值的情况，计算出的土地需求超过 60 亿英亩。考虑到美国本土的 48 个州总共只有 18 亿英亩土地，其中 4 亿英亩是耕地，接近 6 亿英亩是草原、牧场，另外还有 3000 万英亩用作休耕或休牧计划（Lubowski et al.，2006），这个规模的土地需求是难以实现的。对于代入效率值最高的情况，净新增土地需求只有非常适度的 1400 万英亩。

　　鉴于表 4-2 描述的两种不同情形下的显著差异，第 5 章第 7 节给出了对于评估和实现生物质用于能源供应的潜力的观点。

表 4–2   2050 年用纤维素生物燃料满足轻型汽车运输燃料的需求所需要的净新增土地：
效率最高和效率最低的两种情况的比较

参数	最低效率	最高效率	单位
VMT（2050，LDV）	6.1	4.5	万亿英里/年
MPG（LDV）	21	52.5	mpg
制程产率	36	91	加仑汽油当量/吨
从目前耕地中产出的原料	0	600	百万吨
原料产率	1.3	24	十亿加仑汽油当量
需要的 LDV 燃料	235	75	
粮食生产率	随后考虑		
肉类消费			
净新增土地需求（NNL）[b]	6147	23	百万英亩

注：a. 来源和说明见正文。
    b. 由公式（4–2）计算而来。

4.5.2 可用于生物燃料生产的土地

4.5.2.1 可用土地——框架和方法

对于一个给定的 VMT，净新增土地需求量将在可用土地（AL，英亩）的背景下被合理地考察。通常，可用于能源生产的土地是在受管理的总土地量中（不含荒野、公园、娱乐、城市和道路占用的土地）除去优先级较高的最终使用形式的土地需求。在大多数情况下，受管理的土地比燃料生产具有更高优先级的最主要的使用方式是粮食生产（见表 4–1）。这里我们考虑对与蛋白质和糖类的食用需求相关的土地需求。超过粮食生产土地需求的可用土地（AL，英亩）是农业用地总量（GAL，英亩）、要给养的人数（N）、每个人的饮食消耗（D，质量/人/年）、作物生产率（P_f，质量/英亩/年）、反映转换损失的系数，包括但不限于作物向畜产品的转换（f）的一个函数。可用土地可以用公式（4–3）表示。

$$AL = GAL - N\left(\frac{D}{P_f f}\right) \tag{4-3}$$

4.5.2.2 粮食生产率

作物生产率 P_f 在决定由公式（4–3）表示的可用土地中起着关键作用。20 世纪美国单位土地的总体产出发生了巨大的提升。图 4–1 描述了这一情况，该图显示，过去 100 年里尽管全国人口增加了两倍，但耕地基本保持不变。

Hoogwijk 等人（2005）预测了全球到 2100 年可用于能源生产的土地量。这些学者所做的这个分析是我们所知道的此类分析中最全面的。该分析考虑了生物质能生产和粮食生产的地理适用性，未来粮食生产的土地需求，未来纤维素生物

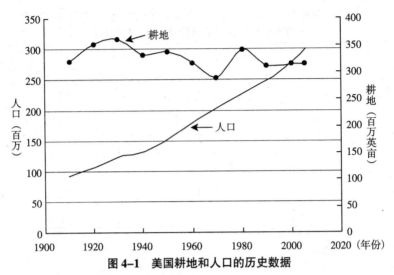

图 4-1 美国耕地和人口的历史数据

资料来源：美国农业部，2006；美国统计局，2006。

质的生产率，为自然保护而留出的土地，城市化用地，气候和人口变化影响的土
地。他们分析了政府间气候变化委员会定义的四种情况（Nakicenovic and Swart，
2000)，描述了人口变化、粮食贸易、肉类消耗、作物生产和管理的确定、技术
发展以及经济前景。在研究的时间范围内，这四种情况下的废弃耕地数均出现了
持续的增加，这表明人类的粮食总产能在 21 世纪伊始就超越了我们的粮食需求。
这个研究预测，21 世纪美国闲置的耕地可以产出大量的纤维质作物。例如，在
全部四种情况下，2050 年美国闲置耕地预计产出的纤维质作物的均值是 304 万
亿焦/年（约 1800 亿吨/年），其中在产量最大的两种情况下，这个值达到大约
400 万亿焦/年（约 2400 亿吨/年）。

作为一个粮食和能源作物生产率的例证，请考虑生产 1000 亿加仑汽油当
量的交通运输燃料，同时满足相较于今天全美的 2.95 亿人预计得出的 2050 年
的 4.19 亿人口的粮食需求所需要的净新增土地。这些净新增土地可以通过公式
（4-4）计算：

$$NNL = \frac{G}{Y_{P/F} \times P} - AL = \frac{G}{Y_{P/F} \times P} - \left[GAL - N \left(\frac{D}{P_f * f} \right) \right] \tag{4-4}$$

其中，G 是生物燃料的产量（加仑汽油当量），$Y_{P/F}$ 是制程产率（加仑汽油当
量/吨生物质)，P 是生产原料的生产率（吨生物质/英亩/年）。

读者也许注意到了我们放宽了公式（4-2）隐含的粮食生产约束。图 4-2 将
NNL 表示为生产率乘数的函数，该乘数是 2050 年的生产率与当前生产率的比值。
深灰色的曲线（情景 A）表示能源作物生产率随着标记在横轴上的乘数增加，但

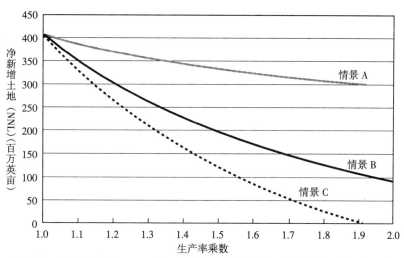

图 4-2　2050 年生产 1000 亿加仑纤维素生物燃料将产生的净新增土地需求

是粮食生产率保持不变的情况。中间的灰色曲线（情景 B）表示粮食生产率随着标记在横轴上的乘数增加，但是能源作物生产率保持不变的情况。浅灰色的曲线（情景 C）表示能源作物生产率和粮食生产率同时增加的情况。

可以发现，在乘数为 1 的时候，三条曲线所代表的净新增土地需求均为最大值 4 亿英亩。这与生产 1000 亿加仑汽油当量燃料所需的 2.2 英亩土地（按照先进的产率——91 加仑/干吨，以及目前具有代表性的能源作物生产率——5 吨/英亩/年），以及在土地的粮食生产效率不变的情况下给养增加的 42% 人口所需的额外 1.85 亿英亩土地相符。在情景 A 中，净新增土地（NNL）需求仍然很高，并且在只有能源作物生产率提高的情况下，仅有略微下降。相比之下，在情景 B 中，NNL 随着粮食生产率的提高下降得很快。尽管情景 B 和情景 C 之间的差异不大，但是在能源作物和粮食生产的效率同时增长时，NNL 下降的幅度更大。

从图 4-2[2] 可以得出以下推论：

（1）粮食生产率若不能持续增长，预计人口增长将会导致用于种植粮食的土地需求大幅增长，以及用于生物燃料生产的土地需求不足。

（2）粮食生产率的增长超过人口增长的需求将大幅提高可用于能源生产的土地。

（3）只要用于粮食种植的土地比用于能源作物种植的土地多，那么相比于能源作物自身，对于一个给定的生产率增加量，粮食生产对可用于种植能源作物的土地影响更大。

4.5.2.3　食物

食物对为给定的人口提供粮食的土地需求有很大的影响。对食物和可用土地之间的交互影响的详细分析不在本章范围内，此处只提供一些概括性的观点。

也许就像我们从表4-3的数据中看到的，在这一背景下，消费的肉类的数量和类型是重要变量。20世纪美国人均肉类消耗量增加了近一倍，但是如果减少肉类消费而又不损失营养——甚至增加，那么消费者应该就会选择这样做。大约2.5亿英亩耕地用于生产性畜饲料（包括草料作物）和作为提供肉产品牧场，但是所有这些土地都可以用来种植能源作物[3]。此外，大约有3.5亿英亩的荒野，这些土地的一部分也可用来种植能源作物。因此，例如假设人均肉类消费保持10%的下降率，同时各种肉类的消费比例保持不变，那么将会产生数千万英亩的可用土地。一个更进一步的假设是，若全部吃素，那么将产生数亿英亩可用土地。

各种肉类相关比例的变化对可用土地也有很大的潜在影响。2000年，牛肉、猪肉和家禽的相对消费比例为牛肉41%、猪肉27%、家禽32%。利用这些值和表4-3中的数据，可以计算出每千克食用性动物产品提供的加权平均给养是14.3千克。然而，20世纪以来，人均肉类消费发生了重大变化，并且似乎没有理由假定其未来会保持不变。例如在20世纪70年代中期至2000年期间，牛肉消费下降了19%，猪肉消费基本维持不变，家禽消费提高了92%。假设未来牛肉和猪肉消费各占肉类消费的25%，家禽消费占50%——考虑到当前趋势，这并非没有道理——可以计算出每千克食用性动物产品提供的给养的加权平均值是10.85千克，相对于2000年的情况减少了24%。生产动物饲料的耕地减少24%可以提供大约5000万英亩可用土地。

表4-3 主要的动物性食物类型的饲料转化效率

食物类型	饲料转化率	
	千克饲料/千克食用重量	千卡饲料/千卡食用重量
牛肉	25.0	31.4
猪肉	9.4	9.1
鸡肉	4.5	7.7
蛋类	4.2	29.5
鱼	2.3	6.6
牛奶	0.7	4.3

注：假设主要的饲料是玉米，大规模转化来自Smil，2002；相应的热量值来自美国农业部的国家营养标准参考数据库；gov/fnic/foodcomp/search/。

我们再次申明，本小节使用的数值是大约值，只是为了说明问题。同时我们知道很多影响因素我们没有考虑，如进口、喂养牲畜的草料和谷物消耗、给养转换效率的变化，并且无疑还有其他因素。尽管做出了这些重要的说明，但是我们相信此处所做的分析为潜在的事物变化对可用土地的重要性提供了一个指示。特别是考虑到我们的初步结果，如果我们的分析促进了对这一重要问题更为详细的研究，我们会非常高兴。

4.5.3 最后一个例证

考虑满足美国当前水平的轻型和重型机动车所需要的土地。为了对需要几十年才可能发展起来的大规模的生物燃料生产进行一般性的分析，我们不会将分析局限在当前美国机动车的不同燃料需求上。我们同时假设数量恒定的农业用地能够像 20 世纪一样为美国持续地提供粮食（见图 4-1）。

图 4-3[4] 描述了生物燃料生产从一个完全不可能满足的土地需求量逐步发展到只需要很少或不需要额外土地的过程。假设由于其他原因，目前受管理的土地生产的生物质没有提高，现有能源作物的典型生产率是 5 千吨/英亩/年，VMT、制程良率、MPG 保持当前值，那么将需要超过 10 亿英亩土地。过程效率提高至"生物质能在美国能源未来中的角色"（RBAEF）项目（Greene et al., 2004）中的预期值——这个值依然比其他一些研究中使用的值低得多（Lovins et al., 2004）——会使土地需求量降至 4 亿英亩。提高机动车的效率将使土地需求量进一步降低 60%，至 1.6 亿英亩。通过将原料生产与受管理的土地集成，这一数字可能会更进一步地大幅下降。例如，回收 72% 的玉米秸秆（可以通过使用先进的耕作方法维持土壤中的碳含量不变来实现，Sheehan et al., 2004），并且通过将目前用来种植大豆的土地转为种植可回收蛋白质的柳枝稷或者大型生物质大豆，会使这一数字降低至 400 万英亩。通过几种可能方式的联合进一步将生物质原料生产集成到当前的耕地中（见 4.5.2.2 部分），并且相对适度地改变事物结构（见 4.5.2.3 部分），将使对额外土地的需求基本降至 0。

上一段和图 4-3 的分析没有涉及能源作物生产率的任何提高，尽管我们认为其预期提高 3 倍或更多是完全有可能的（见 4.5.1.2 部分）。尤其是根据这个观察来看，在不需要已经用于农业生产的土地以外的土地的情况下，用生物质来满足美国未来轻重型机动车的能源需求，在技术上是可能的。此外，这个结果可以通过不同程度地依赖不同的节约土地因素的几种可选路径实现，并将在这个系统中充分地发挥。

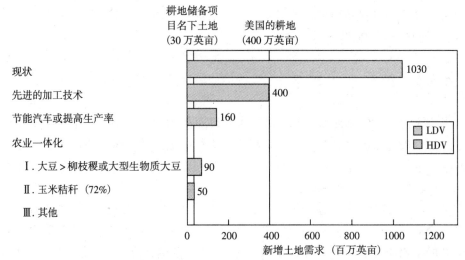

图 4-3　满足美国现有轻型和重型汽车能源需求的新增土地（即除了现有土地之外）需求

4.6　对关于可用于能源生产的生物质的不同评估中的基本因素的理解

　　表 4-1 所举的效率最低的情景和效率最高的情景的巨大差异的例子，与本章开头提到的对生物质能的可行性对大规模能源供应的重要贡献的评估的严重不同是一致的。我们观察到这种不同的结果源于这些相对简单的方程中投入变量的不同假设值，而不同的分析者使用的方程并没有太大的不同。只需看看公式（4-2）中的变量值，特别是生物质生产率和生物质原料生产集成到目前受管理的土地的程度，就可以理解对生物质能生产的土地需求的评估之所以不同的基本原因。

　　假定公式（4-2）、表 4-1 中的变量和所使用的一系列数值对该领域分析者进行估值范围具有指导作用，尽管没有物理限制，但它们对于计算净新增土地需求的相对重要性是：生物质能生产率＞目前受管理的土地联产的原料＞制程良率和机动车能效＞机动车行驶里程。此外，未来的粮食生产率在这个名单上排名很高，就像表 4-2 及相关讨论所展现的那样，其潜在影响几乎与目前受管理土地的原料生产等同。降低能源作物产生的预计生物质能供应的不确定性的目标，引发了这些研究和分析，而上述发现与这些研究和分析中的各种议题的优先级是相关的。可以发现，不同于可用土地，这些以及其他一些议题的相对重要性因目标的不同而不同，如成本效益。

正如图 4-3 所描述的那样，对于生物质能的土地需求的高低档估值之间存在的大量潜在影响因素（如表 4-2 和图 4-3），可以归为几类。一些不确定性源于目前事态的一些相关问题，或是不远的将来没有进一步的技术发展。这种"当前的不确定性"包括大多数纤维质能源作物的大规模生产的绩效，涉及柳枝稷，以及还没建立起来的木质纤维素转化为乙醇的工艺过程。

不同的现实背景引起的差异可以非常巨大，尽管它们通常并不明显。例如，基于 30 年前的标准方式精馏能源的要求比基于目前的方式要高得多，并且这些要求未来更进一步的降低也是可以预见的。对于生物质的生产率也是如此。选择一个稳定的现实背景是很重要的，而在这方面做得不好通常会引起困惑，同时，对在不同的现实背景下做出的不同研究的粗略的比较研究也会导致类似的困惑。对基于当前或过去的数据所做的研究得出的结论，应该以怀疑的眼光看待，除非这个问题被明确地解决，并且给出了确凿的论据。除了随着时间的推移生物质大规模生产的参数（如过程效率、作物生产率）预期会提供更有利的支撑以外，也应着重考虑，随着时间的推移这些参数的变化将使这样的生产更困难（如与人口增长相关的一些因素）。

尽管预测未来的时候评估潜力是必要的，但是还是带来了更多的不确定性。范围的差异依然是对生物质土地需求的评估中隐含的深层因素。例如，如果一个分析认可当前受管理的土地联产生物质原料的可能性，而另外一个分析不认可的话，那么它们对于净新增土地需求将得到截然不同的结论。

最后，也是很重要的是，即便是以相同现实情况为背景的分析，由于当前和未来人们可能做出改变的意愿及动机的不同假设，也会在对估值范围和未来技术的预测上得出完全不同的结论。不难发现，这些选择会被观念上或经济上的因素驱动，同时会随着时间变化。例如，在油价有时还不到 15 美元的 20 世纪 90 年代，非金钱奖励的动机（如减少全球暖化的诱因、降低资源消耗，以及减少进口石油的需求）可能是推动购买节能汽车的主要因素。如今，油价大约涨了 5 倍，同时也有了强有力的经济激励，并且如果征收碳排放税的话，这个激励还会加强。类似地，当前人们会因为非金钱的原因减少肉类（或红肉）消费，但是这种以及其他改变可以用经济压力来鼓励——肉类价格应该更贵。

4.7 对生物质供应问题的评估

我们认为"物质能在美国能源未来中的角色"（RBAEF）的分析所预测的制

程良率——每吨纤维素生物质产出 91 加仑汽油当量的乙醇——是可以实现的，这相对于 NREL 近期的设想高出了 2.6 倍。尽管我们知道对未来纤维素生产效率的预测有相当大的不确定性，但是考虑到经过过去 10~20 年的大量努力，之后出现了持续的提高，所以我们相信相比于当前能源作物生产率的合理评估，未来生物质能源生产率的合理预期将是当前的 3 倍。综合来看，几十年后，过程产率和每英亩产量的提高将使每英亩燃料的产量比现在提高大约 10 倍。在我们看来，如果纤维素能源原料的大量需求能够实现，那么 David Pimentel 的论文中使用的 1.3 吨每英亩每年的生产率，以及那些引用 Pimentel 的研究的论文得到的数字都比可能实现的生产率低得多。

考虑到每英亩燃料产量潜在的一个数量级的增长，生物质能为能源供给做出的巨大贡献似乎给我们带来了强烈的震撼。例如，按照每英亩土地生产 15 干吨生物质，并且每干吨生物质产出 91 加仑汽油当量的乙醇来算，那么 5000 万亩生产生物燃料的土地可以产出 680 亿加仑汽油当量的燃料，这大约是美国目前轻卡车能源消耗的一半。我们发现半个世纪后，除了一些考虑外的因素，获得 5000 万亩土质良好的土地用于生产燃料是可能的。我们观察到美国有充足的土地，尤其是东南部，那些没有用来种植中耕作物的土地很适合种植纤维质原料，并且能够使农村经济从中获益。读者或许也注意到了，美国过去 25 年来由于休耕和土地保护计划限制了 3000 万~5000 万英亩土地，出口作物的生产目前占用了大约 8000 万英亩土地。未来的粮食生产率是一个很难准确预测的变量，似乎对我们来说到 2050 年其超越人口预期增长率的可能就像它会低于人口增长率一样。对粮食生产率持续增长的担忧的理由已经充分表述过了，这确实会对专用于生产纤维质原料的土地的可得性造成负面影响。我们的这种担忧很大程度上被集成当前受管理的土地联产纤维质原料的潜力抵消了，在我们的估算中这个潜力是很大的，而且已经成为少数研究的主题，并且将很可能被因纤维质生物燃料的兴起而产生的市场势力所推动。

前述分析中清楚地指出，在决定生物质可以为能源供应做出的贡献上，改变行为方式和技术创新一样重要。其中，机动车能效和食物选择特别重要。可以发现当前（2006 年夏）肉类消费（牛肉减少，猪肉增加）和机动车能效（由于高油价、高能效汽车的销量增加）的趋势都在向有利于生物质可得性的方向发展。

如果这些以及其他一些有利于生物质可得性的重大行为改变得以延续，并伴随着生物质生产、转换技术、燃油经济性方面的创新，那么：①在我们看来，生物质能提供大规模能源供应的能力会得到保证；②期望生物质能提供全美机动车所需能源就是现实的；③期望所需的绝大部分生物质能原料由当前受管理的土地联产也是可能的。

最后，在与生物质生产所需土地的可得性和提供大规模能源供应的可行性相关的问题上，严格的现实约束的作用和世界对此的看法的作用一样大。如果问题是："在一个要积极解决可持续发展和安全问题的世界里，假设应对这一议题的创新和改变是可能的话，那么生物质能在能源供应上能发挥重要作用吗？"我们认为答案无疑是"是的"。另一方面，在以目前或推测的决定生物质需求和可得性的重要技术和行为变量的现实为基础的世界里，生物质在能源供应方面的作用是极其有限的。在很大程度上，不同的分析者关于生物质供给得出的完全不同的结论，反映了他们对世界创新和做出改变的意愿和能力的预期不同。然而，不管我们讨论的是生物质能还是可再生能源，如果我们想要一个可持续发展的和安全的未来，做出改变是我们唯一的选择。

因为需要创新和改变而排斥能源供应的选择，减少了可以对能源供应做出显著贡献的可供选择的方案，也许将导致无方案可选。这种排斥也否定了我们的现状的实质，即我们不能断定目前的状况是不可持续的和不安全的，并且无法获得一个可持续发展的和安全的未来。在技术进步和行为改变联合起来发挥最大可能的作用下，最有助于生物质能在能源供给上发挥重要作用的情况涉及一些变化的自由组合。如果并非所有路径都能抵达一个可持续发展的未来，那么我们怀疑生物质能可以不受此限，并且确实大多数都是如此。那些推断生物质能的作用很小的研究，一般只改变燃料资源，而其他变量保持不变。然而，这意味着在一个能源毫不受限的世界里，技术和行为未来还将持续。如果相信随着我们向前发展，能源的可持续性和安全性难题——一个每天受到的关注都在增加的议题——的压力会越来越大，那么这就是不可能的。

致　谢

笔者感谢美国国家科学基金会（奖项 #420–25–37）和美国国家标准与技术研究院（奖项 #60NANB1D0064），他们对该研究报告给予了支持。我们还要感谢与我们探讨生物质能供应的同行们。这些同行包括本章中引用的提供了个人通讯方式的——Ray Allen, Frikkie Botha, Richard Hamilton, 和 Fernando Reinach——以及 Rob Annex, David Bransby, Al Converse, Janet Cushman, Bruce Dale, Jill Euken, Andre Faaij, David Hall, Monique Hoogwijk, Nathanael Greene, Emily Heaton, Vinod Khosla, Eric Larson, Matt Liebman, Steve Long, Jason Mark, Sandy McLanghlin, Dana Meadows, Bob Perlak, David Pimentel, Housein

Shapouri, John Sheehan, Shahab Sonkansanj, Rick Tolman, Lynn Wright, Charles Wyman.

注释

[1] Values cited as energy output per unit feedstock energy on a fossil fuel equivalent basis: $F = (FFE_{biofuel} + FFE_{biopower}) / (E_{feedstock})$, where $FFE_{biofuel}$ = fossil fuel equivalent of biofuel = $E_{biofuel} / \eta_{petrol}$. $E_{biofuel}$ = energy content of biofuel; $\eta_{petroleum}$ = well-to-pump efficiency of petroleum production ≈ 0.85; $E_{feedstock}$ = energy content biomass feedstock; $FFE_{biopower}$ = fossil fuel equivalent of biopower=$E_{biopower} / \eta_{electricity}$; $\eta_{electricity}$ = efficiency of conventional power generation ≈ 0.4.

[2] Scenario A: energy crop productivity increases; food productivity constant. Scenario B: food productivity increases; energy crop productivity constant. Scenario C: both energy crop and food productivity increase. Calculations assume 2050 U.S. population is 419 million. Biofuel conversion yield assumed to be 91 gallons gasoline equivalent/dry ton biomass. Initial energy crop productivity (multiplier = 1) is assumed to be 5 dry tons/acre/year. Initial food production productivity is estimated at 2425 Ib/acre/year (only considers 442 acres of cropland). Per capita food consumption is estimated at 985 lb/year. The food conversion loss factor is estimated to be 0.27 kg food consumed/kg crop production. Food productivity, consumption, and loss values based on Heller and Keoleian (2000).

[3] In 2005, 75.1 million acres of corn grain were harvested in the U.S., about 80% of which was feed to livestock (~60mm acres;); 71.4 million acres of soybeans were harvested, with 70% going to feed animals (~50 million acres); and 61.6 million acres of hay were harvested. In 2002, 62 million acres of cropland were used as pastureland. An estimated 20% of the 50 million harvested acres of wheat are used to feed livestock (~10 million acres). Additional crops that are primarily fed to animals include sorghum (6 million), oats (2 million), and barley (3 million). The total allocation for animal feed production, therefore, is an estimated 255 million acres, not including other crops commonly feed to livestock (e.g. millet, rye, peas, beans, lentils). Crop acreages from NASS, 2006. Pasture acreage from USDA, 2006. Corn grain and soybeans allocated to animal feed from Etherton et al., 2003. Wheat allocated to animal feed based on FAO, 2006.

[4] Geq = gasoline equivalent; CRP = Conservation Reserve Program. Current

gasoline demand ≈140 billion gallons; current vehicle fleet efficiency ≈20mpg; vehicular HDV/LDV energy ≈0.28. Status quo processing assumes ethanol only fuel produced at efficiency of 28% of feedstock lower heating value (LHV). Advanced processing assumes co–production of ethanol and Fischer–Tropsch fuels; product profile (% feedstock LHV): EtOH 54%; FT diesel 10%; FT gasoline 6%.

参 考 文 献

25 x'25 Work Group: 2004, "25 x' 25: Agriculture's Role in Ensuring U.S. Energy Independence," Ag Energy Working Group, [online] http: //www.agenergy. info/, accessed July 2006.

Aden, A., Ruth, M., Ibsen, K., Jechura, J., Neeves, K., Sheehan, J., Wallace, B., Montague, L., Slayton, A., and Lukas, J.: 2002, "Lignocellulosic Biomass to Ethanol Process Design and Economics Utilizing Co–Current Dilute Acid Prehydrolysis and Enzymatic Hydrolysis for Corn Stover." NREL/TP –510 –32438. National Renewable Energy Laboratory, Golden, CO, USA.

[ACEEE] American Council for an Energy–Efficient Economy: 1997, "Energy Innovations: A Prosperous Path to a Clean Environment," by ACEEE, Alliance to Save Energy, NRDC, Tellus Institute, and Union of Concerned Scientists; Report Number E974, ACEEE, Washington, DC, USA.

Argonne National Laboratory: 2005, " The Greenhouse Gases, Regulated Emissions, and Energy Use in Transportation (GREET) Model," [online] http: // www.transportation.anl.gov/software/ GREET/index.html, accessed July 2006.

Avery, Dennis: 2006, "Farming for Ethanol Would Have Serious Consequences for Forests, Food Production." Environmental News, [online] http: //www. heartland.org/Article.cfm? artId=19333, accessed July 2006.

Berndes, G., Hoogwijk, M., and van den Broek, R.: 2003, " The contribution of biomass in the fulure global energy supply: a review of 17 studies," Biomass & Bioenergy, 25, pp.1–28.

Brown, Lester R.: 2004, Outgrowing the Earth: The Food Security Challenge in an Age of Falling Water Tables and Rising Temperature; W.W.Norton, New York, NYUSA, p.240.

Cook, J.H., Beyea, J., and Keeler, K.H.: 1991, " Potential Impacts of Biomass Production In The United–States On Biological Diversity," Annual Review of

Energy and The Environment, 16, pp.401_431.

Cooper, M.: 2006, "50 by 2030: Why $3.00 Gasoline Makes the 50 Mile Per Gallon Car Feasible, Affordable, and Economic," Consumer Federation of America, [online] www.consumerfed.org/pdfs/50-by-2030.pdf, accessed July 2006.

[EIA] Energy Information Administration: 2006, Annual Energy Outlook 2006, DOE/EIA -0383 (2006) [online] www.eia.doe.gov/oiaf/aeo/, accessed July 2006.

Etherton, T.D., Bauman, D.E., Beattie, C.W., Bremel, C.W., Cromwell, G.L., Kapur, V., Wheeler, M. B., and Wiedmann, M.: 2003, Biotechnology in Animal Agriculture: An Overview, Issue Paper 23, The Council for Agriculture Science and Technology; Ames, IA, USA.

[FAO] Food and Agriculture Organization of The United Nations: 2006, "Food Outlook No.1," [online] http: //www.fao.org/docrep/009/j7927e/j7927e02.htm, accessed July 2006.

Farrell, A.E., Plevin, R.J., Turner, B.T., Jones, A.D, O'Hare, M., and Kammen, D.M.: 2006, "Ethanol Can Contribute to Energy and Environmental Goals," Science, 311, pp.506–508.

Fischer, G.and Schrattenholzer, L.: 2001, "Global bioenergy potentials through 2050," Biomass & Bioenergy, 20, pp.151–159.

Friedman, D.: 2003, "A New Road Ahead: The Technology and Potential of Hyhrid Vehicles," Union of Concerned Scientists, [online] www.ucsusa org/assets/documents/clean-vehicles/ Hybrid2003_final.pdf, accessed July 2006.

Giampietro, M. and Pimentel, D.: 1990, "Alcohol And Biogas Production From Biomass," Critical Reviews In Plant Sciences, 9, pp.213–233.

Giampietro, M., Bukkens, S.G.F, and Pimentel, D: 1992, "Limits To Population -Size -3 Scenarios of Energy Interaction Between Human -Society And Ecosystem," Population And Environment, 14. pp 109–131.

Giampietro, M., Ulgiati, S., and Pimentel, D.: 1997, "Feasibility of large-scale biofuel production, Does an enlargement of scale change the picture?" Bioscience, 47, pp.587–600.

Giampietro, M. and Ulgiati, S.: 2005, "Integrated assessment of large-scale biofuel production," Critical Reviews In Plant Sciences, 24, pp.365–384.

Goodman, N. and Pimentel, D.: 1979, "Biomass Energy-Conversion As An Alternate Energy-Source," Compost Science-Land Utilization, 20, pp.28–31.

Greene, N., Celik, F., Dale, B., Jackson, M., Jayawardhana, K., Jin, H., Larson, E., Laser, M., Lynd, L. R., MacKenzie, D., Mark, J., McBride, J., McLaughlin, S., and Saccardi, D.: 2004, Growing Energy: How Biofuels Can Help End America's Oil Dependence.Edited by Natural Resources Defense Council, New York, NY, USA, pp.1-96.

Hallberg, M. C.: 2001, Economic Trends in U.S.Agriculture and Food Systems Since World War Ⅱ, Iowa State University Press, Ames, Iowa, USA.

Heller, M.C. and Keoleian, G. A.: 2000, "Life Cycle-Based Sustainability Indicators for Assessment of the U.S. Food System." Center for Sustainable Systems. University of Michigan; Report No.CSS00-04, [online] http: //www.public.iastate. edu/~brummer/papers/Food System Sustainability.pdf, accessed July 2006.

Hoffert, M.I., Caldeira, K., Benford, G., Criswell, D.R., Green, C., Herzog, H., Jain, A.K., Kheshgi, H.S., Lackner, K.S, Lewis, J.S., Lightfoot, H.D., Manheimer, W., Mankins, J.D., Mauel, M.E., Perkins, L.J., Schlesinger, M.E., Volk, T., and Wigley, T.M.L.: 2002, "Advanced technology paths to global climate stability: Energy for a greenhouse planet," Science, 298, pp. 981-987.

Hoogwijk, M., Faaij, A., Eickhout, B., de Vries, B., and Turkenburg, W.: 2005, "Potential of biomass energy out to 2100, for four IPCC SRES land-use scenarios," Biomass & Bioenergy, 29, pp.225-257.

Hu, P., Jones, D., Reuscher, T., Schmoyer, R., and Truett, L.: 2000. "Projecting Fatalities in Crashes Involving Older Drivers 2000-2025," Oak Ridge National Laboratory, Oak Ridge, TN, USA.

Huesemann, M. H.: 2004, "The failure of eco-efficiency to guarantee sustainability: Future challenges for industrial ecology," Environmental Progress, 23, pp. 264-270.

Johansson, T.B., Kelly, H., Reddy, A.K.N., and Williams, R.H.: 1993, " A renewables -intensive global energy scenario, " pp.1071 -1142, in: T.B. Johansson, H. Kelly, A. K. N. Reddy, R.H.Williams (eds) Renewable Energy: Sources of Fuels and Electricity, Island Press, Washington, DC, USA.

Jordan, J. and Powell, J.: 2006, "The False Hope of Biofuels: For Energy and Environmental Reasons, Ethanol Will Never Replace Gasoline," Washington Post, Sunday, July 2, Page B07.

Kassler, P.: 1994, "Energy for Development," Shell International Petroleum Company, LTD, London, UK.

Kheshgi, H.S., Prince, R. C., and Marland, G.: 2000, "The potential of biomass fuels in the context of global climate change: Focus on transportation fuels," Annual Review of Energy and The Environment, 25, pp. 99–244.

Kim, S. and Dale, B.E.: 2004, "Cumulative and Global Warming Impact from the Production of Biomass for Biobased Products," Journal of Industrial Ecology, 7 (3–4), pp.147–162.

Khosla, V.: 2006, "Imagining the Future of Gasoline: Separating Reality from Blue–sky Dreaming?" http://www.khoslaventures.com/resources.html.

Lave L. B., Griffin, W.M., and MacLean, H.: 2001, "The Ethanol Answer to Carbon Emissions," Issues In Science And Technology, 18, pp.73–78.

Leemans, R., van Amstel, A., Battjes, C., Kreileman, E., and Toet, S.: 1996, "The Land Cover and Carbon Cycle Consequences of Large–scale Utilizations of Biomass as an Energy Source," Global Environmental Change, 6 (4), pp.335–357.

Lovins, A. B., Datta, E.K., Bustnes, O.-E., Koomey, J. G., and Glasgow, N.J.: 2004, Winning the Oil Endgame, Rocky Mountain Institute, Snowmass, CO, [online] www.oilendgame.com, accessed June 2006.

Lubowski, R. N., Vesterby, M., Bucholtz, S., Baez, A., and Roberts, M. J.: 2006, "Major Uses of Land in the United States, 2002." United States Department of Agriculture; Economic Research Service, Economic Information Bulletin Number 14, Washington, DC, USA.

Lynd, L. R., Cushman, J.H., Nichols. R. J., and Wyman, C. E.: 1991, "Fuel ethanol from cellulosic biomass," Science, 251 (4999), pp.1318–1323.

Lynd, L. R. and Wang, M.W.: 2004, "A Product Non–Specific Framework for Evaluating the Potential of Biomass –Based Products to Displace Fossil Fuels," Journal of Industrial Ecology, 7 (3–4), pp.17–32.

McLaughlin, S.B. and Kszos, L. A.: 2005, "Development of switchgrass (Panicum virgatum) as a bioenergy feedstock in the United States," Biomass and Bioenergy, 28, pp.515–535.

McLaughlin, S. B., Kiniry, J. R., Taliaferro, C., and Ugarte, D.: forthcoming, "Projecting Yield and Utilization Potential of Switchgrass as an Energy Crop," Advances in Agronomy, 90, pp. 267–297.

McMurtrey, J.E., Daughtry, C.S.T., Devine, T.E., and Corp, L.A: 2005, Spectral Detection of Crop Residues for Soil Conservation from Conventional and Large

Biomass Soybean. Agronmy for Sustainable Development, 25, pp. 25-33.

Morris, D.: 2005, The Carbohydrate Economy, Biofuels, and the Net Energy Debate, Institute for local Self -Reliance, [online] www.ilsr.org/newrules/agri/ netenergyresponse.pdf, accessed July 2006.

Nakićenović, N. and Swart, R.: 2000, Special Report on Emissions Scenarios. A special report of Working Group III of the Intergovernmental Panel on Climate Change, Cambridge University Press, Cambridge, UK.

[NASS] National Agricultural Statistics Service, 2006: Acreage, [online] http: //usda. mannlib.cornell.edu/MannUsda/viewDocumentInfo.do? documentID=1000, accessed July 2006.

National Research Council Report: 2000, "Biobased Industrial Products: Priorities for Research and Commercializatio," National Research Council and Committee on Biobased Industrial Products; National Academy Press, Washington, DC, USA.

Nonhebel, S.: 2002, "Energy yields in intensive and extensive biomass production systems," Biomass and Bioenergy, 22, pp. 159-167.

Perlack, R.D., Wright, L.L., Turhollow, A.F., and Graham, R.L.: 2005, Biomass as Feedstock for a Bioenergy and Bioproducts Industry: The Technical Feasibility of a Billion-Ton Annual Supply, U. S. Department of Energy and U.S. Department of Agriculture, [online] feedstockreview.ornl. gov/pdf/billion_ton_vision. pdf, accessed July 2006.

Pimentel, D.: 2001, Biomass Utilization, Limits of. In Encyclopedia of Physical Science and Technology, Third Edition, Vol. 2, pp. 159-171, Academic Press, San Diego CA, USA.

Pimentel, D., Moran, M.A., Fast, S., Weber, G., Bukantis, R., Balliett, L., Boveng, P., Cleveland. C., Hindman, S., and Young, M.: 1981, "Biomass Energy From Crop And Forest Residues," Science, 212, pp. 1110-1115.

Pimentel, D., Fried, C., Olson, L., Schmidt, S., Wagnerjohnson, K., Westman, A., Whelan, A., Foglia, K., Poole, P., Klein, T., Sobin, R., and Bochner, A.: 1984, "Environmental And Social Costs of Biomass Energy," Bioscience, 34, pp. 89-94.

Pimentel, D., Rodrigues, G., Wang, T., Abrams, R., Goldberg, K., Staecker, H., Ma, E., Brueckner, L., Trovato, L., and Chow, C.: 1994, "Renewable Energy-Economic And Environmental-Issues," Bioscience, 44, pp.

536–547.

Pimentel, D., Herz, M., Glickstein, M., Zimmerman, M., Allen, R., Becker, K., Evans, J., Hussan, B., Sarsfeld, R., Grosfeld, A., and Seidel, T.: 2002, "Renewable energy: Current and potential issues," Bioscience, 52, pp. 1111–1120.

Pimentel, D. and Patzek, T.: 2005, " Ethanol Production Using Corn, Switchgrass, and Wood; Biodiesel Production Using Soybean and Sunflower" , Natural Resources Research, 14 (1), pp. 65–76.

Policy Dialogue Advisory Committee: 1996, "Report to the President of the Interagency Steering Committee on the Outcome of Deliberation on the Policy Dialogue Advisory Committee to Assist in the Development of Measures to Significantly Reduce Greenhouse Gas Emissions From Personal Motor Vehicles, " National Economic Council, Washington, DC, USA.

Reith, J.H, den Uil, H., van Veen, H., de Laat, W.T.A.M., Niessen, J.J., de Jong, E., Elbersen, H.W., Weusthuis, R., van Dijken, J.P., and Raamsdonk, L.: 2002, "Co-production of Bio-Ethanol, Electricity, and Heat from Biomass Residues, " 12th European Conference and Technology Exhibition on Biomass for Energy, Industry, and Climate Protection, June 17–21, Amsterdam, The Netherlands, [online] http: //www.senternovem.nl/mmfiles/28383_tcm24–124244. pdf, accessed July 2006.

Ross, M. and Wenzel, T.: 2002, "An Analysis of Traffic Deaths By Vehicle Type and Model," Report Number T021, American Council for an Energy–Efficient Economy, Washington, DC, USA.

Sheehan, J., Aden, A., Paustian, K., Killian, K., Brenner, J., Walsh, M., and Nelson, R.: 2004, "Energy and Environmental Aspects of Using Corn Stover for Fuel Ethanol," Journal of Industrial Ecology, 7 (3–4), pp. 117–146.

Smil, V.: 2002, "Eating Meat: Evolution, Patterns, and Consequences, " Population and Development Review, 28 (4), pp. 599–639.

Swisher, J. and Wilson, D.: 1993, "Renewable energy potential," Energy, 18 (5), pp. 437–459.

Tiefenthaler, A.E., Goldman, I.L., and Tracy, W.F.: 2003, "Vegetable and Corn Yields in the United States: 1900–Present," HortScience, 38 (6), pp. 1–3.

Trainer, F.E.: 1995, " Can Renewable Energy Sources Sustain Affluent Society?" Energy Policy, 23, pp. 1009–1026.

Ulgiati, S.: 2001, "A comprehensive energy and economic assessment of biofuels: When 'green' is not enough," Critical Reviews In Plant Sciences, 20, pp. 71–106.

U.S. Census Bureau: 2006, "Population Estimates," [online] http://www.census.gov/popest/ estimates.php, accessed July 2006.

U.S. Department of Agriculture: 2006, "Major Land Uses; Economic Research Service," [online] http://www.ers.usda.gov/Data/MajorLandUses/, accessed July 2006.

U.S. Department of Commerce and U.S. Census Bureau: 2003. Statistical Abstract of the United States, table 2 (resident population), [online] http://www.census.gov/statab/www, accessed April 2004.

[DOE] U.S. Department of Energy: 1993, Evaluation of a potential wood–to–ethanol process, In Assessment of Costs and Benefits of Flexible and Alternative Fuel Use in the U.S. Transportation Sector, Technical Report 11, DOE/EP–0004, DOE, Washington, DC, USA.

[DOE] U.S. Department of Energy: 2002, "Martinez Refinery Completes Plant–Wide Energy Assessment," Best Practices Assessment Case Study, DOE/GO–102002–1618, [onlinc] www.nrel.gov/docs/fy03osti/32615.pdf, accessed July 2006.

[EPA] U.S. Environmental Protection Agency: 2005, Light–Duty Automotive Technology and Fuel Trends: 1975 through 2005 EPA420–S–05–001, [online] http://www.epa.gov/otaq/cert/ mpg/fetrends/420s05001.htm, accessed July 2006.

Venturi, P. and Venturi, G.: 2003, "Analysis of Energy Comparison for Crops in European Agricultural Systems," Biomass and Bioenergy, 25, pp. 235–255.

Wackernagel, M., Schultz, N.B., Deumling, D., Callejas Linares, A., Jenkins, M., Kapos, V., Mongreda, C., Loh, J., Myers, N., Norgaard, R., and Randers, J.: 2002, Tracking the ecological overshoot of the human economy. Proceedings of the National Academy of Sciences of the United States, 99, pp. 9266–9271.

Weiss, M.A, Heywood, J.B., Drake, E.M., Schafer, A., and AuYeung, F. F.: 2000, On the Road in 2020 –A Life Cycle Analysis of New Automobile Technologies, Energy Laboratory Report # MIT 00–003, [online] http://lfee.mit.edu/public/el00–003.pdf, accessed July 2006.

Woods, J. and Hall, D.O.: 1994, Bioenergy for Development–Technical and Environmental Dimensions, FAO Environment and energy paper 13, Food and

Agriculture Organization of the United Nations, [online] http: //www.fao.org/docrep/t 1804e/t 1804e00.htm, accessed July 2006.

Wooley, R., Ruth, M., Sheehan, J., Ibsen, K., Majdeski H., and Galvez, A.: 1999, "Lignocellulosic Biomass to Ethanol Process Design and Economics Utilizing Co-Current Dilute Acid Prehydrolysis and Enzymatic Hydrolysis Current and Futuristic Scenarios," NREL/TP-580-26157, National Renewable Energy Laboratory, Golden, CO, USA.

Wu, S., Lu, Y.-C., McMurtrey, J.E., Weesies, G., Devine, T.E., and Foster, G.R.: 2004, "Soil Conservation Benefits of Large Biomass Soybean (LBS) for Increasing Crop Residue Cover," Journal of Sustainable Agriculture, 24 (1), pp. 107-128.

Yamamoto, H., Yamaji, K., and Fujino, J.: 1999, Evaluation of Bioenergy Resources with a Global Land Use and Energy Model Formulated with SD Technique. Applied Energy, 63, pp. 101-113.

第5章 能源传说四

——氢能经济是国家能源问题的
"灵药"

5.1 概　述

如果美国要避免气候变迁的严重甚至是潜在的灾难性影响的话，那么未来20年美国人必须减少他们的车辆污染。越来越多的人正在达成一个科学的共识，即美国和世界到2050年必须使温室气体排放减少50%以上，以使其在规避毁灭性影响时更有自信。然而，这对美国来说是一个很难达成的目标，因为未来50年美国的人口可能增长50%，同时GDP将是现在的3倍。但是现在路上行驶的汽车平均可以达到20英里每加仑（mpg）汽油的能效，而新车平均可以达到24英里每加仑（美国国家环境预报中心，2004，p.8），汽车的燃油经济性到2050年必须跃升至最低60英里每加仑汽油。

美国有很多人——包括总统和能源部长——都把促进氢能源的使用作为解决这些问题的潜在方案。氢，作为物理学家所知道的最简单的元素，是一种充足的资源，占到宇宙中混合物的90%以上。相比于燃料资源，氢被更贴切地描述为"能源携带者"，它通常可以直接或间接的通过蒸汽重整（通过高压蒸汽将碳和氢分离）、电解作用（将水分解成氧和氢）、光解作用（利用化学反应制造氢）来生产（Berinstein，2001；Petchers，2003）。由于氢燃烧不会产生烟和颗粒物，因此政治家和能源分析家很快就将氢宣布为解决国家能源问题一劳永逸的方案。

例如，总统乔治·W.布什在他2003年的国情咨文里宣布了一项12亿美元的"氢燃料计划"（2003a）。这项计划试图利用氢蕴含的能量作为一种为汽车和卡车提供动力，为家庭和商业提供能源的方式（美国能源部，2005）。总统（2003b，第二段）在发表国情咨文的几天之后评论道："氢燃料电池代表了我们这个时代最令人鼓舞、最具创新性的技术之一……使用氢能源最伟大的成果之一当然是国家能源的独立。"能源部长 Samuel W. Bodman（2006）最近坚称能源部"正在为完成总统的向前发展到氢能经济的目标而努力"。同时，被广泛传阅的能源部报告《为美国开拓一个拥有更安全更清洁的能源的未来》认为"氢能是美国能源需求的一个长期解决方案，并具短期的可能性"。例如，2005年能源政策法案第7条批准了32.8亿美元资金用于氢能源研究和开发。

然而，本章却提出了一个完全不同的观点。与很多媒体想象的相反，实际上氢动力汽车是一个极其昂贵的温室气体战略。这种汽车也是一种利用可再生能源或零碳排放的初级能源资源很缺乏效率的一种方式。短期来看，减少废气排放和燃料使用最具成本效益的战略是效率。一种更好的选择仍然是油电混合动力车，而不是氢动力汽车，因为油电混合动力车可以在减少汽油消耗和减少30%~50%温室气体排放的同时，既不改变汽车档次，也不会减少就业或者降低安全性和性能（Romm，2004b）。因为这些优点，油电混合动力车而非氢动力汽车，到2020年将可能成为主要的汽车平台。

真正从长期来看，美国人将需要用零碳燃料来替代汽油。但是所有替代燃料车（AFV）方案都需要技术的进步和强有力的政府行动才能成功。氢燃料是替代燃料中最难实现的，主要是因为需要付出极大的努力来改变我们现有的汽油基础设施。不幸的是，我们距离氢动力汽车可以成为一个具有成本效益的减少温室气体的战略选择还有几十年的时间。因此，基于现有技术，将大量的公共资源用于昂贵的氢燃料基础设施和氢动力汽车为时尚早。

如同本章将要更详细探讨的那样，最具前景的替代燃料车（AFV）是一种可以接入电网的混合动力车。这些被称为插电式混合动力车的车型用一度电行驶的距离将可能是燃料电池车的3~4倍（Romm和Frank，2006）。理论上，这些先进的混合动力车可以适应多种燃料，能够综合使用生物燃料和汽油。这样的一辆车用1加仑汽油（5加仑纤维质乙醇）可以行驶500英里，同时排放的温室气体只是目前混合动力车的1/10（Romm，2004b）。

5.2　气候变迁和海平面上升的影响

很多对于交通运输业和能源的分析都集中于三个问题：气候、能源安全、城市空气污染。然而，机动车排放的污染，正在稳步降低，2010年联邦和州政府标准将使美国的新车非常清洁。就如同笔者将要讨论的，对从世界上不稳定地区进口石油的过度依赖带来的安全危机十分严重，但是还远不及气候变迁带来的风险。此外，解决气候变迁问题将直接解决能源安全问题，致使石油的利用效率更高并用低碳燃料替代石油，然而解决能源安全问题不必解决气候问题，但是可能导致使用更多的非传统石油，而很多非传统石油，如煤柴油、页岩油、重油等，含碳量都比传统石油高得多。所以本章专门聚焦于交通运输业和气候问题。

对气候变迁采取行动的需要比人们所想的要迫切得多。科学证据增加的速度比每5~6年基于共识发布报告的国际过程中所能获得的速度快得多。例如，上一个由联合国政府间气候变化专门委员会（IPCC）所做的重要报告是在2001年发布的。要了解正在发生的事情，我们需要关注更多近期的研究和报告。

根据北极气候评估——一个由来自环北极圈国家的顶级科学家（包括我们）所做的对2004年的综合分析，如果我们继续目前的温室气体排放趋势，那么格陵兰岛的气候暖化可能带来的严重后果是：最终将导致格陵兰冰原几乎全部消融，进而致使海平面大约上升7米（23英尺）（国际北极科学委员会，2004）。海平面上升23英尺将摧毁这个国家（以及全世界）。但是我们正在接近使格陵兰冰原发生不可逆转地消融的临界点，而且更糟的是，海平面上升23英尺远非最坏的情况（Hansen，2005a）。

2005年4月，美国航空航天局戈达德太空研究所的主管James Hansen补充道："关于人造气体是观察到的气候变暖的主因这点，不会再有疑问"（Hansen，2005b）。Hansen领导了一个科学小组，该小组"精确测量了过去十年海洋热含量的上升，"结果显示地球吸收的热量远大于其向太空散发的热量，从而验证了之前的气候变暖的电脑模型（Hansen et al.，2005a）。Hansen将这种能量失衡称为气候变迁的确凿证据（Hansen，2005b；Hansen et al.，2005a）。

全球二氧化碳（主要的吸热温室气体）的浓度近年来正以递增的增长率增长——并且已经达到300万年来的最大值。2004年北极气候评估的首席科学家Bob Corell报告称，"格陵兰岛冰原在过去2~3年的消融速度超过了任何人的想象"（Woodward，2005）。更糟的是，即便我们消除了热失衡，海洋的热含量还将持续向地球大气层辐射热量，这意味着我们消除温室气体排放几十年后，地球还会继续升温，冰川还会继续融化。因此，我们必须以一个预期的方式采取行动，远在气候变迁给每个人造成明显的痛苦之前减少温室气体排放。

19世纪中叶以来，地球气温上升了0.8摄氏度，其原因主要是人类产生的温室气体排放（Hansen et al.，2005b）。如果我们不能大幅扭转接下来10年温室气体排放增加的趋势，那么到21世纪中期，我们将可能使全球气温上升1摄氏度（Hansen，2005a）。上一次地球温度比现在上升1摄氏度，海平面升高了15~20英尺（Hansen，2005a），大约发生在125000年前的间冰期，当时格陵兰岛出现了大片的不冻区（Hansen，2005a，2005c）。

　　海平面的上升有多快？上一个冰河时期后，世界上的冰川不断融化，使海平面每 10 年上升 1 英尺以上（Hansen，2005a）。James Hansen 相信本世纪也会发生这种灾难性的冰川融化（Hansen，2005a）。此外，海平面最终可以上升 20 英尺以上（Hansen，2005a）。如果到 2040 年我们还不能大幅扭转全球温室气体排放增加的趋势，那么我们会进入一个气温上升 3 摄氏度——数百万年未见的气温——的时代，那时很多南极冰川也会融化，海平面将上升 80 英尺（Hansen，2005a）。想象一下海平面上升 80 英尺会对这个国家造成的重大影响。

　　当前，南极洲西部冰川的融化被南极洲东部降雪的增加抵消了，这也是全球变暖引起的（由于更高的气温增加了大气湿度，因此有更多的降水）。但是 20 世纪 90 年代以来，南极洲西部冰川以惊人的速度变薄，整个冰架开始分裂（Hansen，2006）。南极冰川全部融化进而使海平面上升，只是时间和气温升高的问题（Hogan，2005）。

5.3　气候和汽车

　　要真正避免这种可怕的结果，需要防止气温升高那危及到格陵兰冰原融化的 1℃。这反过来需要所有国家大幅减少温室气体排放，但是工业化国家最应立即行动，从工业革命开始以来，它们排放的温室气体占全部排放量的 80%。

　　作为这种气候变化所要求的减少温室气体排放的例子，加州州长阿诺·施瓦辛格 2005 年承诺，加州 2050 年温室气体排放量将减至 1990 年的 80%（Schwarzenegger，2005）。英国前首相托尼·布莱尔也承诺，到 2050 年减少 60% 的温室气体排放。包括美国在内的所有工业化国家，需要将温室气体排放量减少60%~80%。

　　考虑到接下来几十年经济和人口的预期增长，达成这样宏伟的目标会很有难度。即使是完成更宽松的目标，也要求国家能源系统的根本改变，特别是交通运输业。事实上，尽管将整个电网转变为能够输送零碳电力不是一个容易的任务，但是还是能够直接完成的，只是使用现有技术的话代价太高。但是在一个经济和人口不断增长的世界里，交通运输部门温室气体排放的大幅减少，需要汽车和燃油都有重大改变。

　　为将交通运输业问题放入整个现实背景中，请思考以下国内统计数据。美国几乎所有的汽车、运动概念车、大篷货车、卡车和飞机消耗的能源都是石油。今天，交通运输业排放的二氧化碳量大约是全美的 1/3，并且预计到 2030 年其排放的二氧化碳大约将占全美二氧化碳排放 40%的增长中的 1/3（美国能源信息署，2006）。

在国际上，存在着同样的问题。就如国际能源署的执行理事 Claude Mandil 2004 年 5 月说的那样，"没有强有力的政府政策，我们预计用于交通运输业的石油在 2000~2030 年间将会翻番，并引致温室气体排放类似的增加"（国际能源署，2004）。

值得注意的是，分析者预测，在 2003~2030 年间还将新建发电容量超过 1400 兆瓦的煤电厂。就如同 2003 年 6 月，自然资源保护委员会气候中心的主管 David Hawkins 向美国众议院能源和商业委员会说明的那样，这些电厂在他们的运营期内会给地球带来大约 5000 亿公吨的二氧化碳排放量，除非"他们在其运营期间的某个时候更新安装碳捕获设备"。Hawkins 进一步解释道，这个数字相当于过去 250 年全球使用的全部化石燃料累积碳排放的估算值的一半（Hawkins，2003）。

关键是，无论世界采用什么策略来减少交通运输部门的温室气体排放，都不会阻止我们减少电力部门温室气体排放的努力。同样重要的是，要认识到仅仅是提高机动车能效无法使其达到使交通运输业的温室气体排放降低 80%的目标（特别是在 GDP 和人口增长的情况下）。因此需要一种无碳替代燃料。带着这种警惕，接下来将探讨替代燃料车问题，即氢动力汽车和也许是氢动力的最好替代者的燃料动力车：插电式油电混合动力汽车。

5.4 替代燃料和替代燃料车

联邦政府和其他州政府，如加州，已经尝试开发汽油的替代品很多年了。这些替代品包括天然气、甲醇、乙醇、丙烷、电力和生物煤油，替代燃料车（AFVs）就是由这些燃料驱动的。尽管很多替代燃料车是双燃料驱动的，但这也使它们可以使用汽油。1992 年的能源政策法案设定了这样一个目标：2000 年替代燃料至少取代 10%的石油燃料，2010 年至少取代 30%的石油燃料。目前，替代燃料车消耗的替代燃料取代的石油消耗还不及其总量的 1%。有篇重要的论文已经解释了这个挫败（美国总审计署，2000；Flynn，2002）。

笔者将考察替代燃料车及其燃料所面临的两个核心问题。第一，相较于使用传统燃料的传统汽车，它们通常会遭遇两个不利的市场条件。因此，它们必然需要政府的鼓励或指令的帮助来获得成功。第二，它们一般无法为主要的能源和环境问题提供成本效益高的解决方案，这会破坏政府为支持它们而制定的干预市场的政策的作用。

关于第二点，2003 年美国交通部气候变迁和环境预测中心发布了它的分析报告《减少机动车温室气体排放的燃料选择》（美国交通部，2003）。该报告评估了汽油替代品在未来 25 年中降低温室气体排放的潜力（交通部，2003）。其认为"大多数汽油替代品所能减少的温室气体排放是有限的"，并且"发展替代燃料将是一个成本很高的减排策略"（美国交通部，2003）。

除了替代燃料车能否高效益地减排的问题，还有一些其他历史问题阻碍替代燃料车的成功，包括：购车成本高；车上燃料储存问题（如车程很受限）；安全和可靠性问题（本文不讨论）；燃料价格高（与汽油相比）；加油站有限及加油基础设施间的"蛋鸡问题"；还有竞争的加剧（更好、更清洁的汽油车）。

目前推广的所有替代燃料车（只有有限的几种获得成功——电动汽车、天然气汽车、甲醇动力车和乙醇动力车）都遭遇了这些障碍中的部分问题。应该强调的是这些障碍中只有一个对替代燃料车和替代燃料是致命的，尽管它们在其他方面能明确地带来效益。电动汽车能够明确地带来的效益是零尾气排放，而且每英里的行驶成本比汽油动力车更低，但是行驶里程、充电、首次成本等问题限制了它的成功，进而致使主要的汽车公司从市场上撤回了他们的电动汽车（Romm，2004b）。

"蛋鸡问题"——如果没有替代燃料供应设施谁会制造和购买替代燃料车，在制造替代燃料车之前谁又会建设替代燃料供应设施——依然是最棘手的问题。阿贡国家实验室 2002 年的一个分析报告发现，"可以服务 40%的轻卡车氢燃料供应设施的成本可能超过 5000 亿美元"（Mintz，2004b）。尽管这个研究假设大量的成本核算和性能表现在一个相对成熟的技术条件下，例如将压缩氢的成本降低了 50%，但是阿贡国家实验室还是得出了一个很高的成本。荷兰皇家壳牌集团副主席（现首席执行官——译者注）范德伟 2003 年 4 月说，"我们估计，仅是美国，为 2020 年 2%的汽车提供氢燃料所需的初期投资大约就要有 200 亿美元"（van deer Veer，2003）。

所以基础设施成本太庞大了。美国和世界上其他一些城市，在引入天然气轿车和公共汽车车队方面取得了一些成功。但是这些车辆因市场渗透策略而被销售得过多了（Nesbitt and Sperling，1998；Romm，2004b）。最终，产生的问题是这些车辆是否为替代燃料车开启消费市场提供了一条道路。根据美国总审计局的说法，"一些车队经理和汽车行业的代表认为，这些车队采用替代燃料车无法证明普通公众也会购买他们"（美国总审计局，2000）。因此，车队对于一些替代燃料车来说依然是一个可能进入的市场，但是要取得更大的商业成功还需要不同的策略。

以轻型天然气动力车为例，就像对这种车辆和加油站的初期成本的评估一样，其环境效益也被高估了。如同 Peter Flynn 观察到的那样，"早期推动者常常相信'价格很快会下降'并且引证已经被证明无法达到的价格水平"（Flynn，2000）。其一项研究得出，"夸大宣传已经毁了替代性运输燃料的信誉，并且妨碍了其被市场接受，特别是被一些大型的商务采购接受"（Flynn，2000）。

此外，所有的替代燃料车都面临改进的汽油动力车带来的不断加强的"竞争"。事实上，当 20 年前 0.02 克 NOx 每英里的尾气排放标准被提出来的时候，几乎没人怀疑内燃引擎汽车通过燃烧新配方汽油就能够达到这个标准（Romm，2004b）。新一代混合动力车——如丰田普瑞斯和福特翼虎——已经大幅提高了未来替代燃料车的进入壁垒。与大多数替代燃料车不同，这些汽车没有"蛋鸡问题"（因为它们可以在任何地方加油），没有与其他车辆不同的安全问题，有低得多的燃油费用，有更远的行驶里程，可以减少 30%~50% 的温室气体排放，并且减少 90% 的尾气排放（Romm，2004b）。这些车型确实比一般车型贵一点，但是尽管忽略性能上的好处，这些多出的成本也部分地从联邦政府对高能效混合动力车的税收减免和汽油费用的降低中得到了补偿。将之与很多替代燃料车相比，后者的环境效益（如果有的话）要以很高的代价才能取得，这不仅包括高得多的首次购车成本，还有高得多的燃料费用，缩短的行驶里程，以及其他消费者认为的不良属性。

5.5　对氢能源的替代性的探讨

氢能源能够解决美国很多能源和环境问题，近年来得到了越来越多的关注。当布什总统在其 2003 年的国情咨文中宣布了一个重大的氢能源计划时，这种关注获得了最大的推动力。

今晚，我要提议成立一个 12 亿美元的研究基金，以使美国在开发清洁的氢动力车方面领先世界。氢和氧之间一个简单的化学反应产生了可以驱动汽车的能量，并且生成了水而非废气。在一个新的全国性的支持下，我们的科学家和工程师将克服困难，把这些车从实验室带到展销厅，这样一来，现在出生的孩子开的第一辆车将是由无污染的氢燃料驱动的。

（布什，2003b）

实现这一愿景的关键要素是：21 世纪 20 年代初期就能够出现实用的氢动力车，并且是无污染的。这反过来要求氢自身要有一个无污染的来源，同时将其转化成有用的能源的装置（燃料电池）也不会产生污染。

燃料电池是一种很小的模块化电化学装置，与蓄电池类似，但是其能够持续充电。在大多数情景下，你可以把燃料电池想象成是一个"黑箱子"，里面装了氢和氧，并且释放出电、热，还有一点点水，其中电可以驱动电动马达。从这个角度看，这辆车的其余部分更像一辆电动车。内燃引擎车也可以改装成由氢燃料驱动的车，尽管它们的能效远远低于燃料电池车（Romm，2004b）。

交通运输系统向以氢经济为基础的过渡比人们所意识到的要慢得多、困难得多。尤其是，2040 年之前氢动力车不可能获得很大的市场份额（超过新上市车辆的 1/3）（Heywood，2006）。

在通往成功的道路上克服每一个主要的历史障碍时，氢动力车都面临着很多困难。除了研发以外，每种替代燃料车寻求政府支持的主要难题都是，替代燃料车的使用和支持其使用的基础设施必须能够在具有成本效益的前提下，解决美国所面临的一些能源和环境问题。但是，加州大学戴维斯分校的两位氢能源提倡者 Dan Sperling 和 Joan Ogden 在春季版的《问题和科学技术》中写道："氢燃料在取得空气污染、温室气体、减少石油使用的中短期效益方面，既不是最容易的也不是最廉价的方式"（Sperling and Ogden，2004）。西北太平洋国家实验室 2004 年的一份分析报告称，即便"使用有碳约束的先进技术……氢动力车在 2035 年之前也无法大量进入交通运输部门"（Geffen et al.，2004）。对限制碳排放的推进延迟了氢动力车进入市场的步伐，因为无碳氢燃料的来源，如可再生能源可在更具成本效益的情况下取代计划中的或现有的煤电厂，从而实现减少碳排放的目标。正如前面提到的，我们减少交通运输部门温室气体排放的代价，不必像减少电力部门的温室气体排放的代价那样大。

事实上，欧洲委员会联合研究中心——欧洲汽车研发委员会，以及欧洲石油公司协会——2004 年 1 月的研究报告《欧洲未来汽车燃料和动力系统的"矿井到车轮"分析报告》认为，将氢用作交通运输燃料可能会增加欧洲温室气体排放而非减少（欧盟联合研究中心等，2004）。这是因为很多制造氢的方式，如电解，会排放很多二氧化碳。同时，由于氢燃料电池极其昂贵，以至于氢燃料内燃引擎车可能会被取代（这种情况加州已经出现，见下文）。使用燃料电池车以及由诸如可再生能源和核能等无碳资源产出的氢燃料，减少二氧化碳的成本是 1 公吨 600 美元。这个成本比目前考虑的其他方式高 10 倍（欧盟联合研究中心等，2004）。

此外，最近发表的主要研究和文章很多是关于氢能源的技术难题的。运输燃

料电池目前的成本大约是 2000 美元/千瓦，比内燃引擎的成本大约高 50 倍。（美国能源部，2003）

即便是在最乐观的假设下，燃料电池驱动的汽车其边际能效只比先进的柴油混合动力车高一点，而且还没有考虑内燃机的未来发展预期。以 100 美元/千瓦的成本计算，即便是在欧洲市场燃料电池车也没有短期优势（Oppenheim 和 Schock，2004）。

2004 年 4 月，一个权威的国家研究委员会专家组发布了一个重要报告，在该报告中，他们得出了很多重要的技术结论（国家研究委员会，2004）。例如，专家小组说："能源部应该停止对高压油箱和低温液态储存的投入……对于轻型车而言，他们几无长期的实际前景。"2004 年 3 月，美国物理学会的一项研究认为，"必须发现一种新物质"来解决储存问题（美国物理学会，2004）。2004 年 3 月刊的《科学美国人》中的一篇文章称，"相比于混合动力车，燃料电池车预期将有和美国航空航天局的载人火星旅行相同的时间表以及同样水平的可能性"（Wald，2004）。

在对未来氢经济的分析中有一个假设最终状态——低成本燃料电池的批量生产，管道运输等——的趋势。然而，尽管在每年生产一百万个燃料电池的情况下运输无疑会便宜得多，但是悬而未决的问题是，在燃料电池车的销量很低而成本很高的很多年里，谁会为此提供数十亿美元的资金。此外，尽管管道是期望的最终成果，并且正如国家研究委员会专家组所称，"一个成熟的氢运输管道的成本要摊销很多年"，但是"输送的细节依然很难想象"（国家研究委员会，2004）。在输送问题与技术性问题一样关键的地方，替代燃料车的问题是一个非常大的系统问题。因此就可以得出，对替代能源车的分析事实上应该保守一些，应清楚地说明目前技术上和商业上的可能性，并且在讨论未来时，同样要明确项目的不确定性，以及将需要的技术上的突破和政府对市场的强力干预。分析应该客观地对待可能的竞争：如果氢能源技术在降低成本和提高性能方面预期会有重大的技术进步，那么也应该预期混合动力、电池、生物燃料等也会有类似的技术进步。毕竟，替代燃料车必须与能效最高的汽油动力车竞争市场份额。

我们此处使用的分析既不乐观也不悲观，而是力图客观。几乎在笔者引用任何一个研究的地方，都有基于不同的假设得出不同结论的其他研究，这些假设或是对未来技术突破的预测，或是对现有技术下批量生产如何大幅降低成本的评估。笔者非常希望这些令人欣喜的预测能够成真，但是我们对于燃料电池商业化的有限经验，在谦卑地使用高科技方面给了我们数十年的教训。同时，我们近期尝试加快引入替代燃料车的遭遇，又给了我们新的教训，使我们认识到迅速地改变汽油动力车以及汽油基础设施将有多难。其中，一个沉痛的教训是，对新技术的过度宣传最终都以延迟了其在市场上获得成功而结束。

氢动力车要在 21 世纪中期前取得商业上的重大成功，将需要各种主要的技术突破和政府支持。由于它们具有在 21 世纪后半叶提供无碳交通运输燃料的潜能，氢能源和运输燃料电池技术不间断的研发依然很重要。但是，政府政策和商业投资都不应建立在这些技术将在中短期产生重大影响的基础上。2005 年 1 月，丰田的美国高新技术小组经理 Bill Reinert 说，没有大量的技术突破，直到 2030 年，甚至更晚，我们都将无法看到燃料电池车的大批量销售（Truett，2005）。

5.6 加州的"氢高速公路"

让我们简要地考察一下美国在推广氢动力车方面最具野心的一个州——加利福尼亚州。在其 2004 年的州情咨文中，州长施瓦辛格宣布："我将推动氢高速公路建设"（施瓦辛格，2004）。2005 年 5 月加州政府发布了这个高速公路的建设蓝图（CA 美国环保局，2005）。

该计划提出了一个多阶段方案，该方案的第一阶段是建设 50~100 个氢能源供应站网络，并且使 2000 辆氢动力车进入市场（1200 辆燃料电池车和 800 辆氢内燃机汽车）（CA 美国环保局，2005）。达到这一目标的时间表是 2010 年，这个网络期望实现"相比于目前相当数量的燃料和汽车，使温室气体排放减少 30%"（CA 美国环保局，2005）。一段较长的时期后，第二阶段要求建立"一个包含 250 个氢能源供应站和 10000 辆氢动力车的网络"（CA 美国环保局，2005）。最后，第三阶段，氢能源供应站的数量保持不变，但是氢动力车的数量增加一倍，达到 20000 辆（CA 美国环保局，2005）。

从温室气体排放的角度看，氢内燃机汽车属于可能的车型中在效率方面最没有吸引力的一种。氢内燃机汽车可能远没有燃料电池车的效率高，也许只比汽油内燃机汽车的效率高 25%（CA 美国环保局，2005）。因此，由于很难随车携带大量的氢，它们的行车里程可能大打折扣。车主将直接感受到氢能源的高价格。结果，根据特里管理顾问公司 2002 年的分析（特里管理顾问公司，2002），对于中型氢内燃机汽车来说，每辆车的拥有成本将比当前的汽油动力车高出 30%（只比燃料电池车低一点点）。

此外，由于生产氢（如通过天然气和电解）和压缩储存氢的能源消耗，氢内燃机汽车耗用的"从矿井到车轮"的能源实际也许比汽油内燃机汽车还多（Romm，2004a）。2002 年，一项对 10 种替代燃料车的分析发现，从生命周期

（油井到车轮）的角度来看，由产自天然气的氢能源驱动的内燃动力汽车的总体效率最低（Kreith et al.，2002）。相较于汽油内燃机汽车，驾驶一辆由产自天然气的氢能源驱动的汽车可能丝毫不会减少温室气体排放，并且与油电混合动力车相比，还会增加温室气体排放（Romm，2004a）。驾驶一辆由可再生电力生产的氢驱动的汽车，是可以想到的对可再生电力的使用方式中最为浪费的一种，尤其是与可用可再生电力驱动的插电式混合动力车相比（见下文）（Romm，2004a）。如果目标是缓解全球变暖的话，氢内燃气汽车在可预见的未来，并非一个可行的策略。

加利福尼亚州的困境——或者我们决定走加快部署氢动力汽车的路线的全国性困境——在这个蓝图中似乎是很明显的。尽管从环保的角度来看，氢内燃机汽车没有多少意义，但是它们确实有较低成本的相对优势。在第一阶段，加州只计划为每辆氢动力车提供 10000 美元的支持（CA 美国环保局，2005）。鉴于目前氢燃料电池车每辆接近 100 万美元的成本，并且不可能在 2010 年的时候便宜 9/10，所以这个支持对氢燃料电池车的成本实质上没有什么影响（CA 美国环保局，2005）。但是 10000 美元是一辆氢内燃机汽车附加成本的很大一部分。因此，最终的结果便是，呈现出加州为最没有环保效益的新产品提供了最大比例的资助这样一种有违常理的局面。这只不过凸显了整个"氢高速公路"项目为时尚早的本质。

笔者在美国能源部供职的时候，我们对氢——一种很昂贵，量小时很难储存，并且制造效率很低的燃料——感兴趣的唯一理由是，它能够被高效地转换成燃料电池的可能性，还有就是因为高难度的技术障碍使在没有政府分担成本的情况下，私营部门很难决定对其投资。那将需要非常高的效率来弥补附加的成本、储存上的问题，以及生产氢的低效率。

对于氢燃料电池车来说，它们仍然面临着克服前面所讨论的每个障碍的重大挑战。很可能我们永远也见不到一种耐用的、负担得起的，同时其能效、行驶里程以及燃料费用又可以与目前最好的混合动力车相媲美的氢燃料电池车（Brooks，2004）。在所有的替代燃料车和替代燃料中，氢燃料驱动的燃料电池车也许最不可能成为全球变暖问题的一个解决方案。这也是为什么其他方案应该得到同等的关注和资金支持的原因。

5.7　插电式混合动力车和氢动力车的比较

5.7.1　插电式混合动力车的优势

与氢动力车相比，另外一种替代燃料车技术似乎能够带来确定的环境效益——包括大幅减少温室气体排放，低得多的燃料费用，比当前的汽车远得多的行驶里程（还有在家补充能源的附加功能），以及远少于传统替代能源车的基础设施问题。这种替代能源车就是插电式混合动力车。

对目前混合动力车生产的一个简单改进就可以使它们接入电网，并且在下一次充电之前在全电动模式下行驶一段有限的距离。大多数车辆都是被用于相对较短的旅程，如上下班——美国一半的汽车每天行驶的里程在 30 英里以下——随后在一个较长时间内这些车辆没有被使用并被放置起来。所以，即便是相对较短的 20~30 英里的全电动行驶里程，也可以让这些车辆大幅减少汽油消耗和尾气排放（Romm and Frank，2006）。如果这些电力来自于二氧化碳零排放的资源，那么这些车辆还可以大幅减少温室气体的净排放。插电式混合动力车在 2020 年之前不太可能取得重大的市场突破，这为其转向清洁电力留下了充足的时间。

由于它们有一个汽油发动机，因此是双燃料汽车，插电式混合动力车规避了纯电动车的两个最大的问题。第一，它们的行驶里程不受电池充电总量的限制。如果电池充的电量因耗用而降低了，这种车可以纯粹由汽油驱动，并且由于再生制动，故而不论电量还剩多少这都是可能的。第二，纯电动车充电耗时很长，所以车主由于某些原因无法给车辆充电——也许是因为在两段行程之间没有充足的时间，或者当地没有充电能力——那么纯电动车就没法开了。因此，插电式混合动力车融合了混合动力车和纯电动车的优点。

在当前的油价下，一辆传统机动车的行驶成本是每英里 12 美分。令人吃惊的是，在当前的电价下，插电式混合动力车用电力行驶的成本大约是每英里 3 美分。电池的改进将使插电式混合动力车的功能得到提升。更大的插电式混合动力车的电池配上大功率的电动机，可以使用较小尺寸的汽油引擎以及其他机械系统。加州大学的研究员 Davis 建造了插电式混合动力车原型，其引擎尺寸不足标准引擎的一半，仅依靠电力可以行驶 60 英里。它们的八辆轿车和全尺寸运动概念车（SUVs）正在测试中（Romm and Frank，2006）。

5.7.2 插电式混合动力车的电池

插电式混合动力车规避了大多数替代能源车遇到的障碍。它们的行驶里程不受限制，也没有重大的安全和可靠性问题——尽管在设计为其基于家庭的充电或允许其接入到电网的系统时要非常谨慎。插电式混合动力的燃料成本与汽油相比并不高。事实上，用电驱动的每英里燃料成本大约是用汽油驱动的 1/3（Romm and Frank，2006）。"蛋鸡问题"被最小化了，因为电力随处可得，同时充电也相对容易。图 5-1 说明了插电式混合动力车的电力流动方向。

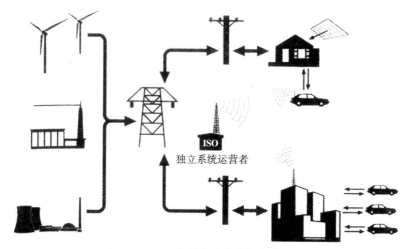

独立系统运营者

图 5-1 插电式混合动力车的电流方向

资料来源：Kempton and Tomic，2005。

就像加州能源委员会和加州空气资源委员会 2003 年的一项研究认为的那样，这种汽车几乎都有一个较高的初始成本，但是较低的燃料费用带来的经济效益能够弥补多出来的成本，而且绰绰有余（加州能源委员会和加州空气资源委员会，2003）。TIAX 公司 2006 年的一项研究发现，若油价在 3 美元/加仑——很可能会在 2020 年我们大范围过渡到插电式混合动力车时的价格下限——即便电价比目前水平上升 25%，这种车的额外成本也只要五年就可以得到补偿（TIAX 公司，2006）。

而且，这些研究都没有考虑车主可能从实质上是便携式发电机的公用设施上获得的大量潜在收入。插电式混合动力车的车主可能从电网调节服务中获得收益——在电网电压需要升高或降低时，发电机能够迅速反应（Brooks and Gage，2001）。如果能保证在需要时这些汽车能够输送电力，公用事业公司就会为这种服务付费，这也表明这种方式对车队或者企业赞助者更实用。这项服务的潜在价值是很大的，可达每年 700~3000 美元（Letendre and Kempton，2002）。这项服务的价值如此之大，以至于可能会使采购或租赁一辆插电式混合动力车的月度成本比传统汽车还低，甚至也许能够覆盖电池的更换成本。关键是我们要资助一些插电式混合动力车来提供这些服务的现实示范，看看能否获得这项收益。如果可能的话，我们将可以看到主要的公用事业公司资助或投资插电式混合动力车。

从环境的角度来看，插电式混合动力车带来的巨大潜在效益高于氢动力车。因为它们被设计成在全电动模式下只行驶很短的里程，如上下班，它们为城市里的零排放汽车（ZEVs）提供了可能。插电式混合动力车的尽早使用也许能够很好地替代一般在城市中使用的重污染柴油机汽车，如公共汽车、维修车，以及运输卡车。如果我们不能解决氢燃料电池车众多技术上和应用上的难题，那么插电式混合动力车也许是城市零排放汽车的唯一可行选择。

如果无碳电力资源可以用来充电的话，插电式混合动力车在温室气体排放上的潜在效益甚至更大。没有一种替代燃料车可以独立达成向无碳电力的转变——那需要政府采取行动。但是插电式混合动力车相较于氢燃料电池车，在利用无碳电力上有巨大的优势。这是因为用电生产氢、运输氢、将其储存在车里，以及通过燃料电池使用它等活动具有固有的低效率。氢燃料电池车"从矿井到车轮"整个过程利用电力的总效率大约只有 20%（尽管这个数字可能提高到 25% 或者由于开启氢经济所要求的各项技术突破带来轻微的提高）（Brooks，2004；Romm and Frank，2006）。然而，为插电式混合动力车的车载电池充电然后再放电以驱动电动机的"从矿井到车轮"的效率是 80%（未来还会更高）——比目前的氢燃料电池车的效率高 4 倍（Brooks，2004；Romm and Frank，2006）。

就如同顶级电动车设计师 Alec Brooks 所说："由电解氢驱动的燃料电池车每英里消耗的电量是差不多同样大小的纯电池动力车的 4 倍"（Brooks，2004）。欧洲燃料电池车论坛的创办人 Ulf Bossel 在最近的一篇文章中得出了类似的结论，即"日常驾驶氢燃料电池车上班的成本是驾驶纯电动车或混合动力车的 4 倍多"（Morris，2003；Bossel，2004）。

这种相对的低效率对于实现未来能源的可持续性意义非凡。例如，利用风能制造的氢要在 2050 年替代美国地面运输燃料（汽油和柴油）的一半，需要发电能力为 1400 千兆瓦或更大的风力发电机（Romm，2004b）。而用插电式混合动力替代这些燃料所需要的风力发电量不到 400 千兆瓦（Romm，2004b）。其中 1000 千兆瓦的差距，也许是将氢能源作为减少温室气体排放战略不可逾越的鸿沟——尤其是因为到 2050 年，美国电力部门将需要数百千兆瓦的风电和其他无碳电力资源来大幅减少温室气体排放。

装上改进的内燃引擎，插电式混合动力车还可以 15% 的汽油混合 85% 的生物燃料为能源。这些种类的机动车用一加仑汽油混合 5 加仑乙醇可以行驶 500 英里，并且因此构成了解决世界石油供给达到必然的峰值继而下降的问题的长期战略。也许对汽车来说，最好的生物燃料是纤维素乙醇。

5.7.3 纤维素乙醇

生物质能可以用来生产无碳运输燃料，就像乙醇，目前和汽油混合使用。现在，主要的生物燃料是用玉米生产的乙醇。根据某些评估，这些乙醇产出的能量大约只比种植这些玉米并用其生产这些乙醇所消耗的能量多 25%。大量的研发正在提高除了玉米以外其他资源产出乙醇的量。这种被称为纤维素乙醇的物质可以产自于农作物和森林废物，也能产自于专门的能源作物，如柳枝稷或长速快的杂交白杨树，它们可以在能源消耗最小化的情况下被种植和收获，所以总的来说净温室气体排放接近于零（Lave et al., 2000, 2001）。

当前所有的汽车都可以使用 10% 的乙醇和 90% 的汽油的混合燃料——E10。现在，大约 400 万辆既可以采用汽油也可以采用 E85 燃料的两用燃料汽车正被使用，但是由于价格太高和不完善的加油设施，几乎没有车辆使用 E85 燃料。这表明，我们无法通过提供一种能够只使用一种替代燃料且具有成本效益的车辆，来解决该燃料的"蛋鸡问题"。

乙醇超过像氢（和天然气）这样的替代燃料的巨大优势是，它是一种液体燃料，因此与我们现有的燃料体系的兼容性更好。然而，现有的石油管道无法与乙醇兼容，所以如果乙醇要成为主要的运输燃料还需要大量的基础设施投入（Bryan, 2002）。在与以能源当量为基础的石油价格相匹配之前，乙醇的生产技术还需要大幅进步。Lester Lave 和另外两位卡内基梅隆大学的研究员得出了下面的计算：

生产纤维素乙醇的成本大约是 1.2 美元/加仑（每加仑当量汽油 1.8 美元，乙醇的能量是汽油的 2/3）。假设每加仑乙醇的配送成本与汽油相同，并且保持税收总额不变，那么乙醇可以在加油站以 1.8 美元每加仑的价格出售。但是，为了获得与一加仑汽油一样多的能量，这相当于 2.7 美元每加仑。

（Lave et al., 2001；Greene and Schafer, 2003；
计算中包含 20 美分/加仑的税收）

考虑到对于纤维素乙醇的商业化才刚刚处在最初始阶段，这个计算应当被视作一种推测。假如到 2020 年，石油的价格比它现在高，那么纤维素乙醇就可成为潜在的极具竞争力的替代燃料。由于 2020 年最终将必然为碳制定一个价格，因此这点尤为可信，到时候将进一步提高纤维素乙醇对于汽油的相对成本竞争力。美国汽油的平均价格已经屡屡涨到 2.5 美元/加仑以上，且石油价格超过 60 美元/桶。

如果我们的目标是减少车辆的温室气体排放，那么我们的第一个策略必然是提高燃料效率，因为效率掌控着其通过能源节约为自己买单的潜能。这个策略要我们花时间使纤维素乙醇大规模商业化，以使其足够对交通运输部门的温室气体排放产生影响。通过技术的进步和生产厂家的规模经济，纤维素乙醇的成本降至 2 美元/加仑当量汽油是可能的。

我们从对纤维素乙醇的成本预测中可以得到的第二个结论是，如果我们能够开发出一种充裕的用以制造无碳燃料的生物质能资源，大多数情况下，其用于生产纤维素乙醇必然比氢更具成本效益。就像 2004 年国家研究委员会所称："用生物质生产氢，从热力学角度看是一个低效且昂贵的过程。在一个中等规模的工厂中，用气化法大约可以将太阳能的 0.2%~0.4%转换成氢，其目前的成本是 7.05 美元/千克氢。"即便是有大量的技术突破，该委员会估计，"用未来技术从气化生物质中产出氢的成本可能是 3.6 美元/千克氢，这与其他生产氢的技术相比毫无竞争力"（国家研究委员会，2004）。

也许对于用生物质生产氢，最大的问题是长距离运输氢的高成本和高能耗。不幸的是，大量生物质资源一般都远离居民聚居地区，这些地方是最需要汽车燃料的，而且运输固体生物质也是高成本和高能耗的活动。将生物质能转化成像生物质乙醇那样的液体燃料，然后再运输，可能是运送低碳生物燃料最具成本效益和耗能最低的方式。用生物质制造纤维素乙醇而非氢的一个特别大的效益是，向氢的转换可以逐步进行，随着与汽油混合的乙醇越来越多，任何向氢的转化几乎都必然要求政府对基础设施的大量资助，以解决其"蛋鸡问题"。[1]

可能总的来说，对生物燃料和生物质能源最大的阻碍是生物质转化和储存太阳能的效率并不是很高，如果用生物燃料来做主要的运输燃料的话，种植足够的能源作物需要非常大的土地面积。2001 年，乙醇倡导者的一个研究报告认为，为了为轻型车辆提供足够取代汽油的乙醇，"种植生物质所需要的土地将达 3 亿~5 亿英亩，这是美国本土面积 48 个州的总土地面积——18 亿英亩的 1/4"并且几乎与美国当前的耕地面积相当（Lave et al.，2001）。被取代的那部分汽油排放的二氧化碳，大约是目前美国与交通运输部门相关的二氧化碳总排放量的 60%，若不改变现状，这一比重到 2025 年预计会达到近 40%。考虑到所需要的土地面积，为了这些目标占用如此多的土地很明显会带来突出的环境、政治以及经济等方面的问题。就在前不久，美国能源政策委员会提出了一种极具野心的方案，用 3000 万英亩土地产出的乙醇取代目前乘用车所使用燃料的一半。这个方案会因作物产量翻番，转化过程改进，汽车的平均燃油效率翻番而有所变化（美国环境预报中心，2004）。

因此，如果要让乙醇在接下来的几十年成为主要的运输燃料，那么美国的车辆将需要有更高的燃油效率。如果这些车辆的燃油效率到 2030 年时能够提高一倍，再加上其他技术上的进步，那么种植生物质所需要的土地面积会减少一半。同时，将混合了纤维素乙醇的燃料加进插电式混合动力车中，会进一步减少其土地需求，特别是还有看似可行的生物燃料废热发电和生物质发电策略。

长期来看，能够生产很多副产品的生物炼油厂可以非常有效率地生产生物质能源。达特茅斯大学工程学教授 Lee Lynd 描述了一个未来生物炼油厂，在那里纤维素乙醇经过化学预处理，然后通过发酵将其中所含的碳水化合物转化成乙醇，以消除二氧化碳（L. Lynd，人员传播，2003）。残留物几乎都是木质素（在植物细胞壁里发现的一种聚合物）。水被剔除了，然后生物质残留物被汽化，用以发电或者用以生产氢和二氧化碳。即便是算进种植和收割生物质所需的能源，将原始生物质能的含量转化成可用的燃料和电力的总体效率也可以达到 70%。其中，二氧化碳可以被固化。此外，这一工艺流程还可以用来生产生物柴油。这无可否认是一种未来主义的场景，但是也是研究的一个热点，并且可以使乙醇直接与汽油竞争，同时使生物质电力可以直接与其他无碳替代燃料竞争，特别是在规避碳排放定价的时候。

5.8　结论和建议

如果我们要解决温室气体排放和对进口石油的依赖增加的问题，那么我们必须改变我们的交通运输业政策。要避免严重的气候变迁，几无疑问将需要 2025 年美国交通运输部门的预计温室气体排放的大幅减少——到 2050 年，在全部尾气排放上大幅减少。另外，不管我们采取何种策略减少交通运输部门的二氧化碳排放，都绝不能干扰我们对最小化燃煤排放的增加进而减少那些废物排放采取的同样急迫的行动。

实现 2025 年减少车辆预期的石油耗用和二氧化碳排放唯一看似可行的策略是提高燃料效率。为了达成 2050 年的目标，最好的策略是，联合使用低碳电力和低碳液体燃料的插电式混合动力车，或者是被生物质能驱动的车辆。而氢燃料电池车是技术和基础设施方面的障碍最多的替代燃料车，也是减少温室气体排放和利用可再生资源最缺乏效率的方式。考虑到这些结论，我们给出以下建议：

逐步引入针对轿车和轻卡的二氧化碳排放相关标准。2002 年加州通过了减少汽车温室气体排放的法案，该法案要求 2016 年生产的车型要将温室气体排放减少 30%，其他一些州也跟着这么做了（尽管汽车制造商在法庭上反对这一举措）。我们应该在全国范围内采取这个政策，也许可将目标提高至到 2020 年减少 33%的温室气体排放。

这个举措将车辆效率转变成大约 40 英里/加仑，这意味着到 2020 年，美国的新型汽车大概可以达到欧洲汽车将在 2010 年达到的效率。若是没有这些标准，温室气体排放和石油进口还将持续大幅增加。政府要求的解决方案是无法回避的，不管它是以设定碳排放标准的形式，还是以为高效率的汽车提供折扣并对低效率的汽车实行综合税制的形式。若是没有一个标准，很多新技术带来的效率增益很可能被用来帮助增加车辆的加速能力和车重，就像过去 20 年发生的情况那样。理想的情况是，政府采取措施提高市场对混合动力车的接受程度，特别是部分零排放混合动力车（PZEs），因为这对之后需要在 2050 年达到二氧化碳绝对零排放的汽车来说，是最好的平台。

过去 20 年，对于降低对石油的依赖来说，唯一最有效率的策略是渐进的、持续的、分阶段引入的部分零排放混合动力车技术，从能够再生制动和平均每吨车重至少储存 2 度电，到应用在全部车辆中，再到 2020 年全部新型汽车可以达到 90%以上的混合动力。通过在现有技术上直接改进，对技术领导者进行短期的一次性成本激励，以及政府提高燃油效率的法规，或许再加上对混合动力达到效率标准的特别信贷支持，就可以实现这个目标。

最后，甚至将需要一个更严格的标准。也许到 2035 年才开始实行第二阶段更高标准的决定很可能就耽搁了，应该 2020 年就开始，到那时，我们对全球暖化有多严重、传统石油可获得性如何，以及新的燃油效率和替代燃料车的成本效益能够达到什么程度将会有一个更清晰的认识。

大力发展插电式混合动力车。如果部分零排放汽车被证明是可行的话，那么它们很可能成为未来解决当前汽车引起的三个主要问题——温室气体排放、尾气排放以及石油消耗——的理想平台。行驶相同的里程，部分零排放汽车所需要的可再生电力资源可能只是氢电池混合动力车的 1/3~1/4，并且有相对较低的每英里行驶成本。联邦和州政府应该投入很大的研发努力开发部分零排放汽车，并立即开始试点项目来看一下它们在现实条件下运行的怎样。尤其重要的是要知道其能否从电网辅助服务中获得经济价值，例如在它们不用的时候能否帮助调节电网。如果能的话，相较于传统车辆它们可能不会因价格而处于劣势。同样值得探究的是，部分零排放汽车全电动运行时在臭氧警报响起的时期能够获得的空气质量效益。同时，作为机动燃料车能够由汽油或者生物燃料的混合燃料驱动的部分零排放汽车，也许是最终的车型。

大力促进生物质燃料的发展。就中长期来说，能够使美国温室气体排放和石油消耗大幅减少的生物燃料，看起来最可行的是纤维素乙醇。美国国家能源政策委员会已经在这一领域提出了一些有意义的政策，包括：

● 通过生产上的或投资上的支持，在 2008~2012 年发展首批六个先锋纤维质能源工厂；

● 在不提高总的农业补贴和不降低农业收入的前提下调整农业补贴，以涵盖能源作物（美国国家能源政策委员会，2004）。

对生物燃料的投入应该远大于对氢燃料的投入。应该进行用气化煤和气化生物质的混合物制造合成柴油燃料的研发，与此同时，进行在此过程中捕获和储存氢的研发。最后，一个可再生（或低碳）燃料标准将会很有效，特别是在帮助确定像氢或合成柴油这样的替代燃料实际上能够减少温室气体方面。

对氢持有一种长期的、保守的观点。尽管氢也许会在 2035 年后最终被证明是可行的，而且是能够带来期望环境效益的替代燃料，但是它当前所得到的联邦资金和政策的支持，相较于其成功的可能性和可能的环境效益都是非常不恰当的。这反过来又鼓励了州政府和私人部门过度关注氢。在其变得实用或令人满意之前，氢应该被视作长期的、高风险的研发投入，这至少需要三个重要的科技突破（燃料电池薄膜、储存、氢的可再生生产）。持续进行氢燃料的研发是值得的，但是在推广氢动力车或其基础设施上投入大量资金至少早了 20 年。唯一合乎情理的试验是那些可以直接从研发过程中得到反馈的实验。另外，氢动力车不可能成为减少温室气体排放的具有成本效益的方式，除非政府大幅转变我们当前的能源政策，并且美国用以发电的初级能源能够无碳发电。

有些人认为氢燃料电池车使我们能够规避政府的要求中固有的艰难选择（Lovins and Cramer，2004）。不幸的是，氢是政府规定的不可替代的选择；确实，为了使氢和燃料电池车能够获得商业上的成功，联邦政府相比过去更深入地干预汽车市场（以及燃料市场和基础设施市场）。就像 2004 年国家科学院关于氢的报告所称：

政府试图在市场力量发挥作用之前推动替换一个完整的、成熟的、网络化的能源基础设施还没有先例。其所要求改变的程度……远远超过了以往过渡时期政府干预的程度。

（国家科学院，2004）

因此，氢经济是国家能源问题的"灵药"只是一个流传甚广的传说而已。而我们也许可以发现在规避灾难性的全球变暖的赛跑中，氢燃料电池车连终点线都到不了。

注 释

[1] Another reason the cellulosic ethanol path seems more plausible is the high incremental cost of fuel−cell cars versus the relatively low incremental cost of cars modified to run on ethanol blends (or dual−fuel vehicles).

参考文献

[ADL] Arthur D. Little: 2002, Guidance for Transportation Technologies: Fuel Choice for Fuel−cell Vehicles, Final Report, Phase II Final Deliverable to DOE, 35340−00, Arthur D. Little, Cambridge, MA, Appendix, p.107.

[APS] American Physical Society: 2004, "The Hydrogen Initiative", Washington, DC., American Physical Society, [online] www.aps.org/public_affairs/loader.cfm? url=/commonspot/security/getfile.cfm&PageID=49633, accessed July 2006.

Berinstein, Paula: 2001, Alternative Energy: Facts, Statistics, and Issues, Oryx Press New York, NY, USA.

Bodman, Samuel: 2006, "Secretary of Energy Appoints Hydrogen Technical Advisory Committee," [online] http: //www.energy.gov/news/3758.htm, accessed July 2006.

Bossel, U.: 2004, "The Hydrogen Illusion," Cogeneration & On−Site Power Production, March−April, pp.55−59.

Brooks, A.: 2004, "CARB's Fuel Cell Detour on the Road to Zero Emission Vehicles", Evworld.com, May, [online] www.evworld.com/library/carbdetour.pdf, accessed July 2006.

Brooks, A., and Gage, T.: 2001, "Integration of Electric Drive Vehicles with the Electric Power Grid−a New Value Stream," presented at the 18th International Electric Vehicle Symposium and Exhibition, October, Berlin, 2001, [online] www.acpropulsion.com/EVSl8/ACP_V2G_EVS18.pdf, accessed July 2006.

Bryan, M.: 2002, "The Fuels Market −Biofuel Penetration and Barriers to Expansion," Presentation to Conference on National Security and Our Dependence on Foreign Oil, CSIS, Washington, DC., June, pp.13−15, [online] www.csis.org/tech/biotech/other/Ebel.pdf, accessed July 2006.

Bush, G.W.: 2003a, State of the Union Address, [online] http: //www.

whitehouse.gov/news/releases/2003/01/20030128-19.html, accessed July 2006.

Bush, G.W.: 2003b, "Hydrogen Fuel Initiative Can Make a Fundamental Difference. Remarks on energy dependence at the National Building Museum," [online] http: //www.whitehouse.gov/news/releases/2003/02/20030206-12.html, accessed April 2006.

CA EPA: 2005, California Hydrogen Blueprint Plan, [online] www.hydrogen-highway.ca.gov/plan/reports/volume1_050505.pdf and www.hydrogenhighway.ca.gov/plan/reports/volume2_050505.pdf, accessed July 2006.

CEC and CARB: 2003, "Reducing California's Petroleum Dependence," Joint Agency Report, California Energy Commission and California Air Resources Board, Sacramento, CA, USA.

[EIA] Energy Information Administration: 2005, Annual Energy Outlook 2005, DOE/EIA-0383, US Department of Energy Washington, DC, USA.

[EIA] Energy Information Administration: 2006, Annual Energy Outlook 2006, DOE/EIA-0383 (2006), Washington, DC, [online] http: //www.eia.doe.gov/oiaf/aeo/, accessed June 21, 2006.

Flynn, P.: 2002, "Commercializing all Alternate Vehicle Fuel: Lessons Learned From Natural Gas For Vehicles," Energy Policy Vol.30, pp.613-619.

[GAO] General Accounting Office: 2000, "Energy Policy Act of 1992: Limited Progress in Acquiring Alternative Fuel Vehicles and Reaching Fuel Goals," GAO/RCED-00-59, U.S. General Accounting Office, Washington, DC, USA.

Geffen, C., Edmonds, J., and Kim, S.: 2004, "Transportation and Climate Change: The Potential for Hydrogen Systems," Environmental Sustainability in the Mobility Industry: Technology and Business Challenges, SAE World Congress, Detroit, MI., SP (Society of Automotive Engineers), Vol.1865, pp.13-20, SAE International, Warrendale, PA, USA.

Greene, D. and Schafer, A.: 2003, "Reducing Greenhouse Gas Emissions from U.S. Transportation," Pew Center on Global Climate Change, Arlington, VA, USA, p.30.

Hansen, J.: 2005a, "A Slippery Slope," Climate Change 68, 269-279, [online] www.columbia.edu/~jehl/hansen-slippery.pdf, accessed July 2006.

Hansen, J.: 2005b, "Answers about the Earth's Energy Imbalance," [online] www.earthinstitute.columbia.edu/news/2005/story 11 -04 -05.html, accessed July 2006.

Hansen, J.: 2005c, "Is There Still Time to Avoid 'Dangerous Anthropogenic Interference' with Global Climate?" presentation of December 6, 2005, to American Geophysical Union, San Francisco, California, [online] www.columbia.edu/~jeh1/ keeling_talk_and_slides.pdf, accessed July 2006.

Hansen, J.: 2006, "Can We Still Avoid Dangerous Human–Made Climate Change?" presentation of February 10, 2006, at New School University, New York, [online] http://www.columbia.edu/~jeh1/newschool_text_and_slides.pdf, accessed July 2006.

Hansen, J., Nazarenko, Larissa, Ruedy, Reto, Sato, Makiko, Willis, Josh, Del Genio, Anthony, Koch, Dorothy, Lacis, Andrew, Lo, Ken, Menon, Surabi, Novakov, Tica, Perlwitz, Judith, Russell Gary, Schmidt, Gavin A., and Tausnev, Nicholas: 2005a, "Earth's Energy Imbalance: Confirmation and Implications," Science 308: 1431–1435, [online] http://www.columbia.edu/~jehl/hansen_imbalance. pdf, accessed July 2006.

Hansen, J., Ruedy, R., Sato, M., and Lo, K.: 2005b, "GISS Surface Temperature Analysis: Global Temperature Trends: 2005 Summation," NASA website [online] http://data.giss.nasa.gov/gistemp/2005/, accessed July 2006.

Hawkins, D.: 2003, Testimony, U.S. House Committee on Energy and Commerce, Subcommittee on Energy and Air Quality, June 24, 2003, [online] www.nrdc.org/globalWarming/tdh0603.asp, accessed July 2006.

Heywood, John B: 2005, "New Vehicle Technologies: How Soon Can They Make a Difference?" MIT Laboratory for Energy & Environment Newsletter, [online] at http://lfee.mit.edu/public/e%26e_March 1.pdf%203, accessed July 2006.

Hogan, J.: 2005, "Antarctic Ice Sheet is an Awakened Giant," New Scientist 133 (8), February 2, [online] http://www.newscientist.com/channel/earth/dn6962, accessed July 2006.

[IASC] International Arctic Science Committee: 2004, Impacts of a Warming Arctic, Cambridge University Press, New York, NY, USA.

[IEA] International Energy Agency: 2004, "Biofuels for Transport Press Release," International Energy Agency, Paris, [online] www.iea.org/Textbase/press/ pressdetail.asp? PRESS_REL_ID=127, accessed July 2006.

JRC, EUCAR, and CONCAWE: 2004, Well–to–Wheels Analysis of Future Automotive Fuels and Powertrains in the European Context.Brussels, Joint Research Centre of the EU Commission, [online] http://ies.jrc.cec.eu.int/Download/eh/31, accessed July 2006.

Kreith, F., West, R.E., and Isler, B.: 2002, "Legislative and Technical Perspectives for Advanced Ground Transportation Systems," Transportation Quarterly, Vol.56, No.1, Winter 2002, pp.51–73.

Lave, L., MacLean, H., Henrickson, C., and Lankey, R.: 2000, "Life-Cycle Analysis of Altenative Automobile Fuel/Propulsion Technologies," Environmental Science and Technology, Vol.34 pp.3598–3605.

Lave L., Griffin W.M., and MacLean, H.: 2001, "The Ethanol Answer to Carbon Emissions," Issues in Science and Technology, Winter, [online] www.nap.edu/issues/18.2/lave.html, accessed July 2006.

Letendre, S. and Kempton, W.: 2002, The V2G [Vehicle to Grid] Concept: A New Model for Power?" Public Utilities Fortnightly, February 15, pp.16–26.

Lovins, A.and Cramer, D.: 2004, "Hypercars, Hydrogen, and the Automotive Transition," International Journal of Vehicle Design, Vol.35, pp.50–85.

Mintz, M., Folga, S., Molburg, J., and Gillette, J.: 2002, "Cost of Some Hydrogen Fuel Infrastructure Options," Presentation to the Transportation Research Board, January 16, by Argonne National Laboratory, Argonne, IL, USA.

Morris, D.: 2003, "Is There a Better Way to Get from Here to There?" Institute for Local Self-reliance, Minneapolis, MN, USA.

[NCEP] National Commission on Energy Policy: 2004, Ending the Energy Stalemate: A Bipartisan Strategy to Meet America's Energy Needs, Washington, DC, [online] www.energycommission.org, accessed July 2006.

[NRC] National Research Council: 2004, The Hydrogen Economy, National Academy Press, Washington, DC, [online] www.nap.edu/books/0309091632/html, accessed July 2006.

Nesbitt, K. and Sperling, D.: 1998, "Myths Regarding Alternative Fuel Vehicle Demand by Light-duty Vehicle Fleets," Transport Res.-D., Vol. 3, No. 4, pp. 259 –269, [online] http: //repositories.cdlib.org/cgi/viewcontent.cgi? article = 1043&context=itsdavis, accessed July 2006.

Oppenheim, A. and Schock, H.: 2004, "Raison d'Etre of Fuel Cells and Hydrogen Fuel for Automotive Power Plants," Society of Automotive Engineers, Troy, MI, USA.

Petchers, Neil: 2003, Combined Heating, Cooling & •Power Handbook: Technologies & Applications, The Fairmount Press, New York, USA.

Romm, J.: 2004a, The Hype about Hydrogen: Fact and Fiction in the Race to Save the Climate, Island Press, Washington, DC, USA.

Romm, J.: 2004b, The Car and Fuel of the Furore: A Technology and Polity Overview, National Commission on Energy Policy, Washington, DC, USA.

Romm, J. and Frank, A: 2006, "Hybrid Vehicles Gain Traction," Scientific American, April.

Romm, J.: forthcoming, Hell And High Water: Global Warming-The Solution and the Politics, William Morrow, New York, NY, USA.

Schwarzenegger, A.: 2004, State of the State Address, January 6, [online] http://www.hydrogenhighway.ca.gov/vision/vision.htm, accessed July 2006.

Schwarzenegger, A.: 2005, Executive Order S-3-05, State of California Executive Department, Sacramento, CA, USA.

Sperling, D. and Ogden, J.: 2004, "The Hope for Hydrogen," Issues in Science and Technology, Spring.

TIAX LLC.: 2006, "Plug-in Hybrids: A Major Opportunity For The Electric Utility Industry," Cambridge, MA.

Truett, R.: 2005, "Volume fuel cell cars at least 25 years away, Toyota says," Automotive News, January 10, www.autonews.com/news.cms? newsld = 11122, accessed July 2006.

[DOE] U.S. Department of Energy: 2002, Towards a More Secure and Cleaner Energy Future for America: A National Vision of America's Transition to a Hydrogen Economy -to 2030 and Beyond, [online] from http://hydrogen.energy.gov/pdfs/vision_doc.pdf, accessesd June 2006.

[DOE] U.S. Department of Energy: 2003, "Basic Research Needs for the Hydrogen Economy," Office of Science, Washington, DC, [online] www.sc.doe.gov/bes/hydrogen.pdf, accessed July 2006.

[DOE] U.S. Department of Energy: 2005, "President's Hydrogen Fuel Initiative," Department of Energy, Washington, DC, [online] http://wwwl.eere.energy.gov/hydrogenandfuelcells/presidents_initiative.html, accessed April 2006.

[DOT] U.S. Department of Transportation: 2003, Fuel Options for Reducing Greenhouse Gas Emissions from Motor Vehicles, DOT -VNTSC -RSPA -03 -03, [online] http://climate.volpe.dot.gov/docs/fuel.pdf, accessed July 2006.

van der Veer, J.: 2003, "Hydrogen-Fuel of the Future," Remarks at Iceland Hydrogen Economy Conference, 24 April, 2003.

Wald，M.：2004，"Questions about a Hydrogen Economy，" Scientific American，May，pp. 66–73.

Woodward，C.：2005，"The Big Meltdown," E/The Environmental Magazine，February/March，[online] www.emagazine.com/view/? 2302 & printview & imagesoff，accessed July 2006.

第❻章　能源传说五

——价格信号不足以引致有效的能源投资

当政策制定者被迫保护政府在能源市场的投资时，他们时常引证现有的市场失灵。理当如此。经济学家对于这点的观点几乎是一致的，即政府不应干预市场，除非发现了市场失灵的情况。他们进而告诫称，如果——仅是如果——预期干预能够补救一个或更多的市场失灵，那么政府干预将会提高效率。并且，即使市场失灵存在，现实的市场政策可能也无法提高市场运行的效率，因为正是政治家而非经济学家设计了这些政策。[1]

关心联邦和州政府的能源政策的人中大部分坚信能源市场充斥着市场失灵。[2]这也是为什么左右翼支持的大多数能源方案会让政府更多地涉入私人的能源产品和能源消费决策。然而，自由主义者和保守主义者也许对政府应该怎样干预能源市场持不同意见，但是他们对于政府是否应该干预能源市场基本持有相同意见。例如，环保主义者认为如果让其自由发展，市场参与者在发电上会做出很糟糕的决策，所以他们建议资助或强制支持可再生能源技术的发展，否则，它们可能永远无法获得使用。保守主义者同样认为，如果放任自流，市场参与者在发电上会做出糟糕的决策，但是他们建议资助核能，而非风能或太阳能。

能源市场的五个特点引起了对能源市场失灵的指责，并且因此为政府干预提供了理由。[3]

● 石化燃料是一种不可再生资源。未来几代人的需要没有被适当的反映在能源市场中生产者和消费者的决策中。

● 市场参与者对能源价格的变化反应迟缓。生产者和消费者拒绝对高能源价格快速反应会引起通胀和衰退。

● 很多居民消费者和商业企业对节能的投资差强人意。

● 消费者没有发现能源价格中反映的实质的、健康的、环境的以及国家安全的成本代价。因此，能源价格也许"太低了"。

● 政府通过直接或间接的资助、产品约束以及未来干预扭曲价格的威胁来干预能源价格。考虑到长期存在的和持续的干预这一背景，很多人相信自由能源市场是——并且一直是——一个谬误。

这些观察结果导致很多人认为，价格信号无法精确反映真实的能源成本，同时无法产生有效的能源生产和消费决策。很多补救措施被提了出来，从正确的行为到"使价格正常化"，再到直接控制生产和消费决策的力度更大的干预。

然而，我们认为，能源市场充斥着市场失灵的观点是一个谬误。尽管能源市场没有按理论上的效率运行（事实上，几乎没有一个市场可以），但是能源市场并没有呈现需要政府关注的特别问题。能源价格相当准确地反映了真实的能源价格，而它们所遭受的严重的抱怨被过分夸大了。在这些认为价格没有反映全部成本的情形中（主要在电力和零售汽油市场），最好的补偿措施就是消除扭曲价格的政府政策，而非采取反补贴干预来抵消前期政策引起的价格扭曲。

6.1　能源耗竭与子孙后代

因为石化燃料是会枯竭的，所以有些人认为我们需要定额生产，来为子孙后代节约资源（Weiss，1989；Barresi，1997）。毕竟，子孙后代在能源市场没有发言权，但还是应该考虑他们对于未来能源的可得性的需要。市场并未考虑这些，所以政府必须考虑。

这一观点的另外一个版本没有强调后代的权利。取而代之的是，它描绘了一幅由于未来会发生产量下降的情况，所以将无可避免地出现短缺的图景。伴随着燃料短缺会出现价格急剧上升、经济衰退以及政治斗争。如果政府现在就开始规划，这些不好的影响是可以避免的。"所以需要政府的干预，否则，石油需求峰值的经济和社会影响将会带来混乱"（Hirsch et al.，2005，p.25）。

重要的是要注意到，所谓的市场失灵主要适用于交通运输业而非电力市场。那是因为对于资源耗竭的担心主要针对的是石油，并且美国的石油只有很少的数量用来发电（Deffeyes，2005；Simmons，2005）。可采的煤炭和天然气储量——我们电力市场中主要的不可再生燃料资源——通常被认为是非常充足的（世界能源委员会，2004；能源信息署，2006）。

然而，对石油耗竭的担忧是建立在不可靠的基础上的。首先，这些担忧主要是关于未来传统原油的可得性。而非传统石油资源——如重质沥青、焦油砂以及页岩——是非常充足的，当前它们之所以开发得很少，是因为萃取成本过高。[4]此外，已有将煤炭和天然气转化成合成液态石油的技术，这意味着如果有经济支持的话，其他更丰富的石化燃料可以被用来生产大量的石油。其次，从任何理性的角度来说，对传统原油变得匮乏的担忧都经不起严肃的、仔细的检验。[5]

如果石油耗竭变成一个真正的问题，还需要保持代际间的公平吗？我们认为不需要。最有力的反驳应保持代际间公平的标准观点是，那将会使资源从相对匮乏的时代传输到相对充裕的时代（Landsburg，1997）。因为当代的资源几乎无疑比后代要匮乏得多。例如，如果人均收入年增长2%的话，那么100年后人们大约将比我们现在富裕7倍。那些对代际间公平的关心应该更多地放在现在的生活水平而不是未来的生活水平上。

最有力的积极反对政府干预的观点是，在应对石油产量衰退的反应速度和效率上，市场能比政府做得更好。真正的衰退，而非当前的波动，将持续地推高石油价格，也会引起对替代能源资源和节能的投资。

但是当前（尽管已有多年）的价格波动如何？如果大部分时候的低价格和偶尔的高价格是一个问题的话，那么还有市场解决方案吗？确实有。那些担心未来石油价格会螺旋上升的人可以利用长期石油期货合同。

市场参与者并未试图通过在期货和零售市场之间的套利交易来提供一个长期稳定的价格，这表明，大多数消费者相信他们能够从接受大部分时候的低价格而非偶尔出现的令人不愉快的高价格中获益。换句话说，我们"依赖"于从局势不稳定的国家进口的石油，而非国内的石油或替代能源资源——并且不去尝试寻找摆脱那种不稳定局面的出路——因为以目前的价值计算，这样做的成本较低。

对石油价格不稳定的"解决方案"是接受大部分时候的高价格，而非偶尔的低价格。只要能通过合同实现，这种交易就没有什么错。例如，30年固定利率的抵押贷款，允许消费者将其转向其他日常即期利率会变动的借贷价格形式（平均价格较低但是变数较大），而非均值较高却没有变数的价格形式。

然而，我们没有看到能源市场中那些类似的合约。取而代之，我们看到的是对汽油消费的欧洲式征税，强制要求替代能源的生产，并对其进行资助，以及要求能源生产者保留其多余产能的法规等方案。

不同于合约式的解决方案，政府的解决方案有一个可疑的特性：不是大部分时候更昂贵，而是任何时候都更昂贵。这就是为什么化石燃料的替代燃料要比传统化石燃料更贵，即便后者处在价格最高点上，当然，这也是这种燃料离开政府补贴或强制推广就不被接受的原因。例如，我们最近计算出，联邦政府所有的战略石油储备使纳税人需要支付的成本在65~80美元/桶（以2004年美元价格计），这与市场的最高现货市场价格相当（Taylor and Van Doren，2005）。

相比政府参与者，市场参与者更可能是在为后代的利益而努力。那是因为民主选举出的政府——他们建立了监管机构——有照顾中间选区的中间选民的利益的倾向。因此，相较于那些短视的、有政治偏好的摇摆投票区的中间选民，没有理由期待政府更看重后代的福祉。

另外，市场能够反映更长的时间范围。事实上，因为资产的市场价值取决于其他人未来愿意为之支付的价格的预期，所以在当前的市场里，投机者比那些追逐中间选民，视野范围只及下次选举的政客更能代表后代的利益。

6.2　石油危机会引起经济衰退和通胀

短期来看，能源的供给和需求相对缺乏价格弹性。因此，供需任意一方的微小变动都会对价格产生重大影响。[6] 然而长期来看，供需双方对价格都非常敏感。[7]

生产者和消费者短期的价格弹性不足——这种弹性不足引起了石油价格的波动——被指应为通胀和经济衰退负责。但是并非所有的经济学家都认同。例如，本·伯南克和他的同事们（1997）认为不同的（更好的）货币政策会降低石油危机对衰退的影响，而 Hamilton 和 Herrera（2004）认为货币政策的潜能要更为有限得多。目前始于 2003 年的石油价格激增对经济的危害比传统观点预测的要小很多，这进一步向那些有如上看法的经济学家证实了，紧随石油危机而来的衰退并不是能源价格飙升引起的。[8]

尽管石油危机也许不会带来负面的宏观经济结果，但是供需短期的缺乏敏感导致当供给下降的时候大量的财富从消费者转向生产者（沙特与得克萨斯州 70 年代和当前石油的繁荣），而当供给增加的时候大量的财富从生产者转向消费者（沙特与得克萨斯州 80 年代和 90 年代末的石油萧条）。虽然能源政策的讨论时常援引宏观经济的衰退和市场失灵作为政府行为的理由，但是最可能构成对能源市场干预的需要的根源的是企业和消费者的分配关注。消费者和企业都试图寻求政府的帮助来阻止其财富的转移。

然而，能源市场的干预措施并没有促进公平，还做了很多破坏效率的事（Kalt, 1981；Van Doren, 1991；Taylor and Van Doren, 2006）。20 世纪 70 年代的石油价格控制体系引起了短缺，并且提高了对进口石油的依赖，而那时我们国家的政策是为了减少对进口的依赖，结果就是消费者的境况更糟糕（Taylor and Van Doren, 2006）。

6.3 消费者的失败

关于消费者对能源效率的投资不及他们应该做的那样多的言论非常多。对消费者行为的非理性的解释各不相同，但是普遍的抱怨包括：缺乏关于未来储蓄的信息，文化上对能源节约的抵制，对超常的高回报率的需求，并且在一些情况下，还有委托—代理问题的存在（例如，房东做出了购置电器的决定，但是却要房客为接下来的电费买单）。[9]

当消费者做出能源决策的时候，他们有多不理性？实证调查发现，消费者行为比很多分析者所认为的要理性得多。例如，克莱姆森大学的经济学家 Molly Espey（2005）仔细考察了 2001 款的汽车，并且发现实际上消费者高估了购买节能车可能带来的收益。当家庭拥有平均水平的收入或者购买更多的家用电器时，他们考虑能源效率时，似乎会采用折现率的基本原理，但是低收入家庭不会如此（Sutherland，2003，pp. 8-12）。虽然低收入家庭的低收入是有理由的（当权衡现在的财富和未来的财富时，他们非常短视，因此他们对很多经济学家说的他们应该投资的事情几乎不做投资，就像教育），但是有些经济学家认为，他们在能源市场中的行为实际上合理、有效，而且是完全站得住脚的（Johnson and Kaserman，1983；Nichlos，1992；Hassett and Metcalfe，1993；Metcalfe and Rosenthal，1995；Dixit and Pindyck，1994；Metcalf，1994）。最后，就我们所知，没有证据表明，相比关乎他们自己的钱，并且做出属于他们的决策的房客所选择的家电，房东所选择的家电的特性能效是更低的。[10]

也许可以期待企业比居民家庭做出更有效的能源消费决策，但是批评家们甚至更确定企业把大量的资金搁置了起来。这一观点的支持者提出的所有企业的非效率的代表性例子是，企业不愿意安装高能效照明镇流器。尽管这些支持者们认为这一投资的回报率在 37%~199%（Koomey et al.，1995），但是更进一步的分析发现，这一回报率被严重地夸大了，企业行为的良好能效很大程度上是由于忽略了这项技术（Ballonoff，1999）。

其他关于市场失灵的断言也是可疑的。例如，很多已经出版的研究报告评估了完全采用具有成本效益的节能技术能够节约多少能源，这种技术在任何给定的时间在商业上都是可行的。例如，电力研究所和 Arnold Fickett（Fickett et al.，1990）发表的研究报告分别认为，成本已增加至 3 美分/千瓦时（一个远低于电力成本的成本）的能源效率投资将电力消费减少了 30%~70%。这些发现表明，在能源市场中，很多人做出了效率不高的决策。

然而，丹麦当地的政府研究所对这一命题进行了检验，该检验计算出，只要企业充分利用提供给他们的有益的能效技术，其能源效率可以提高 42%。经过数年充分的、实地的分析之后，该研究所认为，通过有益的能源效率投资只能在能效上实现 3.1%的收益，这一数字如此之小以至于"获得能源节约的项目成本比由于实现这个投资而节约的成本还高"。作者称，尽管"其背景是丹麦工业的经验，但是我们认为一般情况下大部分国家的工业都是这个结果"（Togeby and Larsen，1995）。

尽管消费者无法做出那些似乎是具有成本效益的节能投资，但是遵循政府的决策也不必然会带来能效的净增长（Jaffe and Stavins）。例如，一项研究发现，到 2050 年，家用电器的联邦能源效率标准实际上将使消费者的净成本提高 460亿~520 亿美元（Sutherland，2003）。[11] 兰德公司的经济学家 David Loughran 和 Jonathan Kulick 计算出，1989~1999 年电力公司在资助地方纳税人节能投资上花费的 147 亿美元（主要是在州公用事业监管机构的要求和监督下实行的），按照平均成本 14~22 美分/千瓦时，其平均减少的电力销售量只有 0.2%~0.4%（远高于这一时期的新增电力成本）。[12]

6.4　外部效应

分析家时常争论称，能源使用引起了对环境和人类健康的危害，这些成本没有反映在能源价格中。经济学家将这些成本描述为"外部效应"，因为它们将没有包含在买卖双方的交易价格中的成本强加于别人身上。由于零售价格没有包含全部的能源成本，导致过多的能源被消耗，从而政府必须进行干预以提高效率。

经济学家解决外部效应的方法是，将与每种能源资源相关的外部性成本通过货币的方式量化为税收。这项税收会迫使消费者为他们的能耗支付全部的社会成本（这可以"使外部效应内部化"）。[13] 从能源税上获得的收入可以用来补偿那些因别人的能源消耗而受损害的人。

能源税是在污染者不得不赔偿那些受到污染危害的人的情况下的接近市场化的方式。[14]这样，污染者在收取商品和服务的费用时，不得不将那些支出因素计入价格。因此，污染税是模拟在第三方能够控制生产者由其污染引起的破坏责任的情况下出现的市场。

要"纠正价格"，第一步是将与能源相关的人类健康和环境的外部效应货币化。不幸的是，我们在这里陷入了一个严重的困境：出现在同行评议的文献中，对每种能源资源关于人类健康和环境的外部效应的范围的评估千差万别（Sundqvist and Soderholm，2002）。这些评估之所以会大相径庭是因为专家们对于各种少量接触物质和这些接触对人的健康造成的影响之间的关系持不同意见。

第二步是改变能源消费决策以将其对健康的影响考虑在内。然而，政策制定者更偏好通过直接的监管干预而非税收来解决外部效应问题的几个理由是：

● 选民抵制能源税却对直接的环境监管更加宽容，是因为税收强加了可见的成本，而监管强加的是不那么明显的成本。

● 能源税会产生不确定量的污染，而法规直接确定了排放率。律师和环保主义者更偏好后者，而对污染税存疑。污染税因允许企业对污染付费而受到批评（Weitzman，1974）[15]。

● 法规让立法者可以代表选民采用的干预方式是外部性税收不可能使用的（Schoenbrod，1993）。

● 相较于市场倾向，对于某种物质的污染的适当程度，或不计代价地保护公众健康的政治倾向更能引起选民和立法者的注意。

考虑到现有的法律依赖法规而非税收来解决能源消费的外部成本问题，甚至考虑进环保法规的影响，那么还会有外部性成本吗？图 6-1 表明，不可能给出这个问题令人满意的答案。但是哈佛大学法学教授 W.Kipp Viscusi 认为，如果接受将环保局对于污染给人的健康带来的风险评估作为起点，那么天然气或石油的消耗就不存在无法估价的环境外部性，但是煤炭的消费会引起一些无法估价的环境外部性（Viscusi et al.，1994）[16]。

经济学家 Ian Parry 和 Kenneth Small 一个较新的评估认为，只存在与汽油消费相关的外部性（Parry and Small，2005，表 1）。他们的文献回顾推断，美国最佳的次优汽油税应该是 1.01 美元/加仑。[17] 1.01 美元/加仑这一数字可分解如下：16 美分用来支付一般污染的成本；5 美分用来支付温室气体排放的成本；30 美分用来支付与交通堵塞相关的成本；24 美分用来支付与交通事故相关的成本。

然而，理论上，与交通拥堵相关的成本已经通过因道路拥堵情况而不同的通行费内部化了。[18] 与交通事故相关的成本也通过汽车保险费最好地内部化了。汽油税是解决外部性问题的不尽完美的方式，因为在第一种情况下，不管驾驶者是否对堵车负有责任都被强行征税了，在后一种情况下，不管驾驶者引发事故或赔偿受害方的倾向如何，都要买车险。

因此，Parry 和 Small 的研究表明，一个"最优"的解决外部性问题的汽油税是 25 美分/加仑——汽油消费引起的环境污染的数字。[19] 但是，美国当前的汽油税平均为 38 美分/加仑，这说明与汽油相关的外部效应已经通过现有的税收内

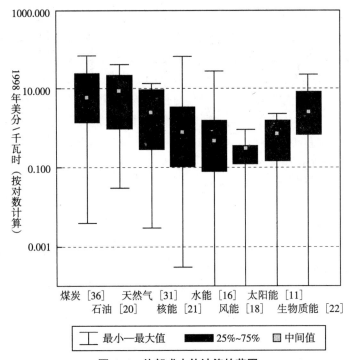

图6-1 外部成本估计值的范围

资料来源：改编自Sundqvist和Soderholm，2002，p.19。

部化了。[20]

可是，人们可能会想到，美国的汽油税是设计来支付道路建设和维护的使用费。这说明，在当前的税额上附加25美分的环境外部效应税是合适的。但是目前的道路建设和维护项目令人难以置信的低效，意味着现在的汽油税对乘用车来说几乎可以确定是"过高"了。[21]

目前的体制有两个基本问题。第一，因为人行道一般铺设得太薄，所以维护成本过高了。第二，尽管对现有公路的大部分破坏是卡车引起的，但是它们的燃油税和使用费只支付了维护成本的29%（Small et al.，1989，p.59）。因此，乘用车支付的汽油税比有效的公路设计和运营所应收的数额要高得多。

有效的道路性能根本不用征收任何燃油税。相反，道路费用应该用道路使用损毁费和拥堵费来支付。这些费用可以诱导对路基更厚的道路和多轴卡车的投资。因为造成道路损毁的不是总重量，而是每个车轴承载的重量，所以对满载在城市间行驶的5轴半挂车的合理收费应少于现在对其所收费用的2/3，但是对3300磅的两轴运货卡车的收费应增至现在的3倍（Small et al.，1989，p.117）。

结果就是，相较于目前的税费，与汽油消费相关的环境成本的内部化会提高汽油的价格，但是不到 Parry 和 Small 计算的 25 美分/加仑（2005）。此外，例如洛杉矶的尾气排放对环境的影响比爱荷华州苏城的等量尾气排放严重得多——因此，货币成本也高得多。在国家层面设计的汽油税几乎无疑将总是"错的"——对乡村地区来说太高，而对城市地区来说太低。

故而一项完全有效的汽油税应该：①由地方政府征收，而不是联邦政府；②主要将环境外部性内部化，而不是将拥堵或者道路建设和维护成本内部化（这些问题应该通过差异化的收费、费用以及筹资机制解决）。环境的外部性当然存在，但是作为其结果，何种程度的汽油价格是"过低的"并不是很明确。我们只能说，对于有些地区和有些消费者而言，汽油价格"太高了"，对于另一些地区和另一些消费者而言，汽油价格"太低了"。因此，通过在联邦层面征收环境外部性税提高汽油价格，不是提高经济效率的必要条件。

6.5   政府干预和价格

许多政治家和政策活动家争论道，对能源市场的行政干预如此广泛以至于使能源价格成了政治构件。因此，将能源决策权留给市场参与者——其会被不完美的、政治决定的价格信号引导——不会产生有效的结果。

尽管人们也许会期待是那些赞成减少能源市场中的行政干预的人提出了这个观点，但事实正好相反，这一观点通常被那些支持对能源市场进行更多的干预的人所持有。只有通过更广泛的（并且可以假定为更好的）行政干预，才能使能源市场更有效率。

这一观点最明显的问题是，其假设过去的政治动态导致的低效政策（政府干预使效益向某些人集中，但是却将成本分散给更大的"其他"群体）将会终结。这种一厢情愿是没有理论或实践基础的。一个更合理的观点是要求消除扭曲能源价格的法律和法规。

另一个问题是，这一观点高估了能源市场中补贴的程度和影响。根据能源信息署的评估（能源信息署，2000），1999 年能源补贴总计只有 62 亿美元，或者说只占总的能源花费的 1%，而且其他分析者认为能源信息署的评估过低。[22] 虽然这个评估发生在 2005 年能源政策法案通过之前，但是该法案中包含的扩大的干预措施预计在 10 年间花费 146 亿美元资金——并不足以从实质上改变能源信息署 1999 年的发现，即从能源经济的总体规模的角度来看，能源补贴是非常少的。

然而，对我们的目的来说，补贴的规模不如补贴的性质重要。不能影响生产的边际成本的补贴无法影响市场价格。纳税人会更穷，而获得补贴的企业会更富，但是只要边际成本不变，价格就不会变，从而效率也不会受影响。

即便有些生产者的边际成本会改变，市场价格也可能不会受影响。对核能和可再生能源产业的补贴也许会减少它们各自的边际成本，但是核能和可再生能源发电机都是典型的超边际的供应来源。[23]所以这些补贴——不管怎样令人反感——不会影响价格，从而影响电力的最终需求。[24]

监管干预措施对价格的影响远远大于税收优惠或者补贴。一个有说服力的例子是 2005 年能源政策法案指示的乙醇生产，其要求 2006 年汽油中要含有 40 亿加仑乙醇，之后还要更多。这一强制要求明显影响了燃料的零售价格，[25]对成本和收益的一个详细评估很难构建。[26]尽管其困难涉及成本的量化，但是能源信息署认为：

能对能源市场产生最大影响的是法规而非补贴……仅《1992 年前能源政策法案》报告中所考虑到的那些能源法规措施的经济影响就至少是直接的财政补贴的 5 倍。

（能源信息署，1992）[27]

有三个监管干预措施被认为是价格严重扭曲的原因。第一，政府用税收来确保国内市场可以安全地、可靠地并且低成本地获得国外的石油和天然气，但是这些公共支出没有反映在进口能源的价格中。第二，政府的海外政策限制了石油和天然气的生产，因此考虑到基础地质现实和全球市场需求，生产价格就"过高了"。第三，零售电价由州政府规定，而州政府规定的价格偏离了市场价格。

6.5.1　国家能源安全成本

量化与能源消费相关的国家安全成本是困难的。例如，全球安全分析研究所（2004）评估，一方面，目前美国从中东获得石油的保全代价每年超过 500 亿美元。绿色和平组织称这些成本要少得多，每年在 120 亿~267 亿美元（Koplow and Martin，1998）。[28]另一方面，国会研究服务处称，这些成本每年只有 5 亿美元（国会研究服务处，1992）。当然，这些评估都没有包括"伊拉克自由行动"的代价，其也许包含了，也许没包含附加的石油任务（Taylor，2003）。

对国家安全的外部性很难达成共识，因为军队和外交支出一般都承载了多个任务和目的，而石油安全只是其中的一个任务。关于怎样将这些任务划分成预算条款，分析家们没有达成一致。

关于美国军队"石油任务"和相关外交政策支出的规模的辩论很有趣，但是与能源价格的讨论并不特别相关。从经济的视角来看，关键的问题是，取消美国军队和国外援助致力于"石油任务"的支出，是否会导致石油价格的上涨？如果会，那么会上涨多少？如果存在的话，那才是国家安全外部效应的真实衡量标准。用政府花费在石油任务上的资金量衡量其外部性，是衡量政客们认为这个外部性有多大的最好方式。政治性的评估也许是准确的，也许不是。

诚然，如果美国"石油任务"在该地区的终结意味着所有军队、警察和法院服务的终结，那么石油开采投资的风险会变得更大，并且该地区的石油可能会更贵。但是请记住这一地区的石油公司都是政府的产物。所以真正的问题是，中东国家是否会因为美国结束其与石油相关的军事任务和国外援助，而减少石油的生产。或者说石油生产国会通过提供军事服务——或付钱请别国提供——来取代先前由美国所提供的吗？

我们认为美国安全协助的中断会被其他国家的军事支出填补。第一，只要这样做能够带来的利益大于同等投资所能产生的利益，石油生产者会自行满足他们的安全需要。第二，考虑到他们的经济对石油收入的依赖如此严重，中东国家对生产设施、港口和海上航线的担忧的动机甚至比我们还强。第三，尽管在消费国眼中，生产国无法确保十足的安全，但是消费国会付钱给生产国使其对之进行强化。

简言之，美国撤回的任何安全服务（很多分析者认为我们当前实际上是在降低安全）都可以由别国提供（Jervis，2005）。沙特阿拉伯和科威特支付了沙漠风暴行动成本的55%这一事实表明，通过他们的方式也可保证霍尔木兹海峡免于麻烦。[29]这一论据也适用于基地组织对石油生产设施的威胁。

如果石油政权承担他们自己的军事保护和航线保护费用，那么美国的中东军事支出真的会下降吗？由于两个完全不同的理由，答案完全有可能是"不会"。第一，美国在中东现有的军事力量源于保护以色列以及中东地区免遭伊斯兰原教旨主义的危害的隐含承诺，那些任务不可能简单地因为阿拉伯石油政权为他们自己的经济安全需要支付费用而结束。第二，由于防务支出政治拨款方面的原因，官僚政治和国会的惯性可能会让军事开支保持不变，而不管保护以色列或石油的需求如何。从这一公认的具有讽刺意味的观点来看，军事开支并非只是用来加强安全，也在为国会选区提供工作岗位和经济福利。

因此，美国在波斯湾的军事开支不应该被视作一种对使石油价格低于其原本应有水平的补贴。反而这些开支应该被看作是纳税人给石油政权和以色列政府的资金礼物。这个礼物对石油价格没有影响。

6.5.2 对石油生产的行政干预

许多政治家和政策提倡者认为，在一个由欧佩克卡特尔限制石油供应的世界里谈论自由能源市场是荒唐的（能源信息署，2006，pp.25-35）。关于欧佩克对世界原油价格的影响问题，经济学文献亦有分歧。[30]欧佩克的一位前任秘书长Francisco Parra 认为，波斯湾的石油生产成本那么低，储量那么大，如果那些国家不联合起来限制产出的话，世界原油平均价格会在 5 美元/桶以下（Parra，2004，p.337）。其他一些经济学家认为，只有沙特阿拉伯限制产出，而其他国家在尽其所能进行生产（Alhajji and Huettner，2000，pp.31-60）。还有其他一些人认为，石油生产国在 1974~1980 年没有限制石油生产，故而，可能现在也没这么做（Loderer，1985）。

即使欧佩克或沙特阿拉伯限制产出，市场也能将已产出的石油在消费者中进行有效分配。如果生产者没有尽其所能进行生产，结果就是其价格高于而非低于相当的天然气价格，这正好与那些设置外部性参数的人的目标相反。

如果联邦政府要着手"纠正"那个问题，它会怎么做？它会强制生产，但是很难想象美国能够合理地强迫委内瑞拉、沙特阿拉伯、伊朗或者俄罗斯提高产量。它也可以资助国内生产，但是那会导致传统的资本低效和分配不当。它还可以降低消费价格，但是那会使价格传递一个信号——其反映了政治意图而不是经济现实。过去这些干预措施的效果都不太好（Taylor and Van Doren，2006）。

假如让私营公司做生产决策，欧佩克的行为可能会导致石油和汽油的价格高很多。但是可行的补救措施很难想象。所有的措施都会降低而不是提高石油价格。

6.5.3 低效的电力监管

电力零售价格——对大部分消费者，在大部分时间，以及大部分地方来说——是由政府监管决定的。他们回顾以往的成本回收机制，而不是向前看资源分配策略。价格在非高峰时太高，在消费高峰时太低。监管也经常要求用户群组支付更高的价格，这样其他人就可以支付较低的价格（经济学家将这一现象描述为"交叉补贴"）。

大多数经济学家给出的补救措施是"实时电价"，零售电价应该按分钟反映供需变化（Faruqui et al.，2001）。基于加州需求反应实验，太平洋天然气和电力公司估计，按目前的价值计，实时电价可以节约 3.38 亿美元（Faruqui and Earle，2006，p. 27）。然而，这一大量的节约来自于安装先进的计量表，而不是源于需求反应，但是通过使用先进的电表减少抄表成本（按当前价值计，20亿美元）是可能的（Faruqui and Earle，2006，p. 26）。

其经验是实时电价并非必须要强制实行。如果它真的能省钱，电力公司会自动采用的。这一问题的补救措施就是简单地放开零售价格的政府监管。

6.6　结　论

能源与市场中的任何其他商品一样，而且没有理由认为能源决策不能有效地通过市场价格信号直接做出。对价格扭曲的适当纠正不是放弃对价格的依赖，而是取消扭曲价格的政策。那意味着，要尽可能地使外部效应内部化，并且取消会给生产者和消费者传递关于能源供需的错误信号的政府干预。

幸运的是，对美国现在的能源价格严重"错误"的关注被大肆渲染。能源价格会合理地反映生产者的总成本和消费者的总需求。当然，这一规律也有例外。例如，没有政府的支持，大部分可再生能源和核能设施就会消失（Taylor and Van Doren，2001，2002；Heyes，2002-2003）。如果政府决定结束这些价格扭曲，有很简单的改正措施供政策制定者使用。

但是，能源市场中的大多数行政干预措施被用来解决分配问题而非效率问题。企业和消费者都不喜欢能源市场，而政治家们希望调节那些不悦。

虽然本章没有涉及为了公平目的进行干预的情况，但是强调了基于效率而干预的观点——这一点常被用来作为实际上主要由公平问题带来的干预的理由——是没有认知上的支持的。我们对于那些与公平有关的问题的建议是，在能源市场环境之外，并且以一种对价格扭曲最小的方式解决那些问题。

注释

[1] For a review of the literature, see Tyler Cowen (1988) and Charles Wolf (1991). We will not discuss so-called "equity" programs designed to assist low income people with their energy bills.

[2] For representative arguments, see Fisher and Rothkopf (1989) and Lovins and Lotspeich (1999).

[3] Three issues not discussed are the problem of "capture" in petroleum reservoirs, verticai integration in the oii jndustry, and natural monopoly issues in oil

and gas pipelines. The problem of capture is of historical rather than current significance, and the other two leads to higher rather than lower than efficient oil prices, the opposite of current policy concern.

[4] Recoverable oil deposits within heavy bitumen in the Venezuelan Orinoco Belt may be nearly equal to Saudi proved reserves (Forero, 2006, p.C1). Shale rock in the United States are estimated to harbor three times the amount of petroleum found in proved Sandi reserves (Bartis et al., 2005). For an overview of unconventional petroleum resources, see Robert L. Bradley and Richard Fulmer (2004).

[5] For a review of the literature, see Robert Arnott (2002). For a withering critique of worries about near-term depletion of Sandi oii reserves, see Michael Lynch (2006).

[6] Empirical studies of petroleum markets suggest that, in the short run, a 10 percent increase in petroleum prices will reduce petroleum consumption by somewhere between 1% and four-tenths of 1%. Studies examining the relationship between changes in price and petroleum supply report that a 10 percent increase in petroleum prices will increase petroleum supplies in the short run by six-tenths of 1% (Lynch, forthcoming). Also Timothy Considine (2004, pp.21-22). Empirical studies of consumer response in electricity markets are similar.In the short run, a 10% increase in electricity prices will reduce residential electricity consumption by somewhere between six-tenths of one percent to 5%; commercial electricity consumption by between 1.7 and 2.5%, and industrial electricity consumption by somewhere between four-tenths of 1 Percent and 2.2% (Bohi, 1981). A recent study of price response based on 119 customers from New York State falls within this range; specifically, the surveyed customers had an average price elasticity of 0.11, which means that their combined ratio of peak to off-peak electricity usage declined by 11% in response to a doubling of peak prices (relative to off-peak prices) (Goldman et al., 2005). For a recent update on residential elasticities (-065 to -095) from the California demand response experiment see Ahmad Faruqui and Robert Earle (2006, p.26).

[7] The price increases of the 1970s, for example, were followed by a dramatic reduction in real oil prices after 1985. In 1981, the average price paid by U.S. refineries for crude oil was$53.74 in constant (2000) dollars. In 1986, the average price paid was$17.56 in constant (2000) dollars (EIA, 2005). Economists estimate that every 1% increase in oil prices results in a1 percent decrease in oil consumption in the long run (Pindyck, 1979; Adelman, 1995).

［8］For a non -technical discussion, see Surowiecki（2005）. For a more comprehensive treatment, see Donald Jones et al.,（2004）and Robert Barsky and Lutz Kilian（2004）.

［9］For representative arguments, see Hirst and Brown（1990）and Brown（2001）.

［10］Although the principle-agent problem receives a great deal of attention in the literature, we don't find it to be a market failure even in theory.If renters wanted energy efficient appliances, they would manifest that desire by favoring rental properties with energy efficient appliances, providing all the incentive necessary for landlords to take renter preferences into account.

［11］Some studies—most notably Meyers et al.（2003）—find substantial net savings from those programs. Sutherland argues that those studies（i）overestimate energy savings due to the regulations because much of those gains would have occurred endogenously in markets, and（ii）employ artificially low discount rates and should instead use the discount rates observed in the appliance market.

［12］Most of the literature reports net savings from the programs negatively evaluated by Loughran and Kulick. For a representative example of this literature, see Brown and Mihlmester（1995）. Those studies, however, typically rely heavily on data and reports from the utilities themselves regarding program success（Brown and Mihlmester, for instance, rely totally on such studies and accept their findings at face value）. Unfortunately, the methodologies employed by utility-sponsored reports vary a great deal. so meta-analysis is impossible. Regardless, a close reading of the utility -sponsored reports reveals that they are typically rife with serious analytical errors—such as relying on engineering estimates of energy savings rather than observed changes in energy consumption（which ignores possible "rebound effects" induced by reductions in the marginal cost of electricity services）, insufficient controls for "free riders"（economic jargon for those who would have invested in energy efficiency even without the program）and lack of attention to moral hazard problems（for instance, the fact that consumers might put -off private energy efficiency investments in hopes of gaining subsidy from utility-sponsored programs at some later date）—and those errors are rarely corrected in secondary studies（Wirl, 1997, pp. 119-142; Loughran and Kulick, 2004, pp. 22-25）. Moreover, few of the studies in the literature that rely on the data reported by the utilities acknowledge that the utilities have both the means and motive to favor programs that lead to less—

not more—conservation and to inflate reported net benefits. Instead, they tend to accept utility reported data and analysis at face value (Wirl, 2000, pp. 173–183). What distinguishes Loughran and Kulick's study from the rest is that the authors reach outside of the utility–sponsored studies to ascertain whether utility–sponsored energy conservation programs actually reduce energy intensity once all other variables are controlled for and, if so, at what cost.

[13] This argument was first and most forcefully made by A.C. Pigou (1920). Later, many economists came to believe that pollution taxes have an additional benefit besides improving the environment: the revenue from pollution taxes can replace revenue from existing, more distortionary taxes, thus reducing the deadweight losses from those taxes (Tullock, 1967). Accordingly, many economists believe that optimal externality taxes are somewhat greater than what a simple calculation of negative externality costs might otherwise suggest. Sarah West and Roberton Williams (2004), for example, argue that an optimal externality tax should be about 35% higher than marginal external damages. Other economists believe that pollution taxes compound the distortions caused by other preexisting taxes.

[14] Some economists have argued that if government were to acknowledge and enforce private property rights over environmental resources, most environmental regulations would be unnecessary and that the resulting legal regime would be more efficient than the current regulatory regime (Rothbard, 1982). Most economists, however, believe that the costs associated with policing private environmental rights ("transaction costs" in economic parlance) are so steep that a legal regime of that sort would be unworkable (Coase, 1960).

[15] Weitzman demonstrated that uncertainty about pollution quantities and certainty about pollution abatement costs is optimal when the marginal benefits of additional pollution control are low and the marginal costs of additional abatement are high—the stylized facts for "normal" pollutants. Certainty about exposure or emissions and uncertainty about costs is optimal when the opposite is true—marginal benefits of pollution abatement are high relative to marginal costs—the stylized facts for very "toxic" pollution (Milliman, 1982).

[16] The authors did not consider the costs associated with global warming.

[17] The tax is second–best because it taxes gasoline rather than the directly offending behavior (emissions, congestion, and accidents).

[18] Variable toll congestion pricing now exists in state route 91 in Orange

County California, I-15 in San Diego, I-394 in Minneapolis, and I-25 in Denver (Egan, 2005). For a discussion of optimal congestion pricing see Small et al., (1989; 2006).

［19］A true first-best tax would be on actual emissions. In addition, 26 cents of the \$1.01 second best tax is described as a "Ramsey" tax arising from the correct observation that efficient taxes are higher on goods whose demand and supply are less elastic (gasoline) and less on goods whose demand and supply are more elastic (1abor). If total spending could be kept constant and gas taxes increased and taxes on labor decreased, we agree.

［20］The figure is a weighted average of existing state taxes plus the federal fuels tax (U.S.Department of Transportation, Federal Highway Administration, Office of Highway Policy Information, 2005).

［21］Another complication is that a portion of the gasoline tax is diverted to transit and other programs. In 2003 \$21 billion was diverted to transit. But highway user fees were less than highway expenditures by \$36 billion resulting in a net subsidy of roads by general taxpayers (O'Toole, 2005).

［22］Douglas Koplow and John Dernbach (2001) argue that EIA did not accurately account for a number of direct energy subsidies and was wrong to "exclude provisions on the basis that they were available to more than iust the energy sector, did not therefore constitute subsidies solely to energy, and were therefore beyond the research mandate they had been given" (Kopiow, 2006).

［23］Natural gas-fired electricity is the marginal Source of electricity at most times and places and thus the cost of gas-fired electricity establishes wholesale electricity prices for all electricity sources during most periods. The EIA finds that subsidies to the natural gas industry are negligible. In the transportation sector, the only industry worth examining is the oil industry, and subsidies to oil companies are both negligible and irrelevant to marginal production costs (Sutherland, 2001).

［24］States that regulate retail electricity rates based on a weighted average of the production costs from all electricity generation will indeed produce lower rates as a consequence of those subsidies. But that pricing methodology introduces more inefficiencies than are introduced by the subsidies themselves: unregulated markets do not work that way.

［25］Industry analysts in the spring of 2006 believe that the ethanol mandate in the 2005 Energy Policy Act increased gasoline prices by between 8 -60 cents per gallon (McKay, 2006).

[26] The most ambitious attempt to account for all energy subsidies in the United States can be found in Douglas Koplow's (2004), "Federal Subsidies for Energy in 2003—A First Look." Koplow estimates that energy subsidies in the United States (to the extent to which they can be quantified) range from $37–64 billion annually, but only $25–37 billion if national defense costs associated with protecting Persian Gulf oil shipments are subtracted out of the total (as they probably should be). Koplow's calculations thus comport well with EIA's estimate that regulatory interventions are about 5 times as significant as direct tax subsidies.

[27] The EIA's 1999 report on energy subsidies—which updated the 1992 report—unfortunately ignored regulatory subsidies (EIA, 2000).

[28] 1998 published estimate updated by Koplow and Martin to 2003 dollars.

[29] Saudi Arabia and Kuwait paid approximately $33 billion (55%) toward the total cost of Desert Storm and Desert Shield, which was $60 billion. The U.S. share was only $6 billion (10%). Defense Department press release 125–M, May 5, 1992.

[30] For an orthodox answer to the question and a good literature review on the subject, see James Smith (2005).

参考文献

Adelman, M.A.: 1995, The Genie Out of the Bottle, MIT Press, Cambridge, MA, USA, p.190.

Alhajji, A.F. and Huettner, David: 2000, "OPEC and World Crude Oil Markets form 1973 to 1994: Cartel, Oligopoly or Competitive?" Energy Journal 21: 3, pp.31–60.

Arnott, Robert: 2002, "Supply Side Aspects of Depletion," Journal of Energy Literature 8: 1, pp.3–21.

Ballonoff, Paul: 1999, "On the Failure of Market Failure," Regulation 22: 2, pp.17–19.

Barresi, Paul: 1997, "Beyond Fairness to Future Generations: An Intergenerational Alternative to Intergenerational Equity in the International Environmental Arena," Tulane Environmental Law Journal 11: 1, pp.59–88.

Barsky, Robert and Kilian, Lutz: 2004, "Oil and the Macroeconomy Since the 1970s," National Bureau of Economic Research, Working Paper 10855, [online] www.nber.org/papers/w10855, accessed July 2006.

Bartis, James, LaTourrette, Tom, Dixon, Lloyd, Peterson, D. J., and Cecchine, Gary: 2005, Oil Shale Development in the United States: Prospects and Policy Issues, Rand Corporation, Santa Monica, CA, USA.

Bernanke, Ben, Gertler, Mark, and Watson, Mark: 1997, "Systematic Monetary Policy and U.S. Aggregate Economic Activity," Brookings Papers on Economic Actlivity 1, pp. 91–142.

Bohi, Douglas: 1981, Analyzing Demand Behavior: A Survey of Energy Elasticities, Johns Hopkins University Press, Baltimore, MD, USA.

Bradley, Robert L. and Fulmer, Richard: 2004, Energy: The Master Resource, Kendall/Hunt, Dubuque, IA, USA.

Brown, Marilyn: 2001, "Market Failures and Barriers as a Basis for Clean Energy Policies," Energy Policy 29: 14, pp. 1197–1207.

Brown, Marilyn and Mihlmester, Philip: 1995, "Actual Vs. Anticipated Savings from DSM Programs: An Assessment of the California Experience," International Energy Program Evaluation Conference, Proceedings of the 1995 International Energy Program Evaluation Conference, Chicago, IL, USA, pp. 295–301.

Coase, Ronald: 1960, "The Problem of Social Cost," Journal of Law and Economics 3, pp. 1–44.

Congressional Research Service: 1992, "The External Costs of Oil Used in Transportation," CRS Report for Congress, 92–574ENR, Washington, DC, USA.

Considine, Timothy: 2004, "A Short-Run Model of the World Crude Oil Market," Pennsylvania State University, Department of Energy and Geo-Environmental Engineering Working Paper, pp. 21–22.

Cowen, Tyler (ed.): 1988, The Theory of Market Failure: A Critical Examination, George Mason University Press, Fairfax, VA, USA.

Deffeyes, Kenneth: 2005, Beyond Oil: The View from Hubbert's Peak, Hill & Wang, New York, NY, USA.

Dixit, Avinash and Pindyck, Robert: 1994, Investment under Uncertainty, Princeton University Press, Princeton, N J, USA.

Egan, Timothy: 2005, "Paying on the Highway to Get Out of First Gear," New York Times, April 28, p. Al.

[EPRI] Electric Power Research Institute: 1993, 1992 Survey of Utility

Demand-Side Management Programs, Vols. 1 and 2, EPRI TR-102193, EPRI, Palo Alto, CA, USA.

Espey, Molly: 2005, "Do Consumers Value Fuel Economy?" Regulation 28: 4, Winter 2005–2006, pp. 8–10.

Faruqui, Ahmad and Earle, Robert: 2006, "Demand Response and Advanced Metering," Regulation 29: 1, pp. 24–27.

Faruqui, Ahmad, Chao, Hung-po, Niemeyer, Victor, Platt, Jeremy, and Stahlkopf, Karl: 2001, "Getting Out Of The Dark," Regulation 24: 3, pp. 58–62.

Fickett, Arnold, Gellings, Clark, and Lovins, Amory: 1990, "Efficient Use of Electricity," Scientific American, pp. 65–74.

Fisher, Anthony and Rothkopf, Michael: 1989, "Market Failure and Energy Policy", Energy Policy 17: 4, pp. 397–406.

Forero, Juan: 2006, "For Venezuela, A Treasure in Oil Sludge," New York Times, June 1, 2006, p. C1.

Goldman, C., Hopper, N., Bharvirkar, R., Neenan, B., Boisvert, R., Cappers, P., Pratt, D, and Butkins, K.: 2005, Customer Strategies. for Responding to Day-Ahead Market Hourly Electricity Pricing, LBNL-57128, Lawrence Berkeley National Laboratory, Berkeley, CA, USA.

Hamilton, James and Herrera, Anna Maria: 2004, "Oil Shocks and Aggregate Macroeconomic Behavior," Journal of Money, Credit, and Banking 36: 2, pp. 265–286.

Hassett, Kevin and Metcalf, Gilbert: 1993, "Energy Conservation Investment: Do Consumers Discount the Future Correctly?" Energy Policy 21: 6, pp. 710–716.

Heyes, Anthony: 2002–2003, "Determining the Price of Price-Anderson," Regulation 25: 4, pp. 26–30.

Hirsch, Robert, Bezdek, Roger, and Wendling, Robert: 2005, "Peaking of World Oil Production: Impacts, Mitigation, and Risk Management, " Report Commissioned by the U.S. Department of Energy, [online] http: //www.hilltoplancers. org/stories/hirsch0502.pdf, accessed July 2006.

Hirst, Eric and Brown, Marilyn: 1990, "Closing the Energy Efficiency Gap: Barriers to the Efficient Use of Energy Resources," Conservation and Recycling 3, pp.267–281.

Institute for the Analysis of Global Security: 2005, The Real Cost of Oil: How Much are We Paying for a Gallon of Gas? [online] http: //www.iags.org/costofoil.html, accessed May 2005.

Jaffe, Adam and Stavins, Robert: 1994, "The Energy-Efficiency Gap: what Does it Mean?" Energy Policy 22: 10, pp.804-810.

Jervis, Robert: 2005, "Why the Bush Doctrine Cannot Be Sustained," Political Science Quarterly 120: 3, pp.351-377.

Johnson, Ruth and Kaserman, David: 1983, "Housing Market Capitalization of Energy-Saving Durable Good Investments," Economic Inquiry 21, pp.374-386.

Jones, Donald, Leiby, Paul, and Paik, Inja: 2004, "Oil Shocks and the Macroeconomy: What Has Been Learned Since 1996," Energy Journal 25: 2, pp. 374-386.

Kalt, Joseph: 1981, The Economics and Politics of Oil Price Regulation, MIT Press, Cambridge, MA, USA.

Koomey, Jonathan, Sanstad, Alan, and Shown, Leslie: 1995 "Magnetic Fluorescent Ballasts: Market Data, Market Interventions, and Policy Success," LBL-37702, Lawrence Berkeley Laboratory, Berkeley, CA.

Koplow, Douglas: 2006, "Problems with Federal Subsidy Estimates Generated by the US Energy Information Administration," Earth Track, [online] http://earthtrack.net/earthtrack/index.asp? page id=201&catid=73, accessed February 2006.

Koplow, Douglas: 2004, "Federal Subsidies for Energy in 2003—A First Look," in National Commission on Energy Policy, Ending the Energy Stalemate: A Bipartisan Strategy to Meet America's Energy Challenges, Technical Appendix, Washington, DC, USA, pp. 204-218.

Koplow, Douglas and Dernbach, John: 2001, "Federal Fossil Fuel Subsidies and Greenhouse Gas Emissions: A Case Study of Increasing Transparency for Fiscal Policy," Annual Review of Energy and the Environment 26, pp. 361-389.

Koplow, Douglas and Martin, Aaron: 1998, "Fueling Global Warming: Federal Subsidies to Oil in the United States," Greenpeace, Washington, DC, USA.

Landsburg, Steven: 1997, "Tax the Knickers Off Your Grandchildren," Slate, [online] http://www.slate.com/id/2036/, accessed July 2006.

Loderer, Claudio: 1985, "A Test of the OPEC Cartel Hypothesis: 1974 - 1983," Journal of Finance 40: 3, pp. 991-1006.

Loughran, David and Kulick, Jonathan: 2004, "Demand-Side Management and Energy Efficiency in the United States," Energy Journal 25: 1, pp. 19-44.

Lovins, Amory and Lotspeich, Chris: 1999, "Energy Surprises for the 21st

Century." Journal of International Affairs 53: 1, pp. 191–208.

Lynch, Michael: 2006, "Crop Circles in the Dessert: The Strange Controversy Over Saudi Oil Production," International Research Center for Energy and Economic Development, Occasional Paper 40, Boulder, CO, USA.

Lynch, Michael: forthcoming, "Effect on a Major Disruption of Persian Gulf Oil on the Oil Market," Cato Institute, Washington, DC, USA.

Metcalf, Gilbert: 1994, "Economics and Rational Conservation Policy," Energy Policy 22, pp. 819–825.

Metcalf, Gilbert and Rosenthal, Donald: 1995, "The 'New' View of Investment Decisions and Public policy Analysis: An Application of Green Lights and Cold Refrigerators," Journal of Policy Analysis and Management 14: 4, pp. 517–531.

Meyers, S., McMahon, J.E., McNeil, M., and Liu, X.: 2003, "Impacts of U.S. federal energy efficiency standards for residential appliances," Energy 28: pp. 755–767.

Milliman, Jerome: 1982, "Can Water Pollution Policy Be Efficient?" Cato Journal 2: 1, Spring, pp. 165–196, particularly pp. 179–184.

McKay, Peter: 2006, "Demand for Ethanol Aggravates Pain at the Pump," Wall Street Journal, June 19, p. C4.

Nichols, Albert: 1992, "How Well Do Market Failures Support the Need for Demand Side Management?" National Economic Research Associates, Cambridge, MA, USA, pp. 22–25.

O'Toole, Randal: 2005, "Vanishing Automobile Update #54," May 15, [online] http://ti.org/vaupdate54.html, accessed July 2006.

Parra, Francisco: 2004, Oil Politics: A Modern History of Petroleum, I.B. Tauris, New York, NY, USA.

Parry, Ian W.H., and Small, Kenneth A.: 2005, "Does Britain or the United States Have the Right Gasoline Tax?" American Economic Review 95: 4, pp. 1276–1289.

Pigou, A.C.: 1920, The Economics of Welfare, Macmillan, London, UK.

Pindyck, Robert: 1979, "Inter-Fuel Substitution and the Industrial Demand for Energy: An International Comparison," Review of Economics and Statistics, May, pp. 169–179.

Rothbard, Murray: 1982, "Law, Pollution Rights, and Air Pollution," Cato

Journal 2: 1, Spring, pp. 55–99.

Schoenbrod, David: 1993, Power Without Responsibility: How Congress Abuses the People Through Delegation, Yale University Press, New Haven, CT, USA.

Simmons, Matthew: 2005, Twilight in the Dessert: The Coming Saudi Oil Shock and the World Economy, Wiley, Indianapolis, IN, USA.

Small, Kenneth, Winston, Clifford, and Evans, Carol: 1989, Road Work, Brookings, Washington, DC, USA.

Small, Kenneth, Clifford, Winston, and Jia, Yan: 2006, "Differentiated Road Pricing, Express Lanes, and Carpools: Exploiting Heterogenous Preferences in Policy Design" AEI–Brookings Joint Center Working Paper 06–06–02, [online] SSRN: http: //ssrn.com/abstract=893163, accessed July 2006.

Smith, James: 2005, "Inscrutable OPEC? Behavioral Tests of the Cartel Hypothesis," Energy Journal 26: 1, pp. 51–82.

Sundqvist, Thomas and Soderholm, Patrik: 2002, "Valuing the Environmental Impacts of Electricity Generation: A Critical Survey," Journal of Energy Literature 8: 2, pp. 3–41.

Surowiecki, James: 2005, "Oil Change," The New Yorker, May 2, p. 46.

Sutherland, Ronald: 2003, "The High Costs of Federal Energy Efficiency Standards for Residential Appliances," Policy Analysis 504, Cato Institute, Washington, DC, USA, pp. 8–12.

Sutherland, Ronald: 2001, "'Big Oil' at the Public Trough? An Examination of Petroleum Subsidies," Policy Analysis 390, Cato Institute, Washington, DC, USA.

Taylor, Jerry: 2003, "Blood for Oil?" Cato Commentary, Cato Institute, Washington, DC, March 18. [online] http: //www.cato.org/pub_display.php? pub_id=3029, accessed July 2006.

Taylor, Jerry and Van Doren, Peter: 2006, "Economic Amnesia: The Case against Oil Price Controls and Windfall Profit Taxes," Policy Analysis 561, Cato Institute, Washington, DC., USA.

Taylor, Jerry and Van Doren, Peter: 2005, "The Case Against the Strategic Petroleum Reserve," Policy Analysis 555, Cato Institute, Washington, DC, USA.

Taylor, Jerry and Van Doren, Peter: 2002, "Evaluating the Case for Renewable Energy: Is Government Support Warranted," Policy Analysis 422, Cato

Institute, Washington, DC, USA.

Taylor, Jerry and Van Doren, Peter: 2001, "Nuclear Power Play," Washington Post, May 18.

Togeby, Mikael and Larsen, Anders: 1995, "The Potential for Electricity Conservation in Industry: From Theory to Practice," Into the 21st Century: Harmonizing Energy Policy, Environment, and Sustainable Economic Growth, Cleveland: International Association for Energy Economics, Cleveland, OH, USA. pp. 48–55.

Tullock, Gordon: 1997, "Excess Benefit," Water Resources Research 3, pp. 643–344.

U.S. Department of Transportation, Federal Highway Administration, Office of Highway Policy Information: 2005, "Monthly Motor Fuel Reported by States," April, p. 13; [online] www.fhwa.dot.gov/ohim/mmfr/apr05.pdf, accessed July 2006.

[EIA] U.S. Energy Information Administration: 1992, "Federal Energy Subsidies: Direct and Indirect Interventions in Energy Markets," United States Department of Energy, Washington, DC, USA, p. x. [EIA] U.S. Energy Information Administration: 2000, "Federal Intervention and Subsidies in Energy Markets 1999: Energy Transformation and End Use," SR/OIAF/200 –02, Washington, DC, USA, p. xi.

[EIA] U.S. Energy Information Administration: 2005, Annual Energy Review 2004, Table 5.18, Crude Oil Domestic First Purchase Prices, EIA, Washington, DC, [online] http://www.eia.doe.gov/emeu/aer/, accessed July 2006.

[EIA] U.S. Energy Information Administration: 2006, International Energy Outlook 2006, U.S. Department of Energy, Washington, DC, USA, pp. 25–35.

Van Doren, Peter: 1991, Politics, Markets, and Policy Choices, University of Michigan Press. Ann Arbor, MI, USA.

Viscusi, W. Kipp, Magat, Wesley A., Carlin, Alan, and Dreyfus, Mark K. P: 1994, "Environment ally Responsible Energy Pricing," Energy Journal 15: 2, pp. 23–42.

Weiss, Edith: 1989, In Fairness to Future Generations, Transnational Publishers, Dobbs Ferry, NY, USA.

West, Sarah and Williams, Roberton: 2004, "Empirical Estimates for Environmental Policy Making, in a Second –Best Setting," Working Paper 10330, National Bureau of Economic Research [online] http://papers.nber.org/papers/

w10330，accessed July 2006.

Wirl, Franz: 1997, The Economics of Conservation Programs, Kluwer Academic Publishers, Norwell, MA, USA.

Wirl, Franz: 2000, "Lessons from Utility Conservation Programs," Energy Journal 21: 1, pp. 87-108.

Weitzman, Martin: 1974, "Prices vs. Quantities," Review of Economic Studies 41, pp. 477-491.

Wolf, Charles: 1991, Markets or Government: Choosing Between Imperfect Alternatives, MIT Press Cambridge, MA, USA.

World Energy Council: 2004, Survey of Energy Resources, World Energy Council, London.

第❼章 能源传说六

——新能源技术和革新的能源技术的
障碍主要是技术上的：以分散
式发电为例（DG）

7.1 引 言

大约一个世纪以来，电力设施体系从那些通过错综复杂的输电线网络将电力输送给消费者的大型发电厂那里得到了很大的帮助。但是传统的发电技术在 20 世纪 70 年代的时候似乎遇到了进一步提高的"瓶颈"，阻碍了电力公司降低电价的能力。此外，随着消费的增长和公共事业公司与独立电力公司将新的需求带入电网中，特别是在始于 20 世纪 90 年代的公共设施重建期间，输电和配电网络成为约束条件。电网的一些部分变得不稳定，导致了像 2003 年东北美加大停电那样的事件。

分散式发电设施的提倡者们提出了一个解决传统电力生产、输电和配电网络面临的难题的新途径，即通过采用小型的、模块化的（有时是可再生能源）发电机在距终端用户更近的地方发电，他们预测会有很大的潜在收益。相比于惯常使用的一些被安置在远离负荷中心的大型发电机，大量小型发电厂的利用能够就地提供几乎不用依赖电网输电和配电稳定性的电力。分散式发电技术的发电能力范围在 1000 瓦的一小部分到 100 兆瓦之间，有规模的电厂的发电机组的发电能力有时可以超过 1000 兆瓦。在很多情况下，与传统的发电机相比，分散式发电机也能提供这种发电能力，电力成本较低，而电力的稳定性和安全性较高，同时其环境影响较小。

尽管有这些潜在效益，美国的电力设施体系依然极少采用分散式发电技术。公平地说，这些批评中有些是合理的：分散式发电技术每千瓦装置容量的资本成本要比集中式的电站高，相互连接的分散式发电技术接入电网有时会给系统安全带来麻烦，并且分散式发电技术不连续和分散的特性会使它们更难以监管和标准化。但是这种对分散式发电技术的相对忽略至少部分是因为，反对者更偏好采取保守的方式——例如处理这个一世纪之久的范式所带来的问题，这个范式依赖于大规模的发电机组和输电基础设施。也许更重要的是，他们批评这些新技术是因为它们还不成熟或技术上存在不足。

例如，当评估可再生能源的分散式发电技术前景时，美国一家制造业企业的主席 Brian O'Shaughnessy（2005，p. 68）告诉参议员们："由于可再生电力的发展水平现在还处在其发展的很早期的阶段，所以在当前技术条件下强行推广可再生电力就像在 50 年代的时候试图登月。"电力能源研究所的《电力技术路线图》（2003，p. 3）认为，与能源获取、储存和生产相关的技术性问题意味着"可再生技术的市场渗透已经受到限制"。1999 年，一项针对小规模可再生能源系统的未来综合资源研究进一步指出，由于相较于"传统技术"糟糕的"技术表现"，这种技术"没能作为美国能源基础设施的主要构成而兴起"（Mcyeigh et al.，1999，pp.i–ii）。

对于其他诸如微型涡轮机和小规模汽轮机等分散式发电技术的批评，一般主要集中在像低燃油效率，有限的电力供应，以及这种系统未经验证的特性这样的技术问题。美国能源信息署的前分析员 Thomas Petersik 认为，"部分地因为缺乏规模经济性，分散式发电技术的每度电负担的成本更高；它们的燃料效率更低，并且运营和维护花费要高得多"（Sovacool，2006，p. 203）。2004 年，一篇名为《能源政策》的文章称，"小型电厂"依然受制于"有限的电力供应"和"低负荷系数"这样的要素（Chaurey et al.，2004，p. 1694）。天然气研究所所长 William E. Liss（1999，p. 4）认为，由于"规模的负面影响"和"无可非议的技术问题"，"过去 20 年，分散式发电技术的市场没有发展起来"。

基于感知到的技术失败而对分散式发电技术进行贬低不应使人感到奇怪。实际上，在那些将技术问题视为其他新兴技术失败的主因的工程师（历史学家亦是如此）中，它仍然是一个长期趋势。例如，大多数评估了 20 世纪早期电动车的人认为，它们不能繁荣起来只是因为缺乏能够为汽车储存足够能源的可靠电池（Rae，1995；Flink，1970，1990；Graves et al.，1981）。但是，其他学者估计到，在一些城市使用的电动出租车和卡车会展现显著的技术成功。修正主义学者称，电动车技术要从失败到繁荣，在不足的社会和商业基础设施方面比在硬件缺陷方面有更多的事情要做（Kirsch，2000；Moms and Kirsch，2001）。

类似的，1986 年挑战者号航天飞机爆炸之后，大量调查显示，那次事故是一个由橡胶造的被称为 O 形环的圆形阀门造成的。在一个电视新闻发布会上，物理学家 Richard Feynman 公开将 O 形环放进一杯冷水中来证明这一似乎并不复杂的技术的失败。然而，也有一些人认为，挑战者号事件更多的是源于美国航空航天局过度僵化和过分等级制的文化，而非硬件的任何单一构件的缺陷（Collins and Pinch，1998）。这两种情况都可用技术缺陷而非社会技术和制度的失败来解释。

将这种想法放到当前美国能源政策的背景下，本章分析了这一谬误，即创新的能源技术——如分散式发电技术——的障碍主要是技术上的。本章以检验分散式发电技术的潜在效益为起点，然后探讨了政府对这些技术的激励措施，用以证明政策制定者是怎样尝试（也并非总是全心全意的）发展这些技术的。接下来，我们检验了延缓采用分散式发电技术的技术性论证理由。进而，本章的最后部分表明，阻碍新技术成功的是大量的社会——不排除技术的——因素。我们发现，对电力生产者和使用者的文化历史考察有助于阐明为什么新技术几乎没有得到使用。除了技术上的解释（所谓的低效率、能力有限的因素等），我们重点讨论了电力设施系统参与方的决策制定的社会特性。这一方式不仅帮助我们弄明白了对采用分散式发电技术的反对，还提出了克服它们的提倡者面临的障碍的方法。

7.2 分散式发电技术的优势

近些年来，小规模可再生能源和分散式发电技术取得了大幅进步。光伏（太阳能）板现在可以构成模块化技术，并且几乎可以适应任何规模的生产能力（或被组合起来以实现很大的生产能力）。例如，俄亥俄州的惠勒斯堡市小学，在其房顶上运行着一个 1 千瓦的太阳能光伏板，为其自助食堂提供电力（Chambers et al.，2001，pp. 248-249）。在这个领域的另一端，一个电力公司亚利桑那州公共服务公司，安装了大约 5 兆瓦的光伏电池，它们通常组成一个大型阵列（Kurtz and Lewandowski，2004）。风电机组、光伏板和生物能电厂也可以与其他能源系统（如燃料电池或微型轮机）结合起来发挥作用，以创造出可以提高总体燃料效率，并延长该系统独立于电网之外的供电时间的混合供电措施（Muljadi et al.，2004）。受涡轮机和引擎设计的进步的巨大鼓舞，诸如微型轮机和往复式内燃机这样的分散式发电技术降低了小规模发电技术的成本，并提高了其效率。其他在净电量计费、燃料转换技术和热力工程方面的进展也紧随制动化控制的发展，并提高了小型机组的经济性，同时减少了所需的定期维修和检验的工作量。小型系统技术的部件有时能够批量生产，这可以转化为更具吸引力的初始投资成本（Grubb，1990；Willis and Scott，2000；Learner，2001；Lovins et al.，2002；

Capehart et al.，2003；美国国家能源政策委员会，2004；Brown et al.，2005）。
这些进步的最终结果是，以适度的成本提高了效率。

分散式发电技术的另一类型——热电联产（CHP）系统——通过单一资源生产热能和电力，因此可以通过废热回集（一个热力和电力都是有用的最终产品的工艺）和电热冷三联产（可以生产电力、热力并制冷的系统）系统循环利用通常被浪费的热力。结果是，热电联产技术可以以55%~70%的总体燃料效率持续地发电，这一效率几乎是传统电厂涡轮发电机——其效率在1960年后期达到40%的峰值——的两倍（见专栏7.1）（McCraw，1984；Hirsh，1989；美国热电联产协会，2006）。热电联产机组的劳动力成本和资本成本一般也较低（将集中发电的成本加上输电和配电成本与分散式发电或热电联产技术相比较）。同时，由于可再生能源系统和分散式发电技术可以在距终端用户很近的地方运行，所以它们可以使输电和配电网络上的效率损失最小化。

此外，小规模可再生能源技术因其环境效益被倡导已久。通过将用太阳能、风能、水力、可持续生物能、废弃物和地热资源发电的发电机组合起来，使这些技术常常被描述成可以比消耗煤炭、天然气、石油或者核能的技术更好地为社会需求服务，这多半是因为它们几乎不产生有害的副产品。风力涡轮机和太阳能光伏板发电时不会释放二氧化碳或其他温室气体，同时它们也不会排出燃烧带来的其他污染物。可再生能源政策项目认为，一兆瓦的风力涡轮机满负荷运行一年能够避免超过1500吨二氧化碳、6.5吨二氧化硫、3.2吨氮氧化合物以及60磅汞的排放（Reeves and Becker，2003）。这个特性意味着，在其整个预估的30年寿命周期中，位于田纳西州水牛山的田纳西河谷管理局的相对小型的29兆瓦的风电场，可以避免超过390000吨的二氧化碳排放（以30%的产能运行）。

专栏7.1　初级能源的焦炭能源设施

初级能源有限公司在印第安纳州东芝加哥市经营着一个热电联产电厂，可以生产94兆瓦电力，同时每小时可以产出93万磅蒸汽。通过循环利用从焦炭电池那里回收的废热，该电厂供应着米尔塔钢铁集团1/4的电力需求，以及其生产过程中85%的蒸汽需求。此外，初级能源公司宣称，这个电厂每年平均规避了超过1300吨氮氧化物、15500吨二氧化硫以及500万吨二氧化碳的排放。

同时，大部分可再生能源系统不需要燃料，并且一般相较于化石燃料发电机，所需的维修更少，这降低了传统化石燃料供应中断的风险，同时使燃料价格的波动最小化。例如，风力涡轮机技术在减少维修和降低总体成本方面已经取得

了新的进展：高级的建造材料和金属合金提高了涡轮机的性能；强化的碳玻璃纤维和环氧树脂复合材料提高了涡轮叶片的平均寿命；耐磨的边带减少了涡轮叶片边缘的腐蚀；保温涂料的进步通过减少锈蚀延长了发电机部件的使用寿命。结果是，最近制造的锋利的涡轮机的运行和维护成本大约占系统总成本的1%，相比之下，天然气联合循环发电机大约占4%（美国东北电力规划委员会，2002；Sagrillo，2002）。

可再生能源技术也降低了对化石燃料的依赖，尤其是那些从不安全的来源地区获得的燃料。而更多地依赖可再生能源可以为紧俏的天然气市场留出余地，可以对冲天然气——最近建成的发电容量所使用的主要燃料——价格的波动。劳伦斯伯克利国家实验室所作的一项研究发现，将部署的可再生资源的总量提高2%~20%可以将天然气的进口价格压低0.8%~2%。这些数字也许听起来不算什么，但是如果对可再生发电的使用能够接近20%，在2003~2020年，天然气存储的净现值可以高达740亿美元（Wiser et al.，2005）。

也许最令人惊讶的是，可再生能源系统和分散式发电技术在实现其社会和技术优势的同时，有时还会产出更便宜的电力，特别是由于化石燃料自1999年以来逐步上升。当考虑进平准化成本后，弗吉尼亚煤炭和能源研究中心的数据（Karmis et al.，2005）证实，风能和填埋区沼气发电系统构成了最便宜的电力资源——比先进的煤炭、天然气和核电厂发的电还便宜（见表7-1）。[1]

表 7-1　化石燃料、核能和可再生能源技术的平准化发电成本 (LCOE)

技 术	平准化发电成本 （以 2005 年价计，美元/千瓦时）
风能	0.028
城市固态废物填埋沼气	0.030
先进的核技术	0.035
精制煤	0.044
整体煤气化联合循环发电系统 (IGCC)	0.044
先进的天然气/石油联合循环技术	0.047
天然气/石油的传统联合循环 (CC) 技术	0.050
生物能	0.050
可固碳整体煤气化联合循环发电系统 (IGCC)	0.059
先进的燃气轮机	0.067
先进的可固碳传统联合循环 (CC) 技术	0.069
传统燃气轮机	0.077
太阳能、光伏板能源转换率（30%）	0.235
太阳能、光伏板能源转换率（10%）	0.310

资料来源：基于 Karmis 等人 2005 年的研究。

例如，尽管依然相对较高，太阳能光伏板的发电成本在 1980~2005 年已经从 13.5 美元每瓦下降到 2 美元每瓦（Sheer，2001；美国国家可再生能源实验室，2006）。2002 年，风力涡轮机设计的进步使美国大多数地区的风力发电成本（从 80 年代的大约 30 美分/千瓦时）降至不足 5 美分/千瓦时。可以将这一成本与 2000~2004 年建成的一般的燃气轮机电厂大约 6 美分/千瓦时（平准化的）的成本相比较。

除了可以带来这些实际的、可量化的效益之外，在后"9·11"时代，分散式发电技术的使用还可以提供一个更重要的前景——提高电网的安全性。因其分散的特性，与核电厂、天然气精炼厂和大型输电设施相比，分散式发电技术似乎对恐怖分子的吸引力更小，因为对核电厂、天然气精炼厂和大型输电设施的适当位置进行破坏可以引起电网大范围的损毁。如果恐怖分子（乃至松鼠、飓风和未修剪的树木）袭击了关键组分，分散式电厂的应用也许有助于隔绝部分电网免遭破坏。

然而，尽管它们有着广阔的环境、技术和经济前景，但是分散式发电和可再生能源技术依然只占美国发电容量很少的比重。不计大型水电厂，2003 年可再生能源技术大约构成了美国各种形式的发电量的 2%（见图 7-1 和图 7-2 及表 7-2）。分散式发电和热电联合技术的情况并不比之更好。2005 年，美国能源信息署（EIA）称，商业或工业热电联合发电量只占总发电容量的 3.1%（1490000 兆瓦中的 33217 兆瓦）（美国能源信息署，2005）。

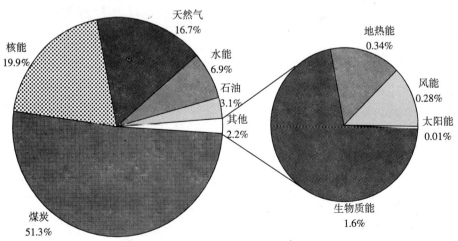

图 7-1　2003 年美国各种发电资源的发电比例

资料来源：基于 Karmis 等人，2005。

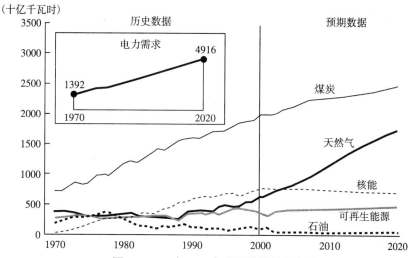

图 7-2　1970~2020 年美国的燃料发电量

资料来源：基于 2005 年《详细能源评估报告》。

表 7-2　2005 年各能源资源的现有产能

单位：兆瓦

能源资源	发电厂数量	发电厂的名义产能	夏季净产能	冬季净产能
煤炭[1]	1526	335243	313020	315364
石油[2]	3175	37970	33702	37339
天然气	3048	256627	224257	241391
混合燃料	3003	193115	172170	184339
其他气体燃料[3]	119	2535	2296	2259
核能	104	105560	99628	101377
传统水电厂[4]	3995	77130	77641	77227
其他可再生能源[5]	1608	21113	18763	19000
抽水蓄能	150	19569	20764	20676
其他[6]	42	754	700	716
合计	16770	1049615	962942	999749

注：1. 无烟煤、烟煤、亚烟煤、褐煤、废煤和合成煤。

2. 蒸馏燃料油（所有的石化燃料油和 1 号、2 号与 4 号燃料油）、残余燃料油（5 号与 6 号燃料油和丙级锅炉燃料油）、航空煤油、火油、石油焦炭（被转化为液态石油，见转化方法的技术说明）以及废油。

3. 高炉煤气、丙烷气和其他由石化燃料产生的工业煤气和废气。

4. 由于水电厂升级和过载容量，其夏季净产能和冬季净产能可能会超过名义产能。

5. 木材、纸浆黑液、其他木材废料、城市固体废弃物、填埋沼气、污泥废物、轮胎、农业副产品、其他生物质、地热能、太阳热能、光伏能源和风能。

6. 电池、化学制品、氢、沥青、购买的蒸汽、硫磺，以及其他各种各样的技术。

需要说明的是，使用一种以上能源资源的发电厂，此处只列出了其主要的能源资源。由于独立舍入，各部分总和可能不等于合计。

资料来源：基于 2005 年《详细环境影响报告》。

7.3　分散式发电技术的更广泛应用的障碍的探讨的重要性

　　至少有三个原因使关于可再生能源和分散式发电技术的利用不足的明显矛盾的探讨，具有了重大的政治含义。第一，随着大型发电厂被迫从市中心、人口聚居地区和污染不达标地区（政府将禁止在这些地方增加任何会排污的工艺）撤出，对小型和分散的发电单元的障碍的认知将变得更为重要。例如，美国 40% 的核电厂容量（2005 年，其大约贡献了美国电力能源的 1/4）预计将于 2020 年报废（见图 7-3）。

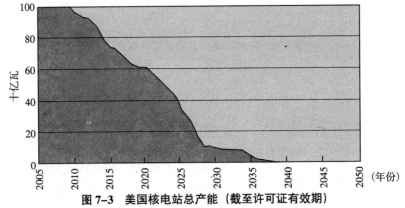

图 7-3　美国核电站总产能（截至许可证有效期）
资料来源：美国能源信息署，2005；美国能源信息委员会允许使用数据。

　　为了填补到期核能遗留的空缺，并满足不断增长的电力需求，企业和政策制定者需要选择替代发电技术。也许核电会变得更有吸引力，特别是在有了 2005年能源政策法案提供的激励后。然而，如果对核电的阻碍依然如故（如无法获得核废料储存库，高昂的预付资金成本，很难以一个有竞争力的价格提取铀），同时，如果天然气和其他化石燃料的价格仍然很高，那么可再生能源和分散的、模块化的发电技术作为提供电力供给的方式，也许会显现出更大的吸引力。在这种情况下，克服可再生能源和分散式发电技术（连同热点联合技术）的阻碍就变得十分必要了。

　　第二，因为政策制定者越来越了解发电的外部成本（也称外部效应），所以对可再生能源和分散式发电技术的阻碍的探讨就有了重大意义。简言之，外部效

应由一项经济交易的各方没有承担的成本和获取的效益构成。在大多数情况下，
电厂经理和监管者倾向于低估与电能质量、电力可靠性和与环境相关的外部效
应。通过忽略对这些成本和效益的探讨，政策制定者常常造成了对于成本比较的
不公平竞争（Carlin，1993，p.3）。事实上，一些分析家认为，对这些成本和收
益的欠考虑可能是美国采用可再生能源技术最大的障碍，其构成了化石能源和核
能系统隐性的重大优势。

当涉及电力定价时，外部效应市场包含健康受到污染损害的个体、受损的
（或改善的）景观的价值及其对就业模式和税收支付的影响。它们还把烟雾、酸
雨和全球气候变迁的影响包含在内，并包含了政府部署军事力量以确保能源资源
安全的成本。自 20 世纪 70 年代以来以最大力度发展的可再生能源技术处于劣
势，很大程度上是因为对外部效应思考的普遍欠缺。在近期的一项研究中，传统
的煤锅炉发电技术似乎生产出了相对便宜的电能——在设备的整个寿命期限内，
不到 5 美分/千瓦时，其中包含了资本成本、运营和维修成本和燃料成本——然
而风力涡轮发电机和生物质能电厂生产电能的成本分别是 7.4 美分/千瓦时和 8.9
美分/千瓦时。但当分析者将众多的外部成本（如空气污染、土地改良和废物处
理）计算进来时，煤锅炉发电技术的成本上升到了接近 17 美分/千瓦时，然而风
力涡轮发电机和生物质能电厂生产电能的成本大约是 10 美分/千瓦时（Roth and
Ambs，2004）。

第三，对可再生能源和分散式发电技术的阻碍的探讨之所以重要，因为它提
醒我们州政府和联邦政府，那些旨在攻克与新型能源技术相关的技术难题的大型
项目，时常并不足以使其获得商业上的成功。尽管有数百万美元的研发开支、税
收减免、财政支持以及一些州的制度激励，但是分散式发电技术的阻碍依然是社
会性的（也即经济的、政治的和文化的）。除非以这些尚存的社会性障碍为目标
（同样地，大约 30 年前就开始把技术性障碍作为目标了），否则分散式的能源系
统将依然无法实现。

7.4　联邦政府和州政府对可再生能源和分散式发电技术的支持

可再生能源和分散式发电技术的潜在优势已经吸引了政策制定者数十年，特
别是自 20 世纪 70 年代以来，各级政府、立法者和监管者曾偶尔为企业和个人采
用这些技术提供激励，希望更大的市场能够鼓励更多的研究开发和更大的市场接

受度。在这一部分，我们突出强调了联邦和州政府的一些最重要的政策激励。

作用于可再生能源技术的主要立法授权激励由《1978 年公用事业监管政策法案》构成 (P.L.95-617)。作为获得通过的卡特总统国家能源计划的五个削弱措施之一，这项法规主要鼓励电力公司改革其价格结构，以使消费者减少电力的浪费性消费。但是这项法规的一条规定对那些力图用非传统能源资源发电的企业和个人有广泛的影响：它要求电力公司购买非电力公司生产的电能，如果这些电能是产自于高效的废热发电厂和可再生能源电厂的话。[2] 以前，电力公司可以拒绝购买这种由小规模的、分散的生产者生产的电能，或者它们可以为那些开发出小规模的、分散的发电技术的企业提供更低的电力价格。另外，《公用事业监管政策法案》要求电厂以等同于它们自身发电成本的价格购买这种电能。

在一些州，监管者将这些价格设定在一个高水平上，以鼓励可再生能源和废热电厂的生产。通过这么做，极大地激励了研发努力，促成了可再生能源和废热技术发电成本的降低。例如，很大程度上由于《公用事业监管政策法案》的刺激，企业开发了集群使用的小型风力涡轮发电机，并将积累的电力卖给电力公司。其成本的降低贯穿整个 20 世纪 80 年代一直到 90 年代，如此一来，现在在美国一些地方，风力涡轮发电机以与化石燃料（包括天然气）相当的成本生产着大量（高达每台涡轮机 3 兆瓦）电力，同时其成本低于其他非水能可再生资源。

《公用事业监管政策法案》的积极影响受到了后继法规的限制。在这项法规仍然有效的时候（尽管认为其带来了昂贵的和不必要的电力的人力图将其撤销），1992 年能源政策法案设计了独立发电厂的一个新类型，它们向开放市场出售电能 (Hirsh, 1999)。此外，一些州大幅削弱了提供给从《公用事业监管政策法案》的规定中获利的发电公司的激励。尽管 2005 年能源政策法案为新型能源技术带来了大量的税收抵免（见表 7-3），但是这项法案以一种不鼓励一些非电力公司发电者向电网出售它们的电力的方式，进一步修订了《公用事业监管政策法案》。[3]

表 7-3　2005 年能源政策法案税收减免规定的主要内容

资　源	减免程度	特殊考量
风能	全免	无
闭路生物质能	全免	专门为提供能源而种植的作物
生物质闭路混烧	全免	只针对特定的煤电厂；基于生物质热能投入百分比
开环生物质	减半	不包括混烧
禽畜废物	减半	>150 千瓦；不包括混烧
家禽粪便	全免	2004 年美国就业机会创造法案将其与"禽畜废物"结合
地热能	全免	不含投资税收减免
太阳能	全免	不含投资税收减免；2005 年 12 月 31 日到期
小型水利水电	减半	不含大坝或蓄水库；150 千瓦至 5 兆瓦

续表

资　源	减免程度	特殊考量
增量水电	减半	现有水电站增加的发电量
填埋沼气	减半	不含 Sec. 29 税收减免
城市固体废物	减半	含现有电厂增加的新机组

资料来源：Karmis 等人，2005。

除了通过立法规定提供激励外，联邦政府还管理着超过 150 项能源项目活动，并为分散式发电技术提供了 11 项税收优惠（美国政府问责办公室，2005；美国能源部，2006）。州政府也积极鼓励这些技术的发展，他们为之至少建立了两个主要机制：公共效益基金和可再生能源发电配额制。

公共效益基金（PBFs，也被称为系统效益基金）首创于 20 世纪 90 年代，当时州政策制定者审慎考虑了电力行业重组的立法。1994 年华盛顿州首先实施，1995 年，公共效益基金得到了联邦能源监管委员会的支持，将其作为资助以前包含在受监管的电力公司向消费者收取的费用里的服务的一种方式（联邦能源监管委员会）。作为加州重组法律的谈判方，环保倡导者为一个公共效益基金赢得了一项条款，即从 1998 年至 2001 年末，至少要在能源效率方面的工作上支出8.72 亿美元。对于可再生能源项目，该基金会拨出 5.4 亿美元（Wiser et al.，1996；加州能源委员会，1997）。为了促进可再生能源技术和其他放松管制后可能会退步的项目的发展，加州能源委员会创建了公共利益能源研究项目，该项目最初每年从加州公共效益基金获取大约 6200 万美元资金。[4] 截至 2003 年年中，有 12 个州创建了公共效益基金。管理这些基金（计划 10 年内总计达到 35 亿美元）的 17 个政府组织与 1 个非政府组织和清洁能源州际联盟进行合作。为了推广无污染技术（特别强调太阳能、风能和燃料电池）的使用，该组织资助原创性研究及信息的收集与分析。其试图通过消除重复工作和为各州之间分享知识举办论坛来提高国家机关的研究效率。[5]

在某些情况下，与公共效益基金同时，22 个州和哥伦比亚特区建立了“可再生能源配额制”（RPS，也被称为可再生电能标准），试图提高环境友好型的发电容量（Petersik，2004）。简言之，可再生能源配额制是一项法律规定。该规定要求一个州的所有发电厂在一个指定日期之前，使其利用可再生能源技术所发电量达到总能源的一个特定百分比。电力公司可选择自己建立可再生能源电厂，或者向其他公司购买属于它们的配额。通过给予电力公司这种选择，可再生能源配额制创立了一个类似于基于 1990 年清洁空气法案修正案的联邦排放配额交易的配额市场。因此，可再生能源配额制混合了政府的“指挥与控制”和自由市场方式。建立了可再生能源配额制项目比较突出的州包括加利福尼亚州（要求在

2030 年之前可再生能源电能占到 33%）、夏威夷（在 2020 年之前达到 20%）、纽约州（在 2013 年之前达到 25%）、马萨诸塞州（在 2009 年之前达到 4%）、明尼苏达州（2015 年之前达到 19%）、内华达州（2015 年前达到 20%）和宾夕法尼亚州（2020 年之前达到 18%）（Petersik，2004；Fialka，2006）。

7.5 可再生能源和分散式发电技术的障碍

联邦政府和州政府大量的刺激措施在帮助提高可再生能源和分散式发电技术的市场份额方面，显然扮演着重要角色。随着对这些技术的需求的增长，技术创新增加了，同时成本也下降了。换言之，政府支持在帮助改进非传统技术的可行性，以及扫清可再生能源和分散式发电技术面临的众多初始经济障碍方面是成功的。虽然如此，可再生（以及其他小型的、分散的）能源技术获得广泛应用的障碍依然存在。在这一部分，我们解释了几个现存的技术障碍。然而，我们认为，很多现有的障碍并非技术性的，而是社会性的。由于不太容易区别和分析，社会性的障碍依然是最难克服的。

7.5.1 设置一般标准的困难

因为近年来可再生能源和分散式发电技术生产的电力的价格已经降低了，所以现存的主要技术障碍似乎是解决这些技术的标准化问题和轻易地将其接入电网的难题。这些障碍的根源很容易理解。由于单独的机组与惯常采用的巨大发电厂相比，发电量较小，所以分散式发电站的数量必须要非常多，并且为了将其设置在合适的地点并接入现有电力网络，需要更频繁的操作。

小规模的可再生能源发电技术尤其会遇到标准化方面的难题，因为为了获得可再生"燃料"而时常会对发电机组有特别的地点要求。例如，风能涡轮发电机在烟云缭绕的山顶上才能发挥出最佳状态，而光伏系统在阳光灿烂的沙漠才能达到理想效果。因此，成本、容量、储存需求和投资回报率几乎对每一个装备可再生能源设施的电厂都将是不同的（国际能源署，2002，p.34；Goett and Farmer，2003，pp.20-31；Pepermans et al.，2003，p.22）。在合适的地方建立一个规模合适的可再生能源电厂的复杂性，使开发一个像建设大型化石燃料电厂那样的标准方法变得异常困难。因此，可再生能源电厂的设计和选址被认为（也许是对的）是更大的困难（Taylor and Van Doren，2002）。

即便制定了一个设计方案之后，分散式发电技术还要面临监管和发放许可过程中的难题。许多学者曾提醒，大量小规模可再生能源电站的应用，由于增加了巨大的行政负担，使许可要求变得极为复杂。同样地，衡量与它们的建设、发电、维修和停运相关的环境影响会难倒政府的监管者（Casazza and Loehr，2000，p.301；Zavadil and McGranagham，2002）。为了证实这一观点，2003 年美国国会预算办公室指出，分散的、小规模的可再生能源系统的广泛应用会大幅提高环境监管的成本和难度（Goett and Farmer，2003，p.22）。

作为这些问题的一个例子，请考虑用于燃烧的生物质燃料。这种燃料的变化性——不仅是它的能量密度，还有它的含水率、分子组成和纯度——使它的燃烧很难控制。一棵橡树的燃烧方式和排放的废物与杉树、烟草废料、柳枝稷或是甜高粱都不相同。[6]此外，很多生物质燃料——尤其是城市废物和建筑木材——受到了化学污染物、杀虫剂和涂料的污染。将不能生物降解的材料从这些可燃物中分离提高了生物质发电的复杂性，同时它也在经营者的管理和政府机构的监督方面施加了一个额外负担（Masters，2004，pp.192-193）。

除了这些问题之外，当其所有者试图将发电机接入电网时，分散式发电技术依然会受到明显的技术限制。当然，输配电系统的经营者需要确定连接分散式发电厂不会危及他们维持电压控制和同步性的能力。除此之外，不能让分散式发电技术因为当电力修理工认为已经切断电流时向电网供电而威胁到在电网上工作的人员的生命（Cummings and Marston，1999，pp.22-31；Borbely and Kreider，2001，p.312；国际能源署，2002，pp.73-85）。另外，大多数输电网被设计成辐射式的网络，这意味着只能向一个方向输电。分散式发电技术使这个设计模式复杂化了，因为它们能够向反方向输电。目前，那些使用中的分散式发电厂一般依靠专门设计的电子组件来解决这些问题。开发这些组件的高昂费用显然对新用户设置了一道障碍（Starrs，2001，pp.104-109）。

7.5.2　对可再生能源多变而矛盾的激励措施

尽管这些技术障碍也许像其表现的那样重要，但是由于一些可以被认为是社会性的障碍，它们则黯然失色。由于有政治的、历史的和文化的渊源，这些社会性"阻力"在抑制对可再生能源和分散式发电技术的广泛接受和利用上起着巨大作用。第一部分就是政府政策的善变和前后矛盾。换言之，旨在鼓励可再生能源和分散式发电技术发展的政策的频繁变化，阻碍了它们的广泛采用。

例如，由于其尊重个人基本消费价值观的牺牲和变化的信念，吉米·卡特总统倡导通过立法、监管和税收减免来鼓励提高能源效率和发展可再生能源技术。

相比之下，罗纳德·里根象征性地移除了白宫房顶上的太阳能集热器，并采取实质性的措施结束了鼓励提高能效和发展替代能源技术的联邦计划和税收减免（Behr，1981；Greene，1986）。结果，联邦可再生能源研发预算（以 2000 年美元价格计）从 1978 年的 47 亿美元陡然下降到 1988 年的 18 亿美元（美国国家能源政策委员会，2004）（见图 7-4）。

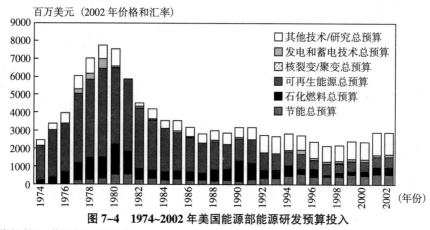

百万美元（2002 年价格和汇率）

图中图例：
- 其他技术/研究总预算
- 发电和蓄电技术总预算
- 核裂变/聚变总预算
- 可再生能源总预算
- 石化燃料总预算
- 节能总预算

图 7-4　1974~2002 年美国能源部能源研发预算投入

资料来源：修订自国际环境署 2004。

里根的继任者乔治·H.W.布什签署的《1992 年能源政策法案》稍微改变了这种趋势。该法案向特定的可再生能源技术提供了生产税减免。但是这些减免于 1999 年到期，同时，环保倡导者为将其恢复原状，极力争取到了国会的同意，一般有效期为一年（Giovando，1999，p.47）。当国会在 2001 年末没有恢复税收减免时，对风能涡轮发电的投资就急剧下降。2002 年，开发者仅仅安装了 410 兆瓦的风力涡轮发电机，从 2001 年和 2003 年的 1600 兆瓦降了下来（美国风能协会，2004a）。2002 年 3 月国会恢复了当年余下的 9 个月和 2003 年全年的税收减免。但是 2003 年末没有扩大税收减免意味着风电产业的另外一个衰败周期（美国风能协会，2004b）。分析者预计，随着 2005 年能源法案的通过，会迎来另一个繁荣周期，但是即便这样，法律也只对 2007 年底之前完成的项目建设实施税收减免。[7]

与可再生能源技术相关的政策的多变性是一个严重的社会性障碍。企业家们希望他们做出的财务决策和管理决策的基础条件是一致的。预测收益率通常需要与税收减免、折旧表、现金流等数据相关。当政策制定者频繁改变包含在这些财务计算中的因素时，他们就是在决策制定过程中嵌入了一个很大程度的不确定性。因此，政策的多变性降低了一些激励措施的价值。

7.5.3 挥之不去的效用垄断规则和控制史

当企业采用诸如废热发电和风力涡轮发电这类已经变得相对成熟的分散式发电技术时，政策的多变性并不能解释其所遇到的全部困境。也许更严重的是，当应付现有输配电系统的管理者时这些项目面临着障碍。他们力图保留大量传统的、"久经考验"的监管和公共事业实践。同时竭力维持对他们所（或他们的前辈）创建的系统的控制，他们使新的参与者很难在他们的领域发挥作用。

这些做法始于对连接电网征收费用。在许多已经开始重组电力系统的州，允许原来受监管的自然垄断电力公司向消费者收取"搁置成本"。鉴于这些投资被视作是为所有用户服务的，这些成本意在使在监管时期电力公司所做的用来发电和输电的投资获得一个公平的回报。简而言之，当消费者决定安装一个独立于电力公司的发电机时，可以说他/她削减了电网部分的现有负载要求，并使电力公司前期所做的投资部分"闲置"。但是这些费用大大提高了可再生能源系统的成本，因为消费者在购买新技术的成本之外还要承担这些成本（Maloney and Brough，1999；Allen，2002）。

电力公司还要求使用某种可再生能源系统的人支付大量的费用。例如，电力公司在可再生能源技术因间断而不能发电时提供备用电力可能需要较高收益率。它们可能还会收取需求费，这一费用是消费者替换对电力公司的需求的惩罚。可再生能源实验室最近的一项研究发现，有 17 种以上不同的与分散的可再生能源技术的使用相关的附加费用（Alderfer and Starrs，2000）。《公用事业双周刊》的高级编辑宣称，这些类型的费用构成了"一个竞争性的电力市场发展的主要障碍"（Stavros，1999，p.34）。

通常为了向电力公司或其他用户出售电力，非电力公司或个人试图将分散式发电站接入电网时，可能会出现一个更严重的障碍。那些被阻碍的互联过程——当它们确实存在时——在电力公司之间、市民之间、城市之间和州之间差别很大（Kolanowski，2000，pp.42-43；Allen，2002，p.507）。例如，宾州/新泽西/马里兰电力（PJM）联营体——负责东北部大型电力网络的独立服务运营者——授权希望将分散式发电站连接到电力公司的输电网络的消费者进行一个广泛的可行性研究，该研究要求有 10000 美元的保证金（宾州/新泽西/马里兰电力联营体，2005）。这一费用可以视作那些力图使用小型发电站的人的一个重大障碍。总的来看，交互连接问题使分散式发电系统难以完全被预安装成"即插即用"的安装形式，并且它们使行业或企业很难在多个地区安装分散式发电系统（因为那时它们必须适应相抵触的标准和规则）（Nadel，2001，pp.53-54）。全国公用事业监管专员协会、联邦能源监管委员会和电气和电子工程师协会（IEEE）等各类组织已经意识到交互连接障碍，并且鼓励建立标准化要求，作为克服这一障碍的方法。

诚然，从当前似乎正在其业务经营上输给分散式发电系统的电力公司的角度来看，电力行业的这些做法有些（特别是收费）是有意义的。同时，考虑到历史上，电力公司被要求进行投资以满足所有消费者的需求，这样看来以前的垄断者试图收回过去的投资费用似乎是合理的。然而，这些费用和其他为了挫败分散式发电企业而实施的措施，似乎还是基于电力公司经营者实现其他目标的愿望，如期望保持对"他们的"系统的控制。由于一般将他们自己视为技术和社会技术进步的管理人的后继者，他们很高兴看到数十年来电力公司在为广大用户提供充足而廉价的电力供应中所成功扮演的角色。鉴于美国人享受着提高了他们的生产率、舒适度，以及带给他们更多娱乐的电气设备，所以广泛的电气化和廉价的电力带来了世界物质生活的最高水平。尽管电力产业自70年代以来就无法持续其发展更有效率的大型电厂的趋势（Hirsh，1989，1999），但是许多受到传统训练的电力公司经营者仍然以认为他们（和他们的前辈）在保持电力供应上做出了模范性工作而自豪。因为20世纪90年代的电力系统重组措施导致了（至少他们这样认为）2000~2001年的加州电力危机和2003年的东北地区大停电，所以那种态度也许受到了强化。那是一种对应允许"外行"的非电力公司的设备连接到他们精心建立和管理的电网这一观点进行抵制的态度（一般非常强烈）。

人们也许会想，在体验了非电力公司发电20年之后（也就是80年代开始的公用政策监管政策法案规则启用之后），传统的电力公司经营者会放弃这种抵制。但是就如最近的一个经验所证明的那样，情况并非总是如此。从1998年开始，一个乡村社区的管理者用7年时间阻止爱荷华州一个家庭的农民将一个风力涡轮发电机连接到电力公司的配电线上。基于公用政策监管政策法案的规定，这名农民力图从社区获得净计量价格，并向爱荷华的法院和联邦能源管理委员会上诉。最后，联邦能源管理委员会做出了有利于这名农民的裁决，并同时指责社区管理者刻意切断这个家庭与法院和联邦能源管理委员会的联系，意在采取拖延策略，并向法院和联邦能源管理委员会作不诚实的论辩。[8]

7.5.4 对改变的抵制和公众的误解

为了强化维持对电力系统尽可能多的控制的意图，传统的电力公司经营者常常抵制变化的观念。从20世纪的开端到70年代，电力行业利用增量改进，进行大规模的技术和管理创新，以不断降低的成本生产了大量的电力（Hirsh，1989）。此外，电力公司经营者为大部分50年代后建立的电厂选址在市区以外。

城市扩张耗尽了土地密集型的发电厂的可用土地量，同时，美国的城市居民对能源生产带来的空气污染和环境问题越来越了解。规划者把核电厂建在市区以外，这也被视为一种安全措施。尽管有一些效率损失（大部分在输配电过程中）和承担监管义务的成本，但这一传统系统的优势——更便宜的电价和行业的稳定利润——似乎是不证自明的。结果，电力公司经营者形成了一种根深蒂固的思维方式。由于接受了类似的心态，政治家们常常将大型的、集中的、偏居一隅的电厂视为最好的供电方式。这种心照不宣而广泛存在于企业和政治领导中的信念，阻碍了对发电方式的新选择，诸如对可再生能源和分散式发电技术的思考。

同样地，公众也缺乏对电力系统是采用分散式发电技术的阻碍的认知。就如同历史学家詹姆斯·C.威廉姆斯所解释的那样，人们认识到技术系统是他们与之互动的工具。但是一旦技术形态处在合适的位置，人们会从心里完全接受它们，以至于那些技术形态本身几乎被无视了（Williams，2001）。换言之，一旦电力成为人们生活的一部分，他们几乎不会去想它是怎样生产的以及是怎么得到的。1978年，在南加州爱迪生电力公司1978年进行的一项研究中，对"电是从哪里来的"这一问题的最常见的回答是"从墙上的插座里"（Sovacool，2006，p.254）。因此，消费者时常反对分散式发电技术不是因为他们认为其是化石燃料一个糟糕的替代品，而是因为他们没有认识到任何类型的新电厂对于提供额外的电力都是必要的。他们也会强烈反对建设传统电厂的计划，只是因为他们一般不去想电力是从哪里生产出来的，以及怎样输送到他们家里的。

此外，大部分人不愿去考虑在他们工作的地方或家里发电。企业的管理者总是受制于有限的资源和时间，并且他们相信通过专注于核心的、不与能源相关的问题能够使他们的利润最大化。弗吉尼亚环境质量部门的一名前技术经理Rodney Sobin观察到：

> 分散式发电技术的潜在用户往往不熟悉这个系统带来的效益，饼干师傅关注于制造更好的巧克力芯饼干；麦乐鸡制造商关心完善一个更好的麦乐鸡；购物中心经理会对提供零售服务感兴趣。他们对发电以及成为一个微型或准电力公司都不感兴趣。

（Sovacool，2006，p.89）

也许具有讽刺意味的是，人们已经习惯了价格低廉的电力，并且他们常常不加选择地消费电力，这恰恰创造了对新电厂的需求。因此，美国人对无序的增长、汽车、个人舒适和大量的电力消耗的偏好，为他们未来的能源选择设置了条件。历史学家David Nye指出，"美国人已经将能源依赖建立到他们的社区和体系架构中……他们认为要求全世界能源供应的最高人均份额是很自然的事情"（Nye，1999，pp.257–258）。另外，过度消费的模式对大部分人来说，很大程度上已经变得无形并积习难改。换言之，美国人在创造更多的电力需求的同时，却常常反对新发电厂的建设（包括可再生能源和分散式发电技术电厂）。他们只是没有意识到正是他们引起了建设新电厂的必要性。

公众对集中式发电的偏爱和对引起他们不断增长的需求的无知，源自于数十年来已经成为美国能源文化一部分的历史经验。不只是一个有趣的社会学洞见，能源文化对未来可再生能源和分散式发电技术的应用至少有两个重要意义。第一，因为这种想法在电力行业和政府机构中已经变得制度化，并能自圆其说，所以政策制定者将继续力图安装大量的发电机，以之作为某种"技术选择"。毕竟，选择熟悉的、大规模的、集中式的发电技术通常都会带来世界上最大的和最可靠的电力系统（有人这样说）。在电力公司经理和监管者规避风险的背景下，政策制定者自然反对采用新型的和经验不足的可再生能源技术，尽管他们认识到了现有体制存在的异常。

第二，公众对电力资源的普遍忽视转变为对电力系统几乎任何其他组成部分的反对，不管它是一条输电线、一座核电厂，或是一个风力涡轮发电机。尽管人们明白其对电力的需求，但是他们不想看到电力基础设施的组分设置在他们家附近。因此一小部分人反对建设大型的、集中式的发电厂——特别是建在人口聚居中心外。然而，更多的人反对安装产出同等电力所需的大量的分散式发电设施。换句话说，分散式发电技术分散的和小规模的特性使它们对更多人来说更容易引起注意和令人反感，尽管这个电力系统有其固有的效益。同时，随着美国人（以及世界上的其他人）越来越了解所有的能源技术——包括可再生能源技术——都含有负面的环境影响，新的分散式系统很难做到像以前的系统那样对公众来说似乎是"无形的"。[9]技术或经济效益似乎不能完全战胜公众对高度引人注意和高度干扰性的分散式发电技术的反对。

7.6 结 论

分散式发电和可再生能源发电技术显示了大量的潜在优势：在某些情况下，它们比燃烧化石燃料的发电机发出的电更便宜；它们能提供一个安全的、有效的以及可靠的电力资源；它们可以以减少环境危害的方式供电；它们还可以在不使输配电网络的紧张问题恶化的情况下满足不断增长的电力需求。尽管能够带来这些效益，但是分散式发电和可再生能源发电技术还是面临某些困境，例如安全地连接到现有电力网络的问题。此外，这些技术常常很难标准化，并且容易受到当地特有的天然"燃料"资源和其他资源的影响。

虽然如此，这些新型技术似乎更多地受到大量可以被归为社会性障碍的束缚。针对分散式发电和可再生能源发电技术的政府政策已经帮助它们提高了技术上和经济上的可行性，但是立法行为由于受到很多政治和意识形态因素的影响，会表现出不一致性。同样重要的是，那些仍然保持着对电力系统的控制的企业经营者和政治领导者，建立起了阻挠非传统参与者进入电力行业的障碍。最后，相比于数量较少的坐落于远离负载中心的燃烧化石燃料的传统电厂，公众对于发电和这些新技术的使用的知识的缺乏引起了对大量小型的、分散式的发电机组更大的反对（尽管他们的环境危害更小）。

讽刺的是，只要人们回顾电力行业的历史就会发现，至少从某种意义上说，向更分散的能源系统的每一步前进都呈现出进一步的保守——而非激进。当1882年托马斯·爱迪生开创电力行业时，他向在纽约金融区附近的大量企业提供直流电。因为直流电无法被传送很远的距离，爱迪生向电力需求很大的商业用户（如旅馆和工业企业）出售小型发电设备。个人房主可以从小型电站获得服务，如爱迪生的原电厂，它们以特定距离散布在整个城市中。当然，这一模式被一个采用大型集中式发电的电站取代了。这种电站可以生产大量可以传输到输电网的交流电。由于克服了爱迪生的直流电装置固有的输电问题，交流电方式具有更好的规模经济性，在接下来的80年里这点在发电设备中变得很显著。21世纪初期，较小型的、模块化的、分散式的电能系统会被视作通向我们120多年前开始之处的漫长而沉闷的旅程。

但是回到我们当前电力系统的历史源头需要电力的重大转变（一语双关）。尽管当前电力系统的技术基础似乎不太可靠——随着不断升级的安全和可靠性威胁，大规模发电和输电技术带来的经济效益越来越少——传统电力公司的经营者和政治领导人好像依然保持着对大部分电力系统组成部分的控制。显而易见，就像其他行业曾看重大规模的经营者一样，他们在进行一场正在输掉的战斗。在钢铁、生物技术、农业、微电子、制药和采矿行业，企业已经开始采用小规模技术来提高灵活性、安全性和低成本（D'Costa，1999；Cortada，2003；Friedman，2006）。现在，电力公司的高官们依然保有着权力，并且他们中很多人用其权力阻挠分散式发电和可再生能源发电技术的广泛使用。

这篇关于分散式和可再生能源发电技术的障碍的分析应该可以提醒政策制定者，满足不断增长的电力（以及所有能源）需求的最大障碍是社会性的而非技术性的。标准化、发放许可、交互连接以及监控为数众多的分散式发电机的难题——伴随着州和联邦政府提供支持的政策措施的不一致性——仍然是重要的障碍。挥之不去的电力行业规则通过帮助现有电力公司保持对电网的控制，将新技术置于财政上的不利位置。同时对变化的抵制和公众对电力来源的误解将继续使任何针对美国能源问题的供应方面的解决方案复杂化。这些阻碍——并非糟糕的技术设计——阻止了更广泛的向更具环境友好性和成本效益的分散式发电技术的转变，并且这里存在着最严重的矛盾：目前，这些在效率、成本、废物排放和安全性上有着极具吸引力的利益的发电机，仅仅供应了美国电力很小的一个比例。为了让这些技术获得更高的接受度，它们需要的不是在技术上被重新设计，而是其概念在社会性上被重新界定。

致 谢

笔者特别感谢 Marilyn Brown、Richard Sweester 和 Larry Markel 给予的全面的编辑评论和意见。笔者同时感谢国家科学基金的拨款 DIR-9012087、SBR-9223727、ECS-0323344 和 SES-0522653，它们支撑了这篇文章的各部分。本年中所表达的任何观点、发现、结论或评论全属笔者所有，并不必然代表国家科学基金和橡树岭国家实验室。

本章的部分内容最初出现在弗吉尼亚煤炭和能源研究中心的《弗吉尼亚州提高可再生能源资源使用的研究》报告中，这篇研究报告是 2005 年 11 月 11 日提交给弗吉尼亚电力行业重组委员会的。这篇文章获得弗吉尼亚煤炭和能源研究中心的许可在此转载。

注 释

[1] Many energy experts contend that the most appropriate measure of the cost to produce electricity is the levelized cost of electricity (LCOE). The capital cost of a technology only tells part of the story. Traditional technologies may have lower up-front capital costs, but over time, the savings are eaten away by the cost of the fuel they consume. Renewable technologies, in contrast, do not consume expensive fuels, but cost more up-front to install. In addition, not all traditional plants have low capital costs. The costs of some nuclear plants completed in the 1980s cost up to $5000 per kW due to poor construction, high interest rates, and licensing and permitting obstacles. The LCOE is a lifecycle estimate of the cost to generate power with a particular generation source, and it considers capital and operations costs,

fuel costs, financing expenses, taxes, and incentives. To quote from a recent Congressional Budget Office report (Goett and Farmer, 2003) on distributed generation,

"[a]lthough consideration of a technology's capital costs can be important when choosing to invest in distributed generation, estimates of what economists refer to as long-run average costs—costs per unit of output that reflect capital and operating expenses—are generally the more important for investment decisions."

The report continues to state that

"perhaps more relevant for comparing distributed generation technologies with one another and with utility costs and residential prices is a commonly used index of long-run costs known as the levelized cost. Levelized cost is...defined as the net present value of all direct costs (for capital, fuel, and O&M) over the expected lifetime of the system, divided by the system's total lifetime output of electricity."

[2] The term "cogeneration" is now commonly referred to as combined heat and power (CHP) and refers to any electrical generator that also generates useable heat (or chilling) in addition to electricity.

[3] P.L. 109-304, signed 8 August 2005, Section 1253 of the Energy Policy Act of 2005, "Cogeneration and Small Power Production Purchase and Sale Requirements."

[4] An overview of the PIER program can be found by visiting http://www.energy.ca.gov/pier/(accessed July, 2006).

[5] For more information, visit the website of the Clean Energy States Alliance, accessed May 2005 at http://www.cleanenergystates.org/index.html.

[6] Most biomass fuels also possess high water content and are often wet when burned. Consequently, large amounts of wasted energy go up the stack as water vapor, leading to relatively low thermal efficiencies for converting fuel to electricity-usually less than 20%. On one hand, this statistic reveals two important advantages of biomass combustion, namely the ability to combust a variety of fuels, making the likelihood of fuel shortage unlikely, and that the steam produced by bioelectricity would be ideal for CHP applications. On the other hand, it also means more fuel must be burned to produce electricity. The result tends to be slightly more expensive electricity, often around 9 cents per kWh, using conventional means of analysis (in which externalities are not included, for example).

[7] Interestingly, the act offers a production tax credit for new nuclear plants

until the end of 2020. The disparity between the credits for wind and nuclear energy technologies may result from the fact that commercial wind turbines exist today, while new versions of nuclear plants do not.

[8] For more details of this case, see "Order Initiating Enforcement Proceeding and Requiring Midland Power Cooperative to Implement PURPA," FERC docket No. EL05-92-000, issued 6 June 2005, accessed July 2006 at http://www.ferc.gov/EventCalendar/Files/20050606170606-EL05-92-000.pdf. FERC commissioners noted "we cannot help but note that Midland [the coop] has used the legal process to thwart efforts to compel it to comply with PURPA for seven years, with a long history of using every means at its disposal to avoid its obligation to purchase from [the farmer's] small wind powered QF." For a summary of this and other cases, "Connecting to the Grid: FERC Rules PURPA Supports Net Metering," Interstate Renewable Energy Council, accessed July, 2006 at http://www.irecusa.org/articles/static/1/1114631056_1051597266.html.

[9] People have become rightly aware that even renewable-energy technologies, which use no fossil fuels at all, still retain a host of environmental downsides. Opponents to wind turbines, for example, note their aesthetic drawbacks, their noise levels, their use of land that could be put to other use, and their contribution to the deaths of birds and flying mammals. This last claim has become hotly contested, however. A 1992 California Energy Commission study estimated than more than 1766 and 4721 wild birds die each year at the Altamount Pass Wind Resource Area, where more than 5400 wind turbines operated. Several studies conducted in the Appalachian Mountains (focused on the region from Tennessee to Vermont) have found that large numbers of nocturnal migrants (including bats) are uniquely at risk of colliding with wind turbines. To be fair, however, these mortality rates pale in comparison to death resulting from other man-made objects. Tall, stationary communications towers, for instance, have been estimated to kill more than 4 million birds each year. Moreover, death-rates of all flying animals have decreased in recent years as wind-power entrepreneurs have installed larger turbine blades that turn more slowly and as they used advanced thermal monitoring and radar tracking to install turbines more carefully. For more information, see Karmis et al., 2005.

参考文献

Alderfer, R. Brent and Starrs, Thomas J.: 2000, "Making Connections: Case Studies of Interconnection Barriers and Their Impact on Distributed Power Projects," National Renewable Energy Laboraory Report NREL/SR −200 −28053, NREL, Golden, CO, USA.

Allen, Anthony: 2002, "The Legal Impediments to Distributed Generation," Energy Law Journal 23, pp.505–523.

American Wind Energy Association: 2004a, "Wind Group Says Loss of Tax Credits Stalls 1000 MW," Megawatt Daily 9 (6 January 2004), p.8.

American Wind Energy Association: 2004b, "Tax Credit Expiration Hurting Wind Industry: AWEA," Megawatt Daily 9 (13 May 2004), p.9.

Behr, Peter: 1981, "Solar Electric Industry Worried Reagan Might Pull the Plug," Washington Post, 29 September, p.D7.

Borbely, Ann−Marie and Kreider, Jan F.: 2001, Distributed Generation: The Power Paradigm for the New Millennium, CRC Press, New York, USA.

Brown, Marilyn A., Southworth, Frank, and Stovall, Theresa K.: 2005, "Towards a Climate−Friendly Built Environment," Pew Center on Global Climate Change, [online] http://www.pewclimate.org/global−warming−in−depth/all_reports/buildings/index.cfm, accessed June 2006.

California Energy Commission: 1997, Renewables Program Committee, "Policy Report on AB 1890. Renewables Funding," no date, but an accompanying letter was dated 7 March 1997.

Capehart, Barney L., Mehta, Paul, and Turner, Wayne: 2003, "Distributed Generation and Your Energy Future." Cogeneration and Distributed Generation Journal 18 (4), pp.17–33.

Carlin, John: 1993, "Environmental Externalities in Electric Power Markets: Acid Rain, Urban Ozone, and Climate Change," U.S. Energy Information Administration, http://www.eia.doe.gov/cneaf/pubs_html/rea/feature1.html, accessed June 2006.

Casazza, John A. and Loehr, George C.: 2000, The Ewdution of Electric Power Transmission Under Deregulation: Selected Readings, IEEE, New York, NY, USA.

Chambers, Ann, Schnoor, Barry, and Hamilton, Stephanie: 2001, Dis-tributed Generation: A Nontechnical Guide, PenWell Publishers, London.UK.

Chaurey, Akanksha, Ranganathan, Malini, and Mohanty, Parimita: 2004, "Electricity Access for Geographically Disadvantaged Rural Communities-Technology and Policy Insights," Energy Policy 32, pp.1693-1705.

Collins, Harry and Pinch, Trevor: 1998, "The Naked Launch: Assigning Blame for the Challenger Explosion," in Harty Collins and Trevor Pinch (eds) The Golem at Large: What You Should Know About Technology, Cambridge University Press, Cambridge, MA, USA, pp.30-56.

Cortada, James W.: 2003, The Digital Hand: How Computers Changed the Work of American Manufacturing. Transportation, and Retail Industries.Oxford University Press, Oxford, UK.

Cummings, Francis H. and Marston, Philip M.: 1999, "Paradigm Buster: Why Distributed Power will Rewrite the Open-Access Rules," Public Utilities Formightly 137 (October 15), pp.22-31.

D'Costa, A.: 1999, The Global Restructuring of the Steel Industry: Innova-tions, Institutions, and Industrial Change, Routledge, New York, NY, USA.

[EPRI] Electric Power Research Institute: 2003, Electricity Technology Roadmap: Meeting the Critical Challenges of the 21st Century, EPRI, New York, NY, USA.

[FERC] Federal Energy Regulatory Commission: 1995, "Promoting Wholesale Competition Through Open Access Non-Discriminatory Transmission Services by Public Utilities and Recovery of Stranded Costs by Public Utilities and Transmitting Utilities, Notice of Proposed Rulemaking and Supple-mental Notice of Proposed Rulemaking, Docket Nos.RM95-8-000 and RM94-7-001, Washington, DC, USA.

Fialka, John J.: 2006, "States Power Renewable-Energy Push," Wall Street Journal, June 14, 20, p.B2.

Flink, James M.: 1970, America Adopts the Automobile, 1895-1910, MIT Press, Cambridge, MA, USA.

Flink, James M.: 1990, The Automobile Age, MIT Press, Cambridge, MA, USA.

Friedman, Yal: 2006, Building Biotechnology: Starting, Managing, and Understanding Biotechnology, Thinkbiotech, New York, USA.

Giovando, Carol Ann: 1999, "Despite Banner Year, Wind Energy Faces Major

Challenges," Power 143 （November/December）.

Goett, Andrew and Farmer, Richard: 2003, "Prospects for Distributed
Electricity Generation: A CBO Paper", Congressional Budget Office, Washington,
DC, USA.

Graves, R.L., West, C.D., and Fox, E.C.: 1981, The Electric Car—Is It
Stilf the Vehicle of the Future? Oak Ridge National Laboratory, Oak Ridge, TN,
USA.

Greene, Stephen: 1986, "Solar Energy Industry Slips Into the Shadows; Fall
in Oil Prices, Changes in Tax Rules Hurt Sales," Washington Post （9 November）,
p.B1.

Grubb, M.J.: 1990, "The Cinderella Options: A Study of Modernized
Renewable Energy Options." Energy Policy （July/August）, pp.525–542.

Hirsh, Richard F.: 1989, Technology and Transformation in the American
Electric Utility Industry, Cambridge University Press, New York, USA.

Hirsh, Richard F.: 1999, Power Loss: The Origins of Deregulation and
Restructuring in the American Electric Utility System, MIT Press, Cambridge, MA,
USA.

[IEA] International Energy Agency: 2002, Distributed Generation in Liberalized
Electricity Markets, International Energy Agency, Paris, France.

International Energy Agency: 2004, Renewable Energy: Market and Policy
Trends tn IEA Countries, IEA Publishing, Paris, France.

Karmis, Michael, Abiecunas, Jason, Alwang, Jeffrey, Aultman, Stephen,
Bird, Lori, Denholm, Paul, Heirnjller, Donna, Hirsh, Richard F., Milbrandt,
Anelia, Pletka, Ryan, Porto, Gian, and Sovacool, Benjamin K.: 2005, A Study
of Increased Use of Renewable Energy Resources in Virginia, Virginia Center for
Coal and Energy Research, Blacksburg, VA, [online] http: //www.energy.vt.edu/
Publications/Incr_Use_Renew_Energy_VA_rev1.pdf, accessed July 2006.

Kirsch, David A.: 2000, The Electric Vehicle and the Burden of History,
Rutgers University Press, New Brunswick, NJ, USA.

Kolanowski, Bernard F.: 2000, Small –Scale Cogeneration Handbook, The
Fairmont Press, Liburn, GA.

Kurtz, Sarah and Lewandowski, Allan: 2004, "Recent Progress and Future
Potential for Concentrating Photovoltaic Power Systems." Report to the National
Renewable Energy Laboratory, [online] http: //www.nrel.gov/docs/fy04osti/36330.

pdf, accessed July 2006.

Learner, Howard A.: 2001, "Cleaning, Greening, and Modernizing the Electric Power Sector in the Twenty–First Century," Tulane Environmental Law Journal 14, pp.277–314.

Liss, William E.: 1999, GRI, Technical Paper: Natural Gas Power Systems for the Distributed Generation Market, Power–Gen International, New Orleans, LA, USA.

Lovins, Amory, Datta, E. Kyle, Feiler, Thomas, Lehmann, Andre, Rabago, Karl, Swisher, Joel, and Wicker, Ken: 2002, Small is Profitable: The Hidden Benefits of Making Electrical Resources the Right Size, Rocky Mountain Institute, Snowmass, CO, USA.

Maloney, Michael T. and Brough, Wayne: 1999, Promise for the Future, Penalties From the Past: The Nature and Causes of Stranded Costs in the Electric Industry, Citizens for a Sound Energy Foundation, Washington, DC, USA.

Masters, Gilbert M.: 2004, Renewable and Efficient Electric Power Systems, Wiley and Sons, London, UK, p.192.

McCraw, Thomas K.: 1984, Prophets of Regulation: Charles Francis Adams, Louis D. Brandeis, James M. Lnndis. Alfred E.Kahn, Belknap Press, New York, NY, USA.

McVeigh, James, Burtraw, Dalias, Darmstadter, Joel, and Palmer, Karen: 1999, "Winner, Loser, or Innocent Victim? Has Renewable Energy Performed as Expected?" Resources for the Future Discussion Paper 99–28 (June), Resources for the Future, Washington, DC., USA.

Moms, Gijs P.A. and Kirsch, David A.: 2001. "Technologies in Tension Horses: Electric Trucks and the Motorization of American Cities, 1900–1925," Technology & Culture 42, pp.489–518.

Muljadi, E., Wang, C., and Nehrir, M.H: 2004, "Parallel Operation of Wind Turbine, Fuel Cell, and Diese Generation Sources." Presentation at the IEEE–Power Engineering Society General Meeting, Denver, Colorado, June 6–10, 2004, [online] http://www.nrel.gov/docs/fy04osti/35353.pdf, accessed July 2006.

Nadel, Steven: 2001, "National Energy Policy: Conservation and Energy Efficiency," Hearing Before the Subcommittee on Energy and Air Quality of the House Committee on Energy and Commerce (June 22), pp.53–54, [online] http://energycommerce.house.gov/107/hearings/06222001Hearing265/hearing.htm, accessed

July 2001.

National Commission on Energy Policy: 2004, "Ending the Energy Stalemate: A Bipartisan Stralcgy to Meet America's Energy Challenges," [online] http: //www. rff.org/rff/Events/loader.cfm?　url =/commonspot/security/getfile.cfm&PageiD =18167, accessed on June 21, 2006.

National Renewable Energy Laboratory: 2006, "PV Manufacturing R&D," [online] http: //www.nrel.gov/ncpv/pv_manufacturing/cost_capacity. html, accessed July 2006.

Northwest Power Planning Council: 2002, "Natural Gas Combined Cycle Power Plants." New Resource Characterization for the Fifth Power Plan, [online] http: // www.westgov.org/wieb/electric/Transmission% 20Protocol/SSG −WI/pnw_5pp_02.pdf, accessed July 2006.

Nve, David E.: 1999, Consuming Power: A Social, History ot American Energies, MIT Press, London, UK.

O'Shaughnessy, Brian: 2005, "Power Generation Resource Incentives and Diversity" Hearing Before the Committee on Energy and Natural Resources of the U.S. Senate (May 8), Government Printing Office, Washington, DC. National Energy Policy Development Group.

Pepermans, Guido, Driesen, Johan and Haelseldonckx, Dries: 2003, "Distributed Generation: Definition, Benefits, and Issues." Energy Policy (August), pp.21–29.

Petersik, Thomas: 2004, State Renewable Energy Requiremems and Goals: Status Through 2003, Energy Information Administration, Washington, DC, USA.

PJM Interconnection LLC: 2005, "OATT Attachment Feasibility Study Agreement Form," 2005, [online] http: //www.pjm.com/planning/expansion−planning/ form−oatt−feas−study.html, accessed July 2005.

Rae, John B.: 1955, "The Electric Vehicle Company: A Monopoly That Missed," Business History Review 29 (4), pp.298–311.

Reeves, Ari and Becker, Fredric: 2003, Wind Energy for Electric Power: A REEP Issue Brief. Renewable Energy Policy Project, Washington, DC., USA.

Roth, Ian F. and Ambs, Lawrence L.: 2004, "Incorporating Externalities into a Full Cost Approach to Electric Power Generation Life−cycle Costing," Energy 29, pp.2125–2144.

Sagrillo, Mick. "Wind System Operations and Maintenance Costs." American

Wind Energy Association Technical Information Brief, February, 2002, [online] http: //www.awea.org/faq/sagrillo/ms_OandM 0212.html, accessed July 2006.

Sheer, Hermann: 2001, A Solar Manifesto: The Need for a Total Energy Supply and How to Achieve It, Earthscan Publications, New York, USA.

Smith, Rebecca: 2004, "Not Just Tilting Anymore," Wall Street Journal (October 14), C1.

Sovacool, Benjamin K.: 2006, "The Power Production Paradox: Revealing the Socio-technical Impediments to Distributed Generation Technologies," Ph.D. Thesis, Science and Technology Studies Department, Virginian Tech, Doctoral Dissertation, Blacksburg, VA, [online] http: //scholar.lib.vt.edu/theses/available/etd-04202006-172936/, accessed July 2006.

Starrs, Thomas J.: 2001, "National Electricity Policy: Barriers to Competitive Generation," Hearing Before the Subcommittee on Energy and Air Quality House Committee on Energy and Commerce, July 27, Government Printing Office, Washington, DC, USA, pp.104-109.

Stavros, Richard: 1999, "Distributed Generation: Last Big Battle for State Regulators?" Public Utilities Fortnightly 137 (October 15), pp.34-43.

Taylor, Jerry and Van Doren, Peter: 2002, "Evaluating the Case for Renewable Energy: Is Government Support Warranted?" Cato Institute Policy Analysis, No. 422. January 10, pp.1-15.

U.S. Combined Heat and Power Association: 2006, "CHP Technology and Applications," [online] http: //uschpa.admgt.com/techapps.htm, accessed July 2006.

[DOE] U.S. Department of Energy: 2006, "Department of Energy Requests $23.6 Billion for FY 2007", [online] http: //www.energy.gov/news/3150.htm, accessed February 2006.

[EIA] U.S. Energy Information Administration: 2005, "Existing Capacity by Producer Type," [online] http: //www.eia.doe.gov/cneaf/electricity/epa/epat2p3.html, accessed July 2005.

U.S. Government Accountability Office: 2005, "National Energy Policy: Inventory of Major Federal Energy Programs and Status of Policy Recommendations," United States GAO Report to Congress, (GAO-05-379) GAO, Washington, DC., USA.

Williams, James C.: 2001, "Strictly Business: Notes on Deregulating Electricity," Technology & Culture 42, pp.626-630.

Willis, H. Lee and Scott, Walter G.: 2000, Distributed Power Generation:

Planning and Evaluation, Marcel Dekker, New York, NY, USA.

Wiser, R., Pickle, S., and Goldman, C.: 1996, "California Renewable Energy Policy and Implementation Issues—An Overview of Recent Regulatory and Legislative Action," Report LBNL-39247, UC-1321, [online] http: //eetd.lbl.gov/ ea/emp/reports/39247.pdf, accessed July 14, 2006.

Wiser, Ryan, Bolinger, Mark, and St. Clair, Matt: 2005, Easing the Natural Gas Crisis: Reducing Natural Gas Prices Through Increased Deployment of Renewable Energy and Energy Efficiency, LBNL-56756, Ernest Orlando Lawrence Berkeley National Laboratory, Berkeley, CA, USA.

Zavadil, Robert and McGranaghan, Mark: 2002, "Working Group Struggles with DG Interconnection Standard." EC&M, [online] http: //www.powerquality.com/ mag/power-working_group_strugges/, accessed March 2005.

第❽章 能源传说七

——可再生能源系统不可能满足美国日益增长的电力需求

本章反驳了这个谬误，即可再生能源资源不够充足或太过分散，无法满足美国增长的电力需求，并且长期来看，也无法满足总电力需求。一般而言，尽管仍然有一些重大的技术上和经济上的难题，美国的可再生能源资源基础能够满足全国的电力需求很多次。由于再生能源和能源效率技术的进步，可再生能源的发电状况得到了改善，并且以化石燃料为基础的电力的环境成本、健康成本、安全成本以及其他成本——包括气候变迁影响——开始反映在市场价格中。本章讨论了以化石燃料为基础发电的影响，可再生能源的基础，可再生能源技术的趋势、进展及其成本，以及可再生能源发电的局限和障碍。本章还探讨了当促成更清洁的能源系统时，用以减轻发电的负面影响的政策选择。

8.1　引言和综述

丰富的和负担得起的电力是美国经济增长和生活质量提高的基础。随着对电力需求持续增长的预期［每年增长 1.5%直到 2030 年（美国能源信息署，2006）］，煤炭和其他化石燃料提供了美国主要的发电能源，因此有些人因不足以满足不断增长的电力需求而对可再生能源资源不加考虑。很多分析家和行业领导者也对可再生能源能够在满足全球电力需求上发挥重要作用持怀疑态度。美国能源部的一个推测显示全球电力需求每年将增长 2.6%，直到 2030 年，其中发展中国家增长最快（美国能源信息署，2005b）。

其他怀疑论者认为，太阳能和风能是"完全不切实际的"，并且"过于分散和不连续而不能满足任何工业化国家的哪怕一小部分能源需求，更不要说像加拿大和美国这样的北方大国了"（环境真相组织）。埃克森美孚公司的前首席执行官

Lee Raymond 在 1997 年曾有过一个著名的论断，即"非石油能源资源"仅仅是"时髦"，并且"由于没有可预见的易于获得的经济的替代品，所以化石燃料将在可预见的未来继续供应世界上大部分的能源需求"（Raymond，1997）。这种观点已经渗入到新闻媒体。例如，一位新闻评论员把可再生能源称为一个"前景可疑"的"白日梦"（Miioy，2004）。煤炭、铁路以及电力行业支持的能源和经济发展中心出言要更谨慎，但也只是谨慎而已。他们称，非水力可再生能源被"局限于在用电高峰期时扮演一个小角色，因为它是一种间断的资源"（能源和经济发展中心）。

然而，太阳能、风能和其他可再生能源的资源基础是巨大的。理论上，美国的可再生资源能够满足美国电力需求许多次。现在的可再生能源——主要以水电的形式——已经大约提供了美国发电量的 9%。随着可再生能源成本的持续降低，这一比例可能会大幅提高，而同时化石能源的成本——包括对人类健康、环境和气候的影响——变得越来越显著。我们的建筑和设备的能源效率也可能会提高，这会抑制电力需求的增长。

虽然一段时间内，美国和世界可能会继续使用化石燃料发电，但是可再生能源的组合和能源效率能够制约并最终扭转化石燃料发电的增长。长远来看，通过依靠大自然的收益而非耗尽大自然的资本，可再生能源可以取代化石能源来把我们电气化的和更广泛的能源系统带到一条可持续地满足人类需求的道路上。

为了更详细地探索这个议题，本章检验了当前的电力生产的影响，及其对更清洁的、更具环境可持续性的能源资源和技术的需求的影响。本章提供了一个用于发电的可再生能源主要类型的概览，包括潜力、现状、挑战和局限，以结束对与可再生能源，进而更一般的、更清洁的能源和环境可持续性相关的政策问题的讨论。一个反复出现的主题是，当它们对公众健康和环境的影响没有反映在能源价格中时化石能源系统得到的暗补，以及这给更清洁的能源系统（包括可再生能源）带来的经济上的劣势。

8.2 为什么关心发电的环境影响

可再生能源不比化石能源更可取是由于其自身的缘故，它并非对环境完全没有影响。然而，可再生能源系统通常能够比大部分化石燃料能源系统带来更多的环境（包括人类的健康）效益。尽管污染控制和其他环保措施获得了大幅进步，但是化石燃料生产的电能除反映在电力行业账面上的成本之外，还产生了高昂的成本。

阿波特联合股份有限公司运用为美国环保局开发的方法进行了一项研究。该项研究评估了美国化石燃料发电厂产生的微粒（PM$_{2.5}$，直径小于 2.5 微米的微粒）对健康的影响。[1] 这项研究估计，这种排放物每年造成了 23000 人提早死亡，同时使近 22000 人进医院，26000 人因哮喘发作进入医院急诊室，超过 38000 人心脏病发作，造成超过 16000 例慢性支气管炎，超过 50 万人支气管炎病发，并且使超过 300 万人无法工作（阿波特联合股份有限公司，2004）。

2004 年，美国的发电厂——主要是燃煤发电厂——排放了接近 1090 万吨（大约是全国排放量的 2/3）二氧化硫（SO$_2$）——一种造成了污染湖泊和破坏森林的酸雨的污染物，也是危害人类健康的一种前体颗粒。煤炭、石油和天然气在为发电厂提供燃料的同时也释放了 400 万吨以上的（全国排量的 20%）氮氧化合物（NO$_x$）。[2] NO$_x$ 是危害健康、破坏作物和腐蚀材料的地面臭氧（污雾的一个组分）的一个主要前体，并且会引起酸雨以及造成水体的营养物污染。[3] 2004 年，美国的煤电厂大约向空气中排放了 50 吨汞，使发电成为这种毒害神经的元素的最大人为排放源（美国能源信息署，2006）。

此外，美国的发电厂 2003 年排放了 22.5 亿公吨二氧化碳（CO$_2$），占美国 CO$_2$ 净排放的 39%（或占基于 CO$_2$ 当量的温室气体排放的 37%）（美国能源信息署，2005b）。因此，发电是美国所有产业中，全球变暖潜在的最大单一诱因。

化石燃料的萃取、加工和使用也会直接影响水资源和土地资源。美国每年开采的超过 10 亿吨的煤炭中，大约有 70% 来自露天矿（美国能源信息署，2005a）。虽然美国的露天矿运营要遵守矿区复垦的要求，但是有些活动——如移除阿帕拉契亚山顶的活动——已经破坏了溪流、损毁了景观，增加了洪水，污染了水质，并且产生了其他对附近居民和社区的危害（见图 8-1）（Appenzeller，2006；Mitchell，2006；Reece，2006）。不合格的煤浆储存、排泄酸性矿水、蓄水层中断、煤气层盐水的回收，以及矿工的职业安全和安全危害（包括死亡）都包含在依赖化石燃料发电的其他影响之中。此外，大部分化石燃料（以及一些生物燃料）发电厂使用的大量冷却水被加热并释放回环境中，从而对水生生物产生影响。

前文不是对化石燃料发电的影响的一个完全调查，也并非意在贬低电力行业在控制排放和减轻影响上已取得的重要进步。然而，从破坏溪流到危害人类健康，再到成为致使气候改变的气体的主要来源，我们目前的发电系统给人类和生态系统的健康带来了很高的成本。这些由受害的个人和社会负担的成本没有反映在电力公司的账面上，而形成了对化石燃料的一个巨额补贴。可再生能源结合提高的能源使用效率提供了一条在环境上和经济上可持续的电力之路。

图 8-1   夷平山顶的煤矿：西弗吉尼亚卡依福特山

8.3   美国的电力生产和发电容量

目前化石燃料主导着美国的发电系统。2004 年的数据显示，在美国大约 38000 亿千瓦时的并网发电中，有 53% 来自燃煤发电。天然气和石油发电分别占 13% 和 3%，核电占到 22%，而可再生能源只供应了 9%（美国能源信息署，2006）[4]。水电在可再生能源类别里处于主导地位，风能、生物质能、地热能和太阳能只占美国发电量的 2%（美国国家能源政策委员会，2004）[作为参照点，美国家庭 2001 年平均消耗的电能大约是 10500 千瓦时（美国能源信息署）]。

美国的电力系统还可以发电容量的形式描述，其 2004 年的发电容量大约是 900000 兆瓦（MW）。其中，34% 来自燃煤蒸汽发电，14% 来自其他化石燃料燃烧蒸汽发电，14% 来自联合循环发电（天然气或石油燃料的燃烧同时驱动燃气轮机和蒸汽轮机），还有 14% 来自燃气轮机和采油发电机发电，从这个角度看，化石燃料也处于主导地位。核电厂占美国发电容量的 11%，而可再生能源，主要是水电，占 10% [5]（美国能源信息署，2006）。

在《2006 年年度能源展望》中提供这些数据的美国能源部能源信息署，还预测了未来的电力生产和发电容量。它引用实例指出，在 2004~2030 年，可再生能源发电量每年将增长 1.7%，可再生能源发电容量每年将增长 0.8%。虽然这种增长意义重大，但是《2006 年年度能源展望》预测总电力需求（每年增长 1.5%）和化石燃料发电（煤电每年增长 2%）也有类似幅度的增长。在预测日期内，这将使可再生能源发电同样处在占总发电量和发电容量的 9%~11%的范围里。这个展望还预测核电的重要性会递减，从 2015 年占发电量的 19%下降到 2030 年的16%，而煤电到 2030 年会增长到 60%（美国能源信息署，2006）。

那么，可再生能源注定只能是美国电力一个较小的来源吗？怀疑论者关于可再生能源只能起到很小作用的观点是正确的吗？在可预见的未来，煤炭依然处于主导地位吗？碳固定是减轻和扭转电力部门对全球暖化的影响的唯一希望吗?[6]

不是——至少不是必然的。应该谨慎地看待《2006 年年度能源展望》和其他来源的预测，特别是长期的预测和情况。未来的价格变化、经济增长率、技术进步和政策措施的改变都是不确定的，并且都会影响电力需求以及满足这些需求的燃料和技术的融合。例如，与一年前在《2005 年年度能源展望》所做的预测相比，不断上升的天然气价格致使《2006 年年度能源展望》将 2020 年天然气发电量的预期下调了 25%（美国能源信息署，2005d）。

其他一些分析显示，可再生能源电力供应大幅增长，并且更高的能源最终使用效率引致了电力需求更温和的增长。例如，美国国家能源政策委员会预计，如果该委员会的温室气体排放上限与交易计划和增加研发的政策建议被采纳的话，到 2020 年，非水能可再生能源的发电量将达到美国发电量的 10%（美国国家能源政策委员会，2004）。相比之下，通常情况下，非水能可再生能源的发电量只占美国发电量的 3%。

2000 年，来自橡树岭国家实验室和劳伦斯伯克利国家实验室（跨实验室能源效率和清洁能源技术工作组）的团队分别开发了一般性的、适中的和超前的方案，用以评估 2010 年和 2020 年的电力需求和燃料产电量。适中的和超前的方案假设对各种更清洁的能源（包括可再生和不可再生能源）的政策支持力度是不同的。除此之外，还包括税收减免、净电量计量法（允许在地发电机将多余的电力以零售价卖给它们的电力公司）、电力行业重组、研发支持、减少 SO_2 排放许可，以及为 CO_2 排放设定限额。在一般性的方案中，可再生能源 2010 年和 2020 年都贡献了美国电力的 10%（2%~3%是非水能可再生能源）。在适中的方案里，2010年可再生能源发电占比增加到 12.5%（3.5%是非水能可再生能源发电），2020 年达到 13%（5%是非水能可再生能源）。在超前的方案中，2010 年和 2020 年的这一比例分别达到 17%（8%是非水能可再生能源）和 18%（9%是非水能可再生能源)。适中的和超前的方案都表明,由于能源效率的提高,可再生能源发电实现了不断增长,同时电力需求的增长更温和了(跨实验室工作组,2000;Brown et al.,2001)。

这些方案和预测不是仅有的或必然是最好的。还有其他的方案和预测,有些对可再生能源更乐观,有些没那么乐观。预测和方案预示可能是怎样的,而非将会是怎样的。

仔细检视可再生能源发电的技术、潜在的资源规模、成本趋势,以及其面临的严重挑战和限制有助于阐明可再生能源发电的机遇和潜能。

8.4 可再生能源资源和发电资源

除了核能和地热能,我们所有的能源归根结底都是太阳能。通过光合作用,树木、海藻和一些细菌捕获太阳能形成生物质能,其中一些被动物、真菌和其他细菌吸收。煤炭、石油和天然气都是古生物质通过地质过程转变而来的。[7]水能是因为太阳推动了水蒸气和降雨的循环。风、海浪和洋流,以及海洋不同深度的温差(可以通过一种被称为海洋热能转换的技术被转换成电能)都是太阳射线有区别地加热地表的产物,因此造就了地球的气象和气候。潮汐能来自于月球和太阳的引力。

接下来这些部分的讨论,主要基于美国用于发电的主要的可再生能源形式的环境、潜力、现状、挑战以及局限性。

8.4.1 太阳能

考虑到太阳能的直接利用(与风能、生物质能以及其他形式的生物能截然相反),其有两种方式发电。一种方式是利用光伏电池,有时被称为太阳能电池。另一种方式是太阳热能,利用镜子集中太阳射线加热流体来驱动涡轮机或引擎,转而驱动发电机。

光伏电池完全由硅和其他半导体材料制造,并且常常以平板模块的形式被安装在房顶上、天棚上或者孤立的山顶上(见图8-2),有时用集中的聚焦透镜组来提高效率。晶体硅(单晶硅或多晶硅)光伏电池是最常见的在售卖的类型。它们通常能比大部分替代性薄膜光伏电池系统(通常是非晶硅,尽管可能也会用铜铟亚盐酸、碲化镉以及其他材料)更有效率(10%~20%)地将阳光转化为电能。

薄膜非晶硅的效率也会随时间降低，然而，薄膜光伏电池的生产比晶体硅便宜。薄膜光伏电池可以用廉价的塑料、玻璃和钢衬垫制造，并可以生产柔韧的光伏屋顶瓦；光伏电池可与玻璃天棚、窗户、天窗以及其他的建筑组合结构集成在一起。

图 8-2 缅因州一所在房顶上安装了光伏板和太阳能热量板的民居

对改良材料、新材料以及精益求精的制造工艺的研究在持续进行。例如，多接面光伏电池将几种类型的光伏电池堆叠连接在一起，易吸收更大比例的太阳光伏并将其转化成电能。燃料敏化光伏电池采用廉价的二氧化钛而非半导体，同时正在开发的聚合物或塑料光伏电池也有潜力提供成本更低的产品。纳米技术的进步可能会为光伏电池带来新材料和新技术。[8]正如其他新技术和新材料一样，纳米技术的潜在职业健康和环境风险与危害有待评估。

太阳热能发电可以通过几种途径来实现。一种是太阳能槽式集热系统，通过一个发射槽将太阳射线集中到一根装有热转换油的管子上。热油用以将水加热成水蒸气来推动涡轮机。这种电厂可能要用天然气作为补充燃料。太阳能发电塔的概念是用被称为定日镜的追踪镜面阵列将太阳光聚焦到含有水——直接被加热——或熔盐——通过热交换加热水——的标的物上，来推动涡轮机发电。熔盐系统可以实现某种程度的热储存。另一种太阳热能发电方式是用镜像盘将太阳光聚焦到热力发电机上，比如斯特灵或布雷顿循环发动机，其利用加热膨胀的空气或其他气体的机械能来驱动发电机。

太阳能的充足性不是问题。原则上，照在美国的阳光包含了美国能源需求

500 倍当量的能量（UCS，2005）。利用目前的光伏技术，一个 1000 万英亩的区域可以供应美国使用的全部电能（美国国家可再生能源室，2004）。1000 万英亩大约是美国国土面积的 0.4%，或者是美国城市和住宅覆盖的 1.4 亿英亩的 7%。原则上，光伏电池被安装在屋顶上、大楼的侧壁上、停车场上面、公路边上，以及其他被开发的地方，可以在不需要额外开发土地的情况下满足全国的电力供应。

不同于某些特有印象，实际中的太阳能发电并不局限于阳光最充足的地区，如西南部沙漠。亚利桑那州的城市比堪萨斯城、蒙哥马利接收到的阳光大约多 25%，而堪萨斯城、蒙哥马利又比水牛城、纽约接收到的阳光多 25%（美国国家可再生能源室，2004）。美国即便是阴天的时候，像东北地区和西北太平洋地区也能接收到大量可用的太阳能，尽管那时生产给定量的电能所需要的地区面积和成本要比天气晴朗时高。声称气候更接近水牛城或西雅图而非菲尼克斯或拉斯韦加斯，并且每平方米的平均太阳能大约是美国的一半的德国，太阳能发电容量的增长非常快。截至 2004 年末，因其"100000 房顶"项目，德国的光伏发电装机容量达到 700 兆瓦的峰值（Aitken，2005）。

实际上，光伏电池和太阳热能发电技术在可预见的未来，任何时候都不能提供美国 100% 的发电量。但是，它们的贡献可以提高，从而减轻我们的电力系统对环境的影响，并提供多种多样的电力来源，强化我们的电力供应的可靠性和安全性。

太阳能发电受制于只在白天有阳光，并且其受到天气条件的影响这一现实。电力的存储受限于可用的站点（抽水蓄能水电储存在水库里，而压缩空气存储在风洞里）、成本和技术成熟度（例如，电池、飞轮、超导材料以及制氢）。但是，电力需求高峰期都是在白天，这时有阳光，所以通常当电力需求最大、最珍贵的时候，是太阳能发电最容易进行的时候。

天气引致的太阳能发电的变化也影响了它的独立性和价值。当批评家指出太阳能发电也有和风能发电同样的不连续问题时，人们应当注意，电力企业已经很擅长应对电力供需的变化。他们利用天气预报来计划制热、制冷和照明的电力需求。预测和计划工具也可以评估太阳能（和风能）发电量的产出。他们从根本上解决了由于大型工业用户和大量较小的商业用户与居民用户开关用电设备导致的电力供需变化。

成本依然是太阳能发电的最大问题，对于光伏发电和太阳热能发电都是如此。光伏组件的成本已经从 1970 年的 100 美元/瓦特容量下降到现在的 4~5 美元，并且光伏发电总量每翻一番成本就下降 20%（Solarbuzz，2006a；美国太阳能行业协会）。光伏供电的每千瓦时成本依然要高于 20 或 30 美分（见图 8-3）。这是美国大部分地区电力零售价格的 2 倍或 3 倍，甚至比成本最低的煤电公司的发电成本还要高很多[9] (Solarbuzz，2006b)。目前，光伏发电只在很有限的范围内有竞争力。例如，在美国一些地区，炎热的夏季的电力成本峰值可以超出20~30美分/千瓦时的范围。光伏电池能够通过减少机构组织或商业组织的电费的两个组成部分——电力消耗和峰值需求——来降低一栋建筑的电力成本。电力公司可以利用在用户现场或变电站和配电节点的光伏电池，来避免未满足高峰期电力需求而对输电设备进行的高成本升级。而且，目前光伏电池与蓄电池储能结合使用对离网设备来说一般是具有成本效益的，电网连接的电线延伸到那些设备要很高的成本。同时光伏电池与蓄电池储能结合使用——还有其他分散式发电技术——作为电网供应高优先级和高敏感度的电力需求的后备或补充，可以满足十分重要的电力需求。

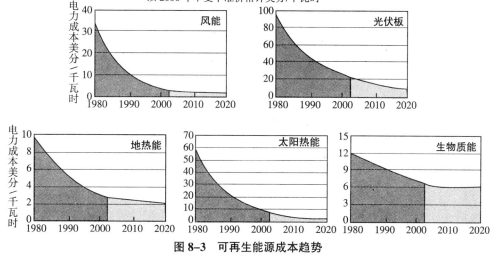

图 8-3 可再生能源成本趋势

资料来源：NREL能源分析办公室［www.nrel.gov/analysis/docs/cost_curves_2002.ppt］。这些图反映的是历史成本趋势，并没有精确到每年的数据。2002年10月更新。

改进的技术和生产的规模经济性能够使光伏发电的成本进一步降低。在美国内外有大量的政策机制被用来促进规模经济。德国的"100000个屋顶"项目前面已经提到过。新泽西和加利福尼亚处在美国对太阳能发电的支持力度极大的几个州之中（见本章后一部分对可再生能源政策问题更多的探讨）[10]。

8.4.2 风能

像太阳能电力一样，原则上美国的风能资源能够供应多于美国所消费的电能：根据评估，有100000亿千瓦时，两倍于美国的需求（美国能源部，2004）。

根据被列为 3 级风或更高的地区，虽然依然忽略了环境敏感的和已开发的地区，南、北达科他州、肯萨斯州和得克萨斯州每年都可以生产 10000 亿千瓦时以上的风电（或美国每年使用量的 1/4）（见图 8-4）[11]（美国风能协会，2006c）。另外一项计算表明，400 万台 500 千瓦的风力发电机在最有利于风力发电的 10% 的土地上，每隔 500 米设置一台，还是能够满足美国的电力需求的（Weinberg and Williams，1990）。对这一方案的改进可以做到在更少的地方安装容量更大的风力发电机（1~2.5 兆瓦）。此外，若是包括离岸风资源，风力发电的潜能甚至会更大。

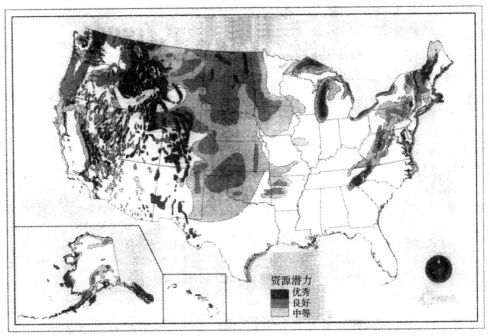

资源潜力
优秀
良好
中等

图 8-4 美国风电资源

这些方案所需要的土地面积可能看起来很大，但是用作风力发电的土地——或水面——还可以同时有多种用途这一事实削弱了其影响。风力发电机的结构体和服务道路只占风电场表面积的 3%~5%（美国能源部，2004）。陆基风电场常常选址在农场和大牧场，为土地使用者提供额外的使用费或租赁费（见图 8-5）。在宾夕法尼亚州，一些风电装置建在以前的煤矿土地上，有助于将这些土地重新用作生产用地。在近海海面，风电装置周围的水域仍然可以用来打渔和娱乐。它们对航海或其他活动的危害还没有遍布于墨西哥湾和其他沿海地区（除了不会生产石油的地方）的近海石油和天然气设备的危害大。

图 8-5 内布拉斯加州金博尔安装了 1.5 兆瓦风轮机的风电场

确实，美国最丰富的风力资源——例如北部平原和落基山脉——远离于美国主要的电力负载，需要大量对长距离输电的投资为美国人口聚居中心带来风电。然而，东北部、中大西洋、五大湖地区、得克萨斯和西部海岸的许多被严重污染的地区附近有很丰富的资源。尽管开发成本比许多岸上资源更高，但近海资源也很丰富，并且通常与主要的人口聚居中心很接近。

风力发电的成本已经大幅降低，从 1990 年的 8~12 美分/千瓦时（以 2000 美元价值计）下降到目前一些适宜的风电场的 3~4 美分/千瓦时（见图 8-3）（美国能源部，2004）。改良的叶片和其他组件的设计、更丰富的选址和项目开发经验，和更大型的机器（通常超过 1 兆瓦）提高了经济绩效和可靠性。尽管比最便宜的煤电要贵一些（如果不把环境和健康成本包含在电价中），但是风力发电相对于并网发电是有商业竞争力的。较小的风力涡轮机——有时候与太阳能光伏板结合起来——被发现在偏远地区使用，作为高峰电力和补充电力应用。

在可预见的未来，仅靠风能不可能供应美国全部或大部分的电力需求。但是它能够在全国各种形式的电能中贡献很大一部分。巴特尔西北太平洋实验室估算，用风能满足美国 20% 的电力需求是现实的（巴特尔西北太平洋实验室，2006c）。相比之下，德国的石勒苏益格—荷尔斯泰因州大约 25% 的电力源于风能发电。2004 年，丹麦 21% 的电力来自于风能发电（欧洲风能协会，2005）。

风力发电的批评者称，因为风的变化多端，风力发电是不可靠的，万一风渐渐消失，必须用能够持续运行的传统发电来支援。这种观点夸大了真实情况。在低普及水平上，例如低于发电量的 10%，风能资源的多变性对电网只有较小的影响。电力公司常规性地管理着因用户开、关耗电设备引起的电力供需变化，并且通过制热、制冷和照明设备对天气的变化做出响应。管理电力供应较小变化的方式没有什么不同。如同在前面讨论太阳能电力时提到的，发电厂和输电组织利用天气预报和其他数据、工具、分析方法来预测电力需求，那么也可以利用这些来预测风能和太阳能发电。在风电普及程度较高的水平上，就像在德国和丹麦的那些风能发电超过 20% 的地区，电网的运营者确实需要更善于预测和调整电力的供给和需求。

在一个包含各种发电机以及智能负载控制的"需求响应"措施多样化的综合电网中，对于风能发电较高普及率的关注可能就会降低。如果风能发电机在地理上分散并集成到电网中，那么它们总产量的变化比只通过一个风电场发电要小。风能在所有发电机的所在地同时停止是不可能的，一部分或大部分有可能还能提供一些电力。尽管常常低于它的名义产能——一般是标准功率的 25%~40%，[12]但是一台标准的风力涡轮机 65%~90% 的时间都在发电（美国能源部，2004；欧洲风能协会，2006b），有些达到其功率的 18%~20%（White，2004）。此外，相较于化石燃料和核能发电厂，每个风力涡轮机都是较小的发电机。管理变化的但可预测的风能发电，比处理偶尔发生的大型化石燃料和核能发电厂的计划外运行中断，或应对偶尔发生的重要输电设施的损毁问题要少得多。而且，风电开发者自然也会尝试开发有最好的风能资源的站点——就是有最稳定的风能的站点。

在风电提供了 25% 的发电量的丹麦西部，输电系统的经营者在其年度报告中写道：

自 1999 年末以来——只是三年前——日德兰—菲英岛体系中的风能发电容量已经从 1110 兆瓦增长至 2400 兆瓦。其装机容量是奥尔胡斯市附近的"Skydstup"电厂的两倍。七八年前，我们认为如果风力发电超过 500 兆瓦以上，电力系统便不能运行。现在我们使用的风电量大约是这个量的五倍……我们甚至还准备使用更多，但是这要求我们可以使用适当的工具管理这个系统。

（欧洲风能协会，2005）

然而，评论家表示，丹麦风电的成功被高估了，并且是依赖于和挪威与瑞士水电系统的连接，据说它们为购进丹麦过量的风电产出提供了灵活的机制（White，2004）。

欧洲风能协会（EWEP）认为，对大量应用风力发电来说，监管问题是比技术问题更大的阻碍。由于在一个地理上宽泛的电网中整合风电可以缓冲本地风电产出的变化性，因此问题就是跨国界输电的阻碍。欧洲风电协会同时称，这些障碍超越了主要的垂直一体化的电力公司的技术要求和欧洲电力批发市场的低流动性（欧洲风能协会，2005）。

　　风力发电的另外一个问题是其对野生生物的影响，尽管近海风电对海洋生物的影响有时也会被提及，但主要是对鸟类和蝙蝠的影响。加利福尼亚阿尔塔蒙特山口风电场的早期经验引起了对鸟类撞击伤害的高度关注。大量的猛禽被杀死在那里。从选址角度上来看，因其处在发展的早期，还没有将避鸟特性包含进风力涡轮机的设计中，阿尔塔蒙特山口的例子是一个意外。设备设计和选址上的进步已经将鸟类撞击事故降低到一个相对较低的水平（美国国家风能统筹委员会，2004；美国风能协会，2006a）。美国鱼类与野生动物服务局公布了一项评估称，相比于 6000 万只鸟类死于汽车，几百万只鸟类死于通信塔，以及数以亿计的鸟类死于撞击建筑物，美国每年只有 33000 只鸟类死于撞击风力涡轮机（美国鱼类与野生动物服务局，2002）。风电设备的改进包括不利于筑巢的平滑的风电塔筒和较慢的叶片转速。灯光——特别是雾天——引致了鸟类死于通信塔和其他建筑物——至少包含一例风电塔筒设备事故。对于这些建筑物来说，改进灯光可能会减少鸟类死亡数，同时满足美国联邦航空管理局对于航空安全的要求。大量死在宾夕法尼亚和西弗吉尼亚部分地区山脊上的风力发电机上的蝙蝠致使美国风能协会、国际蝙蝠保护组织、美国鱼类和野生生物服务局、美国国家可再生能源实验室以及其他组织，成立了一个蝙蝠与风能协调组织来研究这个问题，并确定停止或最小化对蝙蝠的威胁的方法（国际蝙蝠保护组织）。

　　正如前面所提到的，从某种角度来看人们通过其他方式杀死了多得多的野生鸟类。在美国，每年有数以亿计到数以 10 亿计的鸟类死于撞击大楼、塔、烟囱、电线以及其他建筑物，还有汽车——还不包括被猫杀死的鸟类。一个备受宣传的事件是，27 只鸟被发现因一座变电站的一盏灯彻夜未熄（后来为避免再次发生这样的事故就在晚上关闭了）而死于西弗吉尼亚的登山者风力发电厂。但是，在秋季迁徙期间，仅一个晚上就有 3000 只鸟撞死于佛罗里达的火力发电厂（美国鸟类保护协会，2004）。此外，在评估风电项目对野生生物的影响时，恰当的对比应是在这个项目和其他提供电力服务的替代项目之间，而非在该项目存在与否之间进行。有多少鸟类、蝙蝠、陆栖动物、两栖动物、爬虫、鱼类，以及其他生物死于露天采煤、撞击电厂建筑、电厂的制冷水汲取、热水排放、为污染控制洗涤塔进行的石灰岩开采，以及酸雨、气候变迁和其他污染造成的影响？过去 10 年里，开采煤矿进行的移除山顶和填平山谷的活动已经破坏了位于肯塔基、田纳西、弗吉尼亚和西弗吉尼亚的阿帕拉契山脉中的 380000 万英亩高质量的成熟森林，并且未来 4 年可能还会有差不多大的区域被开采（美国鸟类保护协会，2004）。风力发电对野生生物的影响仍然需要更多的研究，需要在选址和设计上特别谨慎，同时也需要格外关注运作规范，例如更好地控制照明和涡轮叶片，并在鸟类和蝙蝠迁徙的重要时期暂停一些站点的发电。

风电项目对风景名胜也有重大影响，这引起了一些社区的强烈反对。再次重申，人们应当将风能资源与其他资源比较。

8.4.3 生物能、填埋沼气以及废物能源

仅次于水电，生物质能是美国最大的可再生电力资源。生物质能源是一个包含来自农业、林业以及植物性和动物性工业废料，还有专门种植的能源作物、垃圾填埋和污水处理气体、城市固体废物（MSW）的能源大类。[13]

生物质电能通常来自于这些资源（例如，燃烧城市固体废物的废物能源电厂、填埋沼气电厂和柴火发电厂）的直接燃烧或将其与化石燃料混合燃烧（例如，把煤补充到木材和填埋沼气中）。生物质通常可以通过被消化（一般在垃圾填埋区中进行，但是也许可以有意识地通过消化器来进行）或经过化学处理（通过高温分解或类似的方法），来生产气体燃料。同时，有些可以被加工成液体燃料、乙醇和生物柴油。其通常是作为汽车燃料而非用来发电。

美国能源部的一项分析估算，美国每年有 5.9 亿潜热负荷湿吨可用生物质（农业废料、能源作物、林业残余物、城市木材废料、伐木场废料，但是不包含其他废料和填埋沼气）。其中，只有 2000 万潜热负荷湿吨——足以供应 3000 兆瓦电量或大约美国发电产能的 0.3%——以 1.25 美元每百万英热单位（Btu）的价格可供使用，价格与 2001 年的煤炭价格（1.23 美元每百万英制热量单位）相当（Huq）。因此，在这种价格上，大约只有生物理论供应量的 1/30 在经济性上是可用的。在更高的价格上会有更多可用的生物质能。运输成本是影响供应的一个主要因素（见图 8-3 的每千瓦成本趋势）。

橡树岭国家实验室为美国能源部和农业部做的另外一项分析预测，耕地和林地（包括环境敏感的地区）每年能够持续地生产 10 亿干吨能源用生物质，同时仍然可以满足粮食、饲料和出口需求。这个量可以取代美国 30% 的石油消耗，但也可以被用于发电和其他能源需求。然而，这项研究的结论依赖于对粮食产量、生产面积的提高，以及生物质材料的可回收性的大胆假设（橡树岭国家实验室，2006）。

一个对全球生物质潜能的宏观评估表明，除现有的粮食、饲料、纤维素以及其他材料使用以外，以当前人类对于生物质开发大约 50% 的增长率来看，生物质将能取代全部的化石燃料消费（Dukes，2003）。生物质使用的这种扩张会带来严重的环境影响。

不必惊讶，大多数生物质能发电出现在制浆和造纸业。它们有备好的材料来

源，包括不用来发电就必须处理掉的废料，以及对热能和电力的巨大需求。为了同时满足能源需求和处理废物的需要，对于畜牧生产、粮食生产以及其他行业来说，从有机废物中获取有用的电能和热能存在着相当大的空间。令人惊奇的是，尽管具有适合热电联产的高电能和热能负荷，污水处理厂很少用污水厌氧处理产生的气体发电。

城市固体废物的废物焚烧发电厂也利用了现成的燃料供应。但是，主要由于排放物的问题，这些电厂的处理方常常引起强烈的反对，排放物包括二恶英、弗南、汞以及其他有毒物质。运行合理的满足最大可行控制技术标准的工厂可以将排放物控制在一个很高的标准水平。一些乡村后院里的燃烧桶排放的二恶英可能比城市里一座大型废物能源电厂还多（Lemieux，1998）。

填埋沼气是一种正不断成长的电力资源。大型垃圾填埋区被要求收集和销毁其产生的气体，以降低爆炸危险，并控制挥发性有机化合物、有害的以及有臭味的排放物。通常这些气体是逐渐向外散开的，但是可以把它们收集起来直接用于制热，加工并注入天然气管道，或用来发电（连同或不连同工业废热发电）。鉴于甲烷对全球暖化的影响大约是等量的二氧化碳的21倍（另外，填埋沼气生产的电力还可以替代化石燃料生产的电力），所以燃烧填埋沼气还可以减少温室气体排放。垃圾填埋区是美国最大的人为甲烷排放源（34%）。据环境保护局的垃圾填埋场甲烷推广项目组评估，2004年底美国有380个活跃的垃圾填埋气能源回收项目（不必使用这些垃圾填埋场的全部可回收填埋区气体）和600个可用的优质候选垃圾填埋场（环境保护局）。

其在土地使用上与生物质资源存在着竞争。燃料生产会与食物、饲料、纤维素以及某些工业化学品市场产生竞争关系。对生物质能研发和项目发展的重视大部分是为了让液态燃料替代汽油柴油。尽管这些燃料中有一些可能被用来发电，但是大部分被作为或将被作为汽车燃料推向市场。大豆和其他油料作物可以被加工成生物柴油（同时副产品可以进入其他市场），就像动物的脂肪和油脂一样。尽管其他含淀粉和糖的材料也可使用，就像巴西繁荣的蔗糖乙醇产业，当然还有几千年的酒精饮料生产所证明的那样，但是在美国，乙醇是使用发酵玉米制成的。改良的酶生产和生物化学工程正在走向"纤维素"乙醇产业，开始用玉米秸秆、稻草、柳枝稷、木质材料以及其他富含纤维素的材料生产乙醇。

经济上和技术上可行的纤维素乙醇生产对生物质能发电的影响使生物质原料更进一步地争夺土地。木材和柳枝稷在共烧煤电厂中的使用比例已经上升到了15%。另外，也有纯木材燃料电厂。柳枝稷——像干草一样种植和收割——可以改良贫瘠的土地并扩大野生生物的栖息地，同时当其被出售用于发电时还给农场带来了额外收入（见图8-6）。生长快速的白杨和柳树也正作为专门的能源作物被研究。作为这种能源作物的一种商品，纤维素乙醇可以成为一种进行直接燃烧的替代品。

图 8–6　爱荷华州的柳枝稷

　　像其他燃烧过程一样，生物质燃烧发电厂也会产生排放物和其他环境影响。当与煤炭共燃时，相比于只燃烧煤，生物质燃烧减少了 SO_2 排放。但是燃烧木材、作物废料、动物粪便、纸浆黑液、消化气体，以及其他类型的生物质会释放 NO_x、微粒以及其他潜在的污染物。但是这些可以通过——以某种代价——污染控制来减少。消化生物质产生的气体的燃烧一般比固体生物质燃料更清洁。的确，燃烧垃圾填埋场和污水消化气体是处理易挥发化合物和恶臭化合物的一种有效的、标准的方法。就温室气体而言，如果新生长的生物质跟上燃烧的进度，那么生物质的利用就可以是"碳中性"的。

　　与其他农林产品一样，提高生物质的使用会对土地、水资源以及野生生物产生重大影响，至于是坏的影响还是好的影响要视乎其随后的实际操作而定。将作物残留物运走用于发电，而非留在田间会剥夺微生物生长的土壤并影响土壤结构。机械耕作、施肥和杀虫剂会产生环境成本。但是，柳枝稷和一些树类生物质作物种植下去之后不需要耕作，同时需要的化肥和能源投入也比大田作物少。这种生物质作物有助于恢复退化和贫瘠的耕地，保护水资源（例如作为水土保护的一部分），以及为野生生物提供栖息地。

8.4.4　地热能

理论上，美国的任何地方都可以开掘出地热能，其代表着一种几乎取之不竭的资源（至少相对于人类目前和可预见的未来的活动范围）。但现实中其通常是不可行的，除非地表附近有足够的热能。阿拉斯加、亚利桑那、加利福尼亚、夏威夷、爱达荷、蒙大拿、俄勒冈和华盛顿是拥有最优质的地热能的几个州。地热能电力最容易从含有蒸汽或热水的物态中获得，其可以驱动蒸汽轮机来发电。从干热岩形态中提取能源在经济上还不可行。

截至 2003 年，美国大约有 22 座发电容量为 2300 兆瓦的地热能发电厂在运行。探明的资源（含有水蒸气或充足的热水）估计有 23000 兆瓦（大约是全国发电容量的 2%），可能还有 5 倍于这个量的资源没有被发现（Kutscher，2000）。如果从干热岩中提取能量——需要水的深度注入和水蒸气的回收——在经济上可行的话，地热能资源可以供应美国全部电力需求数千年。

不像太阳能和风能，地热能资源可以被局部耗尽。尽管经过一段时间的加热可能被耗尽，但闭环系统和水注入可以补充水或蒸汽。合理管理的地热能电厂可以有效供电 50 年或更长时间，但是本地资源的恢复可能需要几个世纪。

地热能相对于其他可再生电力资源的一个优势是它的连贯性。不像风能和太阳能，它几乎不受天气的影响。地热能很高的可利用率——一般 90%或更高（相比于很多煤电厂的 75%）——可以一天 24 小时满足基本负载的发电需要（美国能源部，2006a）。

此外，在适当的地点，地热能发电是具有经济竞争力的。加州的间歇泉电厂电力售价在 3~3.5 美分/千瓦时之间，而新电厂预计可能生产 5 美分/千瓦时的电能（见图 8-3）。就太阳能和风能发电来说，大部分成本是不含燃料成本和低运营成本的前期投资。新电厂的成本预计为 2500 美元每千瓦装机容量（美国能源部，2006a）。

一些地热能发电厂也许会产生较少的含硫气体和 CO_2 排放，但少于燃烧天然气的发电厂。二元式发电厂是闭合循环的，并且不会释放大量的气体和气体排放物。溶解的矿物质通常随着远低于地下水蓄水层的过量水分被重新注入地热储层，地下蓄水层的水可能被用来饮用或灌溉。一些确会产生淤泥的电厂必须处理这些物质或找到有利的使用方式（如硫、锌和硅的回收）（美国能源部，2006a）。

8.4.5   水力资源

水力资源是目前最大的可再生发电资源,大约占美国发电量的7%,在超过2000个地点有大约80000兆瓦发电容量。美国能源部的一项评估确认,其他5677个地点有30000兆瓦未被开发的产能(美国能源部,2005a)。[14]这个有限的数字和产能未被开发的地点,以及水坝对环境的影响,限制了建设新的大规模水电站的机会。

水坝阻碍了鱼类的迁徙,这个问题可以用鱼道来缓解。他们会把鱼类吸入涡轮机而对其造成伤害或将其杀死,会淹没土地,会阻碍自然循环,并改变河道水流、气温和沉积物。近年来,有些水坝已被打破以恢复河流的自然状态。同时,相互竞争的用水需求,包括航运、灌溉、保护水生生物的栖息地,已经使一些地区的水力发电量缩减了。美国能源部预计水电在全国发电量中的份额将在接下来的几十年里持续降低。

利用河川天然动力的水电厂规避了与完全筑坝相关的环境问题。这些电厂将河流流量的一部分转入涡轮机发电,留大部分水流在河里自然地流动。这种方式可以一个很大的规模实现,就像在尼亚加拉大瀑布的水电厂那样,或者以小型规模实现,包括22.5兆瓦以下的微型水电项目,适合于单个家庭或小型企业使用。

水力发电的另外一个方式,也即海洋电力的开发,被称为移动水电站或自由流动水电站(见图8-7)。这种方式利用固定或安装在水流中的涡轮通过河水水流、渠道水流、洋流,或者不需要大坝、蓄水库或调水的潮汐来发电。这项技术的一个开发者弗敦电力公司(Verdant power)估算,其潜力在美国有12500兆瓦,在全球有250000兆瓦。这家公司的第一个项目是在纽约州能源研发所的支持下,在纽约市东河安装了发电容量为10兆瓦的一组潮汐发电机。根据弗敦电力公司的测算,东河(实际上是连接纽约港、长岛海湾和哈莱姆河的咸水河道)的四个地点可能共有40兆瓦的潮汐发电潜能(弗敦电力公司)。

美国能源部正在评估低水头(静水高度低于30英尺)、低功率(1兆瓦以下)水力资源的潜力。能源部也在进行降低水力发电的环境影响,并提高现有水电厂的性能和效率的研发。

8.4.6   海洋能源

海洋能源资源包括波浪能、潮汐能、洋流能,以及可能从热带水域深浅海水之间的温差中获得的能源(海洋热能转换——OTEC)。这些目前都是巨大能源资

图 8-7 利用河水水流/水渠水流、潮汐或洋流的轴向流动的水平旋翼涡轮机移动电站（KHPS）

源，但是面临着高成本和技术性的问题。它们还会引起环境问题和选址问题。

海里和海岸上的装置都可以捕获到波浪能。据估计，全球有 200 万兆瓦的潜能，美国西北和东北海岸沿岸都是资源丰富的地区。西北太平洋的资源每米海岸线能够生产 40~70 千瓦能量，可以换算成 40~70 兆瓦/千米或 67~117 兆瓦/英里（美国能源部，2005c）。

深入水中（一般超过 40 米深）的近海装置从波浪的摆动运动中获得能量。有些装置是在岸上捕获能量。在震荡水柱方法中，进出钢铁或混凝土建筑物的水对封闭空气柱进行压缩和减压来转动涡轮机。锥形水道或"束制水道"系统受限于有悬崖的地点——海浪将水推到越来越窄的锥形水道进入建在悬崖顶上的蓄水库，水从蓄水库流回海里推动涡轮机。随着安在一个一边向海敞开的盒子上的带有铰链的盖子的摆动，摆动设备从这种往复运动中获得能量。海上波浪发电系统需要大型的建筑，并可能会影响泥沙的流动和海洋生物。它们还会影响景观。

有几种方式可以获取潮汐能。前面讨论过的移动的或自由移动的涡轮机在不构建可能会扰乱海洋生物和航海的阻碍水流的壁垒的情况下，从潮汐和洋流中获取能量。这种涡轮机的运行就像在水下的风力涡轮机，但是水更大的密度意味着，要获取一定量的电力需要的叶片长度更短。例如，直径 15 米的自由流动涡轮机可以获得与直径 60 米的风力涡轮机同样多的能量。其他的潮汐能获取方法需要建立壁垒。拦河坝或水坝截留下水，然后当水平面有足够的落差的时候将其释放来发电。或者，随着潮汐流推动旋转式栅门装置，横放在水道中的潮汐栅栏就能发电。适合于建水坝或拦河坝的区域是有限的，并且这种建筑会影响海洋生物，扰乱泥沙流动。潮汐栅栏可能会影响海洋生物，妨碍航海（美国能源部，2005b）。

海洋热能转换（OTEC）有巨大的理论潜力，但却是海洋能源资源中技术上和经济上难题最多的一种。这项技术从表层温水和深层冷水之间的温差中（20摄氏度或 36 华氏度）获取电力。其合适的地点局限在接近于超过一英里深度的热带沿海区域。表面温水蒸发了沸点低的化学物质，如氨（闭合系统），或者在低压容器中自身蒸发（开放系统）以产生蒸汽推动涡轮机。大型管道将极深处的冷水抽上来以压缩蒸汽。在封闭系统中，氨或其他液体被重复使用。开放系统中凝聚的水是无盐的，而淡水是一种有用的产品。混合系统结合了闭合与开放装置的特点。抽取深层冷水带上来了营养物质，这可以提高渔业生产率，但可能对生物区有其他影响。研究人员在很多地方以一个试点规模证明了海洋热能转换系统的有效性，包括美国自然能源实验室位于夏威夷群岛 Keahole Point 的 250 千瓦的封闭循环系统和 50 千瓦的开放循环系统。但是美国能源部目前没有支持海洋热能转换的研发。

所有海洋能源发电技术都面临着大量经济上和技术上的问题。有些可能需要额外的环境影响评估，并谨慎地选址、建造和运营，以减少潜在的负面环境影响。

8.5   未来之路

尽管有了相当大的进步，但是更广泛地利用可再生能源发电的最大障碍依然是成本。技术的持续进步提高了各种可再生能源技术在经济上和技术上的表现。

其他障碍也制约着可再生能源的推广，其中包括：不利于可再生能源发电的电力行业的交互连接规程；大部分州糟糕的或不存在的净值计量规则；电力公司的规划和资费策略将燃料成本转嫁给消费者但却忽视了一些不含燃料成本的可再生能源形式的价格稳定性；没有意识到或低估了现场可再生能源发电减少电力高峰需求的作用；与分区、选址和私房屋主相关的限制；还有大量对化石燃料和核能发电显在的和潜在的补助。

这些制度上和监管上的障碍有些是源自于对由处在公用事业委员会监管范围下的垄断电力公司经营的集中发电和输电的侧重。尽管很多州的电力业重组工作可能正在改变行业竞争环境，但是电力公司和监管者习惯于这种完全可分派的化石燃料、核能以及大型水电厂的生意和技术。在许多情况下，他们不那么习惯于分布式电源（化石燃料和可再生能源），能源终端使用效率和替代性可再生能源资源，并且有时候对这些怀有敌意或轻蔑。

可再生能源不够充足的谬论强化了这样的偏见，即化石能源、核能和大型水电能源是"硬性"的生意和技术，而能效和可再生能源是理想主义者、环保极端主义者、反资本主义者，以及类似的人倡导的"软性"方案。尽管主流行业中的英国石油公司、通用电气、三洋、夏普、西门子、壳牌，以及其他优秀的企业在可再生能源上做了很大的投资，与之相随还有数量不断增加的受利润驱使的可再生能源企业、风险投资者和天使投资人，但情况还是如此。

如同前面提到的，可再生能源本身相较于其他能源资源减少环境和健康影响的益处并不被需要。减少这些影响最好的方式是让那些制造污染、废物和其他环境危害物的人为此付出代价，可以通过直接阻止、控制、治理其危害的方式，或对负面的健康和环境影响进行补偿。这也就是人所共知的污染者负担原则——制造了污染的人应为其影响承担责任，而非由纳税人、全社会或受害者承担。通过将这些"外部"的环境成本内部化，不洁能源和技术的使用者必须付更多的费用，这可以使高能源效率和清洁能源——无论化石能源还是可再生能源——更具经济吸引力。

完全执行污染者负担原则（除了给某些大型电力企业带来成本的明显政治压力）的一个困难是很多对健康和环境的影响是不确定的和难以货币化的。一吨 CO_2 通过全球变暖带来的破坏价值几何？NO_x 导致的哮喘、海岸水域的营养负荷、破坏庄稼的污雾，或破坏湖泊和森林的酸雨的货币成本是多少？尽管如此，我们知道这些成本不会是零，并且知道美国目前环境控制要求的水平依然允许大量的健康影响和环境破坏，而且没有考虑全球气候变迁。

有几种内部化环境成本的方法可以促进可再生能源的发展。还有一些政策工具可以促进可再生能源的发展。这些政策工具是：

● 指挥—控制法规。
● 污染限额和污染许可交易（总量管制与交易制度）。
● 环保费用或税收。
● 可再生能源配额制。
● 可再生能源补贴。
● 可再生能源研发。

指挥—控制法规是传统的监管方式，它要求发电厂达到污染控制的特定水平，并且指定特殊的设备和操作。过去，这些法规帮助实现了发电厂的大幅减排。相对于清洁能源和技术，包括可再生能源，更严格的污染标准有助于提高使用不洁能源和技术的成本。指挥—控制法规在指定的监管要求以外常常缺乏灵活性或激励性。它们在导入市场力量以实现最大成本效益的结果方面所起的作用不大。针对发电厂越来越严格的指挥—控制法规对某些会对周边造成严重影响的有毒污染物是最合适的，但是对于那些影响范围达到整个地区、国家或全球的污染物，如 SO_2、NO_x，可能还包括 CO_2，总量管制与交易制度方式可能更具成本效益。对于化石燃料的萃取过程，指挥—控制法规为矿区和油气田的运作和复原设定了标准。

在总量管制与交易制度体系下，发放允许某种程度的最大排放量的配额。[15] 配额以拍卖的形式，以及基于过去的排放量分配，或是以两者结合的方式分配。随着时间的推移，有效的配额数量会减少到一个较低的总体排放量。虽然指挥—控制法规在某种程度的基本水平上可能仍然有效，但是发电厂可以通过强化污染控制、使用清洁能源、减少运作流程，或从其他已经实现减排目标的电厂购买超额排放配额等方式灵活地满足他们的需求。比之在指挥—控制法规体系下所达成的，能够以低成本实现更大的减排，要归功于美国 1990 年清洁空气法案修正案下的 SO_2 总量管制与交易制度体系（Burtraw and Palmer，2003）。

总量管制与交易制度常被认为是控制 CO_2 最可行的方式。美国没有签署的《东京议定书》允许 CO_2 排放许可的国际交易，这样一来，若是国外比国内便宜，企业可以从国外购买 CO_2 排放许可。美国东北部的一些州发起了一个区域温室气体减排行动，包含了一个 CO_2 多州总量管制与交易制度体系（区域温室气体减排行动，2006）。美国国家能源政策委员会建议建立一个全国性的 CO_2 总量管制与交易制度体系，一些议案已经提交给国会了（美国国家能源政策委员会，2004）。该委员会的建议包含一项在限额许可太贵的情况下允许发电厂按设定的价格购买额外许可的规定。这为防止能源供应的成本过高和中断的可能性设置了一个经济安全阀门，同时依然能够为能源效率和可再生能源的发展提供有效的激励。

环保税收和费用是对废气排放、废水、废弃物或其他环境危害物收取的税费。其收入可以被用于相关的环保和能源项目。或者它们可以被作为一般性收入使用，也许是用于相应地减少收入和其他税收以实现收入中性（也就是没有净增加税收），以及使税基更多地移向对"坏物品"（如污染物和废弃物）征税而非"好物品"（劳务、储蓄和投资）。根据清洁能源法案，美国的电厂和其他需要大量资源许可证的企业要为 SO_2、NO_x、挥发性有机化合物，以及微粒排放缴纳年费——2004 年是 38.78 美元/吨。但是，这项旨在资助许可证项目的费用给每种污染物的最高排放标准是 4000 吨，因此无法给通常污染回报率高得多的电力公司和商人发电厂带来减排激励。15 个州和哥伦比亚特区通过对电费征收的"系统利益费用"或"公共利益基金"费用，来为资助能源效率、可再生能源以及其他清洁能源的发展提供资金（可再生能源数据库，2006）。碳收费已被提议作为打击二氧化碳排放的机制，也可作为独立的费用，或者像美国国家能源政策委员会所建议的那样，作为总量管制与交易制度项目的补充或安全阀。

22 个州和哥伦比亚特区建立了可再生能源配额制（RPS），该制度要求电力公司一定比例的电力源自于可再生能源，不管是来自自身还是其他发电厂（可再生能源数据库，2006）[16]。典型的可再生能源配额制包含一个所要求的可再生能源发电的比例不断增加的时间框架。可再生能源配额制可能还有一个可交易许可组分，该部分允许电力公司对将可再生能源电力输送到电网中的可再生能源电力许可证（也被称为绿色标签）进行交易。将联邦可再生能源配额制放入 2005 年能源政策法案中的尝试失败了。可再生能源配额制是对化石燃料的隐性税收和对可再生能源的补贴。对于可再生能源配额制这种可在全国范围内应用的措施，可以设置一个价格上限作为限制潜在成本上升的保护措施。

可再生能源补贴包括，能源政策法案许可的针对某些可再生能源发电厂的联邦可再生能源税收减免。美国农业部也通过补助金、贷款和贷款担保的方式，为可再生能源在农林业和乡村地区的发展和实施提供了大量的财政支持。其他的联邦和州的税收激励，还有补助金和税收退回——特别是那些收取系统利益费用的州——也用来资助能源效率和可再生能源的发展。如同前面提到的，可再生能源配额制也是一种可再生能源补贴形式。

另外一个促进可再生能源发展的工具是研发基金的支持，特别是由于技术上和经济上的障碍仍然是可再生能源更深入地渗透市场的重大难题。

未来资源研究所的学者评估了这些工具可能的效率和成本（Fishcher and Newell，2004；Palmer and Burtraw，2004）。他们的分析显示，可再生能源配额制的方法和其他对可再生能源的补贴可能对促进可再生能源发展最有效，而那些聚焦于碳的措施，如 CO_2 总量管制与交易制度，在减少 CO_2 排放上更有效率。这部分是因为可再生能源配额制的单独使用对于发电来说，可能更多地代替的是天然气而非煤炭。相比而言，聚焦于 CO_2 的措施为低碳燃料（天然气而不是煤炭）的使用和能源效率的提高，还有可再生能源的使用提供了激励。这些方法的结合使用是值得考虑的，同时要考虑的还有其成本。这些研究还显示，在这些被检验的用以发展可再生能源和减少温室气体排放的政策方案中，关注可再生能源的研发也许是最划算而最没效率的方案。对研发的重视是一个技术推动的战略，其需要与市场拉动政策和条件相匹配，以之将新技术有效地引入市场并使其扩散。[17]

一些评论家称，可再生能源已经获得了太多的补贴，并且这些措施无谓地提高了成本、降低了经济福利、扭曲了市场。这些争论忽视了对化石能源对人类健康和环境的影响的外部成本的隐性补贴。他们也没考虑给予化石燃料和核能电厂的大量的纳税人直接补贴。

国会研究服务处提出，在 1973 财年至 2003 财年，核裂变与核聚变的联邦研发开支（以 2003 年美元价值计）总计达 497 亿美元，化石能源达到 254 亿美元，可再生能源为 146 亿美元，用在提高能效上的是 117 亿美元。在 1948 财年至 2003 财年这样一个更长的期间内，56%（740 亿美元）用在核能上，24%（309 亿美元）用在化石能源上，11%（146 亿美元）用在可再生能源上，9%（117 亿美元）用在提高能效上（Sissine，2005）。

对化石能源和核能的非研发补贴也很充足，包括核电厂经营者的责任限制；直接费用化煤炭、石油和天然气的开采和加工成本；肆无忌惮地消耗补贴和“无形”开发成本的税收减免；对黑肺病基金的联邦补贴；主要惠及了化石燃料生产的非传统燃料生产税收减免；根据能源政策法案，先进的核反应堆有获得贷款担保和产品税减免的资格；除此之外，能源政策法案规定，为生产海上石油和天然气的州提供四年共 10 亿美元的资金。

可再生能源可以有效地满足我们的电力需求，并有助于解决重大的环境问题，包括全球变暖问题。可再生能源不够充足或太分散而不能满足美国电力需求的增长的传说是不实的。理论上，美国的可再生能源基础可以满足全国的电力需求很多次，尽管其还有很多技术上和经济上的难题。

未来之路需要用政策将健康和环境的成本（包括我们的气候的改变）内部化。这会刺激清洁能源市场、投资和技术进步，带来更高的能源使用效率和更清洁的能源供应。随着时间的推移，可再生能源的使用将会提高，人类可以过渡到可持续地依赖大自然的产出而非消耗其资本的时代。

注 释

[1] Sulfur dioxide (SO$_2$) and nitrogen oxides (NOx) emitted by power plants can undergo changes in the atmosphere to form fine particulates. Power plants also emit particulate matter directly.

[2] DOE data were for 2004 emissions. (EIA, 2006, Table A8, p. 148) EPA data on 2003 emissions were used to derive rough proportion of electrical generating related emissions to total emissions. (EPA, 2005a, nitrogen oxides and sulfur dioxide natiorial emissions totals tables). NOx consists of several compounds but by convention the mass of emissions is reported as NO$_2$.

[3] For instance, the EPA Chesapeake Bay Program estimates about 25% of nitrogen load to the Chesapeake Bay is from atmospheric deposition, though this may be from ammonia as well as NOx emissions (Chesapeake Bay Program, 2005).

[4] Percentages vary slightly depending if combined heat and power (CHP) plants for off-site energy sale and end-use generation are included. These contribute 5 and 4%, respectively, to total electricity generation.

[5] Percentages vary slightly depending if CHP plants for off-site energy sale (4% of total capacity) and end-use generation (3% of total capacity) are included.

[6] Carbon sequestration is the process of removing CO_2 from the air or a power plant either by physical or chemical separation and geological storage (for instance, in deep aquifers, old oil and gas fields, or deep ocean) or by nurturing biological fixation by plants into plant material and soil organic matter.

[7] Dukes (2003) estimated the amount of ancient biomass required to create fossil fuels. He calculated that one gallon of gasoline required 90 metric tons of precursor biomass. The geological processes of converting biomass in fossil fuels are highly inefficient. Dukes calculated that one year's (1997) human fossil fuel use is derived from organic material equivalent to over 400 times the annual net primary productivity (essentially all photosynthesis minus respiration) of the Earth's current biota. In contrast, using biomass more directly is much more efficient. He estimated that fossil fuels could be replaced by increasing current human exploitation of biomass (from agriculture, forestry, fisheries, and other extraction of plant and animal material) by about 50%.

[8] For instance, quantum dot-based PVs may potentially achieve over 40% efficiency (Weiss, 2006).

[9] It should be noted that PVs at an electric customer's facility competes against the retail electric rate as compared to the electric utility's wholesale cost. PV-generated electricity used onsite has little or no transmission and distribution cost, while power entering the electric grid-PV or otherwise-to serve other customers will entail such costs.

[10] The California Solar Inititiative is a 10-year, $2.9 billion program with a goal of 3000 MW of installed solar electric capacity by 2017 (CPUC, 2006).

[11] Wind resources are divided into seven classes based on mean power density and corresponding wind speeds at a specified height. DOE considers class 4 and above (at least $400W/m^2$ and 7 m/s) to be suitable for current advanced turbines while class 3 ($300{\sim}400W/m^2$ and 6.4-7 m/s) may be viable in the future (DOE, 2005d). The wind industry is more optimistic about class 3 resource viability.

[12] Capacity or availability factor is the proportion of energy delivered as

compared to energy that could be delivered if the facility operated continuously with no stoppages at its stated capacity. For comparison, U.S. nuclear plants operated at close to 90% capacity factor during 2002–2004 and coal units may be in the 75% range (DOE, 2006a; IAEA, 2006).

[13] MSW may also include combustible non–biomass/non–renewable energy components, such as plastics.

[14] The DOE assessment covers only 49 states; data from Delaware were unavailable.

[15] The phase down of leaded gasoline in the United States and wetland banking to compensate for wetland development are non–emissions examples of this approach. Certain fishing allowances and New York City taxicab medallions are still other cap–and–trade examples.

[16] Pennsylvania has an alternative energy portfolio standard that includes, in addition to renewable energy, certain non–renewable energy technologies such as advanced cleaner coal, coal waste utilization, and CHP technologies.

[17] See discussion of technology-push, market-pull, and models of innovation discussion in OTA (1995).

参考文献

Abt Associates, Inc.: 2004, "Power Plant Emissions: Particulate Matter – Related Health Damages and the Benefits of Alternative Emission Reduction Scenarios," prepared for the Clean Air Task Force, [online] http: //www.cleartheair. org/dirtypower/docs/abt_powerplant_whitepaper.pdf, accessed March 7, 2006.

Aitken, D.: 2005. "Germany Launches Its Transition to All Renewables," March 10, 2005, Solar Today, reproduced by SusminableBusiness.com, [online] accessed http: //www.sustainablebusiness com/features/feature_printable.cfm? ID = 1208, March 7, 2006.

Amedcan Bird Conservancy: 2004, "American Bird Conservancy Wind Energy Policy," [online] http: //www.abcbirds.org/policy/windpolicy.htm.accessed March 7, 2006.

[AWEA] American Wind Energy Association: 2006a, "Wind Energy and Wildlife: Frequently Asked Questions," [online] http: //www.awea.org/pubs/ factsheets/050629_Wind_Wildlife_FAQ.pdf, accessed March 7, 2006.

[AWEA] American Wind Energy Association: 2006b, "Wind Energy Basics," [online] http://www.awea.org/faq/tutorial/wwt_basics.html, accessed March 7, 2006.

[AWEA] American Wind Energy Association: 2006c, "Wind Energy Potential," [online] http://www.awea.org/faq/tutorial/wwt_potential.html, accessed March 7, 2006.

Appenzeller, T.: 2006, "The Coal Paradox," National Geographic 209: 3 (March 2006), pp.98–103.

Bat Conservation International: 2006, "Bats & Wind Energy" [online] http://www.batcon.org/home/index.asp? idPage=55&idSubPage=26, accessed March 7, 2006.

Brown. Marilyn A., Levine, Mark D., Short, Walter, and Koomey, Jonathan G: 2001, "Scenarios for a Clean Energy Future," Energy Policy 29: 14, pp.1179–1196.

Burtraw, D. and Palmer, P.: 2003, "The Paparazzi Take a Look at a Living Legend: The SO$_2$ Cap–and–Trade Program for Power Plants in the United States," Resources for the Future, Discussion Paper 03–15, April 2003, [online] http://www.rff.org/Documents/RFF-DP-03-15.pdf, accessed March 7, 2006.

California Public Utility Commission (CPUC): 2006, "PUC Creates Ground–breaking Solar Energy Program," [online] http://www.cpuc.ca.gov/PUBLISHED/NEWS-RELEASE/52745.htm, accessed June 4, 2006.

[CEED] Center for Energy and Economic Development: 2006, Fuel Resources Table, [online] http://www.ceednet.org/ceed/index.cfm? cid=7538, 7595, 7816, accessed June 4, 2006.

Chesapeake Bay Program: 2005, "Air Pollution," [online] http://www.chesapeakebay.net/air_pollution.htm, accessed June 7, 2006.

[DSIRE] Database of State Incentives Rules, Regulations, & Policies for Renewable Energy (DSIRE): 2006, [online] http://www.dsireusa.org/summarytables/regl.cfm? &currentPageID=7 &EE=O&RE=1, accessed March 7, 2006.

Dukes, J.S.: 2003, "Burning Buried Sunshine: Human Consumption of Ancient Solar Energy," Climatic Change 61, pp.31–44.

[EIA] Energy Information Administration, U.S. Department of Energy: 2005a, Annual Coal Report, Coal Production and Coalbed Thickness by Major Coalbeds and Mine Type, [online] http://www.eia.doe.gov/cneaf/coal/page/acr/table5.html, accessed March 7, 2006.

[EIA] Energy Information Administration, U.S. Department of Energy: 2005b,

International Energy Outlook 2005, DOE/ElA-0484 (2005), [online] http: //www. eia.doe.gov/oiaf/ieo/electricity.html, accessed June 4, 2006.

[EIA] Energy Information Administration, U.S. Department of Energy: 2005c, "Regional Energy Profile: U.S. Household Electricity Report," [online] accessed http: //www.eia.doe.gov/emeu/reps/enduse/er01-us.html, June 4, 2006.

[EIA] Energy Information Administration, U.S. Department of Energy: 2005d, Annual Energy Outlook 2005, DOE/EIA-0383 (2005), Washington, DC [online] http: //www.eia.doe.gov/oiaf/archive.html, accessed June 22, 2006.

[EIA] Energy Information Administration, U.S. Department of Energy: 2006, Annual Energy Outlook 2006, DoE/EIA-0383 (2006), [online] http: //www.eia. doe.gov/oiaf/aeo/index.html, accessed March 7, 2006.

Enviro Truth.org: "Myth #9: Associated Energy Myth: Solar and Wind Power Can Soon Be Significant Contributors to the Base Load Energy Needs of Canada and the United States," [online] http: //www.envirotruth.org/myth 9.cfm, accessed June 4, 2006.

[EWEA] European Wind Energy Association: 2005, "Large Scale Integration of Wind Energy in the European Power Supply: Analysis, Issues, and Recommen- dations," http: //www.ewea.org/index.php? id=178.accessed March 7, 2006.

Fischer, C. and Newell, R.: 2004, "Environmental and Technology Policies for Climate Change and Renewable Energy," Resources for the Future Discussion Paper 04-05, Resources for the Future, Washington, DC, USA.

Huq, Z.: "Biomass for Electricity Generation," DOE, Energy Information Administration, [online] http: //www.eia.doe.gov/oiaf/analysispaper/biomass, accessed March 7, 2006.

Interlaboratory Working Group: 2000, Scenarios for a Clean Energy Future, Oak Ridge National Laboratory and Lawrence Berkeley National Laboratory, ORNL/ CON-476 and LBNL-44029, [online] http: //www.ornl.gov/sci/eere/cef/, accessed March 7, 2006.

[IAEA] International Atomic Energy Agency: 2006, "Nuclear Power Plants Information: Last Three Years Energy Availability Factor," [online] http: //www. iaea.org/cgi -bin/db.page.pl/pris.factors 3y.htm? faccve =EAF&facname =Energy% 20 Availability%20Factor&group=Country, accessed March 7, 2006.

Kutscher, C.: 2000, "The Status and Future of Geothermal Electric Power, 2000," presented at the American Solar Energy Society Conferenee, Madison, WI,

June 16-21, 2000, NREL/CP-550-28204, [online] http://www.nrel.gov/docs/fy000sti/28204.pdf, accessed March 7, 2006.

Lemieux, P.M.: 1998, Project Summary: Evaluation of Emissions from the Open Burning of Household Waste in Barrels, EPA, National Risk Management Research Laboratory, EPA/600/SR-97/138, [online] www.epa.gov/ttn/atw/burn/trash-burnl.pdf, accessed March 7, 2006.

Milloy, S.: 2004, "Renewable Energy, Enviros and New Job Creation," (18 April, 2004) on FoxNews.com, [online] http://www.foxnews.corn/printer_friendly_story/0.3566, 117223.00.html, accessed June 4, 2006.

Mitchell, J.G.: 2006, "When Mountains Move," National Geographic 209: 3 (March 2006), pp. 104-123.

[NCEP] National Commission on Energy Policy: 2004, "Ending the Energy Stalemate: A Bipartisan Strategy to Meet America's Energy Challenges," p. 62, [online] http://www.energycommission.org/materials/, accessed March 6, 2006.

[NREL] National Renewable Energy Laboratory, Energy Analysis Office, U.S. Department of Energy: 2002, "Renewable Energy Cost Trends," [online] http://www.nrel.gov/analysis/docs/cost_curves_2002.ppt, accessed March 6, 2006.

[NREL] National Renewable Energy Laboratory, U.S. Department of Energy: 2004, PV FAQ: How much land will PV need to supply our electricity? DOE/GO-102004-1835, [online] http://www.nrel.gov/ncpv/pdfs/land_faq.pdf, accessed March 7, 2006.

[NWCC] National Wind Coordinating Committee: 2004, "Wind Turbine Interactions with Birds and Bats: A Summary of Research Results and Remaining Questions," [online] http://www.nationalwind.org/publications/wildlife/wildlife-fact-sheet.pdf, accessed March 7, 2006.

[ORNL] Oak Ridge National Laboratory: 2006, Biomass as Feedstock for a Bioenergy and Bioproducts Industry: The Technical Feasibility of a Billion-Ton Annual Supply, DOE/GO-102995-2135 and ORNL/TM-2005/66, [online] http://feedstockreview.ornl.gov/pdf/billion_ton_vision.pdf, accessed June 4, 2006.

[OTA] Office of Technology Assessment, U.S. Congress: 1995, Innovation and Commercialization of Emerging Technologies, OTA-BP-ITC-165, U.S. Government Printing Office, Washington. DC, USA.

Palmer, P. and Burtraw, D.: 2004, "Electricity, Renewables, and Climate Change: Searching for a Cost-Effective Policy," Resources for the Future, Washington, DC, USA.

Raymond, Lee: 1997, Speech at the World Petroleum Congress, Beijing, October 13, 1997.

Reece, E.: 2006, "Moving Mountains: The Battle for Justice Comes to the Coal Fields of Appalachia," Orion, January/February 2006, [online] http: //www. oriononline.org/pages/om/06-1om/Reece.html, accessed March 7, 2006.

[RGGI] Regional Greenhouse Gas Initiative: 2006, [online] http: //www.rggi. org/, accessed March 7, 2006.

Sissine, F.: 2005, Renewable Energy: Tax Credit, Budget, and Electricity Production Issues, Library of Congress, Congressional Research Service, Order Code IB 10041, Washington, DC., USA.

[SEIA] Solar Energy Industries Association: Solar Energy Types 2006, [online] http: //www.seia org/solartypes.php#, accessed March 6, 2006.

Solarbuzz: Portal to the World of Solar Energy 2006a, [online] http: //www. solarbuzz.com/index.asp, accessed March 7, 2006.

Solarbuzz: 2006b, Price survey for February 2006, [online] http: //www. solarbuzz.com/SolarPrices.htm, accessed March 6, 2006.

[UCS] Union of Concerned Scientists: 2005, "Increasing Renewables: Costs and Benefits, " [online] http: //www.ucsusa.org/clean_energy/renewable_energy_ basics/increasing-renewables-costs and-benefits.html, accessed March 6, 2006.

[DOE] U.S. Department of Energy: 2004, Windpowering America: Clean Energy for the 21st Century, DOE/GO-102004-1899, [online] http: //www.nrel.gov/ docs/fy04osti/35873.pdf, accessed March 7, 2006.

[DOE] U.S. Department of Energy: 2005a, "Hydropower Resource Potential," [online] http: //www 1.eere.energy.gov/windandhydro/hydro_potential.html, accessed March 7, 2006.

[DOE] U.S. Department of Energy: 2005b, "Ocean Tidal Power," [online] http: //www.eere.energy.gov/consumer/renewable_energy/ocean/index.cfm/mytopic = 50008, accessed March 7, 2006.

[DOE] U.S. Department of Energy: 2005c, "Ocean Wave Power," [online] http: //www.eere.energy.gov/consumer/renewable -energy/ocean/index.cfm/mytopic = 50009, accessed March 7, 2006.

[DOE] U.S. Department of Energy: 2005d, "Wind Energy Resource Potential," [online] http: // wwwl.eere.energy.gov/windandhydro/wind_potential.html, accessed

March 7, 2006.

[DOE] U.S. Department of Energy: 2006a, "Geothermal FAQs," [online] http: //wwwl.eere.energy.gov/geothermal/faqs.html, accessed March 7. 2006.

[DOE] U.S. Department of Energy: 2006b, "Ocean Thermal Energy Conversion," [online] http: //www.eere.energy.gov/consumer/renewable_energy/ocean/index.cfm/mytopic=50010, accessed March 7, 2006.

[EPA] U.S. Environmental Protection Agency (EPA): 2005a, Air Trends, [online] http: //www.epa.gov/airtrends/2005/econ –emissions.html, accessed March 7, 2006.

[EPA] U.S. Environmental Protection Agency: 2005b, Inventory of U.S. Greenhouse Gas Emissions and Sinks: 1990–2003, EPA 430–R–05–003, [online] http: //yosemite.epa.gov/oar/globalwarming.nsf/UniqueKeyLookup/RAMR69V528/$File/05executivesummary.pdf, accessed March 7, 2006.

[EPA] U.S. Environmental Protection Agency (EPA): "Landfill Methane Outreach Program" overview web page, [online] http: //www.epa.gov/lmop/overview.htm, accessed March 7, 2006.

[USFWS] U.S. Fish and Wildlife Service (USFWS): 2002, "Migratory Bird Mortality: Many Human–Caused Threats Afflict Our Bird Population," [online] http: //birds.fws.gov/mortality–fact–sheet.pdf, accessed March 7, 2006.

Verdant Power [online] http: //www.verdantpower.com/initiatives/currentinit.html, accessed March 7, 2006.

Weinberg, C.J. and Williams, R.H.: 1990, "Energy from the Sun," Scientific American (September 1990), pp. 147–155.

Weiss, P.: 2006, "Quantum–Dot Leap," Science News 169: 22, pp. 344–345.

White, D.: 2004, "Reduction in Carbon Dioxide Emissions: Estimating Potential Contribution From Wind–Power," Renewable Energy Foundation, [online] http: //www.countryguardian.net/whiteco2.pdf, accessed June 4, 2006.

第❾章　能源传说八

——世界电力系统是经济最优和环境
最优的

　　关于能源政策、环境监管以及全球变暖的讨论是从当前暖气和电力组合系统是环境最优这一毫无争议的假设开始的。因而可以得出，任何改变能源系统获得其他目的的行动，例如，降低污染，都会提高能源服务成本，破坏经济发展。进而说明获得廉价、清洁能源的唯一途径是发明和开发新技术。这种观点被广泛认同。总统 George W. Bush 在一次气候变化会上发表重要讲话："技术就是入场券"（2005）。[1] 但能源系统并非最优，社会不需要在收入与清洁能源上权衡。

　　我们质疑"新技术是缓解气候变化最重要的条件"这个近乎普遍的观点。尽管能源系统是全球最大的单一工业，但能源企业家并非可以随意以其他行业的方式创新。市场有效的传统观念现在也不得不把电力行业没有真正的运作市场这一情况考虑进去，至少没有有效到我们可以相信的程度。事实上，这一仅存的大型产业由公共事业委员会计划，在 5 年工作计划中发挥作用（称评估方案）。

　　这些法规和垄断保护是能源系统创新的重要障碍，极大地阻止了降低净能源成本和减少排放量这一可靠技术的部署。消除能源创新的障碍是每个关心能源成本、化石燃料排放、化石燃料使用对国家安全的影响和制造业工作岗位的人的工作。

　　一些支持政府政策的假设和电力系统是最优的传说和工业能源使用最优的传说一样存在着种种缺陷。电力产业做出次优选择至少已有 30 年，导致了不必要的资本支出、化石燃料的过度消耗、不必要的污染以及电价过高。制造工业同样没有使得他们的制造最优。工业企业经常将能源视为非核心业务，然后严格配置这些财力和人力资源，致力于提高能源效率。企业却经常忽略节能项目需要一两年的回报期这个问题。由此产生的机会，对靠外包工业能源供应来获取利润的其他电力企业来说，却是一个广阔的发展领域。但是，规章制度和监管机构却致力于保护电力的分配垄断，很大程度上危害了这类项目的经济利益。美国电力系统未能优化主要是由电力行业治理引起的。电力行业治理由一系列规章制度组成。

这些制度要么是基于历史技术选择原因，要么是为了维持他们的直线垄断，通过电力分配设备人为制定的。

量化次优的美国电力系统是相当有意义的。本章我们将对这些结论进行完全的阐述：

● 通过对新一代现代工业废料能源流的回收利用，美国经济将能多得 64000 兆瓦的电量。假设这种新能源每年利用率为 70%，每年也能产生 3920 亿千瓦时的电量，一年就能够节约 40000 万亿库德的化石燃料。

● 通过在需要供暖的用户附近建发电站，美国能有效地回收利用发电产生的一半废热，同时能节省 13 库德的化石燃料。

● 每年节约的 17 吨化石燃料能降低大约 700 亿美元的能源成本，同时缩减美国化石燃料的使用量——从 2004 年的 85.7 库德（EIA，2005）降低到 68.7 库德。在化石燃料使用和相应的二氧化碳温室气体排放方面，这大约是减少了 20%。

● 有效回收这类耗散的热能可以带来很多其他明显益处。它可以维持制造业岗位的稳定。空气污染也能降低同样的数量或者更多。化石燃料利用的减少将会显著降低燃料价格。这在新电厂建设中将是一个持久的繁荣。由于发电厂广泛分散在用户附近的地区，发电系统受恐怖分子和恶劣天气影响的概率也会降低（废弃的能源只能被建在用户附近的发电厂回收利用）。最后，其他国家也将被迫回收废弃能源以保持他们的竞争力。

我们认为美国能源工业的低效率代表着一个正在蔓延的灾难。这个灾难加剧了当前的很多难题，包括生产竞争、工作岗位、国家安全、电力传输系统应对极端天气状况和恐怖主义能力的脆弱性、收支平衡和全球变暖。我们将证明，通过简单地将效率阻碍移除以及鼓励重复利用或者像我们说的一样——在工业生产和发电方面回收利用当前浪费的能源流，管理或治理改变是如何有效地处理这每一个难题的。

最佳电力系统的传说是怎样流传下来的？电力系统是国家最大的工业，由许多大型的、利润丰厚的公司组成，且它们在公共关系上投资很多。确实，美国国家工程学院近来将当前的电业称为"21世纪最伟大的工程"，我们将它排列在汽车、电视、飞机和收音机这些发明之上。爱迪生电力协会（Hirst，2004，p.1）承办的一项州监管机构最近调查显示，西部有 1/4、东部有 1/2、南部有 2/3 的监管机构将美国电业系统描述为"是充分满足的"。类似地，一个来自北美电力可靠性委员会的报道得出了工业有"良好的经济前景"的结论，他们预测电能资源最早将在 2009 年能更大地满足人们的需求。

另外，电力行业坚持认为他们完全致力于客户目标。这强化了他们的电力生产和配送是最佳的这一传说。Entergy 在 2005 年面向股东的年报上说（p.12）："我们的使命是向我们的顾客安全供给清洁的、低廉的、可靠的能源。"爱迪生联合电力公司 2005 年的年报说："在为我们地区的未来能源做准备时，我们承诺将一星期七天，一天 24 小时地以供给安全和可靠的能源交付为己任。"

此外，标准经济理论定义声称竞争迫使企业在每个环节持续改进，减少浪费。按照该理论，富有竞争力的市场，不会不管地上的 100 元钞票；很多企业家早已将它们捡起。自从头条新闻宣称电力行业已经被"解除管制"，公众认为市场驱动力——亚当·斯密的"看不见的手"——将减少电力工业浪费和驱动降低电力配送成本。例如，一篇最近发表在《公共事业双周刊》上的文章认为，不管电业需要什么样的新投资，市场化解决方案将会不可避免地竞相建立（Huntoon and Metzner，2003）。而且，在评价整个 20 世纪 90 年代的电业改革成功时，Timothy J.Brennan 等人（2002，p.1）强调"打开市场可以让广泛的竞争给予公司更好的激励去控制成本和引进创新"。

解除管制已经引进有效的、正确的竞争，尤其是在那些技术已经成熟的部分发电厂中，但是，这个想法在这场可笑的测试中已经失败。几百年来，配送电的垄断权被适当地保留了下来。这个权利的实施阻止了地区或现场发电，是时候进行现实核查了。如果解除管制能实现真正的竞争，那么市场就能够发挥作用了。电力系统变得更加有效了吗？解除管制移除了阻碍效率的关键障碍了吗？

悲剧的是，答案基本上是：没有。一个世纪的垄断保护促生了许多反竞争规定。对于配电方面，这些反竞争规定仍然是有效的。阻碍竞争的一个最大的破坏性障碍是在大街上私拉电线被广泛禁止。这些禁令促使准电力企业家使用他们竞争对手的线路传输他们的产品——电，给他们的用户。然后，公共部门和监管机构又给那些本来已严重受地区产电影响的电定价。第二种竞争的障碍是应用在垄断保护活动中独有的奖励制度，例如在电业中。监管机构批准通过了能够给投资带来合理回报的价格。这鼓励了投入资本，忽视了效率。相反，富有竞争力的市场奖励低成本生产。电力部门提出了一个可测试的拟订性电力销售方案，并且和他们的监管委员会协商价格。同时，这些委员会也代表着各类用户的利益。市场并没有发挥作用。因为价格一定，公共部门的利润取决于他们的传输量——有多少电是通过他们的电线传输的。销售得越多，利润越大。这些引起地区保护、设备效率提高、地区产电的行为大大阻碍了公共部门的利益。当电流流向客户的时候，发电效率的提高对公共部门的利润毫无帮助。社会将这些制度引起的低效率和永久阻碍摆在了那些高效率的当地发电企业的面前。

历史证实了这点。在 1959 年，美国的电力系统用三单位的燃料才输出一单位的电。虽然随后的 46 年见证了用能源回收可以降低成本的非凡技术进步，但是，电力行业令人失望的33%的效率水平仍然没有改变（EIA，2005）。我们需要的不是把更多的注意力放到管理失败上，而是要放在电力工业回收利用废能源流减少消费者支出和化石气体排放的失败上。

解除管制使工业中的部分企业面对竞争，这已经起作用了，但仅限于规定中鼓励的方面。1992年的《能源政策法》开启了发电行业的全面竞争，即把电卖到输电网。这诱使电力公司改进劳动和资金有效利用率。在1990年，美国电力行业每生产100兆瓦发电容量要雇用75名工人。到2004年，公共事业行业将这个数字减少了大约52%，每100兆瓦的发电容量需要39人。整个核电机组的负载因数从1990年的66%上升到2003年的88%。然而，燃煤的负载因数从59%上升到72%。在相同时期，电力行业的煤电和核电发电容量仅仅增加了500万千瓦，或者说是增加了1%（1990年4.07亿千瓦）。但是，煤电厂和核电厂的电输出量增加了大约26%（EIA，2005）。这一改善避免了1亿千瓦发电容量的新电厂的建立。不然的话，电力行业必须另外建立新的煤电厂和核电厂，那将增加美国大约1500亿美元的费率基准，每年大约为1800万美元。但是，仅允许大规模竞争，部分市场的开放未能引发燃料利用率的提高。

一些学者忽视这些事实并声称自从电价上涨，解除管制就已经失败了。但是，相信在假定其他因素相同的情况下，通过输电价格就可以洞察解除管制的影响。事实上，全球燃料价格急剧上涨。从2000年起，用于发电的燃料价格3倍、4倍地上涨。伴随着无效率的增加，这些燃料价格的上涨掩盖了效率的增加。这些效率增加限制了解除管制在中心电厂工人劳动效率和资本生产率中的推进并且导致用电客户的电价上涨。用Adam Smith的话概括过去，在1978年之前，管制就束缚了潜在竞争者的两双"看不见的手"。1978年的《公共事业管理政策法》和1992年的《能源政策法》很大程度上联合成为了一只手，它允许第三方在有限的环境下发电，并与其他中心电厂竞争。但是，针对一些地区发电需绕道输电网的管理障碍被适当的留存下来，以束缚那只"看不见的手"。

要不是这个竞争开放的限制，今天的电价将会更高，但是鼓励效率的失败已经引发了问题。在效率方面没有任何改善的电力使用量的稳定增长已经急剧增加了对化石燃料的需求，同时，已经驱使现煤价格达到了15年前的4倍多。电力行业对天然气火力发电厂的采用增加了对天然气的需求并且引发了天然气价格的急剧上涨。所有这些价格的上涨最终由消费者承担。

本章将阐述电力行业在完全自由竞争状况下怎样减少用于发电的燃料使用，以及怎样回收利用能源废流。竞争的开放将开创一个良性循环的效率增加和燃料需求减少的局面，这将减缓燃料价格增长速度。

9.1 第一部分：最佳产电的理解

9.1.1 回收利用能源——一个治理方式

为了理解今天的电力系统出了什么问题，三点就足够了。

第一，要认识到生产过程和发电厂仅仅转化了可利用能源的一部分。可利用的能源是指那些燃烧做有用功的那部分。余下的潜在能量通常是要被丢弃的。正如刚才所提到的，美国发电系统平均将 2/3 的输入能源浪费了。很多工业流程也遗弃了大量的潜在能源。第二，理解了制造和发电中产生的大量废能，就能够很好地把他们回收利用为有用的热和能。但是只有能量回收设备位于用户附近才行。热能，是大量现有废能的形式，传输的太远就会失去它的价值。第三，理解美国电力工业仍然集中在偏远的发电厂，但是这些发电厂没有一个能回收利用废热。中心电厂模式适用于管理公共部门的管理者和独立发电商。对于独立的发电商来说这是必须的。作为中心发电厂定位的结果，电力行业燃烧的化石燃料大约是应用可利用技术的最佳经济效益系统的两倍。

有许多已被证实了的方法能有效回收利用当下被浪费的 17 万亿英热的能量[2]。这可以节省金钱，缓和气候的改变，改善美国工业的竞争状况，并且创造高技术性的工作。由于回收能源需要地区发电，所以它仍然是不受欢迎的。能源回收的可能性是社会最大的一个秘密。

最好的能源系统的谎言有助于保守能源回收利用的秘密。确切地说本章将会证明，如果这能省钱，公共部门早已回收能源。更确切地说，如果这样做是经济的，业界就已将把废能流转化成能量。而这两个假设都与事实不符。

为了从废能中汲取有用的产品，就必须在当地或者用户附近发电。但是，公共部门不喜欢地区发电，因为这减少了流经他们电线的电。在目前的管理系统下，这会减少中央公共部门的利润。管理者尚未纠正这个偏见。公共部门的管控，即经营和监管的不合理结合，被困在中央发电模式里。这种模式在一个世纪前有效，现在已经没有作用了。今天，管理系统通常以支持中央公用设施的持续努力来阻碍本地发电和通过工业能回收的发电。

9.1.1.1　回收利用工业废能

这是一个确定的事实，大量的工业废能流能够被回收利用成为有用的热能和电能。这些废能流包括热废气、品质低劣的燃料（它们中的一些通常被倾倒掉）以及高压气流。例如，利用为驱动涡轮发电机和发电而生产水蒸气的过程中产生的热废气（华氏600度或更高）是可行的。热耗在炼焦炉、玻璃熔炉、硅加工、冶炼厂、天然气管道压缩机、石油加工以及在金属行业的其他许多加工过程中被排放。[3]另一种回收利用能源的方法是燃烧当前排放的气体。这些废气来自于巨大的冶炼炉、冶炼厂或者来自于生产水蒸气和电的加工过程。

压缩气体也含有能被用来回收利用成电力的能量，其中包括水蒸气、热耗处理和管道的压缩天然气。所有气体压降都能够通过背压涡轮机来发电。还记得旋转玩具吗——一根带螺旋桨的棍子？孩提时期，我们追着飘在头顶的棍子跑。空气运动使螺旋桨转动，风力涡轮机只是在更大的规模上采用了相同的理念。"工业风"旋转玩具是怎样的呢？工业产生了大量的高压气流。这些气流能够推动一个"工业强度"的旋转玩具——背压涡轮机。背压涡轮机驱动发电机生产无燃料、无污染的电。

几乎每个学院、大学校园和大多数工业复合体，都能够用一个背压涡轮发电机的水蒸气压降生产无燃料的电（Turbostean，online）。气体传送管道消耗了被运输来驱动压缩机的气体的8%。这个压缩机被用来将剩余的天然气压到贯穿大陆的管道里。管道减少了城市入口处阀门上的压强，浪费了压降的潜在能源。仅仅回收每个气流进入分流系统处的压降将产生6500兆瓦的电，这大约相当于美国发电量的1%（Primary Energy，online）。如石油提炼厂的催化裂变装置，以及炼钢厂的巨大熔炉的工业流程排放的废气都高于大气压。一个在大熔炉上回收利用炉顶气的涡轮机，能产生15兆瓦无燃料的电。然而在石油提炼厂，一个安装在催化裂变装置上的相似设备能产生35兆瓦无燃料的电。大量的大熔炉和催化裂变装置几乎浪费了所有的潜在能源。这些装置每天运行24小时。

回收利用工业能源流是完全建立了，而且设备可以充分的利用内部的热和电。在美国，已投入运转的回收电力能力大约是10000兆瓦，相当于10个大型的核电站。但这仅仅是目前潜在可回收利用工业废能流的10%。美国环境保护局的一项近期调查中有文件证明潜在可回收利用工业能源发电量还有95000兆瓦（Bailey and Worrell，2004）。以我们以往的发展经验看，潜在的节约总数仍然是显著的。即使我们削减之后，这个数仍然在64000兆瓦。回收利用这样的废能能够生产美国电力的14%而不用燃烧任何化石燃料，这个数字让人吃惊。2004年，美国电力77%是由燃烧化石燃料生产的；回收利用本地产生的工业能源流能够避免燃烧将近1/4的化石燃料，并且节约了资金。

现有工业能源回收项目数据给出了能力范围和资本成本之间的调剂。能源回收项目的能力范围从 40 千瓦到 160 兆瓦（160000 千瓦），资本成本从大型背压涡轮机的每千瓦电 300 美元到小型水蒸气涡轮机工厂的每千瓦电大于 1800 美元。相比而言，一个新的烧煤工厂每千瓦发电量的资本成本大约和最昂贵的能源回收厂一样。但是新的燃煤厂需要燃料和传输电线，而能源回收厂可以将免费的废能流转换成热和电，并直接为附近的用户传输电，这就避免了传输电线。

图 9-1 库克能源——位于印第安纳州东芝加哥的米塔尔钢铁公司能源回收厂

图 9-1 是库克能源（Cokenergy）工厂的图片。这个工厂位于密歇根湖，芝加哥的对面。大约用 268 个冶金用煤烘焙烘烤炉来生产焦炭，这使得纯炭的体积变大。图片中的一次能源工厂回收利用热焦炉中废气的废能生产高达 95 兆瓦的电力和高达 980000 磅的水蒸气供给米塔尔钢铁公司在此附近的海港钢铁厂（Primary Energy，online）。这个工厂不燃烧增量化石燃料，不排放增量空气污染和温室气体。换句话说，这种能源是纯净的，像来自于可再生能源，例如太阳能收集器一样纯净。该工厂的清洁电力制造量大的令人吃惊。在 2004 年，该工厂发电与清洁能源有大致相同数量，这些清洁能源是由世界上所有的并网太阳能收集器产生的[4]。为此，它以低于当地公共部门定价一半的价格卖电获得利润。

在这个能源回收利用工厂投资 1 美元产生的清洁能源是在太阳能收集器投资 1 美元产生的 75 倍多，是在风能发电和电线上投资 1 美元产生的 10 倍之多。[5]

这些对比并不是要贬低可再生能源的使用，而是为了展示可再生能源的经济效率。可再生能源是清洁的、便宜的，也是减少二氧化碳排放的有效途径。

米塔尔钢铁公司在零资本投资的背景下享有显著经济效益。对比从高压输电网购电，米尔塔采用天然气生产相同数量的水蒸气在 2005 年节约了 4 亿美元。能源的回收利用使电力行业更具竞争力，在增加就业的同时，降低了成本，减少了污染，降低了对进口燃料的依赖。

下面这个项目是证明次优发电原则的一个特殊情况。位于弗吉尼亚 Van Zant 的姊妹焦炭厂在无回收利用废气潜在能源的情况下已经运行 35 年。以下是其他说明当前废弃的例子。在与 Cokenergy 消耗热气相似的熔炉中，全世界大约生产了 300 万磅的纯硅。以我们所掌握的最全面的知识来看，即使他们每年能产出 650 亿千瓦时电量，这几乎是当前全球太阳能产生的清洁能源生产量的 10 倍之多，热气也一点都没有被回收利用。这儿有数不清的其他来源的热能废气被浪费的例子。如果阻碍效率的障碍被移除，这些废气利用现有的技术就能被有效地回收并转化成热能和电能。这完全是电力系统最优的传说（理想状态）。

9.1.1.2 从发电中回收利用废弃的热

目前为止，我们主要集中在回收工业设备中的废能流上。我们已经展示，回收工业废热在没有增量化石燃料和污染的情况下能够生产美国电力的 14%。现在，我们转向更大的潜能，从以热为基础的发电厂（发电厂用化石燃料、有机物燃料、核能发电）回收利用大量的废热。要想回收发电的废能源，就必须在比较高的温度下提取废热，这样会稍微降低电力输出。这种热能用少量的成本就可以提取来用作发电。它能够提供空间热能、水暖、吸收式制冷，应用于一些工业生产过程，取代锅炉燃料。但是，要回收利用这样的废热，发电厂就必须建在用热用户那里或者他们的附近以满足他们的需求。低温热在长距离上不能被有效地运输。发电的热回收需要许多小型的、近距离的电厂来取代那些大型的、远程的发电站。

将新型的电热联合系统建立在用户附近，我们能粗略地估计出潜在节能。在 2003 年，美国电力工业用 28.2 库德的化石燃料发了 9.2 库德的电。这和上面引用的 33% 的发电效率是一致的（EIA，2005）。相比之下，电热联合工厂建立在用热用户附近到底能够达到 50%~90% 发电效率的哪个点，取决于工厂的配置和当地对热能的需求情况。仅仅回收当前中心发电厂燃料一半的热能就能为供暖使用提供额外 9.4 库德的有用能源。这就避免了当前为提供同等热能而多余燃烧的 13.4 库德锅炉燃料。这将节约今天用来发电的一半的化石燃料，占到所有美国燃烧的化石燃料的 15%。除了能回收利用废能来发电节约 4 库德化石燃料外，这种能源利用的潜能就是上面所提到的那些。

这些方法对全世界都很有意义。使用当地（分散化的）热电联产来减少燃料使用，这种全球性的潜能能够显著地降低对化石燃料的需求。今天，世界上92.5%的电是在偏远的、原有的不经济的中心发电厂产生的（WADE，online）。人们可以用现有的技术来推动当地热电联产厂电力产量达到总体用量的50%。丹麦已经实现了这个目标。令人吃惊的是，获得这些废热并不需要任何新技术。热电联产厂用的是中心发电厂发电使用的技术和燃料，包括核能。[6] 引导电力行业回收利用废能能够提升发电厂回收废能有效性的潜能，也可以激励技术进步。最后，尽管特有的当地热电联产发电厂的规模比集中的偏远发电厂小，但是它们仍然是实质上的发电厂，发电量从1KW到700KW不等。

2005年，国际分布式能源联盟（WADE）做了一个世界分散能源的调查（WADE，online）。调查发现，世界上7.5%的电来自于热电联产发电厂，只是每个国家所占的份额不同。就像条形图中展示的，有些国家用高效的热电联产厂发电量占了他们总电力的30%~50%不等，而美国和加拿大用热电联产发电才分别占了它们总电力的7.2%和9.9%（见图9-2）。（这个统计没有显示回收热能的量，只是展示了电是否由回收利用废热能而产生。）

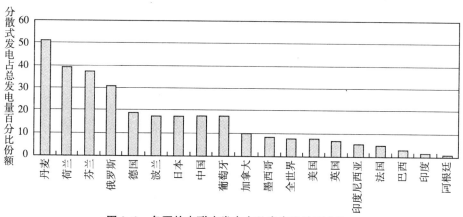

图9-2 各国热电联产发电占总发电量的百分比

资料来源：来自于国际分布式能源联盟网络数据。

注意到美国各州在使用热电联产厂上的不同也是很有趣的。有三个州报道说它们没有用热电联产厂生产，而加利福尼亚和夏威夷则使用它生产了超过20%的电力。各个国家和美国各州之间在热电联产厂上使用的不同与当地能源用户的混合没有太大联系。这些不同也被当地电力工业治理部门给予了很多解释。在那些已经移除阻碍效率的障碍，并开始赞颂当地发电能带来更多价值的国家和美国各州，电力工业在热能用户的附近已经建立了许多新的发电设施。这三个没有用热电联合厂的州维持着旧的法制，这个法制规定其他电厂没有电力私售的主权，即使发电厂有自己的主权。[7] 这样的治理限制了创新。

9.1.2 中心发电厂有规模经济效应吗？

一些电力行业专家承认地域热电联产发电厂的效率优势，但是却也衬托出集中式发电厂的规模经济效应。的确，如果仅仅看发电厂资本成本的话，确实有规模经济效应。据国际能源机构 2002 年的世界能源展望来看，新型集中式发电厂 2003 年的预期成本是每千瓦 890 美元，比我们估计的新型非集中式电厂的平均成本低了 25%。[8] 但是这个本就是错误问题的答案。这个数字忽视了增加的传输资本成本、配送成本以及失业成本。

传输电线在美国，甚至在世界上，都供不应求。在美国和欧洲，许多近来的电力中断都是传输系统超载的标志性问题。许多发展中国家因为传输能力的问题经历着灯火管制的日常生活，不得不定额配电给人们，例如印度。为了适应新型集中式发电厂负载量的增长，就必须建立新的传输配送系统（T&D）。1 千瓦新型传输配送系统容量估计平均要花费 1380 美元（Arthur and Little，2000）。新的传输和配送系统花费比新型集中式发电厂发电的增长还要多。

有人已经确认了传输和配送系统花费的量级。监管援助项目对美国 124 个部门在 1995~1999 年的公共信息做了一个详细调查。调查发现平均每个公司在配送电线的投资是每年 640 万美元，总体的投资加起来几乎达到每年 5000 万美元。这就要求电费增长大约为每年 60 亿美元。项目写道："当发电成本通过在效率上的技术进步经历下降时，配电系统的成本没有类似的创新支持。"（Shirley，2001）

相比而言，新型现场发电场就避免了传输和配送系统，它可以直接将电力传输给当地用户。为了将发电厂与输电网连接起来，在配电系统上的小投资也是需要的。但是这样一来增加的成本也很少会超过新的远距离集中式发电厂传输和配电系统总成本的 10%。

应该注意的是，对当地热电联产发电机备用率的公共事业要求通常会花费较大的成本提供交互连接和后备电力。这个估算是为了阻止可以降低公共设备生产能力的地区发电。他们总认为现场发电厂将在系统达到最高负荷的时刻出故障。以这种逻辑来看的话，公共部门常常声称为了 100%保证用户尖峰用电他们必须完全投身于输电网和电厂中。这样的分析有严重的缺陷。热电联产厂由多种发电机组成，它出故障的概率为每年 2%。在典型的热电联合厂和系统峰值时段所有这三台发电机同时出故障的概率大约是六百二十五万分之一 [9]。另外，一旦改革监管体系支持现场发电，任何一个现场发电厂出现故障都会在瞬间消失，而被发电能力强的别家电厂所代替。然而，电力行业监管常常会批准过多的备用费用。这样的费用实际上阻碍了经济和环境能源的有效使用。现场热电联合厂节省了新的传输和配电系统，减少了现有的线路损失，减少了空气污染，加强了电网的可靠性（Alderfer et al., 2000）。监管机构应该付钱给这些发电厂创造的在输电网上有节约款项净额的现场发电机，而不是要求现场发电对公共设备支付备用费用。

有了这个信息，我们可以通过计算比较集中式发电和现场发电（当地发电）的总成本来完全解决经济规模效应的问题。表 9-1 就做了这个计算，表中第四列表明新集中式发电厂及必需的传输和配电系统每千瓦发电量将需要的资本投资比现场发电高了 170%。也就是说，集中式发电的规模优势被新传输和配电系统的耗费所覆盖了。

表 9-1 高峰负荷单位增量的资本（来源于 IEA，2002）

	发电单位成本	传输配电系统单位成本	新增电流的单位总成本	峰值负荷新增单位成本与新增电流单位总成本的比	高峰期新增电流的单位总成本
集中发电厂	890 美元	1380 美元	2270 美元	1.44	3269 美元
当地发电厂	1200 美元	138 美元	1338 美元	1.07	1432 美元
集中发电厂比当地发电厂节约的	310 美元	(1242 美元)	(1068 美元)	-0.37	(1837 美元)
集中发电厂占当地发电厂的比例	74%	1000%	170%	135%	228%

但这仅仅是事实的一部分。表 9-1 的第五列说明了集中式发电厂的两个深层的、非常明显的资本成本缺陷。2004 年，美国的线路损失平均在 9%，但是在高峰期的损失更高。大体上，线路损失与电流的当前流速和周围的温度是一致的。因此，线路损失在夏天天气热的时候和负荷高的时候就会高些。远距离发电厂高峰期线路损失高达 20%~30%，它取决于电流传输给用户的系统和距离。被马萨诸塞州监管委员会批准的最近一个评定案例中，公共服务机构波士顿称高峰期从发电机到用户的线路损失达 22%。如果我们假设在高峰时段的线路损失是独有的，提供 1 千瓦新的高峰负荷将需要 1.22 千瓦的新集中式发电容量和 1.22 千瓦的新传输和配电容量。相比而言，地区发电高峰时期的净线路损失大约是 2%。如果地区发电厂发的电超过了当地需求，多余的电流可以回流到中心发电厂，这样就减少了系统的线路损失。

对过剩容量的需求也不利于中心电厂。北美电力可靠性委员会（NERC）已经设置了一个新的标准——保留发电量的 18%。相反，卡内基梅隆大学的一项近期研究发现由小型发电站组成的系统能够获得相同的可靠性，并且仅仅有3%~5%的剩余（Zerriffi，2004）。因此，随着热电联合发电厂整体发电负荷比例的增长，对节约发电容量和节约传输配电系统的需求将会减少。

2005年，卡特里娜飓风将这些教训带回了家。在密西西比州的杰克逊，密苏里浸会医学中心是这里仅存的在运营的医院。暴风雨过后的52小时，医院用电都是现场热电联合厂提供的。同时，因为输电网并不能将电力输送给其他地区的医院，所以很多人死了。

为了对高峰线路损失和过剩需求作出解释说明。表9-1显示每千瓦峰值线路负荷需要新的中心发电和传输配电1.44千瓦，或者需要新型地区发电1.07千瓦。最后一列显示的是中心发电厂和地区发电厂每提供1千瓦的增量峰值负载分别需要的总成本。中心发电需要的投资成本是地区发电的228%。

如果继续使用中心发电而不用地区发电来提供美国电力增量负荷的话，我们可以推断确定每年的投入资本损失。美国当前电流负荷每年的增长大约为14000兆瓦。用中心发电为增量负荷提供服务将需要460亿美元用来投资新的中心电厂和线路。用地区发电的话需要200亿美元来投资建设。这样的话，每年可以节省250亿美元。

9.1.2.1 未来的发电选择

现在我们仔细检测服务于增量负荷的各种发电选择，以找到最优的选择。理想的选择将会使生产传输的电价低于用户现在支付的价格。为了找到这些发电选择，有一个问题必须要回答——每千瓦的零售价格应该是多少？这个电价必须能覆盖所有发电和传输的成本，包含分摊成本、峰值线路损失以及系统冗余需求。

图9-3纵轴描述了每千瓦时需要工业用户支付的价格，这个是覆盖了上面所提到的所有成本的价格。横轴是通过显示每生产一单位的电所需要的化石燃料净额以追踪化石燃料效率。所有数值的单位都是一样的。其中，一条线表示每千瓦时5.5美分，这是2005年美国大型工业用户支付的均价；另一条线表示每千瓦时8.1美分，这是2005年美国所有零售用户支付的均价。这个表能够让读者清楚地看出哪种发电方式将会使电价提高，阻碍经济的发展；哪种发电方式将会使电价降低，促进经济的增长。

整个图暗示了预警起因。所有便利的选择都会促进电力价格增长。在化石效率上的小小改善都会伴随着中心电厂燃烧新煤炭和天然气而使电力价格增高。可再生能源每传送1单位的电不需要燃烧任何化石燃料，但却会使电力传输成本增加的更多。

我们可以看到，一个新型煤电厂如果支付了废气排出控制和新的传输配电设备，那么每传输1千瓦时的电将会需要9.6美分，和当今平均零售价相比增长了

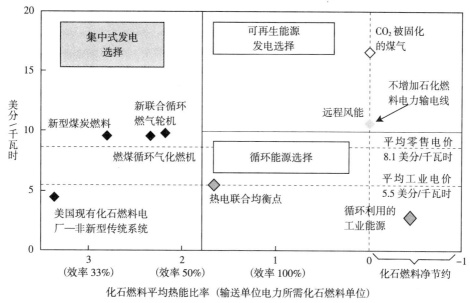

图9-3 未来的发电选择

20%。电力部门和许多政策制定者在吹捧使煤更洁净和燃煤发电更有效率的一个方法，并且自作聪明地将其定义为"清洁煤"。这种新方法要先把煤气化，这是一个复杂的、资本密集型的过程，适用于整体煤气化联合循环。这个流程剔除了煤炭中所有的硫和水银，并产生可在燃气涡轮发电机里燃烧的气体。通过结合两个循环，使蒸汽与燃气涡轮机排放的废气驱动另一个发电涡轮机，整体效率、气化过程损失的净额，可以攀升到45%，为常规燃煤电厂效率的30%。但是这些流程又适合回收废热的小型的、当地发电厂。这样的话，在原料煤中有一半的能源就会被排出。当前的预期成本和性能表明，联合循环工厂与气化，新的燃煤电厂传输每千瓦时需要相同的价格9.6美分，超过目前工业平均价格的80%。

另一种选择是分离废气中的二氧化碳，然后将二氧化碳填埋在地下，或者抽送到油田，或者埋在深海（一种众所周知的二氧化碳隔离过程）。这种选择作为一种缓和气候改变的方式而被电力行业所喜爱。电力研究所从事的大多数研究都是为公共事业的。研究所预计封存二氧化碳将会增加以气化炉为基础的发电厂电力成本为每千瓦时7美分。[10] 气化是二氧化碳封存必要的第一步。因为这个过程把二氧化碳从通常占废气大约80%的氮中分离出来。没有气化这一步，气体的封存体积将会变成5倍之大，不适用于提高石油的采收率，这也是对分离的二氧化碳一种应用。尽管这个整体煤气化联合循环发电厂生产每单位所交付的电仍消耗超过两个单位的煤炭，但它在图表上被描绘成零化石燃料，这是鉴于其温室气体排放已经被隔绝。这也是生产清洁能源的一种方法，但是它引起的价格增长超过目前零售价格的 100%。

联合循环燃气轮机电厂本身的效率就比火力发电厂高，它仅用两个单位的化石燃料就可以提供一个单位的电力，但这些工厂要燃烧昂贵的天然气。以当前天然气的价格来交付来自这些工厂的电力，每千瓦时将会花费消费者 9.8 美分，或者说高于当前工业平均价格的 92%。鉴于天然气价格的极端波动，这种选择也是特别令人担心的。

可再生能源选择是以减少化石燃料的燃烧而著称。风能、地热能、太阳能发电就不用化石燃料。但是正如第 8 章 Rodney Sobin 所描述的一样，其成本是相当大的。

这留给社会一个令人沮丧的传统可再生能源发电选择列表。这种传统选择每单位的电将会燃烧 2~3 单位的化石燃料，排放与之相关的污染和温室气体。利用传统的选择去满足负荷增长将会使得交付电力的平均花费超过 2005 年美国工业平均价格的 80%，并且使二氧化碳排放量上升。这种清洁的可再生能源选择甚至有更高的成本。如果社会继续采用这些现有的选择来满足负荷增长，那么这个国家最好为一个较大规模的经济放缓做好准备。

令人高兴的是，还有另外的选择，这就是回收利用能源的现场发电。热电联合发电厂燃烧煤和天然气，可以用 1.5 单位的化石燃料生产 1 单位的电。这是当前美国电力生产花费的一半。这些热电联合发电厂将他们所有的成本考虑进去后，电力的卖价约为当前工业用电花费的价格，或者说 5.5 美分/千瓦时。在环境和未来负荷增长最坏的情况下，这是一个好消息，它对于经济来说没有好坏之分。热电联产能够以当前的价格满足负荷增长，并能减少一半的化石燃料使用。但是它并不是社会第一位的最优选择。

回收利用工业废能流是最佳的发电选择，这达到了废能流利用的极限。大量的能源回收利用发电厂以平均工业零售价的一半出售电力来赚取利润。小工厂更昂贵，但几乎在所有的情况下，只要价格低于新的传统中央电厂的电力交付成本就有利可图。能源回收利用工厂改善了工厂主的竞争性地位，帮助保护了制造业就业岗位。令人惊讶的是，回收利用能源设备的环境性能比可再生能源的还要好。图 9-3 显示从工业废能流中回收利用能源每生产一个单位的交付电力可以节约一半的化石燃料。这听起来违反了物理学中的常理，但它是正确的，接下来我们将会对其进行解释。

典型的废能回收利用发电厂以可能会以引起燃烧的热排气开始，就像上面展示过的 Cokenergy 工厂一样，或者以低含气量能源开始，例如，大量的高炉气。这些工业废能回收利用厂不消耗增量化石燃料，然而会产出电和工业用蒸汽。高压蒸汽用于驱动汽轮发电机，然后蒸汽以低压的形式提供热能供暖或者其他进程以代替锅炉燃料。发电后会留下大量的废热，工业废能回收利用工厂通过对这些废热的有利使用，取代了锅炉燃料。相信它们取代的这些使用锅炉燃料的工厂允许计算化石燃料发电。自从废能回收利用工厂以零化石燃料开始，取代了大量的锅炉燃料，用作发电的化石燃料净额就是负的了。

这个结果意义深远：回收利用废能减少了污染，节约了化石燃料，降低了电流的价格。而且，不同于传统的燃煤发电，大多数支付热和电的钱留在了当地，以服务于资本和支付给运营商及工人。可悲的是，许多当前的政策驱动电力行业远离能源回收利用。

9.1.2.1.1　电力成本和二氧化碳的政策选择

任何关于电力成本和二氧化碳排放的政策选择都有四种结果。图 9-4 反映了在供给负荷增长的技术条件下，每配送 1 兆瓦时电力，二氧化碳排放量和成本将怎样改变。这个"复合循环"指的是发电厂用两个独立的自然循环去发电。这种复合循环被引用到这些选择中的两个。

这个图的中心点表示当前每交付 1 兆瓦时用户的花费和平均的二氧化碳排放量。每种服务电流负荷增长的技术方案都展示在了合适的象限。

三个目前被发电厂所推崇的方案都显示在右上角的象限里。这三个方法都是输在燃料价格上。有环境约束的传统燃煤发电厂、煤气化联合循环发电厂、燃气联合循环发电厂都将会增加电力每兆瓦时的交付成本和增加二氧化碳排放。

中央发电技术仅有的好处就是能够使电力的交付成本低于当前的燃料成本。这是传统发电厂所使用的技术，但是它会在污染上受到限制。这种方式显示在左上角的象限里。建造这样污染严重的发电厂是不可能的一种选择。

许多技术可以降低每兆瓦时的二氧化碳排放量，但是会增加花费，正如在右下角的象限展示的。远程风力、地热、核能、太阳能电网、煤气化都可以将二氧化碳封存，不排放二氧化碳或者仅有少量排出。但是这样每兆瓦时就会花费比当前平均零售价高的价格。

左下角象限应该是理想的政策目标。这些方法是成功的，它们可以减少生产每兆瓦时的二氧化碳排放量和成本。这些方法选择包括均衡的热电联合发电系统（它能燃烧任何燃料，包括煤）、工业废能回收利用、离网太阳能和小型水力发电厂。

随着时间的流逝，技术发展也许会降低风能、核能和地热能发电的成本，使这些方法的成本降到它们足够转移到成功的象限。随着一些适度的技术改变，并网太阳能可能会比它替代的高峰期用电还要便宜。

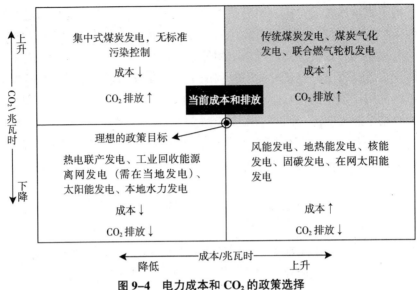

图 9-4　电力成本和 CO_2 的政策选择

图 9-3 和图 9-4 假设当前的能源补贴会继续下去（见 9.2.1.3.2 节，"能源补贴是制度"）。

风能发电每千瓦时可以得到 1.8 美分的生产优惠。但是大部分的补贴适用于传统的化石燃料发电。

我们有一个难题。当前的能源规制驱动发电行业向不能满足负荷增长的技术发展。另外，现有条款对那些成功的当地发电技术的方法充满了障碍。电力行业将会一直做出次优化的选择，直到规制实现现代化，阻碍效率的障碍被移除。

9.1.2.1.2　能源回收利用的发展需要更多的技术人员

发展当地热电联合发电和工业能源回收利用需要的技术人员比发展新的中央发电厂还要多。建立一个 10 兆瓦的回收利用能源发电厂所需的技能人员和时间可以建立一个 500 兆瓦的中央发电厂。每一个新发电厂的建立都需要选址，工程设计、执照、采购、施工、调试和融资。这些都是高技术、高价值的工作，富有经验的人供不应求。另外，开发当地热电联合发电厂需要掌握主体设备的热能需求和它们对废能源流的供给。当地热电联合发电厂直到开发商协商了完整的商业条款和主体设备才能继续施工，这也是集中发电厂发展过程中出现的并发症。

有人也许会认为运营一个复杂的热电联合发电厂的系统比运营一个大型的中心发电厂需要更多运营商和技术。如果是这样的话，当地发电厂显然需要更多的人来开发。这也会将更多的开发商和增加的劳动力成本嵌入到每千瓦时的电流中。但有限的数据则表明相反的情况。当地的热电联合发电比当下的集中发电有更高的劳动生产率。

美国的公用事业，在 2004 年雇用了 409000 人，也就是每 100 兆瓦的发电量需要 39 人。[11] 这可能包括一些实用功能的外包。相比而言，对初级能源就业数据的分析显示，13 个当地热电联合发电厂的雇佣员工平均每兆瓦的生产能力仅有 25 人，因此实现了比集中发电、传输和配电的运营商还要高的劳动生产率。当地发电不需要增加传输和配电，也不需要增加与之相关的员工。然而，集中的美国发电系统雇用 17 人从事于 100 兆瓦的发电容量的传输和配电。

公用事业及监管机构认为需要更多的人力资源开发新型发电，而且热机或废能的供给增加了理解和谈判的复杂性。这是热电联合发电的软肋。用一位电力行业高管的观点来说，当地人热电联产发电充满复杂，将使现有的员工承受不住。事实上，向当地热电联产发电的转变会降低已掌握数十年的发展技能集中的集中发电厂的价值，正如向私人计算机的转变会使从事于主机的 IT 企业的经理的技能贬值一样。

从监管者的观点来看，改变治理促使电力行业建设很多小厂将会大大增加监管的复杂性，或者更可能使市场本身行使监管者的很多职能工作。无论哪种结果都会使很多监管者害怕担心。

9.1.2.2　世界电力系统选择

如果继续使用以前的集中发电厂方法代替新的能满足期望的负荷增长的当地热电联产发电将会浪费多少资本投资？一个国际分布式能源联盟近期的研究通过将上述分析扩展以确定到 2030 年世界电流负荷增加的成本，对比了这两个"极端"，或者说都用集中发电或者都用当地发电来满足世界预期电流负荷增长这两种极端的情况。国际能源机构认为新电流负荷到 2030 年将会增加 4.37 万亿瓦特（44 亿千瓦）。利用当前的资本投资来预计类似的混合发电厂的情况，国际分布式能源联盟发现，用集中发电去满足到 2030 年预计的负荷增长，电流需求的预期增长将花费 10.8 万亿美元世界资本。然而，用地区热电联合发电来满足增长的需求仅需花费 5.8 万亿美元。当地热电联合发电方式将会节约 5 万亿美元世界资本。

这个电力系统选择的分析说明美国和世界电力系统都没有做出最优的选择，这些错误的选择增加了燃料的使用量、污染和电力传送成本。另外，集中方式在环境、电网稳定性以及更理想的经济增长方面有强大的、不利的影响。

但是，世界电力系统是经济和环境最优的传说是基于目前的技术、生活以及政策的。为了理解这个传说或者"思维模式"的永续性，我们转向对电力行业治理的分析研究。

9.2 第二部分：理解电力行业治理

9.2.1 自由市场经济的传统观点

如果上述分析是正确的，那么既然当地热电联产发电厂可以更有效，污染更小，仅需一半的资本成本并且可以降低坏天气和恐怖主义对系统的易损性，为什么几乎所有的国家都继续建设集中发电厂呢？是这个分析有问题，还是传统的观点有问题？

事实证明是后者。只有所有的竞争者都面临真正的竞争时，电力行业才会做出经济最优选择。对于实体输电系统，尤其如此。记录显示电力行业监管已经避开了当地热电联合发电。在 1970~2003 年，美国监管的公用事业，包括政府自己的公用事业，生产了 435000 兆瓦的电。这种新电力的 99% 都来自不能用回收利用废能流代替化石燃料的集中发电厂（见图 9-5）。

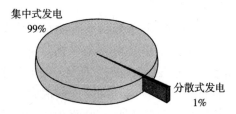

集中式发电
99%

分散式发电
1%

图 9-5　1973~2002 年美国电力行业新增发电量为 435000 兆瓦（EIA，2005）

美国独立电力生产商生产 175000 兆瓦新电力的同时，只有 34% 的生产商可以回收利用废热能。在 1992 年之后当联邦法律改变成规定自用发电不能回收利用废能，独立发电企业严重阻碍了当地热电联合发电厂的发展。电力行业不得不避免多个小发电厂必须和用户废气流或用户用热需求联系的发展复杂性，因为当地的竞争在很大程度上被电力行业规则阻止了。没有更加开放的竞争、授权及激励，电力行业将继续建设集中发电，遗弃废能。无论是在受监管还是不受监管的企业中，很少有电力高管会尝试建立很多小能源回收利用电厂的复杂性，即使这些发电厂将会降低成本和污染。

9.2.1.1 治理保护浪费

在富有竞争力的自由市场中有着丰富的利润机会，这样的次优行为将只是企业家的梦想。企业家会通过提供更好的价值主张积极地寻找方法来抢占市场份额。但是当前的电力行业治理阻碍了当地发电的竞争。

对竞争最大的阻碍，正如上面提到的，是法律禁止私人电线横穿大街。这个禁令是支持"自然垄断"一个世纪的论点。通过原始的经济理论，建立两组电线是对资源的浪费。消费者也能够从每个地区都有一个配电垄断组织的治理中获利。同样的"中央计划"逻辑破坏了苏联的经济，但是电线是中央计划失败的一个最小的问题，这一点似乎没有受到质疑。坏消息是禁止私人网线事实上是保证了世界上最大、最重要的行业继续业绩平平。

如果限制私人电线曾经是有意义的，这是令人生疑的，这个逻辑不得不基于过去有限的技术选择上。如果产电唯一经济的途径是在偏远的集中发电厂，那么配电也许是一个自然垄断，在这种情况下，所有的电流将不得不从配电网中流动。但是今天这里有很多的、完善的本地发电方式。事实上，本地发电用的技术和燃料实质上与集中发电是一样的。本地发电不需要长距离的传输系统传输电力给用户，而且本地生产过剩的电量可以简单地流到街对面。监管通常允许私人管道通过大街将剩余的热能传输给附近用户，但是禁止私人电线通过同样的大街输出剩余的电。如果允许私人电线的话，使用现代技术的当地热电联合电力可能会与集中发电竞争。

想想在伊利诺伊州芝加哥的迈考密展览中心复杂公约的例子，这是北美最大的会展中心。1991 年，Trigen 能源公司中标为三个大厅供热和供冷，它已经提供了大约 20 兆瓦的电，或者说麦考密展览中心 2/3 的电，然后从发电中回收利用废热供给所有的热冷需求（用热驱动吸收式冷水机组）。这种方式发电的效率是80%，是发电效率为 33% 的国家发电的两倍多。但是电厂区位是被属于芝加哥的当地通勤铁路线路从会展中心分离出来的。伊利诺伊和其他的州一样，禁止使用国家或其他任何分支机构的（交叉）设施的电线。这就禁止了 Trigen 穿越铁路和用私人电线向麦考密展览中心供给有折扣的电。爱迪生公司，当地的实用工具公司，它购买电力的出价仅为零售价的 20%，这并不是经济的。因此，建立的供热厂是没有热电联合效率的。

在私人电线上的禁令是为了通过防止重复建设浪费电线来减少社会成本。讽刺的是，这项禁令戏剧性地增加了社会在电线上的总投资。远距离发电需要长的输电线、变压器、电容储备、电感储备。这些都是当地发电可以避免的。在建设便宜的、短的当地线路上的普遍禁令导致了昂贵的、长的传输线路的建设。用户就必须为这些额外的电线买单。

治理上的另外一个缺陷是监管机构显而易见而且可能是不可避免地被他们监管的行业所捕获的（Lowi，1979）。监管机构开始认为他们的工作是保护垄断的金融健康，即使他们的决定伤害了消费者。在近来加利福尼亚州的经验中可以找到一个极好的例子。当一系列的治理失误威胁了其金融效用的健康时，加州政府着手购买传输电线将公用事业从破产中拯救出来。最后，州政府没有购买电线，而是结束了加利福尼亚州 4 年的实验——允许地方热电联合发电机组铺设电线给近处的电力用户。加州选择回到未来。

如果当地的电力开发者有权通过私人电线将电卖给邻居，允许每个人拉私人电线，就不会造成一堆新电线的混乱场面。当地公共设施将提供有竞争力的价格使那种电转向他们现有的线路。这恰恰是发生在天然气分布上的事，在天然气分布的地方私人管道是被允许利用横贯大陆的天然气管道交付的。当天然气使用者收到联邦能源管理委员会关于使用州际管道的批准，当地天然气分配公司敲着他们的门说："我们讨论讨论。"当时便达成了对双方都好的协议。随着私人电线禁令的移除，电流公共设施甚至可能决定通过提供当地热电联产的选择给消费者达到充分的竞争。竞争将发挥它神奇的作用，降低消费价格和剔除该系统的效率低下。

相反，公共事业公司定期地对当地发电厂实施阻止。在 2006 年 6 月，太平洋电气公司提出的一个推迟废热发电协议被允许了，这个协议想要延期顾客废热发电设施。这将不经济地绕过太平洋电气公司电气设施。

撤销管理规则的实验把大多精力都放在了放开集中发电厂之间的竞争上，并没有意识到这就像"用一只手鼓掌"。这种解除规则的方式假设实际可行的竞争仅仅存在于那些偏远的、集中的发电。但是一个电力企业如果没有将产品出售给消费者的自由，那么这不是真正的竞争。私人电线的禁用阻碍了来自热电联合发电的竞争。

另外的一个例子会更深刻地说明这一点。一次能源公司是这样一个公司，它最初形成于 20 世纪 90 年代初期，在印第安纳州北部钢铁厂开发、构建和投资可以回收利用废能的项目。2000 年，这个公司扩展到给整个北美供给相似的服务。今天，公司拥有和管理 13 个能源回收利用项目，累计发电量达 780 兆瓦，蒸汽达 500 万磅。公司总裁和 CEO 是本书的作者（Casten）。2002~2003 年，一次能源公司在发展一个回收利用废气的设备。这些废气是由美国路易斯安那州的一个炭黑生产企业产出的。炭黑厂燃烧大量的低级燃料发电 30 兆瓦。新的能源回收利用厂将会更贵，花费超过 5000 亿美元。如果没有燃料成本，发电厂能够以折扣的零售价卖电，还是可以获利的。获得许可是很容易的，因为环境保护局发现锅炉燃烧废气比燃烧更清洁，可以减少污染。其潜在的工程是设计一个污染控制装置。

炭黑厂生产废气仅仅需要 10 兆瓦的电流，回收利用设备输出的 1/3。该炭黑厂支付给当地公共事业部门每兆瓦时 55 美元（每千瓦时 5.5 美分）。他们同意从回收利用厂以每兆瓦时 40~45 美元的价格购电以满足他们的用电需求，每兆瓦时节省了 10~15 美元，或者可以说是 80 万~130 万美元每年。这个项目利益取决于剩余的 20 兆瓦的回收利用能源的售价。

这里有另外一种公路对面的工业设施，不到半米远，也可以以每千瓦时 55 美元的价格购电，通过从回收利用工厂以 45 美元的价格购电能够节省超过 160 万美元每年。但是，通过街道将电流从回收利用厂转移到另一个工厂是违法的。在美国路易斯安那州，私人拉电线是被禁止的，其他美国的 49 个州也是一样。处理过剩的电力唯一合法的途径是将其卖到当地公用部门。聪明的读者就会想到下一步了。

公共事业部门首先出价 20 美元每兆瓦时支付给一次能源公司（2 美分每千瓦时）。经过一年的协商后，公共事业部门将价格提高到 28 美元每兆瓦时的尊贵价，大约是行业零售价的一半。接受如此低的利率将会需要能源回收项目对炭黑厂收取更高的利率，这可能会扼杀了这个交易。所以主要的能源开发人员一直在谈判。团队曾会见总督，指出项目的工作效益，并要求他去干预和请求公共事业部门支付公平的价格。这个干预，经历了太多的延迟，得到了让人厌烦的结果，导致公共事业部门将价格提高到 38 美元每兆瓦时，但是到那时 2 年的谈判已经带来了致命收费。炭黑公司开发交易已经疲劳——在很多延迟后已经丧失了兴趣——发展就停滞了。4 年以后，炭黑厂继续燃烧它的天然气，大于 10 亿千瓦时的非燃料电力就在这 4 年里丧失了。

但是故事还没有完。公用事业部门已经被管理委员会批准建立新传动装置工厂服务于当地日益增长的负荷。新投资将会提高每一个用户的电费，也会增加当地的污染。要不是治理难题存在，这些利率的增长和燃料的浪费都是可以避免的。

许多其他的阻碍当前发电的监管障碍能再写一个章节。代替分析每个障碍，我们简要讨论一下如何激励更优的电力行业行为。我们把这个答案分成了两个部分，首先介绍理论上经济的方法，然后是渐进式改革的建议。

9.2.1.2 经济理论的引导

经济学家在如何激励创新和驱动每一个行业转向最优生产方面提供了清晰的导向：揭露这个行业的市场力量。为了良好运行，市场需要：

● 自由进出市场（例如，没有进入障碍，没有防止失败的补贴）。

● 传达清晰和准确价格的信号。

● 没有扭曲定价决策的补贴。

● 外部性成本被转嫁给消费者。

● 禁止掠夺性行为。

在世界上的任何地区都没有体现所有这些条件的电力行业治理，因为典型的电力行业治理：

9.2.1.2.1 进入受阻

局部放松管制已经允许新进入者进行集中发电，这已经减少了一些浪费。但是每个地方的治理都继续加强着当地分配垄断，留下的是对当地公共事业阻碍当地热电联合的鼓励。为了竞争，企业家必须要被允许建设地方发电厂。限制和集中发电的竞争就像允许新的竞争者参与竞走比赛，但却只允许他们把脚绑在一起一样。

管理规定很少禁止当地热电联合发电。但是，多方面的规定阻止当地发电厂获取他们创造的所有价值，阻碍他们的发展。尽管一些当地发电厂的建立要与所有的障碍作斗争，但是大部分还没建好就夭折了。当地发电厂取代了主人在零售价格上的购买力。这个零售价包括传输成本，因此能够获得一些电网的替换价值。但是管理者随后又允许将价值取回的过大的准备利率。过剩的电力只能以零售价卖给输电网，即使所有过剩的电会自动地流向附近的邻居，这些人也将被迫支付零售价。

例：遍布世界的甘蔗厂通常燃烧甘蔗渣，称为蔗渣。老式的、效率低下的发电厂发电只能产生够制糖厂需要的电流和蒸汽。剩下的蔗渣被简单地焚化——它的能量也就浪费了。当地公用事业往往是由政府所有，它们要不就是拒绝从当地电力生产商那里购买，要么就是以低于零售价的价格购买电。这样的价格对蔗糖厂是不利的，或者说第三方在发电上的投资超出了制糖厂的需要。这是一种严重的浪费，因为现代化的电厂会将蔗渣转化成制糖厂电流需求的 3 倍，还能为周边农村地区供电。当当地公共事业部门被迫以公平的价格购买电力时，糖业已经建立了能够有效回收蔗渣中剩余能量的发电厂。印度近期制度的改变促使了 87 个制糖厂建立了超过 750 兆瓦回收能源能力的新发电厂，这些发电厂随着时间的过去将向回收利用能源生产 5000 兆瓦电的目标前进，这大约将是印度当前发电量的 5%（Natu，2005）。这样产生的电是最原始的，不燃烧增量燃料（蔗渣无论如何都要被燃烧处理掉），而且没有排放增量污染。

9.2.1.2.2 能源价格信号是有误导性的

市场运作依靠准确及时的价格信号。但是电流典型的售卖方式是以平均价格售卖，即使高峰时段的边际成本是低谷时段的 10 倍之多。实时价格将会引导消费者向低谷时段节约和转变用电，从而减少系统高峰时期的负荷，减少电流的平均成本。实时价格将引导电力企业家开发新型的高峰发电，以及在峰谷时段存储能量以备高峰时段使用。在信息技术大爆炸之前，及时测量使用成本是非常昂贵的，并且只限于大型的工业用户。在过去的几十年里，电力行业可以购买和安装相当便宜的测量工具来测量实时用量和接收边际价格的电线信号。然而，使电力实时售卖的现代化方式已经开始了。

例：加利福尼亚的电流系统高峰是 50000 兆瓦，这使电网负担过重，因而经常断电。加利福尼亚的消费者只关注平均价格，他们在尖峰时段洗衣服就用了1000 兆瓦[12]。精准的电价信号能够促使这些消费者在峰谷时段洗衣服而降低他们的电费，也将促使设备制造商增加对洗衣机和烘干机的智能控制，这将自动转变负载。

9.2.1.3　能源价格信号，第二部分

在 1978 年，国会颁布《公共企业管理政策法》，或者叫 PURPA，是为了提升更有效率的发电。第三方是被允许拥有并运营热电联发电的发电厂，它们对设备进行特定的效率检验，或者回收利用一些工业流程遗留下来的能源流。我们称这些"底层循环"厂为工业废物能源回收设施。这样的设施被称作"废热发电"，并且被《联邦电力法案》管理免税。《公共企业管理政策法》称所有这些工厂为"合格工厂"或者简称"QF"。

《公共企业管理政策法》要求各州引导公共事业部门以其"避免成本"向合格的工厂购买电力，或者让每个州受到引导而去建设更有效工厂。

通过研究 1978 年法律，我们可以了解到有关电力行业的很多情况。自从公共企业管理政策法立法削弱和废除法律，受到严管的公共事业部门就开始反对并且已经基本奏效了。很多公共事业部门一再质疑法律的合宪性，并将三个独立案件一直上诉到美国最高法院。法院发现公共企业管理政策法在所有三个案件中都是合宪的，1984 年的裁决是最终裁决。这些案件几乎阻止了 1984 年之前企业家热电联合的发展。

州政府《公共企业管理政策法》的实施大为不同。一些州积极地接受了《公共企业管理政策法》，随意为"避免成本"定价。纽约最初只为每千瓦时电提供6 美分，而缅因州每千瓦时为 10 美分。在其他情况下，委员会要求受管制的公共事业部门指定它们要建什么样的电厂作为下一个发电机组，接着用电厂的经济状况作为避免成本的标杆。一些州什么也没有做。《公共企业管理政策法》立法的28 年里，我们永远都不知道有什么合同曾经颁发给在美国路易斯安那州、南卡罗来纳州、南达科他州或者肯塔基州的合格工厂。

公用事业部门一直努力地工作，经常能够通过说服他们的委员会设定仅仅能覆盖短期运营的避免成本以成功削弱《公共企业管理政策法》。这些短期避免成本仅仅覆盖了燃料和维修，却忽视了长期资本成本摊销、传输配电建设和损耗，以及系统冗余度要求。委员会被迫相信电力批发市场的竞争，直到他们仅涵盖短期运营增量成本——燃料和边际成本后，才会推动电力批发价格的下降。因为没有

人能够仅仅以现货批发价格建立新的发电厂，没有热电联合厂被建立，所以社会不得不支付高价格给集中发电厂。

《公共企业管理政策法》28 年的历史最发人深省的部分是佣金决定当地新发电厂能够避免成本的方式。总的来说，对避免发电成本的分析已经被限制。要想对客户有益，电力必须要生产和运输。当地发电避免了大部分的传输配电，线路损失和过剩成本，它们应当从避免的这些成本中获得价值。但是州管理委员会通常认可避免成本是指不包含由于避免传输配电资本或者说是避免传输配电损失而形成的节约。这些比率阻碍了新热电联合厂收回他们自己创造的全部价值，因此限制了热电联合厂的发展。这个失败提出了一个正确的问题——什么是每种选择的电力传输成本——进一步解释了对次优集中发电的持续信赖。

一个最近的例子证明了如此的管理是怎样失败于提供一个经济合理的电力行业决定的。

9.2.1.3.1　案例研究：从硅生产中回收利用能源

硅金属被用在 2500 多种产品里，从不渗水浴缸到铝合金再到电脑芯片以及太阳能收集装置。当前世界上冶金级硅的生产量是大约 300 万吨每年。在美国它的生产仅仅为 300 吨，或者说只有世界生产量的万分之一。硅生产是能源集中型，能源相当于整个生产成本的 1/3。石英石、煤以及木条被持续地加入到熔炉，它们被电流焚化炉加热到 3000~5000℉。因为显而易见的原因，硅工厂通常设在低价电区域。

熔炉每使用 2 兆瓦时电，就能从硅熔炉的热废气中回收利用能源产出将近 1 兆瓦时的无燃料电，这在技术上是可行的。热耗中的废能流来源于电弧，也来自煤、木炭、木条的燃烧。通常硅工厂冶炼用 40~120 兆瓦的电，能够通过回收利用热冶炼废气生产 20~60 兆瓦的无燃料电。

现在，我们的故事开始变得有趣了。新的硅冶炼能源回收利用厂是昂贵的，每千瓦要花费 1800~2000 美元。为了覆盖运营成本和回收资本投资，这样的回收利用厂需要把电卖到 35~45 美元/千瓦时。这优于美国工业用户平均 55 美元/千瓦时的收费以及新集中发电厂 96 美元/千瓦时的最低收费。因此，建立这些回收工厂看起来是符合经济逻辑的事。但是，硅工厂常建立在低成本电力地区，例如在西弗吉尼亚州、阿拉巴马州，在那里他们当前电力的购买价格是 30~35 美元。因此，如果一个硅工厂建回收利用厂仅仅是为了取代它自己的购电的话，它会赔钱的。

对社会来说这是一个好的结果吗？在西弗吉尼亚州、亚拉巴马州这是一个好政策吗？我们认为不是。原因如下：在这两个州，对电力的需求是不断增长的，正如上面展示的，用新集中电厂购电选择方案的话，最低的电力传输成本大约是

96 美元/千瓦时。两个州明显都能够通过能源回收厂以 35~45 美元/千瓦时传输电力，并从满足峰值增长中获利。

在当前的管理政策下，这将不是结果。正如我们看到的，如果仅仅是替代 30 美元的零售价，回收工厂是不经济的。这什么都没给硅工厂留下，因此它们没有理由去发展能源回收。如果回收厂开发商试图把电卖给电网，当地公用事业部门将要求它能够在现货市场买到批发甚至更低价格的电。监管者很少干涉去支持高价。

当前美国所有的效用行为都说明了这个问题。公用事业部门正在请求并接受监管委员会批准建立新煤电厂，这个新煤电厂将进入费率基准。例如，科罗拉多州的公共服务委员会授权艾克塞尔能源公司建造一个新煤电厂以满足负荷增长。建造成本，包括精密的污染控制设备，也将进入费率基准。这个电厂需要增加的传输电线也将进入费率基准。2009 年后，当这个电厂如期完工后，艾克塞尔能源公司将要求价格能够收回所有的燃料和运营成本及所有资本成本的摊销，包括实现允许回报率的传输配电系统和充足的利润。那时，新的输配电系统将作为沉没成本来看，不被包括在热电联合发电厂的电价里，确保了未来发电的低效。

监管机构显然在没有考虑传输配电资本和损失或者过剩需求的情况下核查了建议的新燃煤发电厂的电力平均成本，因为同样的委员会允许艾克塞尔能源公司只提供之前一年每兆瓦的平均煤成本价给热电联合发电厂。一次能源公司在科罗拉多州的格里利市拥有一个热电联合发电厂。所有 85 兆瓦的电都将在格里利市被消费，而且避免了通过电线传输。在 2005 年，委员会允许艾克塞尔能源公司仅仅以 12 美元/千瓦时给这个热电联产发电厂提供电力，而且允许艾克塞尔能源公司建立一个新的燃煤发电厂，这个发电厂给格里利市运输电力将要求一个 90~100 美元/千瓦时的增量。在忽视电力运输成本的情况下，管制委员会分析通常断定公用事业建立一个新的集中发电厂是节约的，即使当地热电联发电厂提供了一个极为便宜的选择。

令人遗憾的是，这件事已经成了多年的惯例。大多数时候，治理系统最终选择次优的中央发电厂来满足期望的负荷增长。在本案中，客户的平均利率将会增长，科罗拉多州的能源密集型的工厂甚至可能会关闭，无法和外国同行竞争生产。这个新的中央发电厂每传输 1 个单位的电力将燃烧 3 个单位煤气或天然气，二氧化碳的排放也会随之而来。除了公用事业部门的股东每个人都会损失。迄今为止，政治领导人已经回应通过拨出纳税人资金补贴可再生能源生产能力迫使限制温室气体排放，这将进一步提高电力价格，但可以减少污染。

每个人的目标都应该是系统的规章制度和自由市场。它们允许（更多的鼓励）最大的回收能源发电厂的部署。那么结果将会有很大不同：平均电力成本将会下降，空气污染包括温室气体将会降低，制造业竞争力将改善。

9.2.1.3.2 能源补贴是制度

任何产品补贴都会使价格信号失真，导致次优投资。但是这个无可争议的经济事实是在全球能源工业中备受尊敬的。在世界各地，政治家们通过补贴能源系统的大部分来回应公民们对便宜能源的需求。这些补贴是从税收中拨出来的，它可以买低消费者的电价，还会买低消费者过度使用能源和在节能及高效上投资不足的信号。

例1：州和市政拥有的电力系统与其他的制造企业不同。他们不需要支付所得税而且还被允许发行免税和/或使纳税人支付的利率远低于竞争性行业支付的债务。风能发电、太阳能发电、地热能发电和核能发电的税收抵免补贴着这些技术带来的电力。这些补贴隐藏了电流的真实成本，鼓励了浪费。消费者为这些补贴全部买单，因为政府必须向其他的活动收税来补偿他们损失的利润。但是这些补贴造成了许多增加热电成本的次优选择。尽管能源补贴代表着一个真实的"浪费"政策，但是他们几乎是普遍存在的。

例2：2005年的美国能源政策法案（EPACT）对那些租赁了美国领海墨西哥湾地域开采权的汽油和天然气公司带来了好运。一条法律规定免除了石油生产的特许使用费。这个石油生产是在墨西哥湾的联邦财产。尽管此类支付所需的石油生产是所有其他联邦的财产。换句话说，《美国能源政策法案》（EPACT）对石油公司说："你可以从这些联邦土地提取石油而不用支付任何费用给联邦政府。"纽约时报预计这项补贴在接下来的5年里将花费纳税人70亿~280亿美元（Andrew，2006）。这项补贴对帮助美国消费者来说起不到一点作用。这个免租石油或者增加石油公司的利润或者拓展了他们进入世界石油价格的途径，这项补贴是被世界上石油的消费者给消耗了。但是利润的损失必须全部由美国纳税人补偿。在某种程度上这项石油公司的补贴降低了石油价格，掩盖了使用石油和天然气的真实成本，从而使能源效率上的投资不如真正的经济影响有吸引力。

9.2.1.3.3 外在成本不包含在能源价格中

企业与消费者通常会忽略外在的成本，除非这些成本包含在产品的售价中。化石燃料税很少涵盖燃料燃烧的外在成本，因此能源成本被低估了。

例：社会为燃料燃烧引起的污染支付的健康成本，用有税收支持的医疗保险、健康保险以及个人医疗费用来分摊。例如，越界空气污染座谈小组已经推断空气排放将会引起加拿大安大略湖居民每年增加66亿美元的医疗成本。这些成本没有在化石燃料使用时通过税收支付，化石燃料燃烧是有害气体排放的来源。其他纳税人资助项目用来支付修复酸雨的危害。最近的立法想通过税收资助项目来寻找缓和燃烧化石燃料引起的气候改变的方法。这些行动是用税收来为燃烧化石燃料的外部性成本买单，它隐藏了能源用户使用的能源的真实成本。化石燃料征税恢复预计的外部性成本将会增加电力的成本并刺激效率投资。这些税收通过降低其他税收可能会使税收中立。因为欧洲国家燃料燃烧税比北美的税重，欧洲在能源效率上投资了很多。通常欧洲国家产生一美元的国内生产总值就会用一半的化石燃料，这在美国只能用来生产半美元的国内生产总值。

9.2.1.3.4 掠夺性垄断实践被法律保护

主导厂商往往能从事掠夺性做法，用低于成本的价格提供产品，直到低价格破坏了竞争。这时主导厂商会提高价格到新的峰值，提取"垄断租金"。为了阻止这样的垄断行为，政府制定了反垄断法。这些法律几乎适用于所有商业活动，能够帮助促进和保护竞争。但是反垄断法不适用于电力行业。电力行业恰恰允许在其他商业活动中不允许的垄断做法。

例：许多监管委员会允许电力公用事业部门为那些同意用电来供热、冷以及照明的"全电气化"建筑提供一个折扣率。这就阻止了那些高效节能型非电流供热供冷系统。

一个复杂的使用热电联合厂供一部分电的大型办公室不符合全电气化的费率，因此它要为其从电网中购买的电支付佣金。相比之下，当柯达为消费者提供低价复印机时，消费者也同意购买柯达的维修。最高人民法院裁定这违反了产品捆绑的反托拉斯法规。在被当前电力行业治理允许的电流公用事业中还有许多其他垄断行为的例子。

贯穿整个世界的电力行业法律法规忽视了经济的经验教训。没有这些细小条件，亚当·斯密的"看不见的手"发挥不了作用。电力行业将继续浪费能源和资本。

9.2.1.4 政策选择鼓励回收利用能源

我们现在开始转向那些可以引诱更优行为的监管改革的建议。改变电力行业治理并不容易，这给予人们普遍相信的谬见和既得利益集团长达一个世纪的垄断保护。政客们冒着失业的危险提出征能源税或者免除能源补贴。获得电力补贴的公民不可避免地团结起来反对威胁到他们补贴的任何一方或政治家。这些努力通常压倒了规模更大、更多样化的提供资助补贴的纳税人。

令人欣慰的是，有政治上可行的第一步。移除创新障碍和授权开发洁净能源比完全放开市场有较少的政治意味。这样的改变可以被制定。小小的政策改变将为公众带来明显的利益，创造一个为排除世界上最大和最重要行业的浪费进一步释放市场力量的机会。公众已经出现过源自于不良设计的局部管制问题，例如发生在加州的情况，但未能获得真正的竞争产生的好处。我们建议第一步要从发展充分利益开始。

政策改变：允许当地热电联产发电厂为一定限度的零售客户设立私人电线。

充分地传输过剩的容量。作为一种选择，要求委员会设定基于传输距离的不同电网收费，而且将和现有网络紧密程度有关。单一的"邮票"利率适用于大部分地区，以平均电力输送成本向所有发电机收费，这否定了它能创造的传输利润。

政策改变：所有州监管委员会都是为提高公用事业的投资回报率而修改规则的。因此，公用事业部门不会因当地热电联合发电厂的负荷损失或者用事业电力出售减少这种客户效率投资而受到损失。当前，大多数利率计算是基于对每类客户消耗的测试情况的假定。如果假设的那个数恰好发生了，公用事业部门应该能赚到投资回报允许的目标利率。但是如果假设的少了，由于保护当地发电或者地区经济形势萧条，公用事业利润将急速下降。反之也是成立的，峰值增长完全作为典型公用事业的回报。在佛蒙特州蒙彼利埃的监管援助项目造就了一些创新的方法，这些方法将公用事业部门从由于保护和热电联产厂发电而失去的利润中隔离出来。如果实施，这种项目移除了公用事业股东利益与社会利益效用的不当之处。

政策改变：让回收能源符合所有的可再生能源配额制。许多州和国家已经制定了百分比不断增长的电力可以从指定的清洁能源技术中获得的法律授权。这些法律经常限制可再生能源的资格，错误地假设这是清洁能源的唯一选择。我们认为这些规则也将相信从工业废能中回收电能，从当地热电联合发电厂回收热能。美国五个州（北达科他州、南达科他州、内华达州、美国康涅狄格州、宾夕法尼亚州）已经将回收能源纳入到它们清洁能源配额制中。

2001 年，美国国会决定颁布国家可再生能源配额制。比例不断增长的电力可以用可再生能源（太阳能、水力发电、风能以及特定生物能）发电的授权受到了有充足理由的强烈反对，这一举措还没有颁布。这项要求所有的州从清洁能源中获取百分比不断增长的电，却限制对可再生能源发电的清洁能源定义。这项拟议的法律将会造成一个从大多数州向 7~8 个使用大量风能资源州的财富转移。风能，正如上面说的，远比其他可再生能源便宜。风能将会成为清洁能源的选择，迫使大部分工业地区向使用风能发电的多风地区支付补贴。相比之下，每个州都有很多机会回收利用工业废能和建立从发电回收热能的热电联合发电厂。

包含回收利用能源的国家可再生能源配额制提议的修正案在 2001 年被参议院和众议院议员讨论，并且深受好评，直到该法案赋予回收能源与其他清洁能源竞争的资格，一些环境运动活动家就联合起来恐吓收回对国家可再生能源配额制的支持 [13]。反对增加回收能源条款的环保组织想不惜任何代价促进可再生能源技术的发展，他们担心回收能源将削弱可再生能源的溢价。合适的国家目标问题是冲突的根源。这个目标是要以尽可能低的成本生产更清洁的能源还是激励特定种类的清洁能源技术的发展？我们认为目标应该是以最低的成本引导更多清洁能源。制定包含回收能源在内的国家可再生能源配额制在政治上应该是可行的，因为每个州都有回收能源的潜能。

对含回收能源的可再生能源配额制的异议承受着更进一步的讨论。对含回收能源的可再生能源配额制指令的反对者指向另一个政治目标，即创造未来技术的新产业集群。丹麦对增加风能发电的授权为风力发电机创造了一个强势的当地市场。这使丹麦的企业发展和出售世界级的风力发电技术成为可能。

我们认为能源回收也是一种重要的有着双重利益的未来工业集群。法律授权更多的回收能源将有助于企业家们开发出口回收能源技术，鼓励现有的当地工业回收能源，最终提高他们的竞争力。

政策改变：要求电网运营商与与之平行的备用发电厂相联系，以便能够在峰值和紧急情况下从那些发电厂中购买电力。美国大约有90000兆瓦的备用电用在医院、监狱、关键工业设施和高层建筑上。这些备用电力容量大约等于美国峰值电力系统用电的12%。但是，这种备用电力储量很少与电网相联系。在被当地电力分配垄断这一典型的安排方式中，备用发电机被要求可以随时和电网分离。当电网出问题时，断路器打开，这时没有电流通过电网。一两秒之后，断路器使备用发电和选定的建筑紧急负荷紧密联系。当电网恢复服务之后，在建筑或设施与电网重连之前将有另一个电力中断。这明确地阻止了连上电网时备用发电产生的工厂需要的电力，阻止了能帮助供给峰值电流负荷的备用发电。

当电网紧张时，12%的备用电容量能被用来避免整个系统的崩溃。2003年8月，美国东北部和加拿大之间的输电线变得超负荷并开始崩溃。系统接线员重新布线将更多的电力加注到正在供电的线路上，然后那些电线要不就会崩溃，要不就会被自动切断安全装置。超过5000万的客户会因为令人难以置信的经济破坏和损失而24~60个小时不能用电。如果公用事业监管机构要求所有的备用发电机与电网相连，就像所有的集中发电厂一样，公用事业部门就能要求备用发电机运转和减轻传输负荷，那么熄灯就永远不可能发生了。用备用发电机来分担极端电流系统峰值负荷能减轻电网负荷，有助于避免没电的熄灯情况以及挽救生命。同样备用发电机也能够分担系统峰值，从而避免新传输配电系统的成本。但是并联的建筑大厦能够也将使用它们的备用设备来分担昂贵的峰值负荷，这样减少了公用部门的利润。一些公用部门声称由于技术问题不允许并联，这样的改变对当地热电联产发电厂有极其重要的作用，这也经常因公用事业对并行电网否定而受挫。

政策改变：要求公用事业部门支付给当地发电厂供电的全额费用，包括避免的发电和传输配电投资成本，减少线路损失，减少污染以及电网电压支持。公用事业部门通常要求监管者批准他们为电网提供备用服务而向当地发电厂收费，这也是合情合理的。但是委员会需要反向分析，要求公用事业部门为那些当地发电厂提供给电网的服务向当地发电厂付费。

马萨诸塞州大学的一项最近的研究发现：安装在波士顿的每千瓦时新分布式发电每年将产生 351 美元的净社会效益（Kosanovic and Beebe，2005）。换句话说，电网投资节约的资金和线路损失减少的价值，减少了公共事业部门为本地发电厂提供备份服务的成本，约为 351 美元每年每千瓦电新容量的。不看这项研究，马萨诸塞州监管部门最近在波士顿对当地热电联产备用发电量的收费为 114 美元每年每千瓦。监管者在没有要求波士顿热电联产发电厂以每千瓦发电量 465 美元的价格为运营备用电网这样的权力机关支付年度处罚的情况下才允许交易。（他们每年创造的 351 美元净效益都将失去而且还要支付 114 美元每年的处罚）（Kosanovic et al.，2005）。这一点也不令人吃惊，在波士顿没有一个正在建的热电联产发电厂。

政策改变：碳的节约来自于回收能源中符合绿色标签和碳交易信用的条件。许多电力消费者自愿支付环保电力的额外费用，但是这样的选择对可再生能源来说是受限的。含回收能源在内，清洁能源的产量将增加，但它的价格将降低。

尽管这些提议的政策改变仅仅是一个开始，但是它们将创造一个巨大的利益，削弱集中发电思维体系。到那时，也许政治环境将允许更多改变，包括结束所有的能源补贴和向燃烧化石燃料征税。以往的商业模式照例将会得到在当前规则中获利的现有公司的极大忠诚。但是极速增长的能源灾难要求急剧的变化，新思想和政治领导。

9.2.2　赌注是很高的

我们将以持续当前电力行业治理将会带来严重的经济和环境后果这一警告结束这一章。

继续当前电力行业治理毫无疑问将加速温室气体排放和加速全球变暖的趋势，这种趋势正引起气候变化和整个生态环境的破坏。这使得阻止电力创新毫无意义，导致了过度的化石燃料燃烧、不必要的二氧化碳排放以及较高的电力成本。

继续当前电力行业治理在面对当前化石燃料价格上升的情况下不仅会阻止经济的增长，而且会导致平均收入降低。贯穿 20 世纪降低能源服务成本的长期趋势已经停止，正在严重扰乱经济进步。从 1959 年开始，平均交付发电效率就未改善过。燃料的价格是 1999 年的 3~5 倍。电力研究所（EPRI, online）最近的一个报道称电能质量每年平均花费将近 2000 亿。[14] 传送系统是过度紧张的，极端的天气条件经常破坏电力供应。汽车和家电效率增幅放缓。

继续当前电力行业治理将会使很多其他的主要问题恶化。集中发电系统比当地热电联产发电更易受天气条件和恐怖袭击的影响。这种脆弱性在增加的暴风雨中已经被测试过。如 2005 年的卡特里娜和丽塔，以及 2006 年东海岸大量的降雨。这些强烈的暴风雨不是证明全球变暖，而是证明与气候学家对多年全球平均温度上升的天气变化这一预测是一致的。印第安纳州参议员卢格、前中央情报局局长詹姆斯·伍尔西估计，美国每年投入 1000 亿美元卫冕进入外国石油和天然气供应，这些成本亦加剧了 17 库德的化石燃料的燃烧，这些燃料在美国其实不必要地被用来产生热量和电。最后，不断上涨的能源价格会加剧制造业工作岗位的丧失。

在经济能源效率上的赌注也许比一般情况要高，最终结论也是呼吁在这一点上。尽管完整的事件太复杂而无法在这里讲，但毫无疑问，生产力的提高和经济增长在过去很大程度上受驱动机器的矿物燃料使用的影响——特别是蒸汽发动机和内燃机〔Ayres et al.，2003，2005；Warr and Ayres，Warr，Benjamin and Robert Ayres. "REXS：评估自然资源消耗和技术变化对经济增长影响的预测模型。"《结构性变化与经济动力学》17（3）（2006 年 9 月），pp.329 – 378〕。反过来，这些也已经发挥了作用（大多是电），为人力和动物提供能源替代服务。两个多世纪的这些"发动机的增长"归功于燃料价格降低和增加的原始能源"有用功"的效率转换——尤其是电力，或者说被其驱动。

但是工业社会正在应对石油、天然气和煤价格的大幅增长。普遍的能源补贴和当前的能源治理刺激了能源的需求，以上述提供的方式诱导了能源价格更进一步的增长。陈旧的监管政策对清洁能源的要求迫使电力成本进一步增加，但限制了可再生能源的供应。这样的结果，在没有重大结构变化的情况下，可以减少经济增长，延长经济衰退期，降低生活水平。这个赌注很高，当地热电联产厂的能源回收是能够避免这种威胁的唯一策略。

政治领导者失败于解决治理上，但是却对部分特定种类的清洁能源授予了更高的价格。我们只能认为这样奇怪的行为是基于当前能源系统最优这一假设。整本书展示了主流能源传说的谬误。电力系统既不是经济最优，也不是环境最优。

在某种程度上，这是一个好消息。套用戈尔的新纪录片，我们的发现是"方便的真理"。政治领导者寻求缓和气候改变有很多引人注目的选择。这既可以减少燃料进口，也能保护就业。的确，社会可以"鱼与熊掌兼得"。清洁能源的需求和移除障碍、设置规则以及思维模式，使电力行业的企业可以提供清洁的、支付得起的、可持续发展的暖气和电力。

正如上面说的，世界各国继续使用那些不能回收能源的集中发电厂提供的负荷增长电力服务的成本是很高的。在接下来的 30 年里使用中央发电厂提供的全球电力峰值增长将花费 10.8 万亿美元，使二氧化碳的排放极大地恶化。另外，根据国际能源组织的评估，如果一切照旧会造成 14 亿人处于能源缺乏的状态

（IEA，2002，p.3）。世界如果能够更好地配置当地发电使之具有翻倍的效率，可以节省 5 万亿美元，从而可以用这些中的一些节余为所有的人拓展能源服务。

没有理由勉强接受当前的能源效率低下。利用现有技术的能源回收在经济上有利。但是因为能源回收需要大量的人力资源发展，它会继续缓慢，除非得到授权，无论是通过政府还是市场力量。我们认为提高能源效率最好的方式是让政府遵循经济学的规律，将电力行业完全暴露在市场上。如果没有完全的放松管制，可以通过消除对当地热电联产厂的监管偏见和鼓励能源回收来提高系统性能。一旦市场发现好处，对全面改变的支持将会增加。

应该强调的是，没有必要消除现有的中央发电能力。大量新的当地发电厂被需要用来满足世界预期的负荷增长和覆盖即将退休老化的中央发电厂。没有任何理由扫除已经建立的公用设施。没什么可以阻止这些组织参与到为回收能源的热电联合厂准备的不可避免的（和盈利的）新市场。

是时候挑战被经济学家和政策制定者广泛持有的中央发电和垄断保护电力分配是最优的这一假说了。像伏尔泰的糖果，这些人都认为（违反现实）这是"尽善尽美的世界"。全球经济和环境的健康取决于政府刺激世界上最大的产业：电力生产和分配的经济效率的速度。

注释

[1] In a speech to the National Small Business Conference on 17 April, 2005, President George W. Bush said, "Technology is allowing us to better use our existing energy resources. An in the years ahead, technology will allow us to create entirely new sources of energy in ways earlier generations could never dream. Technology is the ticket; it is this nation's ticket to greater energy independence."

[2] The US raw energy input in 2004 was 99.7 quads, of which 85.7 quads came from fossil fuel. Transportation, which is nearly all fossil fuel based, consumed 27.8 quads or 28% of total input energy. Of the remaining 57.7 quads of fossil fuel, we estimate that 5–8 quads were used as a feedstock for various chemical productions, and that the remaining 50 –52 quads were used to produce thermal energy and electricity –heat and power. An optimal system that recycled waste energy streams would save 17 quads or 20% of all fossil fuel currently used （EIA，2005）.

[3] Proven technology using organic fluids in a Rankine cycle profitably converts exhaust gases with temperatures above $600°F$ to electricity （see www.ormat.com）, while conventional steam cycles become cost effective at roughly $900°F$. Promising

technologies now under development could produce electric power with exhaust temperatures as low as 180℉, but these approaches require further capital cost reduction to be economically attractive in replacing current average cost electricity.

［4］At the end of 2004, 1800 MW of solar collectors were installed worldwide, which, at an estimated annual 10% annual load factor, would have produced roughly 1600 GWh of clean energy. The 95 MW coke oven exhaust recycling plant produced 503 GWh of electricity and 1140 GWh of process steam for a total of 1643 GWh of clean energy in 2004, roughly the same amount of clean energy (REN21 Renewable Energy Policy Network, 2005).

［5］The $165 million energy recycling plant produced 9960 kWh of clean energy per dollar of investment. New Solar PV at $8000 per kW and a 12% annual load factor produces 131 kWh of clean energy per thousand dollars of investment (assumes improved utilization versus existing fleet). The recycled energy plant thus produced 75 times more clean energy per dollar of investment than new solar. New wind costing $1300 per kW plus $1400 per kW for T&D will produce, at a 31% load factor and 9% line losses, 915 kWh per thousand dollars invested. The recycled energy plant thus produced 10.8 times more clean power than new wind per dollar of investment.

［6］All nuclear powered submarines and aircraft carriers recycle exhaust heat from the nuclear plant steam turbines for ship's thermal energy.

［7］Example: South Carolina Code of Laws, Title 58–Public Utilities, Services and Carriers, Chapter 27, Electric Utilities and Cooperatives Article 3, Franchises and Permits, Section 58–27–40. Procedure for granting exclusive municipal franchises to furnish light, states, "All cities and towns of the state may grant the exclusive franchise of furnishing light to such cities and towns and the inhabitants thereof."

［8］The $890 per kW of capacity is a calculation from table 3.11: New Electricity Generating Capacity and Investment by Region, page 132, World Energy Outlook 2002, International Energy Agency, and is the IEA's estimate of the additional capacity that will be built worldwide between 2000 and 2030. The estimate of typical costs per kW of recycled energy capacity is based on internal cost records of Primary Energy, Trigen Energy Corporation, and Turbosteam. These companies are or have all been developers of recycled energy facilities managed by one of the authors (Casten).

［9］The grid peak occurs over 150 hours, roughly 2% of the year. The probability of all three generators randomly falling during grid peak is $0.02 \times 0.02 \times 0.02 \times 0.02$, or 0.00000014, one in 6.25 million.

［10］ Personal conversation at EPRI, Planning Meeting from Steve Specker, President of EPRI, Fall 2005.

［11］ http: /permanent.access.apo.gov/website/www.eia.doe.gov/cneaf/electcity/epa/ epa/epa.sprdshts. html and the labor data from http: //data.bls.gov/PDQ/outside.jsp? survey=ce, then combined by the authors to calculate persons employed per megawatt of capacity.

［12］ Comments from William Reed, Senior Vice President, Regulatory Affairs and Strategic Planning, San Diego Gas & Electric at the West Coast Energy Management Conference on 28 June, 2005.

［13］ One of the authors, Casten, worked with the Senate Energy Committee in 2001 to craft the proposal to include recycled energy, and discussed the proposal with then House Commerce Committee Chairman, Billy Tauzin and others, with positive reception until the environmental groups persuaded Senators on the Senate Energy Committee to oppose the change.

［14］ Electric Power Research Institute's Consortium for Electric Infrastructure to Support a Digital Society (CEIDS) . The study involved interviews with what the study authors noted was a "statisticall representative sample" of 985 firms in three sectors of the US economy that represent 40% of the U.S. gross domestic product –and which shows particular sensitivity to power disturbances, http: //www. epri. com/IntelliGrid.

参考文献

Alderfer, B., Eidridge, M. and Starrs, T.: 2000, "Making Connections: Case Studies of Interconnection Barriers and their Impact on Distributed Power Projects," National Renewable Energy Laboratory, Golden CO, USA.

Andrews, E.: 2006, "Vague Law and Hard Lobbying Add Up to Billions for Big Oil," The NY Times, 3/27 (A), 1, New York, NY, USA.

Arthur D. Little: 2000, "Preliminary Assessment of Battery Energy Storage and Fuel Dell Systems in Building Publications," Final Report to National Energy Tech nology Laboratory, US DOE, GS–23F–8003H, Acorn Park, Cambridge, MA, USA.

Ayres, R. Leslie W., and Warr, B.: 2003, "Power and Work in the US Economy, 1900–1908", Energy, 28 (3), 219–297.

Ayres, R. and Warr, B.: 2005, "Accounting for Growth: The Role of Physical Work," Structural Change & Economic Dynamics, 17 (2), 181–209.

Bailey, O. and Worrell, E.: 2004, "Clean Energy Technologies, A Preliminary Inventory of the Potential for Electricity Generation," Lawrence Berkeley National Laboratory, Berkeley, CA USA.

Brennan, Timothy J., Palmer, Karen L., and Martinez, Salvador: 2002, "Issues in Restructuring the Electricity Industry." Alternative Currents: Electricity and Public Policy, Resources for the Futre, New York, pp. 1–10.

Bush, George W.: April 27, 2005, Speech to National Small Business Conference, Washington Hilton Hotel, Washington, DC, USA.

Casten, T. and Collins, M.: 2002, "Recycling Energy," [online] http://www.primaryenergy.com, accessed July 16, 2006.

Commonwealth Edison: 2006, Con Edison 2005 Annual Report Strength, [online] http://investor.conedison.com/ireye/ir_site.zhtml? ticker =ed&script =700&layout=7, accessed July 23, 2006.

Electric Power Research Institute's Consortium for Electric Infrastructure to Support a Digital Society (CEIDS): [online] http://www.epri.com/IntelliGrid, accessed July 16, 2006.

[EIA] Energy Information Administration: 2005, Annual Energy Review 2004, DOE/EIA-0384 (2004), Washington, DC (online) http://www.eia.doe.gov/emeu/aer/, accessed June 21, 2006. Tables 1.3, 8.2a, 8.4a, 8.2a, Diagram 1.

Entergy: 2006, 2005 Annual Report Tested, [online] http://www.entergy.com/content/investor_relations/pdfs/2005ARFlNAL.pdf, accessed July 23, 2006.

Hirst, Eric: 2004, U.S. Transmission Capacity: Present Status and Future Prospects, Edison Electric Institute, [online] http://www.eei.org/industry_issues/energy_infrastructure/transmission/ USTransCapacity10 -18 -04.pdf, accessed July 23, 2006.

Huntoon, Steve and Metzner, Alexandra: 2003, "The Myth of the Transmission Deficit," Public Utilities Fortnightly, 141 (20), pp. 28–33.

[IEA] International Energy Agency: 2002, World Energy Outlook 2002, Paris, France [online] http://www.iea.org//textbase/nppdf/free/2000/weo2002.pdf, accessed June 21, 2006.

Kosanovic, D., Ambs, L., and Beebe, C.: 2005, "The Influence of Distributed Energy Resources on the Hourly Clearing Price of Electricity in a Restructured Market," in 2005 ACEEE Summer Study on Energy Efficiency in Industry, West Point, NY, July 19–22, 2005.

Kosanovic, D. and Beebe, C.: 2005, "System Wide Economic Benefits of Distributed Generation in the New England Energy Market," Center for Energy Efficiency and Renewable Energy, University of Massachusetts, Amherst, MA, USA.

Lowi, T.: 1979, The End of Liberalism, the Second Republic of the United States, WW Norton & Company, New York, NY, USA.

National Academy of Engineering: 2006, Greatest Engineering Achievements of the 20th Century, 2nd Ed., National Academies, Washington, DC, http://www.greatachievements.org/, accessed July, 2006.

Natu, S.: 2005, "Bagasse Based Cogeneration, India Marching Ahead", International Sugar Journal, CV II, p.416.

North American Electric Reliability Council: 2005. Long-Term Reliability Assessment: The Reliability of Bulk Electric Systems in North America, NAERC, Washington, DC, September, 2005.

[PG&E] Pacific Gas and Electric Company: 2006, Revised Cal. P.U.C. Sheet No.17097-E, Commercial/Industrial/General Schedule E-20-Service to Customers with Maximum Demands of 1000 kWh or more, Section 13.Contracts b.Long Term Service Agreement Options 3.Cogeneration Deferral Agreement, p.22.

Primary Energy: 2006, [online] www.primaryenergy.com/facilities/cokenergy.htm, accessed July 16, 2006.

REN21 Renewable Energy Policy Network: 2005, "Renewable 2005 Global Status Report," Worldwatch Institute, Washington, DC, USA.

Shirley, W: 2001, "Distribution System Cost Methodologies for Distributed Generation," The Regulatory Assistance Project, Gardiner, Maine, USA.

Sobin, Rodney: forthcoming, "Renewable Energy Systems could never meet growing Electricity Demand in America," in B.K.Sovacool and M.A.Brown (eds) Energy and American Society: Thirteen Myths, Springer Press, The Netherlands.

Turbosteam: [online] www.turbosteam.com, accessed July 16, 2006.

Warr, B. and Ayres, R.: forthcoming 2006, "The MEET-REXS model," Structural Change & Economic Dynamics.

World Alliance for Decentralized Energy: 2005, [online] www.Localpower.org/documents_pub/report_worldsurvey05.pdf, accessed June 21, 2006.

Zerriffi, H.: 2004, "Electric power systems under stress: an evaluation of centralized vs. distributed systems architectures," Ph.D. Thesis, Carnegie-Mellon University.

第❿章　能源传说九

——能源效率的改进已经达到了它们的潜能 [1]

10.1　简　介

总的说来，美国现在单位经济产出所消耗的能量比 30 年前少了 47%，当前每天可以节约 10 亿美元，如同在大力减税的同时又可以达到减少财政赤字的效果。低能源消耗不仅没有抑制全局发展，反而加速了全局发展。而且还有更多其他的价值可以挖掘。美国发电站废弃的热量，比日本使用的总能量要多 1/5。如果"热电联合发电"模式被鼓励的话，这些废热能够有效地被回收利用，这种模式已被欧洲国家采用。在发电站将煤转化为白炽灯的能量其效率只有 3%。有 20 家大型发电厂排出二氧化碳只是为了运行被关闭的美国设备（Lovins，2005）。

为什么这种低效率的情况在不停地上演？许多经济学家、政策分析家、政治家认为国家已经挖掘出了能源效率的潜能，已经没有剩下多少希望了。例如，在他们 20 年来研究的对工业能源效率工程的综合评价中，Anna Shipley 和 R. Neal Elliot（2006）总结出"那些反对投资工业能源效率的努力所提供的反复出现的主题就是这些企业其实已经认识到了这些成本效益机会是一直存在的"。Richard N. Cooper（2005）注意到，有许多引人注目的观点（为了解决能源挑战），包括能效实验、小规模的可再生能源系统（如风力发电机）。"当把它们调动起来后，就会具有规模效应。有一点是明确的，就是这其中很多东西只能够发挥一小点作用"。Paul Joskow 则认为"这些未开发的能效潜力更有吸引力……没有什么比这个更具幻想了"（p.531）。

结合以上观点，有人认为市场会自动调节，而政府支持的能效措施就不必采取了。Ronald J. Sutherland 和 Jerry Taylor（2002）认为"市场可以完成分配能源供给、能效、能源安全，自由市场自动调节成本效益，可以保证消费者的长远利益最大化"（pp.1–3）。卡托研究所总结："经验告诉我们市场有一只看不见的手，它在能源供给和保护方面发挥的作用要比政府政策制定者的'死亡之手'有效得多"（Taylor，1993，p.1）。Ken Gillan（1978）提到即使在 20 世纪 70 年代能源危机最严重的时刻，许多政策调控者都认为"如果当时经济形势真正受保护，那么私有企业就已经在从事研发了，因为他们会看到保护技术很吃香"（pp.115–116）。能源政策方面两篇有影响力的文章总结"保护是经济和技术发展不可避免的手段"，而且"并不需要什么措施来刺激效能高的电气用具及发动机的销售，因为回报很丰厚，而且是必然的"（Greenhalgh，1990；Sioshansi，1994）。

如果能源效率有这么大的发展空间，为什么到现在还是没人做呢？比如说在美国，生产一美元的 GDP 所用的石油和天然气不到 1975 年的一半。但是为什么更多的提升还没有实现呢？为什么这么有价值的事情没有人去做呢？理想经济模型假设自由市场模式是如此完美（即使在非市场社会），以至于任何具有成本效益的投资肯定已经被制定。因此投资更多必然要求更高的价格——因此对经济困难的预测一味地悲观。更为精细的市场模式，在那些能效经验主义者看来，会有不同的情况（如果市场已经完善，所有的改革创新都已进行过了，所有的商业机会都已经被捕获了，所有的套利者都消失了，没有人会赚到数量可观的钱，那么生活就会变得很没趣味）。

单方面从人们对价格的反应来解释人们的复杂行为是对现实情况的曲解及误导。价格确实是很重要而且应该是正确的，但对价格的反应能力却有更为重要的意义；协助、技术、关注这些均可以降低价位。1991~1996 年，在西雅图人们节省电力负荷峰值及电能的速度要分别比芝加哥快 12 倍及 3640 倍，尽管每千瓦时只需付半数费用，因为在西雅图这种实用性会促进人们去节省，但是在芝加哥却不会。价格是吸引人们注意力的方式之一：在有史以来的最低价位及降低能源价格中，1996~2001 年美国的能源强度每年降低了 3%，这个速度与 1979~1986 年每年 3.4%一样，在这一时间内又有了历史上的最高价位及价位上涨速度情况。顺带提一下，2005 年美国能源使用稍微下降，原因是强度下降的程度比 GDP 增长的速度多了一点。能源的高价位对于提高能效来讲并无必要（产量越高，价格越低）。虽然长时间支付两倍的能源价格，但 Dupont 的欧洲化工厂的能效并不比美国高，因为几乎所有企业的设计都是相似的。这是在警告我们要认真对待经济学而不是按照字面来对待经济。

一个关键的障碍是几乎每个人都低估了能量节省的数额。此外，节省的能源是无形的：它不能在你的能源节省账单中逐笔列出。节能技术通常看着及感觉就像低效，因此它们的作用也是看不见的。节省的能源和能源用户一样分散，是数以百万计的散块而不是集中起来一大块，这吸引着源源不断的分割者和探索者涌向能源供应工厂，能源效率变弱而且厂区分散。大多数能源使用者目光短浅，其实将未来节能速度贴现的话，这比金融家直接卖能源得到差价收益的 10 倍还快。大部分使用者仅仅用一小点时间、注意或者兴趣去学习现代的节能技术，其实这种技术发展得太迅速以致所有的专家都过时了。从某种程度上说，精确的障碍约束能源使用能节省钱：分析房东和租客之间，或者在开发商与购买者之间的动机，对不正当的动机进行分析，将导致与我们所需相反的结果，高效的信息流和组织行为将会增分不少。总之，60%~80%的市场失灵都是市场机会的转换，这是从广大领域中积累的经验（Lovins and Lovins，1997，pp. 11–20）。所有的障碍都会消失，每一个绊脚石都会变成一个新的台阶，但是这需要特别留心和足够的耐心。一些人已经开始这么做了。理论称，市场参与者会自动跳过所有障碍，自动捕获所有有效的机会。这听起来像一个老笑话："问经济学家要花多长时间将一个灯泡装进灯座，回答说'不用，自由市场会自发安装它的'。"但是还是得有人爬上梯子，将它安好！

因此，30 年的经验告诉我们节能面临着众多的障碍，大多数障碍还没有清除。从 1996 年开始，美国在电力方面充分克服了能效障碍，使能源的使用量以年均 1.5%的速度持续下降。即使电力是得到最大补贴扶持的能源形式，它也最易丧失激励。它很少在定价上让步，卖电的 48 个州的经销商中有的因卖的多而被奖励，有的因卖的少而被处罚。1996~2004 年，美国一次能源的总体使用率以 2.3%的速度下降。大部分人认为这是由于能源得到了更有效率的使用。这样的公司如杜邦公司、美国国际商用机器公司以及意法半导体公司，通常年均降低它们的能源使用量在 6%左右，这个行为产生的丰厚利润正在蔓延。

的确，经仔细调查发现，由于节能设备的突破、一体化的设计、良好的市场以及运输的优势四个因素，能源效率确实是在增长。

10.2 节能设备的突破

节能成本下降迅速，它的下降是加速的。它们曾经是稀有昂贵的高品质电子电极驱动，现在它们在亚洲被大规模廉价生产，甚至会被电气承包商拿来赠送，否则承包商们就要支付更多来获得他们所需的保护和软启动电路。5 倍效率的紧凑型荧光灯卖到 1983 年价格的 1/10 到 1/5，但现在，每年生产量有 10 亿个。电子照明镇流器的价格在 15 年间降了 9/10。窗口反射涂层的真实价格在 5 年内降了 4/5。的确，对于竞争市场中的很多种产品，如至少 225 千瓦的汽车，工业泵，常见的屋顶冷却器，甚至家用电器，认真选购能使你选购到高效产品，且花费超不过那些低劣的产品。很少经济学家坚信这点，但这在经验上是正确的。"我们信奉上帝"这是其他人的想法。

只是将现在使用的技术用到各处就可以节省很多热能和电能。20 世纪 80 年代以来，充分的文献证明，充分运用 20 世纪 80 年代中期最好的节能技术，就可以节省 1/2 到 3/4 的美国电力，且比现有地热发电站生产的电更廉价（Fickeet et al., 1990）。类似的研究发现一个同样便宜的技术方法，这个方法可以节省丹麦大厦用电的 3/4，或者所有瑞典用电的 1/2，或者德国家庭用电的 4/5。

越是唾手可得的东西我们越难以做到。大部分建筑物运转单位空调所使用的电量是它们应该用电量的 3 倍，如果建筑物的框架结构、照明灯以及办公设备都是合适有效的，那么需要运转空调的次数就会减少。在世界上最尖端的行业，芯片厂日常生产冷冻水和清洁空气所使用的能源是他们应该使用的两倍。在受到残酷成本竞争的其他行业，即使最新的炼油厂应付关闭节流值也大部分是用泵运行而不是使用调速电机驱动，这些行业正在受到已发生事情的控制而不是将要发生事情的控制，在新产品完成之后，保持着高温和压缩的良好状态，在重新发酵之后可以将产品平均分成几十个现在大小的产品（当烘焙完成后，将它从烤箱里取出）。

同时，"节能树"把更多的好运降临到我们的头上。常规改善——更高效的锅炉、熔炉、热回收、冷却器、驱动、泵、风机、生产设备、控制等——只是节约冰山模型中的一小部分（Lovins, 1996）。有一些是巧妙新奇的小玩意儿，如轻如羽毛的透明绝缘胶，或称雾化口香糖，它能够找到并且粘牢泄漏的管道，或者是基于软件的先进发动机和新型传感器。有一些则是古老的做法，像用发电来供暖和供电，单位燃料从购买到焚烧和气体排放（如二氧化碳）能够带来原来 2~3 倍的好处。但是所有新形式的节约都是基于生产和商业创新的。

做那些持续时间长，用料节约以及用来修理、重新利用、再制造和回收的工作可以节省大部分用来制作和组装材料的能源，这也是工业的核心工作。微流控技术可以代替大部分致力于分离非期望产品的化工业，通过精确地控制反应条件，在毫米级通道只生产所需产品。绿色化工能够变废（没有人要的东西）为宝。精益生产可以消除巨大的材料浪费。这还不算仿生学的新兴行业技术，可能只算是纳米技术以及生物技术的某些方面。

很多机会不但存在于技术中而且存在于商业模式中：在吉姆·沃和丹·琼斯（1997）的精益思想中以及我们的自然资本主义（Hawken et al., 1999 年）中被提到的"经济的解决办法"能够长期用更少的材料创造出更多和更好的服务，以此奖励供应商和客户。

　　所有这些或者更多其他的潜质证明：它们是增值的。绝大部分先进工业甚至连最肤浅的研究都没有做，如可以利用的能源效率有多少是值得购买的。节约的潜能不是无限的，但是下个世纪的附加能源却近乎如此。甚至在最具能源效率的国家，例如日本，都没有达到理论效率的 1/10（一个著名的日本工程师认为，在日本能源效率达到 3 倍才会有利可图），而且那些自然定律通常可以通过重新定义来修改——甚至是像打开窗帘而关上灯减少照明这样简单的方法。

10.3　一体化的设计

　　由于节能技术越来越便宜，更好的技术被更多地生产和采用，一个更大的变革也在进行着——如何将这些技术联合起来应用：优化整个系统获得多重效益而不是仅仅获得部分流程的单一效益。

　　例如，在天冷的时候房间里需要多少热能来供暖？大多数工程师认为这个数量可以从以往收到的供暖费中得知。但是这种方法是不正确的，因为这遗漏了供暖系统的投资成本。在气温可能会低于零下 40 摄氏度的时候，我在落基山脉之上 2200 米的房子里并没有传统的供暖设备。反而，它超级隔热，超级玻璃窗（它的热反射膜和氪填充块的热损耗等同于 8~14 块镜子）和通风热回收能够将热损控制在房间接收到自然太阳光、人、灯以及其他电器设备所提供热的 1% 以内（最后的 1% 可以被一个 50 瓦的狗提供，扔一个球就可达到 100 瓦的热量，或偶尔在最寒冷的晚上拿一个小壁炉；有时人们必须使用能源做研究）。这些改善供暖系统的成本低于购买和安装新的供暖系统——炉子、管道、风机、泵、电线、控制系统以及燃油供应设备。将节约的成本加上每平方米 16 美元共 1984 美元再投资可以节约 90% 的电力（比太阳能发电每月能节约 5 美元），99% 水暖能和50% 的水。同时，即使用 1983 年的技术，这些效率投资成本 10 个月就能收回。当前的技术要更便宜，性能更好。

　　同样在 1994 年，太平洋燃气电力公司（PG&E）在七个新旧建筑的"ACT²"实验中证明大型节能的成本低于小型节能（PG&E，2004）。例如，通常被设计成 45℃ 室温的地区性住宅能够节约 82% 的能量，这也是被美国最严格的建筑规范所允许的。如果广泛使用的话，这样设计的花费将比普通设计少 1800 美元，而且能够节约 1600 美元的长期维护成本，因为它没有供暖和制冷设备。随后一个类似的设计证实了 46℃ 的室温更舒适且没有额外的成本。在潮湿的曼谷，一个能提供舒适、无需额外费用的 350 平方米的房子，空调设备使用的能量为正常情况的 1/10。这也适用于大型建筑和修整过的老房子：在芝加哥附近一个装修成全幕墙式（全玻璃无窗式）设计的办公大楼，替代玻璃窗的密封设计均未能协调该大楼，这样的设计能节约 75% 的能源并且提供更舒适的环境而不加任何成本。

这样令人吃惊的结果揭示了经济理论中效益递减的缺点。诚然，增加过多绝热设备的成本要大于单位节约增量，这就是绝热工作原理。但是当绝热设备代替了整个供暖系统，它的避免投资成本就可以去掉不算了，大约能节约 99% 的热，这个成本小于少节约和不节约。为什么要曲线救国呢？跟随这个成本曲线，你就可以清除通向成本的障碍直达目标。

在一个引人注目的工业例子中，重新设计一个传热"搪塞循环"就能够将抽运能量缩减 92%，并且投资成本降低，性能也更好。这并没有使用到新技术，只是在设计理念上有两个小改变。第一个改变是用大管子和小水泵取代小管子和大水泵。管子内壁的摩擦力与直径的大小成 1：5 的反比关系（f=1/5c）。多年以来多数工程师将管道设计得很宽，宽得足以从节约抽运能量中回收更多的成本。但是这样资本成本的泵、发动机、变频器和电器发出的能量必须大到足以克服摩擦。设备的尺寸与它的投资成本成正比，设备的尺寸随着管子直径的改变以 5：1 的速度减小，而管子的成本随管子直径的改变以 2：1 的速度上升。因此，只把管子这个组件最优化，仅能得到一个好处（节约抽动能量）。"可悲的"的系统！如果将整个系统一起最优化，就能得到两个好处（节省能源和成本），用粗管子，细抽水泵，稍微能降低整体成本，节约到原来抽动能源的 1/12。

另一个设计创新是先布置管道，然后再安装设备。通常的做法是与之相反的。设备散乱，还不时被其他物体打断，因使用了错误的方法，安装到了错误的高度，所以交错复杂路径迂回的管道使摩擦力增加了 3~6 倍。管道安装工该高兴了：因为他们是工时制，提高额外管子和设备的价格，他们也不必为较大的设备和更多的电费买单。但是安装短的、粗的、直管子的主人比那些安装细的、长的、曲的管子的主人省钱。

同时，这些设计的改变减少了 92% 的抽运能量，降低了建造成本，2 个月就能节约 70 千瓦的热损（因为隔离短、直的管子很容易）。但事后看来，另外一种改变大约能节约原来的 1/4，将节约提高至 98%，总的算来成本更低且可能会带来七种好处：空间更小，重量更轻，噪声更小，维护方便，较少的维修需要，更高的可靠性以及能消除弯道的溶蚀来获得更长的寿命。

在我团队的设计实践中，近期的例子是一个关于节能 89% 的例子，这是数据中心中关于较低资本投入和较好正常运行时间的例子：节能 75% 的新化工厂的建设成本和时间低了 10%；节能 70%~90% 的新超级市场的建设成本和时间可能更低；节能 20%（以后会更多）的新芯片厂资本投资低了 30%；节能超过 50% 的巨型化合物工厂的投资成本低了 20%；节能 50% 的游艇的投资建设成本也较低。改进设计在主要设备上节省的能源从非常高效的炼油厂到大矿山通常节约能源在 40% 以上不等，且这些设计的成本几年内就能偿还。在办公室空调改造的设计中，甚至有 97% 的能源节约似乎都值得（有可能）。而且在每种情况下，非能源性能属性都将会提高。我的团队最近取得这样的成果，对 28 个价值 300 亿美元的部门设施进行了重新设计。如果市场是像上述理论家假设的那样完美，那么这样的市场机会是不可能存在的。然而，实践者却不断地沉浸在寻找机会中，他们已经习惯了理论家否认的市场失灵这一事实。这种分歧的世界观在我看来是经验问题，我更欣赏实证研究而不是理论预测。

"突破成本瓶颈"越大的省通常能比较小的省投资花费得更少（单位成本下降）——报酬递增而不是递减——这不是火箭高科技科学，这是维多利亚时代一体化工程极好的重新发现。纠正不足的工程实践，教育和奖励制度（大部分工程师都在为他们买的东西买单，而不是节省投资）。我希望很快就能帮助"十因子工程"（10×E）实践团队写一个关于"high-brain-Velcro"一体化系统设计的个案，这也作为非暴力推翻不良工程和传染性副本的有力支点。

10.4　能源效率在市场营销上的突破

以往大部分公用事业部门在节能方面的努力就是仅仅提供一些信息，或者是信息和资金，或者（随后）退还购买节能设备的部分付款。即使在 20 世纪 80 年代和 90 年代就已经发明了更强大的节能技术，但是它们现在才被应用于制造业中。不仅要使参与者和节约实现最大化，而且还应驱动节约，提升质量和降低成本使竞争最大化。

这段时间内高效的最大卖点在于其有助于保护全球气候。最好的是，这不贵而且有利可图。因为提高效率花的成本比节能节省得少。现在，大多数人意识到气候面临危险是因为人类对化石燃料的大量燃烧。下一步就是要消除那些认为保护气候将使成本负担过重，错误签署会遭受损失的广泛认识（正如每个实践者今天验证的事情），其实他们应该谈论利润、就业和竞争优势（Lovins，2005）。

此外，以往在能源效率上的努力大多关注客户通过投资后到底能省多少钱，以及这些钱多快才能从能源节约中收回来。现在我们可以给有代表性的工业和商业客户提供更大的节约，大约在 40%~90%，在安装新设备上仅仅使用较低的资本成本，几年的时间就能收回 30%~60% 的翻新成本。对于客户来说，他们并不关心成本，我们不需要提及节约成本，但是可以谈他们关心的好处。我们不能只关注于我们关心什么（能源），而要关注客户需要什么。在高效的办公室能够提升劳动生产效率 6%~16%（员工可以看到大家在做什么，知道自己在想什么，觉得更舒服，他们能呼吸到更新鲜的空气，因此他们能把工作做得更多更好——这比单纯看能源账单要值得多），高效的市场有更好的营销和食品安全，高效商店的零售压力将提高 40%，高效的教师学习效率将提高 20%~26%，甚至高效的汽车都有更高的碰撞安全。

10.5 运输上的突破

事实上汽车、卡车、飞机等所有的运输方式都适用于同样的综合设计原则，它们总共使用了美国 70% 的石油。我们团队 2004 年赢在石油终端的独立分析是由美国国防部赞助的，研究发现巧妙地使用现代轻质材料、空气动力学，推进创新在不降低舒适性、安全性及性能的前提下，能够使汽车的耗油量减少 2/3（Lovins et al.，2004）。这将扭转美国石油进口不断增长的局面。再加上其他的节约、替代供应以及联合投资组合，石油应用在 21 世纪 40 年代经济复苏时将逐渐停止。

3 倍效率车辆的额外成本，如果可能的话，几年内就能收回。事实上，当前技术能够节约 20% 的飞机用油（如波音 787）和 25% 的重型卡车用油（正如供应商最近告诉客户的情况），但并不会增加其他的额外成本。彻夜未眠的经济学家想知道是否理论上假设的情况可以应用到实践中——例如，节能汽车可能会很小、反应迟钝、不安全、昂贵或者样子丑。但是事实上，正如消费性电子产品通常会变小、变好、更快以及更便宜一样，精心设计的节能产品也能取代其他产品，当然是因为它更好，而不是因为它更节能。

和隔热技术一样，非集成和增值技术随着成本的增加，能源的节省会越来越少——这就是边际收益递减规律。扩大回报的突破口在于全系统的重新设计。这在汽车和轻型卡车上是最明显的——"轻型汽车"使用了美国石油的 42%，预计到 2025 年为 58%。经过 120 年的设计方面的努力，现代汽车依然保持着令人吃惊的低效状态，这是由于它根本的物理设计原理。汽车燃料能源仅仅 13% 到达了轮组——其他的 87% 都消耗在了途中——即使那 13% 也有一半热耗散在了轮胎、地面和空气中。只有 6% 的燃料能源用来使汽车加速和刹车，因为 95% 的燃料能源都是用来加速汽车的，而不是司机，因此，不到 1%的燃料是用来使司机刹车的。无疑当下的汽车——这也是铁器时代最高的表达方式——每天燃烧的以汽油形式存在的燃料是它重量的 100 倍。

但是有一个解决方案（Lovins and Cramer，2004；Lovins et al.，2004）。汽车 3/4 的燃油是由于汽车的重量引起的。通过减少重量这种方式轮子上每单位的能源节省将节约轮子运转途中 7 单位的能源耗散。值得庆幸的是，现代轻质强韧材料——轻金属、专用钢组或者先进的高分子复合材料，这些材料在保证不降低安全性的情况下都能够减轻汽车的重量。例如，碳纤维复合材料每千克吸收的能量是同等质量的铁制品的 6~7 倍，使汽车更平稳，如果达到钢铁车辆重量的两倍，能更好地消除复合材料汽车重量方面的劣势。使用这种新型材料的话，汽车可以大（舒适和安全）但是不重（不利和耗油），节约了石油和寿命。你不需要为了抗压强度而增重，如果这样的话，你的自行车头盔就用钢铁造了，而不是使用碳纤维。

新型的制造技术能使先进的材料变得可负担得起。一些碳复合材料的工艺流程显示了每辆小汽车在汽车领域有竞争性的成本前景，并满足所有没有妥协和有价值优势的要求：不会疲劳和腐蚀，没有涂漆，低速碰撞也会安然无恙。这种材料在每辆车的额外成本能够被更简单的汽车制造（组装车间变成原来的 2/3，和 2/5 更少的资金密集度）和只有 2/3 大小的推进系统所抵消。因此，现代混合动力汽车的效率翻了一番，几乎是零额外成本（Lovins et al.，2004）。

10.6　当联合可再生能源时，节能的效率更大

整合有效利用可再生能源供应不仅能使以前适度的资源满足一大部分剩余的需求，还可以让可再生资源供应变得便宜，技术上更有吸引力。例如，加州监狱的屋顶被添加的 1.25 公顷太阳能电池是结合效率和需求的反应（电力使用贵的时候更少，在便宜时候更多），所以在高峰时期，最大太阳能输出可能会以最好的价格将其卖回给电网。这个捆绑给客户带来了 3.8 倍的成本利益，其中包括国家补贴，或者不包括国家补贴的话是 1.7 倍的成本利益。分散式发电比任何其他形式都便宜，可以说是更有利可图的。世界上所有一次能源大约有 1/7 是可再生的，1/2 是非营利性生物燃料。其余的大部分是大规模的水力发电，通常建设过度。但在过去的几十年里，尽管有着千百年来的目光短浅、数十年的政策障碍以及对支持它们成熟竞争者的补贴，但是越来越多的可再生能源仍开始向前跨步。

欧洲计划到 2010 年使用可再生能源将获得 22% 的电力和 12% 的总需要能源，以后还会更多。

丹麦已经有 20% 的电力来源于风能，德国是 10%（预计到 2020 年至少是 20%）。德国和西班牙每年都会增加超过 20 亿瓦（10 亿瓦）的风力发电；全球风力发电行业，有 8 个；380 亿美元每年的全球可再生能源行业，至少有 12 个；所有微型发电厂（分散的可再生能源加上热电联合发电厂）有 29 个（Johansson et al., 1993; Goldemberg, 2001; Søensen, 2003; www.rmi.org/sitepages/pid171. php#E05-04）。相比之下，核能到 20 世纪 90 年代在全球的增加平均仅有 32 亿瓦，尽管这是经过半个世纪的准备并接收了美国一万亿美元的补贴。2004 年，13 亿瓦的全球核电站开始建设（勉强超过了全球 11.5 亿瓦的太阳能电池生产）。48 亿瓦已经完成了，剩下的 14 亿瓦永久停工了（Schneider and Froggatt, 2004）。核能发电的订单依然停滞不前，但风能发电的订单每 3 年就会翻一番，太阳能电池则是每两年翻一番。2005 年，世界上增加电力的 32% 都是由微型发电厂提供的——是核能发电 8% 的 4 倍——并增加了 8~11 倍发电容量。微型发电厂 2005 年在十几个工业国家提供了 1/6~1/2 的电力，占世界电力的 1/6。这太让人诧异了，许多人还说它发展得很慢，很小，是未来型的，有价值的，但不可能太多！

即使在非常大型的多元化可再生能源组合投资中，对土地使用的担忧是没有根据的。例如，一个相当低效的覆盖着 100×100 英里阳光区域的 PV 阵列，可以满足美国所有年度电力需求。当然，没有人会那样做；相反，人们会使用整合建立和屋顶式样的 PV，并将 PV 构建成停车场式样，在高速公路旁边建设，以避免边际土地利用和使电力接近负荷。似是而非的索赔坚持将核反应堆或发电站的足迹与小部分——从一半的 PV 到小部分的风力涡轮机——被可再生能源和基础设施占用的土地相比较。但自从国际协会应用系统发布了分析"有限世界中的能源"，公众已经普遍了解到，包含相关的燃料循环在内，土地强度和太阳能、煤炭以及核能是非常相似的（Haefele, 1981）。今后甚至会有可能出现太阳能适度的土地优势。

大量文献表明，关于源于风能和 PV 技术贫乏的能源净产量这一古老的传说是无效的。他们在材料强度上通常用非常老（或最初极为错误的）的数据。甚至近期一些很谨慎的论文，如 Per Peterşon 教授的文章，提出风能的材料强度是远高于那些基于实际项目发现的详细的生命周期评估（Peterson, 2001; www. windpower.org/composite-515.htm）。有趣的是，众所周知，在太阳能电池中一克的硅相比核反应堆中一克的可裂变材料将产生更多的电力。因为不像裂变，太阳能转换不消耗什么。

在世界范围来说，可再生能源有广阔的发展潜力。即使在受限的太阳能假说中，国际能源机构的《世界能源展望》（2004，pp.229-232）预见：30000万亿千瓦时每年的潜能在2030年大约可以满足世界电力需求。更重要的是，即使使用的技术远不如当前的技术，一个具有成本效益的有效使用分散供给的组合使用方式已足够实现环境稳定和全球发展的目标。

预测多变的可再生能源（如太阳能、风能）的难题还没有实现，也没有减退到理论层面（www.ukerc.ac.uk/component/option，com_docman/task，doc_download/gid，550/）。丹麦公用部门的Elkraft系统认为到2025年风力发电将达到50%（风力发电行业的目标），即使丹麦的输电网很小，这在经济和技术上也都是可行的。甚至在丹麦、西班牙和德国地区所有电力（或者更多）都是从多风的日子里产生的，这种发电的间歇性是由4种混合方式解决处理的：多样化的位置（风经常在不同的地方吹，仅仅几百公里的差别就极大地提高了可靠性），多样化的技术（有些条件不利于风力却通常利于太阳能，反之亦然），将水力发电与需求相结合，并预测风向，就像公共部门预测电力需求和降雨一样。实际上，大型的火力发电站的间歇性是一个更大、更昂贵的难题，公用部门已经不得不投入数十亿美元的资金通过准备金利率和额外的传输联系来管理。例如，一个典型的美国核电站，即使它运行得完美无瑕，仍然需要完全关闭加铀，时间为平均每17个月关闭37天。2003年东北停电立即停止了20个美国和加拿大的反应堆，而且没有任何警告通知。没有一个风电场像这样的靠不住。

间歇性发电机不需要大量的备份和存储，即使在德国有3倍的存储缺乏；它们对燃煤发电和核发电有着不同程度和不同原因的不信任。它们也会更灵活地反对和更少地吸引恐怖分子。我们可以更加自信，明天太阳会升起，风也会吹，而不是有人不会炸毁沙特石油终端、关键的美国管道、核电站、至关重要的煤炭铁路线。

风能是380亿美元每年的全球分布式可再生能源电力行业最伟大的成功，这以通用电气和三菱电器等行业巨头为首。大规模生产和改进工艺使得现代的风力涡轮机更大（每个2~3兆瓦），极为可靠，环境良好（除了那些偏好于从偏远的集中发电厂大量输电线路塔中获得电力的装备），安装快速，非常高效和高度竞争。2003年，美国风能在没有补贴的情况下卖到了0.045美元/千瓦时，这比新的煤力、核力发电都便宜。到2005年，最新的27亿瓦的美国风力发电厂显示平均成本（包括0.008美元/千瓦时的平准生产税收抵免）是0.037美元/千瓦时，最便宜的设备安装成本只有0.015美元/千瓦时。划算的风力资源是足够多的，大到能够满足美国所有不仅仅是电能而是整个能源的年均需求。所有美国电力都能够被高效的风力提供，这仅仅占用了一小部分多风地区的土地。风能仅仅是因为划算而被人熟知，利用那些多风国家的可用土地就能满足美国和中国电力需求的2

倍，或者如果利用在世界上所有国家的多风地区的话可以提供 9 倍的电力（包括海洋深度在 50 米的近海地区）。

若干近期技术突破给予了人们太阳能电池成本将进一步下降这个激动人心的希望，对于那些没有用上电的为数 20 亿的大多数人来说，这已是得到电最便宜的方式。在下一代，对于我们中的其他人来说，这将变成现实。确实，它已经是真的了。即使没有更进一步的技术进步或者生产规模扩大，仅仅一个分析发现就可以了。《小的就是有利可图的》（Lovins et al., 2004, an Economist book of the year）这本书中提到 2002 年分散式发电使发电通常要比想象的价值高 10 倍，多亏电气工程和财政经济先前的 207 个不计其数的分散式效益。例如，PV 支持的典型电力分布在酷热的下午（需求激增）的收入是平时在金融危机时准确计算的 2.7 倍。因为快速的、小的、颗粒状的投资比慢的、大的、大块头的投资风险要小。与预期的燃气联合循环发电厂相比，风力每千瓦时的价值要多 1~2 美分。因为天然气价格的不稳定性是股票市场的 3 倍——昂贵的冒险——然而无燃料风能没有价格波动性。随着投资者为这些新形式的价值量化分析，可再生能源将会大获全胜。

10.7   节能的经济、社会以及环境利益

有些人在质疑节能——用那些不精良的技术做了很多工作——有些人称之为"能源保护"——做得少、不好或者根本没有——因此拒绝优雅的节能是因为担心自然而然的贫困。然而节能不是一个束缚或者道德攻击：只要恰当地运用，就能提高我们的生活标准。它也能提供给我们最便宜的电力服务，节省每千瓦时的电平均成本的变化范围在不到一美分和几美分之间。

几乎所有美国峰值电力现在都是由非常低效的燃气简单循环氧化涡轮机产生的。节省美国电力的 1%，包括高峰时段，从而节省了美国天然气总量的 2%，同时削减了电价的 3%~4%，简单、充分地证明了电力效率和需求反应项目每年能够快速地削减 500 亿美元以上的美国天然气和电力费用。在所有领域，效率可以节省美国天然气的一半，比今天购买的天然气便宜 6~8 倍（Lovins et al., 2004）。

节能比其他任何选择都便宜而且来得快。1973~1986 年间，美国新型车的效率翻了一番，1977~1985 年，GDP 增长了 27%，同时石油使用量削减了 17%，石油进口下降了 50%，且石油进口 87% 来自于波斯湾。这使得石油输出国组织出口额削减了 48%，打破了卡特尔已维持 10 年的定价能力。美国比石油输出国组织

有更多的市场力，但在需求方面，美国的石油是由沙特阿拉伯提供的，美国能够节约石油的速度比石油输出国组织能够出售石油的减少速度还要快。

节约电力更有利可图，甚至可以更快速达到。在 1983~1985 年间，被南加州爱迪生公司服务的 1000 万人们每年削减 10 年前预测电力峰值负荷的 8.5%，以大约 1% 的成本增加更多供应。1990 年，新英格兰的电气系统在 2 个月内征募了90% 的小企业改造试点。同时，太平洋煤气电力营销商签署了第四个新商业建筑设计改进方案。然后在 1991 年，提高了这个目标并且仅仅在 1 月份的前 9 天就完全实现了它。新方法加上当前在新综合设计方面更好更便宜的技术就能使节约更快、更广泛和更深层。

分散式发电也在快速地增加中。在 1979~1985 年，美国来源于小型水力发电和风力发电的新型发电产能比来自于煤炭和核能发电厂的要多，其中未计入煤炭和核能发电站作废的产能（超过 100 兆瓦），即使核能发电能够得到的国家补贴是每单位非水力可再生能源发电的 24 倍。1981~1984 年间，联邦政府的政策强烈支持建立新的煤炭和核能发电站，他们的国内订单和公司信件意图取消的净电总量达 650 亿瓦，然而热电联产（它的 1/5 是可再生的）增加了 250 亿瓦，小型水力发电和风力发电等超过了 20 亿瓦，效率和负荷管理的数量更多。这些更小的、更快的、不被支持的但是便宜的选择削减了投资者的金融风险，使其后悔最小化。当前许多更成熟的分散式发电击败了核能发电和其他的中央发电站，在市场上更果断。

气候保护经济学必须正确计算每次降低多重温室气体的好处。供热的垃圾填埋厂或许会以其他方式进入空气中的煤层甲烷，这将使得发电厂和锅炉中的碳信用额和甲烷信用额增加以及使得电费降低。先进的冷冻机隔热材料避免燃烧大量燃料以满足每年的冰箱使用，而且改变了气候，或者说是改变了损害臭氧的制冷剂和隔绝气体流动。回收纸张减少了垃圾填埋的甲烷、造纸和运输用燃料，还有通过简化成熟森林生态系统而丢失的土壤碳。堆肥减少了垃圾填埋场甲烷，食品运输用燃料（平均每分子的美国食品要海运月 2000 千米）和制冷剂，取代了那些在制作时和使用时分别释放二氧化碳和一氧化二氮的合成化肥，并且有助于土壤蓄水，减少了能源密集型灌溉。本土建筑材料取代了燃料运输密集型制造业和排放二氧化碳生产和养护硅酸盐水泥（全球 8% 来源于二氧化碳）。有效地发动装置有益于同时节约二氧化碳、一氧化碳、臭氧、一氧化二氮、氮的氧化物、硫的氧化物、碳氢化合物和其他温室气体。取代新水力发电大坝的负瓦不仅以负成本节省了燃料而且避免了地上和地下生物群在植被被清除和腐烂时释放出 CO_2 和 CH_3。对于减少多样化废气的其他主要机会在农场和森林是可利用的，尤其是在小型谷物密集型农场或者整个饲养牲畜的草原。

在减少燃烧化石燃料引起的碳排放方面，同样的创新也将减轻对人体有害的空气污染。以高效率和低成本的可再生能源替代化石燃料发电可以支付退出最肮脏发电厂和清除其余发电厂的费用。节省的一些费用应该奖励给公用事业中的客户和股东，这样所有的人都得到了激励。同样，高效运输工具的利益也能流向股东和全球。可持续发展农场、牧场和森林实践能带来巨额红利——至少，可以保护表层土、基因、水、燃料、农业、农民和农村文化。一项非正式估计显示，美国环境保护协会处理多数的问题约90%可以得到解决，支付的成本为负成本；这仅仅通过能源效率和可持续农业和林业就可以得到解决。这也是保护气候获利中的副产品。

类似的好处将流向国家和全球安全部门并平衡全球发展。效率对于所有的国家都是有用的，尤其是对发展中国家。发展中国家平均的能源强度是美国的3倍，这大约是那些顶级高效率国家效率的一半，这个数字比他们应该有的效率低了很多。可再生能源在全世界都可以以很多种形式利用，包括那些没有配给基础设施而通常又可以用本土技术治理的地方。世界上最贫穷人口居住的大部分地区的阳光都是最丰富的。在极圈之间的任何地方利用现有技术免费交付可再生能源来支持一个成本高效的无限期的生活是不行的——如果能源以节省钱的方式被使用。

一个性价比最优的能源战略在面对惊喜和破坏时应当更强壮、灵活。更高效的、多样的、分散的和可再生的能源系统是让供应的重大中断不可能被设计的关键，而不是（就像现在）不可避免地设计。

最重要的是，扭转更多化石燃料越来越快地燃烧——每年的碳排放量在萎缩，提高化石燃料效率和取代化石燃料以超过经济增长的速度——使"全球气候变暖的承诺"的"尾巴"逐渐变得修长以至于使其长度变得不重要。这将创建一个取代其余化石燃料使用或掌握和部署碳封存的轻松时期。节能得到的不仅仅是节省了钱和避免了污染，而且让我们有更多的时间去发展和部署更好的技术，在供需的任何一方，支持更好的选择。

这些优势使得许多短周期的、易于部署的高效可再生能源技术的溢价购买随处可见，尤其是在那些有最大体制能力或最大跳跃发展欲望的国家（如中国已经开始这样做）。在手机和个人电脑上的技术部署快于那些建教堂的技术部署。可被大规模生产和被百万计的客户采用的选项比那些需要专门机构、神秘技能，并压制异议的选项将节省更多的碳和金钱。那些适应市场竞争和透明政府决策的选择将有一定的优势。那些能够在残酷但技术中立的竞争中存活的选择将最终获胜。

10.8　案例研究：节能对比改进核能

核裂变提供世界电力的 1/6，约等于水电和其他可再生能源发电量，但这个数字很可能会随着老核电厂的倒闭以及只有少数核电厂有序运营的情况而下降。美国和欧洲有着世界上将近一半的核能，但是当前运行的核电厂少于 1990 年，在随后的 20 年里将会关闭一些，而且近期内建设得极少，因为任何类型和任何政治体制下的新核电厂在私人资本市场都是不能融资的。它们从来没有被推到有竞争力的拍卖中，只能由中央计划购买，并且受到更具竞争力市场和更加透明治理这一全球趋势的挑战。

目前的国家能源政策基于并强化了核"复兴"的错觉。足智多谋的倡导者联想到充满活力的核电行业稳定快速增长的愿景，在这个愿景中呈现的是没有严重竞争对手的景象，而且据称在减轻气候变化的威胁方面有着至关重要的作用。易轻信的媒体接受了这个所谓的新现实，并制造一个回声框放大这种假象。一些政客和舆论领袖认可这件事。然而，行业数据显示的正相反：曾经重要但现在萎缩的行业已经从市场中消逝，被更敏锐的竞争对手所超越和贬低。仅在 2004 年，西班牙和德国分别增加尽可能多的风电装机容量——20 亿瓦（GW）——正如核电在这 10 年中每一年都在全球范围内增加。核电建设开始可能很快将增加小于太阳能电池的容量。2010 年，国际原子能机构预计，核电的添加只有分散式电力行业项目净容量的百分之几，核电技术将得到提高。

这惊人的比例将进一步增加，不仅因为微力从一个已经比核电大的基地增长得如此之快，而且因为核电厂老化的全球核电装机容量正稳步下降。Mycle Schneider 和 Antony Froggatt（2004）表明，世界上反应堆平均水平是 22 年，也就是说平均 107 个单位已永久退役。对反应堆人口统计数据的分析发现，如果现在运行的反应堆运行 40 年（依据德国法律是 32 年），然后在未来 10 年内，退役的反应堆将比计划启动的要多 80 多个；在接下来的 10 年中，将达到 197 个；再往下数，是 106 个，依此类推，它们所有消逝大约在 2050 年左右。即使中国建造核电厂，到 2020 年也只有 300 亿瓦，它能取代的全球范围消逝的核电厂只有 1/10。没有其他国家考虑这样一个雄心勃勃的工作，随着其电力市场竞争变得更加激烈，其政体更加透明，即便是中国似乎也不可能完成那项增加拟议。

在世界范围内，低碳和无碳分散式的电力来源的容量在 2002 年超过了核电，年产量在 2006 年超过了核电。2004 年，他们补充的容量是核能增加容量的 5.9

倍之多，年产能力是核能增加的 2.9 倍之多：核电补充，在 2005 年，没有 8 倍或 11 倍的峰值和备用单位，只有单独的 4 倍（输出能力落后，因为核电厂通常每年运行的时间大于风能和太阳能——然而其他可再生能源，如化石燃料的热电联产，有较高的平均利用率）。

展示在图 10-1 和图 10-2 上的是对各行业在 2005 年以后的预测，这个预测是不精确的，但定性明确。大型水电站（10 兆瓦）没有显示在这些图形上，也不包含在这一分析中。分散式非核能发电能力的 2/3 是化石燃料联合或三联产（决策权+热+冷却）；化石燃料联合总体保守估计似乎较低（例如，除中国以外没有蒸汽涡轮机），化石燃料联合约 60%~70% 是燃气，因此其整体的碳强度大概不到它取代的独立电站和锅炉（窑炉）碳强度的一半。

因此，全球的核企业与分散式的竞争对手相比已黯然失色，即使它们每千瓦时电能获得少量的美国联邦补贴，但它们通常被禁止与电网连接。竞争对手的市场胜利的失控性是显而易见的，展示在图 10-3 中，图中按年份、技术展现了全球新增发电能力。核电"小、慢"的分散式低碳和无碳供应方竞争者成长的快得多，并正在迅速地起飞，而核电的增长则在淡去。对光虚线核电站建设的关注已经开始，这是一项主要指标（它在 2005 年停止，因为未来的计划是不确定的；鉴于交货期，这样将不会影响 2010 年完工，这是一个高度保守的估计，少数几个单位有可能到 2011 年或以后下滑）。

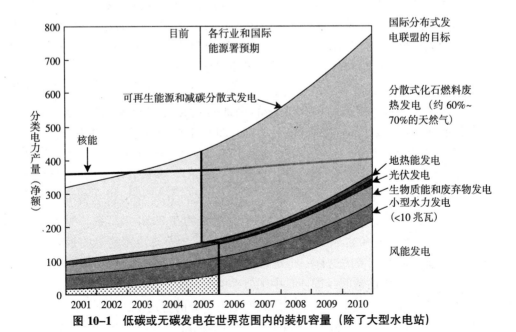

图 10-1 低碳或无碳发电在世界范围内的装机容量（除了大型水电站）

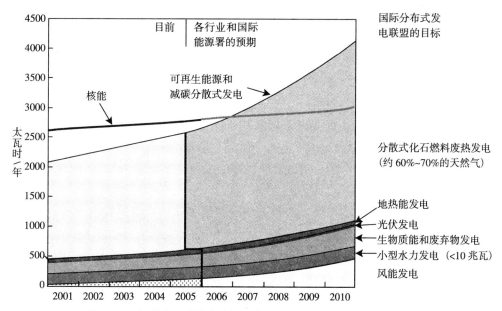

图 10-2 低碳或无碳发电在世界范围内的产出（除了大型水电站）

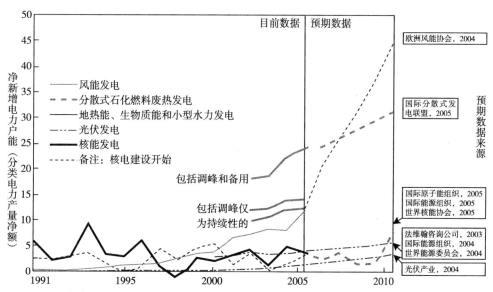

图 10-3 全球新增发电容量的年度和技术变化：1990~2005 年的实际情况和 2006~2010 年的预期情况

注：总效用是供应方竞争者单个曲线的总和。2005 年，该总额是 290 亿瓦特（410 亿瓦特含调峰和备用），相较而言，核电为 37 亿瓦特。2010 年，有预测其将增加 710 亿~890 亿瓦特，相较而言，核电将增加 77 亿瓦特。详情见 www.rml.org/sitepages/pid171.php#E05-04

此外，这些醒目的图表只显示供应方。电力终端使用效率很可能节约更多的电力和碳。大多数国家没有跟踪研究它，所以它不能被准确严格地绘制在同一张图上，但显然它是一个庞大和正在扩大的资源。

正如粗略的估计，2003 年美国电力强度 1.98%（无论其什么原因）的下降是因为恒定负荷因子将节约 13.8——是美国公用事业部门宣布的来自于需求管理的 2.2GW_p 的 6.3 倍——2004 年强度下降 2.30%将有可能节约超过 16GWp（加上从实用负载管理实际可执行的 1GW_p/y）。美国只使用世界电力的 1/4，所以很难想象，全球的节约不能竞争过或超过全球新增的分布式发电量（2003 年 240 亿瓦，2004 年 280 亿瓦）。

因此，这些全球总增加额必须超过核电装机容量年均增长的 10 倍以上。同时，低碳或无碳的供应方和需求方实际上发生在全球市场的资源部署已经比核电大，而且正在以更大数量级增长时——仅仅是因为非核电竞争者有更低的成本和更低的金融风险。

标准研究只将一个新核电厂与一个燃煤或天然气的中央电厂相比较。他们推断：如果核电厂建设能更便宜，或者如果核电厂在建设和运行时有更多的补贴，又或者如果碳被课以重税，或者（核倡导者更喜欢的）所有这些同时发生，新核电厂在总成本中显著的缺点将会被克服。但那些中央发电厂都是不受欢迎的竞争对手。它们没有能力与之抗衡风力发电（和其他一些可再生能源发电），更不用说更便宜的资源：热电联产和电力使用效率。麻省理工学院（2003），如同所有其他被广泛引用的核经济学研究一样，根本不研究这些竞争对手，他们以时间和经费不足为由，没有得出什么可以借鉴的结论。

新的核电厂的运行成本低廉，但难以承受昂贵的建设费用——与新的燃煤和燃气中央发电站相比毫无竞争力。对比大多数研究忽略的三个致命对手：电力使用效率（比一个新的核电厂便宜 10~30 倍），风力发电（便宜 2~3 倍），在工厂和建筑物中的热电联合生产（便宜 5~10 倍，净热值），所有这些中央发电厂非常无竞争力。碳排放量成本核算有前两个竞争对手同样的优势和第三个对手的局部优势。计算分散式发电的好处是使得中心电站更缺钱。面对这三个强大的竞争对手，还有更多在赶上来的竞争对手，变得更好、更便宜的速度远远超过核电的变化或者甚至是可能的变化。即使它们是免费的，新反应堆的类型不会改变这个基本的画面，因为电厂的非核部分仍花费太多。

近年来，美国现有的大多数核电厂在更加集中和熟练的所有制下都得到了更好的运行，但随着业务的不断下降，这些组织的收益可能无法持续。没有厂商用出售核反应堆来赚钱，几乎没有任何大学的核工程部门生存下来，没有任何东西能吸引最优秀的学生，因此那些未能解决的非经济问题——武器扩散、破坏和恐怖袭击、运行安全、永久废物处置和解除运作——得到解决的可能性越来越小。

昂贵的石油成为重振核电的可怜理由：不到 3% 的美国石油用来发电，不到 3% 的电力由石油制成（它的 9/10 黏在了桶底）。在世界范围内，石油和电力的联系只有 7% 左右。核电气候保护也是一个有缺陷的说法。新核电厂的成本远远超过其无碳或低碳的竞争对手，所以他们单位美元只能买较少的煤位移。例如，因为发电效率比新核电厂每千瓦时交付的电力便宜 10~30 倍，花费在核电上的每一美元将仅是气候解决方案在效率应用上花费相同数额购买力的 3%~10%——因而使得气候变化更加严重。事实上，核电的市场潜力局限于电力生产，它释放的二氧化碳只有全世界释放的 40%，核电作为热源，氢气或流动性燃料的经济前景黯淡。相比之下，效率和可再生能源可以覆盖到所有的用途、部门和燃料。

核倡导者还声称，所有的替代品是美妙的和必要的，但永远不会有多大意义，因此核是唯一足够大和足够快的重要选择。没有研究分析支持这种说法，这种说法显然是不真实的。相反，每当尝试竞争性招标，总是要放弃中心电站。当加利福尼亚州在 1982~1985 年创建了一个相对公平和开放的市场时，私人投标者承包了一个节约 230 亿瓦和生产 130 亿瓦的发电能力（主要是可再生能源）。对比 1984 年的需求高峰期（37 GW）这仅仅有 10 亿瓦的差距——然而一个 80 亿瓦发电量的时代即将到来，还有每年 90 亿瓦的额外供给。这种过剩导致了可再生能源发电的士气大落，在它取代加州的每一个核能和化石燃料中心发电厂之前，招标匆忙暂停——正如我们现在看到的，这可能已经避免了 2000~2001 年加州的电力危机。

在有效使用和分散发电上最低成本的投资组合将通过数额巨大且不断上升的保证金在成本、速度和规模上击败核电。这不是假设，这是今天的市场已明确证明的。事实上，存在真正的历史原因，认为核电的难题和实际资本成本会随着它的扩大而增加。在美国的核成长的顶峰时期，煤力发电站或者（尤其是）核电厂建成或正在兴建得越多，实际成本上升得就越多（后来成本密切追踪煤炭发电曲线，但远远超过了核电曲线）。统计检验明确表明根本的因果关系对核电来说是坏消息。这在规模上可能更是麻烦，核企业需要实现使气候变化不受影响。Tom Cochran 博士（2005）估计，世界范围内将增加 700 GW。核能——大约是今天核能力的两倍——并且在 2050~2100 年运行它将会：

● 添加 1200 核电厂（如果它们历时 40 年）；

● 需要 15 个新浓缩厂（每个 800 万 SWU/y）；

● 创造 97 万公吨的废燃料，需要 14 个尤卡山，内含约 100 万公斤钚——价值成千上万炸弹等；

● 需要 50 个新的回收处理厂（每个 800 TSF/Y40-Y 的运行寿命）提取钚，

我们希望能在严格的国际安全保障下提取；

● 需要 1 万~2 万亿美元的投资；

● 仅能降低 0.2℃的全球平均气温。

同样令人生畏的数字被 RMI 研究人员 Dr. Bill Keepin 和 Greg Kats（1988）公布。他们发现，根据当时流行的每隔 1~3 天建设一个 1-GW 反应堆直到 2025 年的需求增长假设，也无法扭转二氧化碳的增长，因此核电"除了在低的能源增长难题通过效率改进已经得到了很大程度上的改善这类情况下，不能大大有助于缓和温室效应"。自 1988 年以来，非核投资的经济和后勤逻辑只会变得更为引人注目；Cochran 博士也只是提醒我们依靠支配和迟钝的选择而不是更快的股权多元化和均衡的投资组合也是徒劳的。

这是否意味着，因为碳替代需求规模庞大，缓解气候变化（主要是由化石燃料燃烧释放二氧化碳引起的）是无望的？没有，相反，它意味着：

● 在大多数情况下，确实大部分的碳排量，来自终端使用效率，因为这既有利可图——比它节省的能源便宜——又部署快速。

● 提高终端使用效率，应该不只是节约煤炭，而且也要节约石油——特别是在交通方面，2003 年美国交通方面排放的 CO_2 是全部发电排放的 82%：的确，由于发电排放仅仅占美国二氧化碳总排放量的 39%，全面节能在 CO_2 排放量上关注的强度是电力唯一要关注强度的 2.5 倍。

● 供方的碳排放量应该来自一个短周期、大规模生产、广泛适用、良性、容易选择资源的多样化投资组合，这个组合没有复杂的机构或繁琐的程序，可以被许多行动者采用。

● 碳排放量的整体投资组合在总体部署上不仅要快速（以 MW/y 或者，更精确的 TWh/y 衡量）而且要有效（以单位美元碳被取代的量衡量）。

最后一点也许强调了核电最棘手的名不见经传的缺点。购买一个更加昂贵的选择，如核电，代替了那些较便宜的，如显示在图 10-4 里面的竞争者，每花费 1 美元取代的碳较少。这个机会成本是不遵循成本最低的投资序列的一个不可避免的后果：经济优先级也是环境优先级。例如，根据图 10-4 中的指示性费用，并忽略蕴藏在制造和辅助技术中的能量（或者，同样地，假设它们每美元都具有类似的蕴含能源强度），我们可以以 10 美分的成本替代燃煤发电的碳排放量，同时实现：

● 2004 年 1.0 千瓦时核电的补贴标准和成本。

● 1.2~1.7 千瓦时的分派风能不耗费 2004 年的补贴和 2004~2012 年的成本。

● 0.9~1.7 千瓦时燃气工业热电联产或 2.2~6.5 千瓦时建设规模的热电联产（两者都已调整以适应碳排放量）。

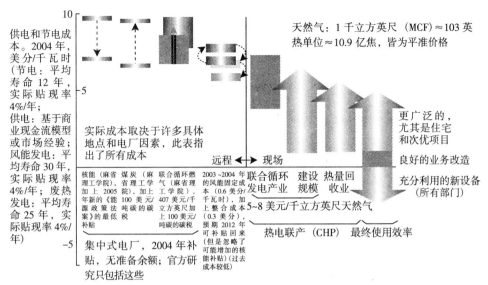

图 10-4　核电的竞争者（来源于 RMI 出版，参见注释 E05-14 和 E05-15）

● 2.4~8.9 千瓦时废热热电联产（更多可能计入燃烧较少的燃料）等。

● 从个位数到 10 千瓦时的终端使用效率。

每美元核电的碳净节约比例——与他们节约或提供能源的相对成本互为倒数——是他们每美元在气候保护上的比例。这个比较揭示了核电节省的碳比每美元的风力发电和热电联产节省的少了一半，每美元节约的碳比终端使用效率要少更多。

或正如 Keepin 和 Kats（1988）的说法那样，根据他们仍然合理的估计，每美元节省的 CO₂ 是核电节省的 7 倍，"每 100 美元在核电上的投资将有效释放额外进入大气层的 1 公吨碳"——所以，计算机会成本，"核电的有效碳排放强度比直接燃煤的碳排放强度大了近 6 倍"，不管确切的比例如何，即使核电倡导者声称它能变得便宜，而其竞争对手不能，这一发现也很强劲。本文曾支持核电的系统假设，并没有计算 2004 年核电的补贴，这个补贴可减少其明显成本的一半左右（甚至其 2005 年新的补贴得更多）。

一种通俗委婉的说法是，我们必须"将核能保持在桌子上"。这到底是什么意思呢？要为一个几十年来已花费大部分（占经济合作与发展组织在 1991~2001年投入的研发资金的 39%，美国在 1948~1998 年投入 59%）能源研发投资的"成熟"技术继续投入巨额资金吗？究竟为何将更多的纳税人补贴从成功的竞争对手中转移出来？这是英勇的维持生命的措施吗？这样的努力会在哪里停下来？我们一直致力于核电成本效益长达半个世纪之久，我们的努力实现了吗？我们什么时候可以达到？我们如何知道呢？核倡导者愿意去补贴整个能源部门使所有的选择都可以在同一个竞争环境中公平竞争吗？

2005 年能源政策法案为那些无法抗衡竞争的受优待技术提供了大量补贴和快捷管理。例如，核扩张从纳税人手里带来了 130 亿美元的新礼物：80% 的贷款担保（如果拨款），在研发上投入约 30 亿美元，50% 的许可费用补贴，20 亿美元公共保险防范任何法律或法规的延误，在最初的 8 年运营补贴有 1.8 美分/千瓦时的增加，共 60 亿瓦（相当于约 842 美元/kW 的资金补贴，大约是可能的资本成本的 2/5），一个新的 13 亿美元的退役资金税收减免，并且事故责任上限为 109 亿美元（主要是通过空壳公司躲避）。业界已经享有财政部因为逾期接受核废料（既没地方放，也没有一个明显的前景）而支付给运营商的罚金、免费的离线安全，而且几乎没有实质性的公众参与或司法审查许可。新补贴总额接近六大新的核电厂全部资本成本。纳税人假设了他们没有承担的几乎所有的成本和风险的情况，不愿意冒自有资本的任何实质性数量风险（尽管 2003 年收入 447 亿美元）的发起人，将任何好处都据为己有。然而不久后，这些新的补贴就被签署成为法律。标准普尔发出的两份报告说建设者的信贷评级将不会有重大改善，因为资本市场的大部分风险仍然未解决。我的结论认为补贴的效果将大约类似于除颤尸体：它会抽搐，但它不会复苏。而这对于气候保护来说是好的，因为气候问题的紧迫性使得它购买每美元最多的解决方案和每年最多的解决方案至关重要。

一个致力于以市场为基础、制定最低成本能源政策的国家政府可能会做很多工作来纠正联邦政策引起的反常。国家能源税甚至可能是用来抵消联邦能源补贴，技术连技术地创造一个"无补贴区域"。这种举措对于能源成本、安全性、环境影响和全面的经济效益将产生有益的影响。只有认真地讨论它和分析其后果，才可能有助于把注意力集中在当前联邦能源政策和稳健的自由市场原则之间的差异。这样一个国家就可能成为世界上第一个用所有的方法来节约或生产能源，创造一个公平竞争和诚实价格的管辖区域，无论它们是哪一种，它们使用的技术是什么，它们有多大，或谁拥有它们，谁会反对呢？

10.9 政策建议和结论

能源解决方案是很困难的，需要经过几十年的成千上万的明智选择。气候稳定性被个人行为所修复——有时是一个灯和发动机，有时是一个填缝枪和保温棉絮，有时是一个汽车的选择和制造设计。但气候问题已经由几十年来被不良信息、歪曲激励和愚蠢政策所驱使的人制定的数以百万计的选择所引起。政府应引导，而不是争吵责骂，他们应该向正确的方向引导。商界和民间团体可以指导经济和政治上最少阻力的方向。关于气候变化的最好的消息是它是一个不需要存在的难题，而且不考虑气候变化问题也会便宜得多。因为解决方案不仅昂贵而且有利可图，它在市场上的加速是由于智能公司寻求股东价值所引导的和民间社会的需求所驱使的。

政府能帮助的唯一最大的方式是避开。它需要清除隐藏在一般税收里的补贴的能源成本（在美国，需要支付大量的社会驾驶成本，即使 1/3 的美国人不开车）。无论是通过市场还是规则，完全公平竞争和诚实价格，这些需要或不需要获取的所有方式将会给我们更多的选择和更好的生活。所有非交通用途的情况也是如此。如果所有节约或提供能量的方式都被允许和被要求公平竞争，许多能源系统成本和大多数（如果不是全部的话）关于他们气候和其他环境的损害都将消失。气候变化、冲突、动荡、贫穷和（主要的）核扩散（Lovins，1980）将揭示由经济上低效的能源政策引起的令人讨厌的假象。

大量系统性的屏障破坏也是需要的。少数管辖地区允许分散式电力能源在电网上"即插即用"，作为现代技术标准许可；许多国家不让私人发电机售电。美国 31 个州中大多数允许"净计量"（公用事业部门以他向你收取费用的价格购买你的电力）人为地限制或扭曲这项竞争。电气效率（容易修复）唯一最大的障碍是除了两个州外美国其他所有的州和大多数其他国家都奖励那些卖更多电能的公用事业部门和惩罚那些用户使用电能更少的公用事业部门。

节能最主要的障碍在那些更高效的国家，如欧洲和日本，他们错误地认为他们已经非常有效（每个国家都有很长的路要走）。在发展和过去的中央计划经济中主要的障碍是缺乏开放的市场和机构能力——当然不是缺乏大脑，这是分布均匀的，人均一个。发展中国家确实有最大的需求和激励，要率先高效地建立自己的基础设施，否则供应方面的投资将剥夺一切资本和扼杀发展。但相反，建设工厂来制造超级玻璃窗和紧凑型荧光灯需要约一千倍的资金，而且偿还的速度比供应更多的电力以提供相同的舒适性和灯光快十倍。约 99.97% 的节余资本可以把现在吞掉全球 1/4 发展资本的电力部门变成资助其他紧迫发展需要的资本净输出国。

超高效率汽车被许多笨重的汽车制造行业的缓慢创新所阻止，被客户有限的选择和对效率的短见所阻止，以及被不可估价的石油社会成本所阻止，在那里汽油看起来比瓶装水便宜。最有力的应对政策是"部分扣费扣还"：对低效的新车收取费用，并返还高效车型的买家作为回扣收入。为每个尺寸类分别完成，这将不激励较小的车辆，但将扩大客户的选择，增加司机和汽车制造商双方的利润，

刺激买家做出有效选择，使燃料节约贯穿到汽车的整个寿命中。《石油残局制胜》
(Lovins et al.，2004) 提供了这样切实可行的政策组合——支持，但不扭曲，业
务逻辑主要是在国家级水平——加快采用无须授权、税收、补贴或重大的全国性
法律许可的先进技术的轿车、卡车、飞机。

今天的竞争日益激烈、透明，全球化的经济和政治制度正在引起一个完全不
同于主观偏好，寡头垄断和暗中策划旧模式的能源投资模式。新兴经济优胜者将
保护气候，建立广泛的财富，培养公平和公开，支持团体的活力和个人的首创精
神，并建立真正的安全。向可盈利选择中的一个常见的投资组合靠拢的这个市场
给出一个更公平、更丰富、更安全的全球性承诺。

注释

[1] This chapter was inspired by two shorter articles: A.B. Lovins, "Nuclear
power: economics and climate-protection potential," Rocky Mountain Institute, 11
Sept. /8 Dec. 2005, accessed June 2006 at www.rmi.org/sitepages/pid171. php#E05-
14, summarized in "Mighty Mice," Nucl. Eng. Intl., pp.44-48, Dec.2005, www.
rmi.org/sitepages/pid171.php#E05 -15 and A.B. Lovins, " More Profit With Less
Carbon," Scientific American (September, 2005), pp. 74-82. For a much greater
list of references, please consult these two documents, both available on the Rocky
Mountain Institute website, http: //www.rmi.org.

参考文献

Cochran, Thomas: 2005, " Presentation at the June 22, 2005, Natural
Resources Defense Council Board Meeting," Washington, DC, [online] http: //
www.nrdc.org/nuclear/cochran/cochranpubs.asp, accessed July 2006.

Cooper, Richard N.: 2005, "Comments and Discussion-Sustainable Energy,"
Brookings Papers on Economic Activity 2, 270-284.

Fickett, A.P., Gellings, C.W.,`and Lovins, A.B: 1990, "Efficient Use of
Electricity," Scientific American 263 (3): 64-74.

Gillan, Ken: 1978, "Federal Research Programs for Energy Conservation in
Buildings and Communities," in Raymond Burby and A. Fleming Bell (eds) Energy
and the Community, Ballinger, Cambridge, MA, pp. 115-120.

Goldemberg, J.: 2001, World Energy Assessment: Energy and the Challenge of Sustainability, United Nations Development Programme and World Energy Council, New York, NY.

Greenhalgh, Geoffrey: 1990, "Energy Conservation Policies," Energy Policy, April, 293–299.

Haefele, W.: 1981, Energy in a Finite World, Ballinger, Cambridge, MA.

Hawken, P.G., Lovins, A.B., and Lovins, L.H.: 1999, Natural Capitalism: Creating the Next Industrial Revolution, Back Bay Books, New York.

[IEA] International Energy Agency: 2004, World Energy Outlook, IEA Publishing, Paris.

Johansson, T.B, Kelly, H., Reddy, A.K.N., and Williams, R.H. (eds): 1993, Renewable Energy: Sorces for Fuels and Electricity, Island Press, Washington, DC.

Joskow, Paul: 1995, "Utility –Subsidized Energy –Efficiency Programs," Annual Review of Energy amd the Environment 20: 526–534.

Keepin, Bill and Kats, Gregory: 1988, "Greenhouse Warming: Comparative Analysis of Nuclear and Energy Efficiency Abatement Strategies." Energy Policy 16 (6): 538–561.

Lovins, A.B.: 2005, "More Profit With Less Carbon," Scientific American (September), 74 –82, [online] www. sciam. com/media/pdf/Lovinsforweb.pdf, accessed June 2006.

Lovins, A.B.: 1996, "Negawatts: Twelve Transitions, Eight Improvements, and One Distraction," Energy Policy 24 (4): 331 –341, [online] www.rmi.org/images/other/Energy/U96–11_Negawatts 12–8–1.pdf, accessed June 2006.

Lovins, A.B. and Cramer, D.R.: 2004, "Hypercars, Hydrogen, and the Automotive Transition." International Journal of Vehicle Design 35 (1/2), 50–85, [online] www.rmi.org/images/other/Trans/T04–01_HypercarH2AutoTrans.pdf, accessed June 2006.

Lovins, A.B., Datta, E.K., Bustnes, O.–E., Koomey, J.G. and Glasgow, N. J.: 2004, Winning the Oil Endgame, Rocky Mountain Institute, Snowmass, CO, [online] www.oilendgame.com, accessed June 2006.

Lovins, A. B., Datta, E. K., Feiler, T., Rábago, K.R., Swisher, J. N., Lehmann, A., and Wicker, K.: 2002. Small Is Profitable: The Hidden Economic Benefits of Making Electrical Resources the Right Size, Rocky Mountain Institute, Snowmass, CO, [online] www.smallisprofitable.org, accessed June 2006.

Lovins, A.B. and Lovins, L.H.: 1997, "Climate: Making Sense and Making Money," Rocky Mountain Institute, Snowmass, CO, [online] www.rmi.org/images/other/Climate/C97-13_ClimateMSMM.pdf, accessed June 2006.

Lovins, A.B, Lovins, L.H., and Ross, L.: 1980, "Nuclear Power and Nuclear Bombs," Foreign Affairs 58 (5): 1137-1177 (Summer).

[MIT] Massachusetts Institute of Technology: 2003, The Future of Nuclear Power, Cambridge, MA: MIT, [online] http: //web.mit.edu/nuclear power/.

[PG&E] Pacific Gas and Electric: 2004, "The ACT^2 Project," [online] http: //www.pge.com/003_save_energy/003c_edu_train/pec/info_resource/act2_proj.shtml, accessed June 2006.

Peterson, Per: 2001, "Choosing the Sources of Sustainable Energy." Science 291 (5510): 1899.

Schneider, M. and Froggatt, A.: 2004, "The World Nuclear Industry Status Report 2004," The Greens/EFA in the European Parliament, Brussels, www.greens-efa.org/pds/documents/ greensefa_documents_106_en.pdf, accessed June 2006.

Shipley, Anna Monis and Elliot, R. Neal: 2006, "Ripe for the Picking: Have We Exhausted the Low-Hanging Fruit in the Industrial Sector," American Council for an Energy-Efficient Economy, Washington, DC, pp. 1-33.

Sioshansi, Fereidoon P: 1994, "Restraining Energy Demand," Energy Policy 22 (5): 378-392.

Sørensen, Bent: 2003, Renewable Energy: Its Physics, Engineering, Environmental Impacts, Economics and Planning (3rd ed.), Elsevier, New York, NY.

Sutherland, Ronald J. and Taylor, Jerry: 2002, "Time to Overhaul Federal Energy R&D," Policy Analysis 424: 1-21.

Taylor, Jerry: 1993, "Energy Conservation and Efficiency: The Case Against Coercion," Policy Analysis 189: 1-13.

Womack, James and Jones, Daniel: 1997, Lean Thinking: Banish Waste and Create Wealth in Your Corporation, Simon & Schuster, New York.

第⓫章　能源传说十

——节能措施不可靠、不可
预知且无法执行

11.1　引　言

本章是向那些认为节能措施不可靠的、不可预知的且无法执行，因而节能不能作为一种实用的系统资源而被依赖的人发出的挑战。这个传说已经存在了很长一段时间，并时不时地浮出水面，尽管行业分析师有相反的证据和辩驳（Lovins，1994；Vine and Kushler，1995；Geller and Attali，2005；Sovacool，2006）。

例如，麻省理工学院的两位经济学家 Paul Joskow 和 Donald Marron（1993）断言："节能应概念化为客户服务和客户资源，而不是作为等同于效用供应曲线的效用资源。"Len Brookes（1990）指出那些提出节能作为"第五燃料"的人可与支持永久性谬误的人相媲美，且节能实践最多代表了"一个非常间接的方式……看起来应更多归功于当前的绿色发展趋势而不是对现实认真的思索。"Geoffrey Greenhalgh（1990）警告说："当前保护作为一个新的补给等价物助长了能源使用能持续不受约束的错觉。"最近，全国住宅建筑商协会（2005）评论道，监管的复杂性和建筑公司之间的信息缺乏使得依赖节能守则"实际上不能执行"。

不幸的是，供方选择的偏好有一些负面的后果，包括：

● 消费者（包括居民及非居民）在节能上的投资不是最优，事实上，在许多情况下，根本没有投资。

●能源效率作为能源政策领域的解决方案往往被忽视。相反，国家和民族的能源解决方案集中在能源供应方面，能源利用效率没被看成一个可靠的资源来源（有一些例外，例如加利福尼亚州、太平洋西北地区、新英格兰和一些通常有长期成功节能记录的其他国家）。

●节能通常不被视为环境政策领域的解决方案，相反，空气质量调节器（见《清洁空气法修正案》(CAAA)，1990 年 [1]）关注于传统的技术解决方案（例如，洗涤器）而且没有考虑到将节能作为一种可行清洁空气策略的供给不利因素（例如，氮氧化物和二氧化硫法规)[2]。

●公用事业节能投资是次优的，部分原因是公用事业规划者和管理人员的疑虑，还有部分原因是这些方案的对手强化这些传说，使监管不支持公用事业节能方案。至少有一半国家没有真正的公用事业部门节能计划，只有 20 个国家在节能方面花的钱占到了国家在此类项目支出总额的 90% (York and Kushler, 2005)。

为了研究节能做法更为详细的好处，我们开始核查，首先从回顾以公用事业系统规划和运行背景的可靠性、可预见性和可执行性的概念入手，因为考虑这些问题对于供应方资源同样重要。在本节中，我们将讨论供应端组件发电，输电和配电的风险和不确定性，以及节能如何有助于减轻这些风险。我们还强调了最近明确地促进节能的一些监管活动，因为节能具有减少风险的资源采购价值。本节介绍节能是怎样在维护公用事业系统可靠性方面发挥关键作用的一个突出例子：2001 年加州能源危机情况下的案例。

在下一节中，我们将研究节能的可靠性和可预见性形成的评价角度：我们回顾评估节能方案和技术在过去 20 年里的经验，评估协议的发展和实施，以及由于节能计划评价产生的关键发现。在第四节中，我们研究了确保和实施节能措施，方案和投资组合绩效的方法。在最后一节，我们总结了调查结果，并得出结论：以节能形式提高能源使用效率的项目对于允许将能源效率计划纳入到公用事业资源中来说是充分可靠的、可预测的。[3]

11.2　环境中的节能风险

我们认识到，作为一种能源资源，节能有不确定性，供应方也有不确定性。因此，节能作为一种资源，对可靠性、可预见性和可执行性的任何评估都需要在这些概念于计划和运营公用事业系统方面起作用的情况下进行。正如引言中提到的，节能的批评者有时力图将节能描绘成内在不确定的和不可靠的，并且供给方资源是众所周知的而且可靠的。这样的描述，简单地说，是假的。事实上，每个公用事业系统资源的规划和实施都存在很大的不确定性。

11.2.1　发电的风险和不确定性

电力系统中最昂贵的部分是与发电相关的成本。需求侧管理（DSM）评论家喜欢把发电厂塑造成一个"可靠的"和"确定的"资源来与节能工程相对比。然而，尽管它是真实的，电厂的输出量可以被测量得相当准确，但事实上几乎那种资源的所有规划和实施都充斥着不确定性。

首先，公用事业资源采用的决定是基于对未来客户需求的预测，这预测本身是不确定的。因此，尽管它是对的，如果节能项目交付的节约比原计划少，那么就会引导起一些额外的系统成本，如果特定的电厂资源在错误预测的基础上被建立和购买，那么相当大的额外系统成本也会被引起。这种情况在 20 世纪 70 年代和 80 年代的公用事业行业经常遇到。例如，对电力需求增长的过高预测导致发电厂和大规模电力系统的过度建设，这使许多州的成本超支。也许最臭名昭著的例子是在华盛顿州，华盛顿公共电力系统（WPPS）在 20 世纪 70 年代初多达 7 个新核电厂开始计划建设。经过 20 世纪 70 年代末和 80 年代初的大量成本超支和电力需求增长倒塌，电力系统面临着金融灾难，所以除了一个电厂外，其余所有发电厂都被撤销，这导致当时美国最大的市政债券违约（Harden，2006）。这个经历后来被称为"WHOOPS"惨败（作为 WPPS 缩略词的代称），这个经历是关于大型电力系统供方投资风险永久的例证。事实上，整个西北地区的消费者每月仍然为 WHOOPS 支付电费（Harden，2006）。虽然 WHOOPS 是最惊人的例子，但是更重要的是要注意到电厂建设和成本超支类似的"繁荣与萧条"周期在那段时间在许多州都发生了，少数几个州直接产生的高电价促成了 20 世纪 90 年代中期的"电重组"运动。

其次，围绕燃油价格的问题也同样有着类似的不确定性和风险。燃料采购合同的签署，甚至电厂建设的决定，是建立在预计燃料成本的基础上的。然而，这些预测的不确定性，可能会导致给公共事业较高的系统成本带来相当大的风险。这在过去 10 年中已经生动地展现在了电力行业，添加到电网的 95% 的新发电厂都是使用天然气所构建的。不幸的是，过去几年看到的天然气巨大的价格暴涨使得这些工厂中的大部分都在进行非经济运作，这在一些领域造成市场电价大幅增加。

最后，虽然工厂的产量可以在它运行的时候被精确地测量，但至少有三个其他有关电厂不确定性和风险的重要来源。首先是预计建设成本和实际成本之间的差异。经验表明，还有可能会出现项目的延误和其他不可预见的问题，这些问题会导致相当大的成本超支，甚至项目取消。此外，大型发电厂需要许多年的建设，竣工日期也是不精确的，这增加了电力系统中的不确定性。

不确定性和风险的第二个来源是发电厂非计划停机的问题。毕竟，发电机是复杂的机器，事故时有发生。尽管其中的一些风险可以通过合同规定在购买的电源方案中降低，但那些额外的规定增加了资源成本，无论如何，都不能消除所有风险。

发电资源选项正日益受重视，其额外风险的第三个来源是未来额外的环境成本风险。特别地，未来成本的大量风险都与碳排放相关。实际上电动力研究所（EPRI）正从事潜在的碳成本分析，例如其报告指出，每吨 20 美元的碳费（符合在欧洲观测到的碳信贷成本）将以每千瓦近两美分的价格添加到燃煤发电厂的电力成本中（Speckler，2006）。也有其他类型的污染物现在获得额外的审查，并呼吁进一步缓解，如汞。这样导致了额外的成本风险被分配到燃煤发电中。

11.2.2　传输和配电的风险和不确定性

电力系统成本的另一个重要方面是提供电力所需的输电和配电（T&D）系统。电力系统非常昂贵，一个长的高压线需要多达数亿美元。电力研究所估计全国范围内传输系统升级所需的成本是 1000 亿美元（Reuters，2003）。

和发电资源一样，T&D 系统资源也有显著的风险。首先，关于未来 T&D 需要的决策基于对未来负荷增长的预测，这也遵循前面发电部分讨论的同样的不确定性。T&D 资源关于其收购所需的成本及时间也有着显著的不确定性。在这方面，一个尤其重要的不确定性来源是"邻避症候群"（NIMBY）现象，通常是指当地居民强烈反对在其所居住区域进行新传输线的选址和建设。当地的反抗，会增加输电线路项目时间的不确定性和成本（Meyer and Sedano，2002）。

和发电一样，节能和其他需求方资源可以作为推迟或消除 T&D 扩张的一个有效途径（Kushler et al.，2005）。许多电力系统的司法管辖区正积极推动需求方资源以解决输配电需求。也许最突出的是位于太平洋西北地区的四国，在那里，博纳维尔电力管理局（BPA）于 2002 年开始了其雄心勃勃的"无线解决方案"项目，在可行的地方用这个项目来实现取代新 T&D 的建设（BPA，2004）。博纳维尔电力管理局（BPA）目前正致力于将超过 200 万美元的无线解决方案筛选标准用于所有资本传输项目，并打算使这个标准成为制度化 T&D 系统规划过程中的一部分。该分析过程已经被应用到多个项目，BPA 目前正在资助无线技术的初步试验（Kushler et al.，2005）。

专栏 11.1　BPA 的无线解决方案

最近组织寻求替代品以解决输配电建设的雄心勃勃的例子之一来自博纳维尔电力管理局（BPA）。2002 年，BPA 宣布其无线解决方案（NWS）的目标是识别和调查：①成本最低的解决方案可能会导致推迟潜在的传输加固工程；②如何将一个具体的规划方法融入输电规划过程；③将无线解决方案纳入传输系统，既有机会也有潜在的限制；④要有一套有助于确定无线解决方案什么时候是可行的和什么时候是不可行的准则，包括为未来的无线候选方案制定一套筛检工具等；⑤如何在规划过程中足够早地整合这方面的努力工作，使无线解决方案可以有所作为（Bonneville Power Administration，2004）。BPA 将无线解决方案作为一系列的替代选择（包括但不局限于需求反应（见下文）、分布式发电、节能措施、选址和定价策略），这些替代选择可以单独或以组合形式延迟或消除传输系统升级的需求。

博纳维尔电力管理局（BPA）目前正致力于使用超过 200 万美元的无线解决方案筛选标准作用于所有资本传输项目，所以它成为制度化规划的一部分。初步筛选可以确定一个项目是否会呈现出探索无线解决方案的机会。如果是，BPA 继续做其无线潜能的详细分析（目前已完成三个项目）。BPA 也在赞助试点项目来检测技术，解决体制性障碍，建立使用无线解决方案的信心。BPA 在 2005 年和 2006 年的每个会计年度拨款 100 万美元用于试点（Kushler et al.，2005）。

11.2.3　节能的优势

显然，关于公用事业系统内部电力资源的可靠性，可预见性及可执行性的担忧并不局限于节能项目。事实上，节能作为资源在这方面有一些固有的优点。因为节能可以在非常小的模块化增量中迅速获得，而且节能资源的获取可以迅速加大或迅速下降以应对变化着的情况，无效的程序成分可以被纠正或者资源可以被重新定位到更多的有效成分。

事实上，重要的是，要注意比"风险"更显著的问题是我们最终需要解决的问题是什么。虽然我们都承认，节能计划对公用事业施加了一定的风险，但是对投资组合中所有资源的相关风险而言，真正的问题是对包括在公用事业资源组合中节能项目的风险影响。一项评估节能项目对公用事业资源组合贡献的模型研究（Hirst，1992）的结果表明，节能项目通常能减少不确定性，有节能项目的资源组合对于经济增长，燃料价格和电厂资本成本改变方面比只有供应的组合（即没有节能方案）有更少的敏感性。举例来说，如果经济增长迅速，大量的新建设会同时增加对电力的需求和节约用电的潜力，因此，针对新建设的能效项目将减少负荷增长的不确定性。同样地，对于当前购买更多和更大型的用电器的客户，节能项目锁定这个设备也将有助于减少负荷增长的不确定性。最后，能源效率项目的成本和性能在很大程度上独立于新电厂的化石燃料价格和建设成本的不确定性。

这种能源效率的风险减少价值是由于一系列因素引起的。首先，最明显的是，它完全避免了燃料成本风险，这在能源价格高涨和波动的新时代是一个显著优势。其次，它不依赖单一的高资本成本项目，如电厂。此外，能源效率资源由大量相对较小的增量成本项目组成。最后，能源效率是非常灵活的资源，可以从较大或较小响应公用事业系统需求的增量中获得，从而大大降低过度建设或在建公用事业系统资源的风险。

基于上述原因，系统规划者，如西北电力和保护委员会发现，能源效率资源在降低整体系统风险上是极其有价值的（Northwest Power and Conservation Council，2005）。同样地，加州公共事业委员会意识到能源效率是一种可靠的资源，在2002年10月它要求被加州投资者所拥有的公用事业部门在解决资源的充分性的问题上，在考虑其他选择（包括新型发电）之前，优先选择所有符合成本效益的能源效率和需求响应的项目（CPUC，2002）。公用事业部门需要进行彻底地规划过程确定可用的能源效率机会并设计能源效率的预算和计划，以捕捉那些资源。

在国际上，许多国家正在促使能源效率成为一种满足其能源需求的关键资源。例如，2006年，欧盟的能源效率指令生效。该指令设定了一个关于在2008~2017年削减能源利用超过正常业务部分9%的目标。欧盟所有成员国在2008年5月17日之前必须把指令纳入国家法律。

11.2.4　能源效率的救援：加州电力危机

加利福尼亚州强有力的政策将能源效率作为他们优先的电力资源，至少在一定程度上归因于加州经历了可说是历史上关于能源效率提供给重大电气系统降低风险好处最显著的例子，这是对2000~2001年加州电力危机的回应。

2000年年初，加州电力"重组"实验开始崩溃。在2000年夏天到2001年初冬期间，电力批发市场变得非常受约束，电力批发价格开始飙升。加州独立系统操作员申报系统紧急情况超过70天，并多次发起拉闸限电的情况。由于电网之间的相互联系，加利福尼亚系统危机的"涟漪效应"波及整个西方国家。整个地区电力批发价格飙升，系统准备金履受限制。2001年1月和2月，加州能源委员会（CEC）预计了2001年夏天的电力在不同温度下的供应和需求情景，并分析表明，该地区在 6~9 月这几个月期间可能会面临 5000 兆瓦电力的潜在不足（CEC，2001）。

　　针对这个前所未有的"电力危机"，加州以一系列历史性的需求学派政策做出了回应。加利福尼亚州的决策者和公用事业监管机构建立了一套实质性的政策和方案，它涉及现有能源效率计划的大量额外拨款和很多新项目的开发。总之，超过 13 亿美元的资金被授权用于 2001 年需求裁减计划，这代表着比 2000 年的支出增长了 250%（Messenger，2001）。特别地，政策的重视程度和公用事业部门能源效率的资金量没有并入到美国历史。加州 2001 年为能源效率配给的资金总额（超过 9 亿美元，不包括资金负载管理）大约相当于能源效率项目在所有其他州的支出总额（Kushler and Vine，2003）。

　　通过看几乎所有的指标，这种努力总体来说是非常成功的。加州所有方案和政策的协同作用是巨大的。2001 年，加利福尼亚州在夏季几个月的高峰需求期期间（平均有 4200 兆瓦）平均每月有 10% 的削减（6 月有减少 14% 的代表性记录，约 4750 兆瓦），并且 2001 年在经济增长和气候的调整后整体用电量下降 6.7%（表现为约 164000 亿瓦时）（CEC，2002；Goldman et al.，2002）。随后的综合评价表明，这些能源效率项目是非常符合成本效益的，节约了用电终生平均成本每千瓦时 0.03 元 [4]（Global Energy Partners，2003）。也许所有最有意义的结果是，加州没有经历拉闸限电的进一步发生。毫不夸张地说，能源效率保护着加州"亮灯"。这些方案仍然具有成本效益，为加州的消费者提供相对低廉的能源来源（见图 11-1）。

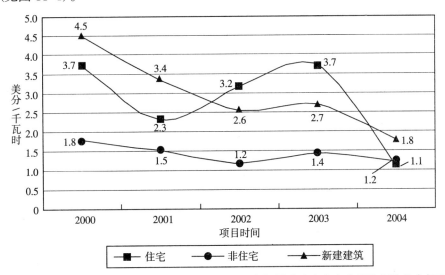

图 11-1　2000~2004 年间太平洋煤气电力公司、南加州爱迪生电力公司和圣迭戈电气公司按部门统计的成本效益

11.3 对能源效率的可靠性/可预见性一个评价角度

11.3.1 能源效率项目评价的简短回顾

能源效率项目的评估具有丰富和深远的历史，可以追溯到 20 世纪 80 年代初。起初，许多这样的评估工作是由学术和研究利益所驱动的。事实上，20 世纪 80 年代初的首次能源效率和评估会议大部分由大学和政府机构的代表构成。

随着能源效率开始被认作一种公用事业系统资源，评价焦点的本质逐渐形成。在某种程度上说，作为对于这个新的且不熟悉的"资源"不确定性的响应，能源效率项目受到很高程度的审查。公平地说，这些项目的对手（大型工业客户协会抵制以他们的利率支付这些项目，而且那些公用事业部门不想经受由于能源效率引起的销售减少而影响财政收入损失）经常在利率方面向这些项目进行挑战，并要求进行项目评价。由于这些因素，监管委员会频繁需要项目评估和委员听证会对评价结果的评估。

最终，这一切的审议结果都是有益的。到目前为止，超过 1000 个评价研究已经在美国准备好了，能源节约项目在许多个国家有争议的监管听证会上已经被严密审查。21 世纪，我们已经有一个完整的能源评估行业和敬业的专业组织继续提高方法、标准和能源项目评估行为。这项工作的研究结果发表在同行评审期刊和会议记录上。

在这一领域被最高度重视的会议之一，是国际能源项目评估会议（IEPEC），这是每两年一次的专业会议，其目的是提供一个用于客观评价能源项目的陈述、评论和讨论论坛。[5] 会议已经于 1984 年、1985 年举行，此后每两年一次。

广泛的评价方法已经形成，并在过去 30 年来被细化到用可接受精度水平标准来估计技能。这些评价技术使严格评估能源效率影响的许多复杂方法变得有特色，包括准实验方法，这个方法的项目参与者被看成是非参与者的对照组；能源使用"前后"的直接测定；天气以及在适当情况下其他因素变化调整的效用清单分析；通过随时间推移测量保留研究和分析能源使用从而对节约能源的持久性作出解释；项目溢出和市场转型的分析。所有这些概念已经非常成熟并且广泛使用于估计能源效率项目节能效果。讨论这些问题的报告最近为加州公共事业委员会做好了准备（TecMarket Works Framework Team，2004）。

评估节约能源方案和措施的技术多年来已经有相当大的变化，并且在许多方面都相当成熟。然而，专业领域在不断进行着监测和评估技术的实践和发展。加利福尼亚测量咨询委员会（CALMAC）维护和定期更新详细的能源效率项目评估研究，并仅在其网站上发布（www.calmac.org）。能源效率联盟也保持一个评价数据库，其中包含不在 CALMAC 数据库的项目评价，这些研究在其网站上是可以查到的（www.cee.org）。

11.3.2　评估协议的发展

能源效率节省物的测量和验证（M&V）标准化流程是确保节约能源可靠性和可预见性的关键工具。能源服务公司（ESCOs）带头努力核实而不是估计能源节约，特别是在公众和公用事业中地方税纳税人的基金参与。如果能源效率措施的节省被认为风险太大、不可靠或不可预知，那么就没有 ESCO 行业。ESCO 行业的商业成功，讲述了一个不同的故事。例如，2000 年，能源服务公司活动在美国的总收入在 18 亿~21 亿美元（Goldman et al.，2005）。2001 年，ESCO 活动在美国以外地区的总收入在 5.6 亿~6.2 亿美元（Vine，2005）。在美国，20 世纪 90 年代中期以来，联邦政府一直是 ESCO 行业增长的主要来源，特别是通过联邦能源管理项目（Goldman et al.，2005）。

当美国电力公用事业部门因为稳固的需求方能力而转向私人供应商时，能源服务公司在努力使节约的强劲势头度量标准化。公用事业部门在监管压力下用严格的可证实结果、协议和设备投资能源效率项目来测量能源节约成本高效的开发。通过结合技术精度与成本效益，这些协议和准则标志着以往的做法有一个显著的改善。对于大部分建筑方面的能源效率措施，它们已经在很大程度上取代了不太准确的工程估计的使用。

M&V 协议中最重要的一项是由美国能源部（DOE）开发的对节能项目中节约能源的测量和验证：国际性能测量和验证协议（IPMVP）（DOE，2000）。[6] 北美能源服务公司采用了 IPMVP 作为其行业标准方法来测量和验证。从得克萨斯州到纽约都需要使用 IPMVP 进行国家级能源效率改造。美国联邦政府通过美国能源部的联邦能源管理项目，使用 IPMVP 方法对联邦建筑物进行节能改造。最后，从巴西到乌克兰的国家都采用 IPMVP，"议定书"已被译成多种文字。

IPMVP 的一个关键要素是两个 M&V 组件的定义：①验证正确安装和措施创造节约的潜力等；②测量实际节约。IPMVP 的建立是围绕以上定义的两个组件为基础的四个 M&V 选择的通用构造。提供几个 M&V 选项的目的是为了使用户评估节能的成本和方法具有灵活性（见表 11-1）。这些选项对于核查测量的水平和时间有他们不同的做法。没有一项选择是必然更加昂贵的或比其他选择更准确。每个选择的优点和缺点都基于具体因素以及客户的需求和期望。

表 11-1　IPMVP 的测试和验证选择回顾

测试和验证选择	节约是怎么计算的
关注设备的物理检验以确定安装和操作是否规范。性能因素要么规定（基于标准或铭牌数据）要么测量	基于测量数据和规定操作数据的工程计算或计算机模拟
关键性能因素（如照明功率或"马达"效率）以快照或短期为基础衡量	
操作因素（如照明操作小时或电动机运行时间）以历史数据分析或现货/短期测量为基础来规定	
将一个变量加载配置文件用于个人节能措施（电气监控系统）（改进隔离）	执行计量数据统计分析后的工程计算
性能和操作因素都是以贯穿设备或系统级整个合同期限的短期连续的基础上被测量的	
用于整个建筑测试和验证的能源系统是相互作用的（例如高效照明系统降低了冷却负荷），因而会导致电气监控系统的个别测量值不准确	工程计算基于整体构建数据的统计分析，这些统计分析是使用从单一变量到多变量的回归分析技术（以小时计算或以月计算）
性能因素决定要连续测量整个建筑或设施水平	
操作因素来自计时测量和/或历史效用测量计（电力或天然气）或子测量的数据	
通常用于新建筑和全面改造措施的节约验证涉及多个改造前数据可能不存在的单一设施	校准能源模拟/建模工具组件或整个设施；用公用事业账单和/或项目完成之后收集的最终用途计量数据来校准
对于新建工程，性能和操作因素建模基于新的、现有的或遵守代码的组件或系统的设计规范	
测量应该用于验证模拟输入和校正模型	

资料来源：改编自美国能源部。

公用事业能源效率项目测量和评估的协议和流程已经被公共事业委员以国家级水平开发。例如，在 20 世纪 90 年代，在回应四大投资者针对所有的公用事业项目为获取能源效率而建立的股东收益机制中，加利福尼亚州制定了最严格的测量和评估协议（见专栏 11.2）。

专栏 11.2　在加州"议定书"时代的能源效率项目评价（1994~1997）

加州被广泛认为是美国评估公用事业能源效率项目最有经验的州。评价的深度和严谨性随着时间的推移变化，反映了加州电力不同的监管环境和市场结构（Vine et al., 2006）。在"议定书"时代，协议和程序的制定是用来回应四大投资者所有的公用事业项目为获取能源效率而建立的股东收益机制。1994~1998 年，加州公用事业部门完成的许多评估研究和收入索赔宣布了他们的项目基于采用"议定书"上的事后协议认定。

公用事业公司的公用事业工作人员或承包商管理着这些公用事业项目评

估，这些评估的结果存档在加州公共事业委员会（CPUC）。CPUC 的地方税纳税人倡导者办公室（ORA）审查这些研究、报告的股东收入、建议修改或补充协议。两种类型的审查是由 ORA 进行的：①参与验证：回顾公用事业项目的文件，以确保所有的参与者的资料都在公用事业数据库中，参与者案例的随机回顾（在某些情况下，对小样本非住宅客户进行现场访问）等；②对于较大的项目，ORA 准备了"审查备忘录"，这是一个基于评价的研究：如果遇到问题，公用事业数据库文件被要求进行一个"复制分析"。

如果 ORA 不能复制公用事业项目的分析结果，那么，ORA 将质疑公用事业部门的结果。如果 ORA 可以复制公用事业项目的分析结果，但存在问题，那么更多的信息将被要求，更多的分析将要进行。如果 ORA 可以复制公用事业分析并且分析是合理的，那么就不需要质疑公用事业项目的分析结果。在每年年底，ORA 会向加州公共事业委员会提交一份报告，其中载有对公用事业评价研究和调查结果的建议。然后在进行个案管理的过程中，看看是否可以解决 ORA 和公用事业之间的分歧。如果不能，那么可以在加州公共事业委员会举行听证会以解决分歧。在该进程最后，加州公共事业委员会的行政法官发布公用事业收入索赔和相关评估研究（适用的）的决定。

自 1998 年以来，几个重要项目设计和实施的变化时有发生，反映出市场转型目标（1998~1999 年）和 2000/2001 年的能源危机。在 2002 年，加州公共事业委员会通过了一项新的能源效率政策手册，要求公用事业部门在 M&V 上使用 IPMVP。且在 2005 年，加州公共事业委员会开始了一个开发新的 M&V 能源效率项目协议的进程——这些协议在 2006 年被加州公共事业委员会采纳。

大型公用事业能源效率项目的评估，在许多情况下测量而不是估计节约的数量，发现这些项目能节省能源而且是划算的。例如，在 20 世纪 90 年代早期审查 40 个大型商业部门的能源效率项目实施时发现，它们节省的电力平均成本为每千瓦时 0.032 美元，远低于提供电力的成本（Eto et al., 1996）。这项研究依赖于节能项目实施之后的评价，并包括公用事业部门的全部成本以及分析客户的成本。

11.3.3　节省能源的事前与事后估计

利用能源效率措施节约能源的可靠性测量之一是如何很好地将节约能源的事前估计（测量安装前预测并通常根据工程计算）与节约能源的事后影响估计（根据实施后的测量）作比较。实现率的计算方法为净节约的事后估计除以净节约的事前估计。净节约是指除了自然发生的能源效率以外的项目影响。就参与者在没有该项目时已经购买和安装新的能源效率的措施这种情况而言（"搭便车"），净节约可能小于总节约。就项目会引导因市场地位改变，由额外的客户投资项目以外的能源效率措施而言（"市场转型"），净节约也可以大于总节约。

大多数实现研究发生在 20 世纪 90 年代初，特别是在加利福尼亚州。在此期间随着股东激励的出现，加州公共事业委员会坚持对测量和验证成本和效益实行更严格的条款和条件，从而估计事前和事后影响的对比（Vine et al.，2006）。例如，在一个 158 个加州能源效率项目和 1990 年到 1992 年运行的工程段的案例中，平均实现率为 112%（Brown and Mihlmester，1995）。总的来说，这些结果表明，加州在 1990~1992 年期间的能源效率项目，优于 20 世纪 80 年代的典型项目，20 世纪 80 年代的项目的实现率往往比期望下跌 30%~70%。[7] 早年的低实现率主要是由广泛使用简单假设预测的事前估计引起的。因为这期间，预测的节约数字的计算（事先）已经非常准确（由于过去评估的调查结果），以至于实现率现在变得更好。关于实现率的另一项研究，是四个马萨诸塞州的公用事业项目在 1990~1993 年的运行情况，最终实现率为 80%[8]——给人印象最深的结果是这些项目短时间内在仅有先前少数公用事业报告规划估计全面项目实施经验的情况下正在显著地蔓延（Coakley and Schlegel，1995）。

总之，现在的节约能源预测比以前更加准确，因为我们有来自于本领域几十年的经验数据。此外，多年来，随着项目设计的改进，特别是在增加市场转型和"外溢"效应方面，现在有超过 100% 的实现率是正常的。有了这些更好的节省预测数据以及现在有效并适当的持续评估和监测的评估技术，没有什么理由担心精心设计的一套能源效率计划将无法实现其预计节余（见专栏 11.3）。

专栏 11.3　加州能源效率项目的评价（2006~2008 年）

加州公共事业委员会（CPUC）审查了加州投资者拥有的公用事业能源效率项目实施的事前和事后影响估计。加州公共事业委员会得出结论，一旦实际项目费用和项目参与者被核实（CPUC，2005），1998 年之前项目生命周期以千瓦和千瓦时节约进行的事后重新评估将不会对于事前预测的资源效益产生重大调整影响。他们认为，项目规划和评估之间的"反馈过程"至关重要，这一发现作为事后的研究结果已纳入后续项目规划（资源规划假设），并需要在未来做。因此，CPUC 从这些项目估计中对于节约能源的可靠性已经变得更加自信。

对于 2006~2008 年实施的能源效率项目，CPUC 要求以资源项目（即千瓦时、千瓦或撒姆的节能）为基础的性能受到以下条件的支配（CPUC,

2005)：

● 对项目参与（例如，措施或设备的类型和数量）事前（预安装）假设与实际参与验证事后依据（即方案实施期间和之后）的校准。

● 对事前计划成本假设与实际支出水平的校准。

● 作为一项总的政策，每单位千瓦、千瓦时和撒姆节约的事后重新评估通过负载影响来研究。总政策的一个例外可能是适当的测量和规划，其中行之有效的是事前价值观的高度自信和可能影响节约能源的有较低可变性的外部来源。

● 对持久性的研究将不会被捆绑在性能基础上，但仍须告知未来规划。如果在未来某一日期的证据表明，持久性研究的结果与事前估计是显著不同的话，这项政策应重新审议和修订，视情况而定。

11.4　确保和执行能源效率措施、方案和投资组合的实施

严格的评估实践和协议的发展，随着多年在评估能源效率计划的影响和结果方面的经验，已经做了很多努力来改善方案规划者和管理者准确估计具体措施和总项目影响的能力。协议的发展也有助于建立计划目标和实施方案，以实现既定目标。在本节中，我们研究一些主要方法，确保能源效率的措施、方案和投资组合达到预计节余。

确保和实施能源效率目标和绩效确切的机制和方法取决于许多因素，例如：①给定的能源效率行动或投资的实施原因；②谁在能源节约中有利害关系等；③可能的后果没有达到预计节省或目标。所有这些因素将决定节约能源的"可执行性"程度，这是必须的，以及未能达到预测或既定目标的情况下会发生何种后果。下面是保障和实施能源效率目标和绩效的主要机制或模型。这些分类依据的是个体行为背后的"驱动器"。

11.4.1　协议条款

个别客户（其中可以包括大型企业、机构和政府部门）可以与能源服务公司或类似承包商达成协议来完成任务，并做出产生节约能源的系统改进。这些协议

可以采取多种形式。"业绩合同"是常见的,这类协议通常"担保"或"分担"节约的能源,以使 ESCO 在工作完成和选定的能源效率措施安装后才为达到的节省支付款项。执行合同的条款包括如何衡量和验证节约的能源。安装专用的数据记录器或测量实际能源使用的其他设备也许和阅读电表(例如,也许会因天气变化而做些调整)一样简单。合同在这些情况下被执行——供应商服务费的支付取决于它所达到的结果。显然,供应商受到达到估计节能的鼓励,并能够证实这种节约确实已经获得。Goldman 等(2005)表示,2000 年美国 ESCO 行业的迅速成长和成熟就使之成为约 20 亿美元的产业。业绩合同占据了本项目总投资的重大份额——这项研究估计为 50%左右。2005 年的能源政策法案(Public Law,pp.109–158)重新授权节约能源绩效合同(ESPC)项目,它允许私人承包商通过业绩承包来帮助联邦机构改善其设施的能源效率。

绩效合同通常只涉及两个方面——客户和供应商。然而,也有一些可以提供资金和其他服务来支持绩效合同的公用事业和公共福利项目(例如,市场营销和技术援助),以支持绩效承包。在这些情况下,项目管理员是在能源服务公司和客户之间的个人事物结果的另一个利益相关者。因此,项目管理员可能需要测量和验证被项目颁布和支持的业绩合同。这增加了额外的执行和确保措施以使得估计的能源节省可实现。

节省能源效率的合同和市场交易,也可发生在电力市场。"需求响应"项目已成为一种市场机制来解决能力需求——无论是从短期还是长期来看,这在很大程度上是以 20 世纪 80 年代和 90 年代建立的"负载管理"办法为基础的。而明确的需求响应和能源效率是相关的,并且只有相对较少的研究调查这种关系(York and Kushler,2005)。需求响应旨在减少高峰电力需求(MW)或降低负荷以防止电网的突发情况,而能源效率旨在减少设备在所有运行时间的能源使用量(MWh)。然而,许多用来衡量和检验能源节约的方法也可以用来衡量和量化需求节省。"激励动机"需求响应项目(即支付给不时被项目赞助商要求减少负荷的参与客户)需要严格的测量和验证,因为对参与客户的支付款项取决于这种结算。未能提供节约,会导致经济处罚的实行。

11.4.2 执行标准和规范

建筑能源规范和家电标准是用于在建筑物和用能设备上建设最低能源效率水平的机制。建筑规范通常是规范性措施(例如,指定的阁楼和外墙保温的最低水平)和性能标准(例如,最大的照明负载,kW/ft^2)的组合。家电标准制定必须能实现给定类型的装置或终端使用设备,如冰箱或空调的最低水平效率。

　　建筑规范执行是政府机构或公共主管当局的责任。通常情况下，遵守能源守则可与其他适用的建筑法规共同执行，如消防和安全。建筑规范官员审查建设计划和施工前规范是否符合规定，然后在建设完成后可以执行后续施工的现场审查。不遵守可能会导致罚款和其他处罚，以及采取行动（如命令）以获得服从。建筑能源规范的执行可以说是一个艰巨的挑战，特别是因为建筑已变得更加复杂和以绩效为依据的方法已经变得越来越流行。Smith 和 McCullough（2001）研究了这个问题，并提供了关于使用第三方——司法管辖区——执法策略的案例研究。他们得出这样的结论：成功的第三方策略需要明确定义各相关方的角色和职责，包括为建筑专业人士和建筑部门员工提供培训和技术援助产品和服务的各方。

　　在美国，联邦家电标准的实施是美国能源部（DOE）的职责。为了确保制造商符合标准要求，美国能源部建立了检测和监控程序。然而，在大多数情况下，能源部依靠自我约束，制造商检验自己在能效方面的产品并将报表数据提交给能源部（Lin and Biermayer，2006）。另外，互相竞争的公司往往检验对方的产品和报表，若竞争对手不符合规范便将其呈报给能源部。能源部对违规行为也有处罚和其他严重后果（例如，每次违规处罚高达 100 美元）。罚款的目的是要确保制造商遵守规范，而不是让他们的生意被迫出局。

11.4.3　监管和行政复议

　　2004 年美国的公用事业和公益组织部门在能源效率项目上总共花费了 14 亿美元[9]（York and Kushler，2006）。与电力行业在 2004 年的总经营开支记录的 2070 亿美元规模相比，这只是九牛一毛（仅为其 0.7%）（EIA，2005）。项目支出的监督和财务责任因司法管辖区的不同而异，但通常有一些公共机关或机构，负责监督项目的管理实施。这类机构通常是公共服务委员会，但也可能是公共权力管理委员会、国家能源办公室或其他国家机构。监督能源效率项目的公共当局要负责确保项目开支是审慎的，这通常意味着某些类型的事后评价需要用来评估项目的结果和估计节能的影响。

　　公用事业监管机构有多种机制，他们可以采用这些机制以确保实现公用事业项目节约能源的目标。项目成本回收原是这样一种机制：如果一个公用事业项目未能达到指定的节约水平（例如，达到了至少 70% 的节能目标），该项目成本可能不被允许通过设施利用率进行成本回收，这意味着股东将承担这些费用（或可能是成本的一部分）。

　　虽然能源效率项目成本否决的威胁可能会促使公用事业和其他项目供应商去实现省标准的目标，但公用事业能源效率项目的经验表明，这种处罚的实施很少使用。相反，未能达到给定期限的给定项目所需的节省标准，通常需要在项目方式和结构上的根本性转变来解决，以提高项目性能并实现在未来数年所需的节能标准。通过这种方式，评价被用来监测项目的性能和需要的改变。例如，一位主要的西北能源效率联盟（NEEA）的能源效率项目管理员，指出这种方式旨在使评估紧密融入到最终的项目设计和实施中，以使项目在不断变化的市场可以自适应地实现自己的目标（NEEA，2000）。

"多样化"和"组合管理"已成为项目供应商的雇用机制，以解决实现项目节约能源的不确定性。项目供应商承认，通过一系列项目就会有无法达到既定目标的个别方案。然而，可能也有超过目标的其他方案，所以，总体来说，项目组合达到了其总体目标。有长期能源效率项目成功记录的国家，其公用事业部门和项目提供商通常采用这种方法。他们的经验也有助于确保对于任何给定的项目都可以遵循的最佳做法，从而有助于项目实现具有成本效益的节能标准的目标。例如，纽约州能源研究和发展管理局（NYSERDA），一个负责管理纽约公共利益能源项目的国家机构，就使用这个具有战略意义的评价。NYSERDA 需要常规和定期评估个别项目以及其整个投资组合或项目，称为"纽约州能源$集市"，以监测结果和调整项目的规划和运行（NYSERDA，2005 年）。

另一个监管机制是提供给公用事业"绩效激励"，以实现目标节能标准。例如，在马萨诸塞州，受监管的配置公用事业部门需要为他们的客户提供能源效率计划。除了项目开支的成本回收，只要达到了指定项目目标的百分比，公用事业部门就可以赚取额外的比例高达 5.5%的项目支出。项目实施后，公用事业部门测量该项目的节能。激励是基于这种测量和评估阶段的结果。激励以包括节约能源、效益、成本、市场转型等结果在内的所有元素的组合为根据。

能源效率项目的非公用事业供应商也可能受到以既定目标项目节约的测量和验证为基础的成本回收和业绩奖励。例如，"效率佛蒙特州"，全州的能源项目和服务提供商，接受了由佛蒙特州公共服务委员会进行的审查。"效率佛蒙特州"的合同是基于绩效的；能源需求的节约目标，净社会效益目标，既定措施的市场份额，以及其他可量化的结果都有纳入到合同中。佛蒙特州公共服务委员会执行"效率佛蒙特州"衡量和检验项目结果的评价。

在公用事业部门能源效率项目方面的一个新兴趋势是创建"资源能源效率标准"（EERS），这是为公用事业部门建立的电力和/或天然气节约能源目标——通常是一些百分比的目标，或特定日期（例如，到 2015 年节省 10%）节约能源规定的标准（千瓦时或千卡）。这类似于"可再生能源组合标准"，很多州都有这种标准。越来越多的州正在实施 EERS，往往伴随着能满足目标的更灵活的选择，包括为节约能源效率信用而使用的以市场为基础的交易系统。已采取这种做法的州，包括加利福尼亚州、科罗拉多州、康涅狄格州、夏威夷州、内华达州、宾夕法尼亚州、得克萨斯州和佛蒙特州。伊利诺伊州和新泽西州计划不久就会实施EERS 方案。最近的一份报告（Nadel，2006）回顾了迄今为止横跨美国的 EERS的经历（见图 11-2）。EERS 项目显示，迄今为止许多方法都是可能的，并且不同的方法在涉及的不同情况和组织的州都可能行得通。此外，这两个州实施EERS 政策已经有好几年（得克萨斯州和佛蒙特州），这个方案被广泛认为很有效并且可以提供显著的能源影响。

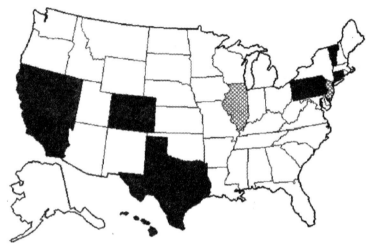

图 11-2　已有或正积极考虑制定能源效率标准的州（Nadel，2006）

注：深色代表当前已有能源效率标准的州，网格部分代表正在考虑制定能源效率标准的州。

11.5　总　结

本章针对节能措施不可靠、不可预知且无法执行，因此，能源效率不能作为一个实用的系统资源而被依赖这一谬论而进行了研究。例如，批评者质疑公用事业部门是否可以依赖能源效率计划的节约能源作为他们资源采购计划的一部分，并且有和他们依靠天然气发电厂输出同样的信任程度。

我们回顾了以公用事业系统规划和运行为背景的可靠性、可预测性和可执行性的概念，我们认为能源效率计划可以减少公用事业系统规划和运行中的不确定性，尤其是与供应方面的不确定性作比较时（例如，电厂建设中的延误，电厂建设的成本增加，燃料价格的可变性，以及 T&D 项目的成本和时间）。我们接下来研究了能源效率的可靠性和可预见性，从估计的角度来看，我们的结论是，专业评估行业的成熟和评估协议的发展已经使得能源节约评估更加可靠和可预测。最后，我们研究了确保和实施能源效率措施、方案和投资组合绩效的几种方法，我们认为对于节约能源，这些措施中已经有足够的激励和抑制机制。

通过这一章，我们提供了能源效率如何能被国家和联邦各级决策者和监管者作为一个可靠的能源资源的例子。我们希望其他国家支持能源效率，因为能源服务的需求不断增长、环境挑战（如气候变化和空气质量）继续加剧。评价共同体将参与这些讨论，以提供确保能源效率计划是可靠的、可预见的和可执行的机制。

注 释

[1] The CAAA did include provisions to award sulfur dioxide "allowances" (tradable credits) for energy efficiency, but this was a very small part of the planned program and was not very effective in promoting additional levels of energy efficiency as intended.

[2] Fortunately, this is changing slightly. For example, energy efficiency can be used as (1) a control measure to reduce emissions in State Implementation Plans (SIP) under the Clean Air Act, (2) as a compliance' strategy in the Conservation and Renewable Energy Reserve to reduce SO_2 under the Clean Air Act, (3) as an option in the Energy Efficiency/Renewable Energy Set –Aside in the NOx Budget Trading Program established by the U.S. Environmental Protection Agency in the NOx SIP Call, and (4) in several other programs (Vine, 2003). These all represent promising openings for energy efficiency, although they have seen limited use to date.

[3] This chapter focuses on energy efficiency and does not address demand response programs, demand response programs seek to reduce peak demands during times when reliability may be threatened or wholesale market prices are high (York and Kushler, 2005). While programs can be designed to target both demand response and energy efficiency, such integration has rarely been attempted thus far. Also, there is much less of a research and evaluation record regarding demand response programs than there is for energy efficiency.

[4] Levelized cost is the cost per kWh saved, taking into account all of the kWh saved by the program over the lifetime of the measures installed in comparison to the total cost of delivering the program. The value of costs and savings are adjusted to reflect the timing of those costs and savings (i.e., the value in future years is

discounted for inflation). This results in a single number that expresses the relative cost of the resource over the lifetime of the resource.

〔5〕 For more information on IEPEC, or to get past conference proceedings, go to their website: www.iepec.org. In the interest of full disclosure, two of the authors of this chapter (Kushler and Vine are past Board Presidents of this non-profit organization.

〔6〕 The protocol can be downloaded from the following site: http: //www.ipmvp. org.

〔7〕 Even when realization rates were 70% or less, the programs were cost effective.

〔8〕 As noted before, even with a realization rate of 80%, these programs were cost effective.

〔9〕 While this amount of funding does support some important energy efficiency programs in a number of states (at least 20 at last count), it still represents less than one percent of the total annual revenues of the U.S. electric utility industry.

参 考 文 献

〔BPA〕 Bonneville Power Authority: 2004, Transmission Planning Through a Wide-Angle Lens: A Two-Year Report on BPA's Non-Wires Solutions Initiative, Bonneville Power Authority, Portland, OR, USA.

Brookes, L.: 1990, "The Greenhouse Effect: The Fallacies of in the Energy Efficiency Solution," Energy Policy 18: 199-201.

Brown, M. and Mihlmester, P.: 1995, "Actual Vs. Anticipated Savings from DSM Programs: An Assessment of the California Experience," International Energy Program Evaluation Conference, Proceedings of the 1995 International Energy Program Evaluation Conference, Chicago, IL, USA, pp. 295-301.

〔CEC〕 California Energy Commission: 2001, Emergency Conservation and Supply Response 2001, Report P700-01-005F, California Energy Commission, Sacramento, CA, USA.

〔CEC〕 California Energy Commission: 2002, The Summer 2001 Conservation Report, California Energy Commission, Sacramento, CA, USA.

〔CPUC〕 California Public Utilities Commission: 2002, Decision 02-10-062, Interim Opinion, 24 October 2002, California Public Utilities Commission, San

Francisco, CA, USA.

[CPUC] California Public Utilities Commission: 2005, Decision 05–04–051, Interim Opinion: Updatea Policy Rules for Post –2005 Energy Efficiency and Threshold Issues Related to Evaluation, Measurement and Verification of Energy Efficiency Programs, 21 April, 2005, California Public Utilities Commission, San Francisco, CA, USA.

Cavanagh, R.: 1986, "Least–Cost Planning Imperatives for Electric Utilities and their Regulators", Harvard Environmental Law Review 10 (2): 299–344.

Coakley, S. and Schlegel, J.: 1995, "Comparing Electric Utility DSM Planning and Evaluation Estimates in Massachusetts: Are We Getting What We Planned For?" International Energy Program Evaluation Conference, Proceedings of the 1995 International Energy Program Evaluation Conference, Chicago, IL, USA, pp. 303–308.

[EIA] Energy Information Administration: 2005, "Revenue and Expense Statistics for Major U.S. Investor –Owned Electric Utilities," Table 8.1, Electric Power Annual 2004, Energy Information Administration, Washington, DC, USA.

Eto, J., Vine, E., Shown, L., Sonnenblick, R., and Payne, C.: 1996, "The Total Cost and Measured Performance of Utility –Sponsored Energy Efficiency Programs", The Energy Journal 17 (1): 31–51.

Geller, H. and Attali, S.: 2005, The Experience with Energy Efficiency Policies and Programmes in IEA Countries: Learning from the Critics, IEA Information Paper, International Energy Agency, Paris, France.

Global Energy Partners, LLC: 2003, California Summer Study of 2001 Energy Effiency Programs, Final Report, Global Energy Partners, Lafayette, CA.

Goldman, C., Barbose, G., and Eto, J.: 2002, "California Customer Load Reductions during the Electricity Crisis: Did They Help to Keep the Lights On?" Journal of Industry, Competition and Trade 2 (1/2): 113–142.

Goldman, C., Hopper, N., and Osborn, J.: 2005, "Review of US ESCO Industry Market Trends: An Empirical Analysis of Project Data," Energy Policy 33: 387–405.

Greenhalgh, G.: 1990, "Energy Conservation Policies," Energy Policy 18: 296–299.

Harden, B.: 2006, "In the Northwest, Nuclear Power Takes a Hit," Washington Post, in washing–tonpost.com, 22 May, 2006.

Hirst, E.: 1992, Effects of Utility DSM Programs on Risk, Report ORNL/CON-346, Oak Ridge National Laboratory, Oak Ridge, TN, USA.

Hopper, N., Goldman, C., McWilliams, J., Birr, D., and McMordie Stoughton, K.: 2005, Public and Institutional Markets for ESCO Services: Comparing Programs, Practices and Performance, LBNL-55002, Lawrence Berkeley National Laboratory, Berkeley, CA, USA.

Joskow, P. and Marron, D.: 1993, "What Does a Negawatt Really Cost? Further Thoughts and Evidence", The Electricity Journal 6 (6): 14-26.

Kushler, M. and Vine, E.: 2003, Examining California's Energy Efficiency Policy Response to the 2000/2001 Electricity Crisis: Practical Lessons Learned Regarding Policies, Administration, and Implementation, American Council for an Energy Efficient Economy, Washington, DC, USA.

Kushler, M., York, D., and Vine, E.: 2005, "Energy-Efficiency Measures Alleviate T&D Constraints", Transmission and Distribution World 57 (4): 32-41.

Lin, J. and Biermayer, P.: 2006, "Enforcement and Compliance of Efficiency Labels and Minimum Energy Efficiency Standards for Household Appliances", American Council for an Energy Efficient Economy, Proceedings of the 2006 Summer Study on Energy Efficiency in Buildings, Washington, DC, USA.

Lovins, A.: 1994, "Apples, Oranges, and Horned Toads: Is the Joskow & Marron Critique of Enery Efficiency Costs Valid?" The Electricity Journal 7 (4): 29-61.

Messenger, M.: 2001, "Balancing Customer Needs with System Reliability Concerns in California", American Council for an Energy Efficient Economy, presentation at the ACEEE National Conference on Energy Efficiency and Reliability, Berkeley, CA, USA.

Meyer, D. and Sedanoo R.: 2002, "Transmission Siting and Permitting," Appendix E in National Transmission Grid Study, U.S. Department of Energy, Washington, DC, USA.

Nadel, S.: 2006, Energy Efficiency Resource Standards: Experience and Recommendations, ACEEE Report E063, American Council for an Energy - Efficiency Economy, Washington, DC, USA.

National Association of Home Builders: 2005, Energy, [online] http://www.nahb.org/generic. aspx? sectionID=206&genericContentID=3115, accessed July 2006.

[NYSERDA] New York State Energy Research and Development Authority:

2005, New York Energy $mart^SM Program Evaluation and Status Report, Final Report, New York State Energy Research and Development Authority, Albany, NY, USA.

[NEEA] Northwest Energy Efficiency Alliance: 2000, Strategic Plan, Northwest Energy Efficiency Alliance, Portland, OR, USA.

Northwest Power and Conservation Council: 2005, The Fifth Northwest Electric Power and Conservation Plan, Northwest Power and Conservation Council, Portland, OR, USA,

Reuters: 2003, "Utility Group: Power Grid Upgrade May Cost $100 billion," 25 August, 2003.

Rogers, C., Messenger, M., and Bender, S.: 2005, Funding and Savings for Energy Efficiency Programs for Program Years 2000 through 2004, Staff Paper, California Energy Commission, Sacramento, CA, USA.

Smith, D. and McCullough, J.: 2001, Alternative Code Implementation Strategies for States, U.S. Department of Energy, Washington, DC, USA.

Sovacool, B.: 2006, The Power Production Paradox: Revealing the Socio - Technical Impediments to Distributed Generation Technologies, Virginia Polytechnic Institute and State University. Doctoral Dissertation, Blacksburg, VA, USA. See also: http: //scholar.lib.vt.edu/theses/available/ etd-04202006-172936/.

Speckler, S.: 2006, "Efficiency and Demand Response", presented at the 14 February, 2006 meeting of the National Association of Regulatory Utility Commissioners, Washington, DC, USA.

TecMarket Works Framework Team: 2004, The California Evaluation Framework, TecMarket Works, Oregon, WI, USA.

TecMarket Works Framework Team: 2006, California Energy Efficiency Evaluation Protocols: Technical, Methodological and Reporting Requirements for Evaluation Professionals, TecMarket Works, Oregon, WI, USA.

[USDOE] U.S. Department of Energy: 2000, International Performance Measurement and Verification Protocol. U.S. Department of Energy, Washington, DC, USA.

Vine, E.: 2003, "Opportunities for Promoting Energy Efficiency in Buildings as an Air Quality Compliance Approach", Energy—The International Journal 28 (4): 319-341.

Vine, E.: 2005, "An International Survey of the Energy Service Company

(ESCO) Industry," Energy Policy 33: 691–704.

Vine, E. and Kushler, M.: 1995, "The Reliability of DSM Impact Estimates", Energy—The International Journal 20 (12): 1171–1179.

Vine, E., Kushler, M., and York, D.: 2003, "Using Energy Efficiency to Help Address Electric System Reliability: An Initial Examination of 2001 Experience", Energy—The International Journal 28 (4): 303–317.

Vine, E. Rhee, C., and Lee, K.: 2006, "Measurement and Evaluation of Energy Efficiency Programs: California and South Korea", Energy—The International Journal 31: 1100–1113.

York, D. and Kushler, M.: 2005, Exploring the Relationship Between Demand Response and Energy Efficiency: A Review of Experience and Discussion of Key Issues, American Council for an Energy Efficient Economy, Washington, DC, USA.

York, D. and Kushler, M.: 2006, "A Nationwide Assessment of Utility Sector Energy Efficiency Spending, Savings and Integration with Utility System Resource Acquisition", American Council for an Energy–Efficient Economy, Proceedings of the 2006 Summer Study on Energy Efficiency in Buildings, American Council for an Energy–Efficient Economy, Washington, DC, USA.

第⑫章　能源传说十一
——能源研发投资需要几十年才能
进入市场

12.1　市场在能源研发方面创新行动缓慢的传说

一个杜撰的关于微波炉的故事时不时被用来说明能源研发投资从实验室走向市场将非常缓慢这一"发现"。在这个版本中，能源研究到市场的这一过程是这样的：20世纪60年代末70年代初首次商品化的微波炉被视为源于第二次世界大战雷达使用而缓慢发展的一种消费电子设备。事实上，第一个商业化的微波炉，就是雷达，甚至微波炉的名字也是从它20多年以前的起源得来。

Carter等人（1992）在工作中详述了微波炉从军事创新的副产品到民用产品的发展速度和效率，无论如何，微波炉经历了一些重大的后军事研究和细化阶段后才成为一个商业化的产品，然而食品微波加热的基本原理与微波成像——雷达——基本技术在跟踪移动物体方面的高度其实是不同的。

然而，在能源领域，从研究创新到投入市场的道路是极其缓慢的，这个想法经常反复出现。例如，来自于太平洋西北国家实验室的Jae Edmonds（2001，p. 5）告诉参议员：由于从"能源"研究到一些商业性"能源技术"内部研究的实际应用需要几十年，而且技术在遍及全球的能源市场广泛部署也需要三四十年，我们将有可能不得不用已开发的技术与全球变暖作战。

来自东北部、中西部研究所的Julie Fox Gorte和Tina Kaarsberg（2001，p.6）评论说，能源技术的研究和发展通常需要数年时间取得成功……走向市场的通道在未来需要5年、10年或更多年。

在许多方面，没有什么能够逃避真相，事实上，能源研究到商业化的途径分析表明那是相当有效率的。真正的罪魁祸首，正如下面我们将探讨的，是给予摆在首位的能源研究更小的支持程度。这种投资不足的文化，特别是在能源方面，也是美国和全球经济的最大组成部分，它本身就令人震惊。

为了结束断裂的传递途径的谬论，只需看看常被引用的"学习曲线"（e. g.，Duke and Kammen，1999），它描述了已制造产品的累计产量，比如太阳能光电板与产品的单位成本之间的关系。在 20 世纪 70 年代，波士顿咨询集团（BCG）将劳动生产率的学习曲线推广到包括研究、开发、生产和销售某一特定产品所需的所有成本（波士顿咨询集团，1972）。就是说，BCG 认为边干边学不仅在提高劳动生产率方面有一定的意义，而且与研发、经常费用、广告和销售费用也相关。

这些效率的提高，加上规模经济的好处，通常使得成本降低具有以下形式的经验曲线描绘出的特点：

$$UC = aq^{-b} \tag{12-1}$$

在这里 UC 为单位成本，它是累计生产 q 的函数，系数 a 为生产第一个产品所需的成本，b 为经验参数（Argote and Epple，1990）。这个指数关系的直观反映是存在报酬递减规律。在生产开始后，成本降低最初是快速的，但是当工人们的生产率变得优化，生产规模扩大和增值的流程改进之后，速度会逐渐减弱。

在能源领域，生产与成本关系粗略跟踪的学习曲线已经被广泛使用，并且我们发现（见图 12-1）通常因为特定技术的根本原因，生产和成本之间的稳定关系存在于一系列更广泛的技术中。事实上，这个关系悬停在累计产量每增加一倍成本就下降 20%的被广泛接受的经验规则上，这是被整个工业生产广泛关注的一个关系，远远不止能源部门（Arrow，1962）。图 12-1 还包括在某种程度上来说的"例外规则"，有一种能源技术不遵守这 20%的规则：核电。事实上，对于核能发电，每个工厂都是以建在中央制造设施里面的反应堆为基础的——在美国，这在很大程度上是由西屋公司和通用电气提供，然而建在美国的 104 个工厂的具体地理、政治和监管环境十分不同，因此费用已在很大程度上受这些外在因素所驱动，而不是反应堆核心建设的固有经济学。

图 12-1 明确表明成本下降，但通常肯定不是直接传递给消费者，一般遵循直接从创新投资转到技术商品化的规律。然而，能源研发到市场的路径失灵的地方，既更好地揭示了我们如何管理能源部门，又很好地揭示了当前向我们开放的车辆可以解决这场创新和商业化的危机，以及对迫在眉睫的全球变暖危机的响应。

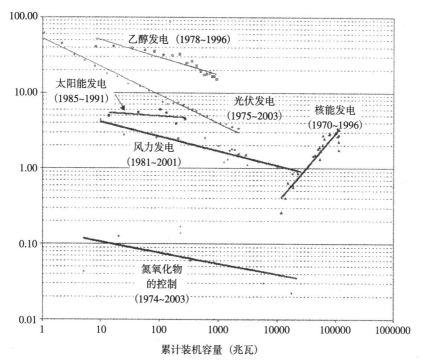

图 12-1　各种能源技术工业产值和成本之间的"学习曲线"关系
（以 2005 年美元价格计，美元/瓦）

12.2　能源研究投资的真正危机 [1]

在美国能源部门的创新投资正在减少，正如我们对能源生产和使用会影响环境、地缘政治和宏观经济的担心在加强一样。随着能源成为这个星球上最大的产业，全球每年有超过 20000 亿美元的能源销售额，在这一领域的投资决策将会有全球性的影响。复兴美国能源基础设施来提高经济和地缘政治安全（Cheney，2001）以及防止全球气候变化（Kennedy，2004）的挑战是特别严峻的，并要依靠现有技术来改进、发明、发展新兴的商业应用。迎接这些挑战也取决于工具的可用性，既需要有效地管理目前的能源技术投资，也允许对能显著扩大我们新能源技术资源最有效的办法和方案进行分析。

联邦政府拨出 1000 亿美元用于每年的研究和开发，并将它当成一个重要的"未来投资"（Colwell，2000）。对于科技创新整体经济增长比例的估计高达 90%（Mansfield，1972；Evenson et al.，1979；Griliches，1987；Solow，2000）。然而，能源部门的低投资和大挑战已经引导众多的专家小组，呼吁对能源研发进行新的重大贡献。1997 年总统科技顾问委员会关于科技的一个报告和 2004 年两党全国委员会关于能源政策的报告都建议联邦政府研发支出应增加一倍（PCAST，1997；NCEP，2004）。能源的重要性导致几组专家呼吁更大的贡献（Schock et al.，1999；Davis and Owens，2003），其中一些是依照 20 世纪 60 年代阿波罗计划的规模提出的（Hendricks，2004）。这些建议建立在 20 世纪 90 年代在能源研发领域被警告过低并逐渐减少的投资的基础上（Dooley，1998；Morgan and Tierney，1998；Margolis and Kammen，1999a，b）。能源经济的规模和所有应对气候变化潜在关键低碳技术的多样性，都支持一系列政策主张以激励公共和私营部门（Branscomb，1993；Stokes，1997），并支持创新过程中所有阶段的战略以促进两部门之间的生产（Mowery，1998a）。

然而这些担忧与最近的融资发展形成了鲜明的对比，尽管布什政府将能源研究列为"高优先级的国家需求"（Marburger，2004），并指出以 2005 年夏天通过的能源政策法案作为行动依据，但比起 2004 年，2005 年能源研发的联邦预算减少了 11%（AAAS，2004a）。美国科学促进协会（AAAS）预计到 2009 年联邦能源研发将下降 18%（AAAS，2004b）。同时，可以说是最令人不安的，能源远见的缺乏正破坏着现有和将来建立能源公司的营商环境。1991~2003 年期间，美国公司在能源研发方面的投资下降了 50%。这种迅速下降特别令人不安，因为商业的发展无疑是将实验室研究转化为经济上可行的技术和实践的关键一步。[2] 不论是在能源预算下降的时代，还是在经济或环境需要证明投资显著增加是合理的情况下，定量评估工具是必要的，如此处提到的开发和利用，都是必要的。

要检查创新途径研究的趋势，三项投入是必需的：研发投资数据库的数据；创新活动的指标；扩展到更大研发水平的可行性评估。在以往的工作中，我们（Margolis and Kammen，1999a，b；Kammen and Nemet，2005）编制了美国能源研发的投资时间序列记录（见图 12-2）（Jefferson，2001；Meeks，2004；Wolfe，2004）。除了公共部门支出的数据，我们开发并提供私营部门研发投资于化石燃料、核能、可再生能源和其他能源技术的数据库（http：//ist-socrates.berkeley.edu/ gnemet/RandD2006.html）。此外，我们使用美国专利分类评估五个新兴能源技术研发投资的创新成果。我们使用专利来评估投资的有效性，开发了三种方法：专利强度、高引用专利、每个专利的引用率。最后，我们编译了联邦政府研发项目的历史数据，然后评估那些相关的大型能源研发项目对经济的影响。

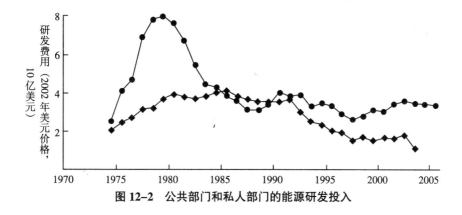

图 12-2　公共部门和私人部门的能源研发投入

12.3　整个能源部门研发投资的衰退

美国当前的能源研发投资比 10 年前约少 10 亿美元。这种趋势很明显，第一，因为 20 世纪 90 年代中期的水平已经被确定为极为危险的低点（Margolis and Kammen，1999a，b）；第二，因为我们的分析表明，[3] 这个下降是很普遍的，几乎横跨每一种能源技术分类、公共和私人部门，以及创新过程的多个阶段，投资不是已经停滞就是下降了（见图 12-3）。此外，尽管美国总研发每年增长 6%，卫生和国防的联邦研发投资每年增长 10%~15%，能源投资却出现了下降（见图 12-4）。因此，美国在能源部门所有的研发投资比例，从 20 世纪 80 年代的 10% 已下降到今天的 2%（见图 12-5）。私人部门的投资活动是一个值得关注的关键领域。虽然在 20 世纪 80 年代和 90 年代，私人和公共部门在国家能源研发投资上约各占一半，但是现在私人部门投资仅占 24%。私人部门能源研发资金最近的下降特别令人不安，因为它在历史上出现的波动小于公共资金——私人资金只是在 20 世纪 70 年代有适度上升和在 20 世纪 80 年代趋于稳定；在该时期内，联邦资金增加三个点然后又会下降一半。在各技术领域行业投资的缺乏有力地表明，公共部门需要发挥的作用，不仅是直接增加投资，同时也要纠正市场和监管方面对新技术投资的障碍（Duke and Kammen，1999）。减少的能源发明活动甚至可以追溯到创新过程的早期阶段，发生在基础研究和培训新科学家的高校。例如，最近一项联邦课题由一所关注能源和环境研究的大学提供资金支持，因为他们发现大学的资金越来越多地集中在生命科学上（Fossum et al.，2004）。

能 源 和 美 国 社 会
Energy and American Society

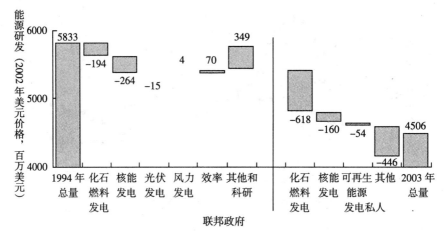

图 12-3　1994~2003 年不同部门和技术的能源研发投入变化

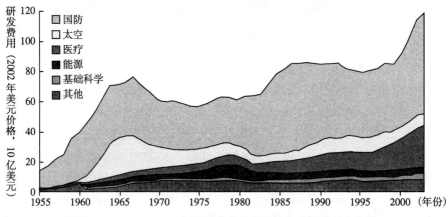

图 12-4　1955~2004 年联邦政府各部门每年的研发基金规模

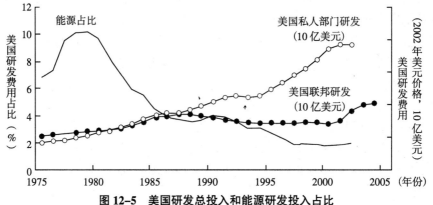

图 12-5　美国研发总投入和能源研发投入占比

对能源经济领域投资趋势背后驱逐者的浅析表明多种机制在发挥作用。第一，化石燃料发电的市场每年正在以 2%~3% 的速度增长，但在过去 10 年里研发投资已经下降了一半，从 15 亿美元降至 7 亿美元。在这种情况下，向放松管制的市场转变对于减少合作的激励机制和产生持续性监管的不确定性来说已经成为一个有影响力的因素。行业研究组织电力研究所（EPRI）已经看到其预算下降的三个因素。除了电科院自己出资专有的研究项目的改变，投资者拥有的公用事业和设备制造商也已经减少了他们的科院会费和他们自己的研究项目。私营部门的化石研发数据验证了 20 世纪 90 年代中期预知电力部门在技术投资上放松管制的警告（Dooley，1998）。第二，私营部门核研发的下降与减少未来建设新厂的期望是一致的。90% 以上的核能研发是由联邦政府资助的。这种"需求拉动"的缺乏，持续了这么久，以至于它甚至影响到下一代核员工的兴趣：报名参加研究生水平核工程项目的人员已在过去 10 年中下降了 26%（Kammen，2003）。新核电建设的近期兴趣远没有转化为私营部门技术投资的复苏。第三，政策的间歇性和不确定性在阻止 10 多年来每年以 20%~35% 的速度发展的太阳能和风能行业的研发投资上发挥着重要作用。技术的改进使得风力发电可与天然气相竞争（Jacobson and Master，2001），并在 2004 年已经帮助全球光伏产业扩大了 50%（Maycock，2005）。然而，开发这些迅速扩大技术的大型企业的投资实际上已经下降了。相比之下，欧洲和日本的企业投资和市场份额在这快速发展的行业中不断的增长使美国日益成为可再生能源技术的进口商。

能源风险资本投资为私人和公共部门的研发趋势提供了潜在异常风险。风险投资公司 2000 年对美国资助的能源投资超过了 10 亿美元，而且尽管之后在 2004 年他们周期性衰退到 52000 万美元，但这仍然与大公司投资的私人研发具有相同的规模（见图 12-6）（Prudencio，2005）。最近的公告，如加利福尼亚州

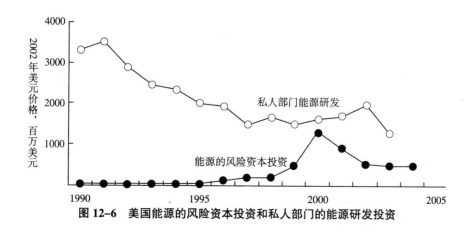

图 12-6　美国能源的风险资本投资和私人部门的能源研发投资

计划将高达 45000 万美元的公共养老基金投入到环保技术公司以及太平洋天然气电气公司将 3000 万美元的加州清洁能源资金资助新风险投资，这预示着一个新的投资周期可能开始。这个新融资机制的出现是特别重要的，因为有研究发现，通常情况下，风险资本投资在激励专利上比研发有效 3~4 倍（Kortum and Lerner，2000）。虽然它并不能抵消联邦政府和大型企业的投资下降，风险资本行业现在是美国能源创新体系的重要组成部分，提高了监测其活动水平、投资组合组成的重要性以及将新兴技术带进商业市场的有效性。

最终，药物和生物技术产业为所看到的能源趋势提供了一个明显的对比。在该领域的创新已经变得广泛、快速和一致。在 20 世纪 90 年代，同行业中的 5000 家公司共签署了 10000 项技术协议，该行业在过去的 15 年里增加了 10 万多个新职位（Cortwright and Meyer，2002）。未来的预期收益很高——有代表性的生物技术公司在研发上的投入（840 万美元）高于它的收益（250 万美元），这个差额通常由规模较大的公司和风险资本所承担（PriceWaterhouseCoopers，2001）。虽然在 20 年前能源研发投资是超出生物技术产业的，但现在生物技术公司研发投资的量级远大于能源公司的研发投资（见图 12-7）。在 20 世纪 80 年代中期，美国能源领域公司的研发投资（40 亿美元）大于药物和生物技术公司的研发投资（34 亿美元），但到 2000 年，药物和生物技术公司已增加他们的投资近 40 亿~130 亿美元。同时，能源公司已经减少了一半以上的投资，达到 160 亿美元。从 1980~2000 年，能源部门在研发上投资了 640 亿美元而在药物和生物技术领域则投资了 1730 亿美元。现在，私营部门能源研发总投资甚至少于个别生物科技公司的研发预算，如 Amgen 和 Genentech 公司。

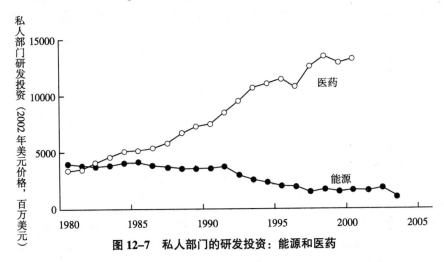

图 12-7 私人部门的研发投资：能源和医药

12.4　减少专利强度

　　能源和其他经济部门投资水平之间的分歧仅仅是几个能源经济低效能指标中的一个。在本节中，我们提出三种方法来评估提供创新过程的专利活动（Griliches，1990）。

　　首先，我们用美国专利申请的成功记录作为发明活动强度的代表，从而找出公共研发和各种能源技术专利之间的强相关性（见图 12-8）。[4] 20 世纪 80 年代初以来，所有这三项指标——公共研发部门、私人研发部门和专利——已经表现出持续的负面趋势。[5] 在风力、太阳能、燃料电池和核聚变上，公共研发和专利高度相关。核裂变与研发没有很大相关性。将私人部门研发与专利在更综合的技术种类上作对比也将出现一致的负面趋势。[6] 各种技术类别的专利和与其相关的

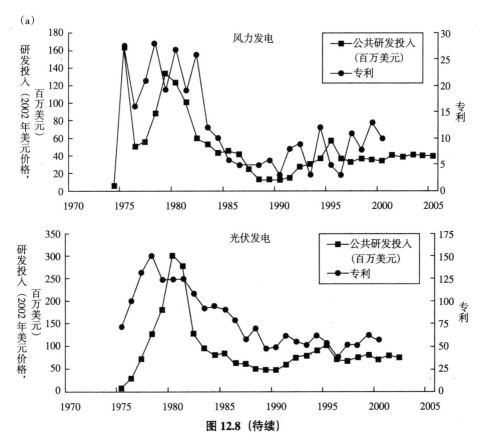

图 12.8（待续）

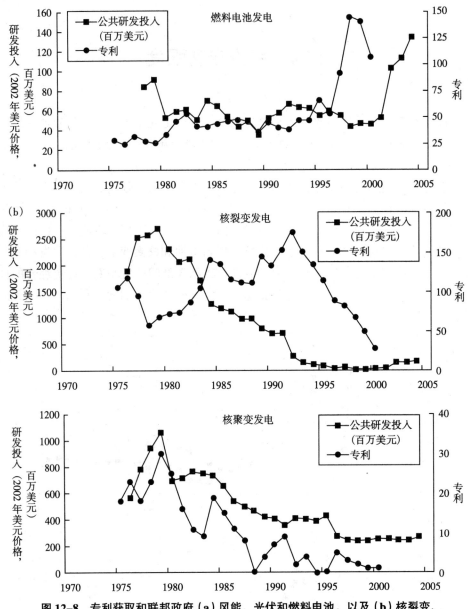

图 12-8　专利获取和联邦政府（a）风能、光伏和燃料电池，以及（b）核裂变、
核聚变研发的投资

研发经费水平的长期下降提供了进一步的证据表明，性能改进和成本降低创新所依据的技术改进频率降低。

其次，以同样的方式，研究用期刊引文来测量科学的重要性（May 1997），专利引用的数据可以用来识别"高价值"专利（Harhoff et al.，1999）。对于每一项专利，我们用国家经济研究局的专利引用数据文件来确定它的次数（Hall et al., 2001）。按每年和每种技术分类，我们通过记录未来 15 年中该技术领域专利的数量来计算一项专利被引用的可能性。然后我们以一个基准年为标准，计算调整后每一年的专利引用率。"高价值"专利是指那些在某技术领域中收入是引用专利平均收入两倍的专利。大约有 5%~10%的专利属于我们定义的高价值专利。能源部占了最高引用专利的大部分，最频繁引用的美国能源专利的 24%（6/25）都

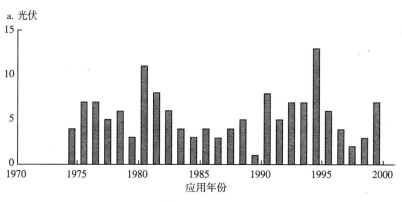

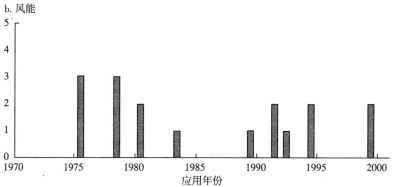

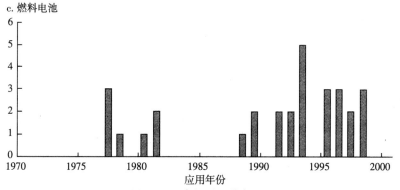

图 12-9 高频引用的专利

与之有直接利益关系，而这仅仅是美国总能源专利的 7%。在能源领域，有价值的专利并不是随机出现的——它们群集在生产创新的特定时期（见图 12-9）。[7]这些有价值专利集群背后的驱动力包括研发投入、需求增长和技术机遇的开发。这些集群既反映成功的创新和富有成效的公共政策，也为进一步激发新兴技术和产业的出现创造机遇。

最后，专利引用率可以用来衡量研发投资的回报和技术商业化进程的健康状况，因为政府研究的专利提供了与技术发展和适销对路产品相关的后续专利的基础。在 1970~1997 年，能源专利的平均收入仅仅是美国总体平均水平的 68%（见图 12-10）。如果考虑到下降的重点在于私人能源公司的创新，政府研发的缺乏不应该令人吃惊。

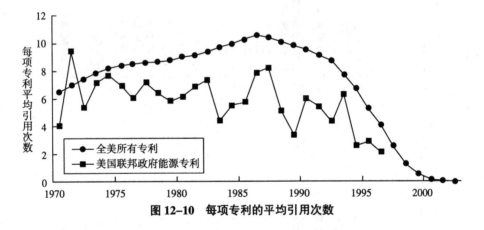

图 12-10　每项专利的平均引用次数

对比其他的能源领域，燃料电池的投资和创新已经开始增长。尽管联邦投资下降了 17%，专利申请活动增强了近一个量级，从 1994 年的 47 项增加到 2001年的 349 项。专利申请的趋势和该行业主要公司的股票价格揭示了资本获得和创新率之间很强的相关性（见图 12-11）。燃料电池公司的股票价格和专利之间的关联要比专利和公共研发之间的关联大。五家公司拥有 1999~2004 年 24% 的专利。在 1999~2004 年，近 300 家公司获得了燃料电池专利，反映了大小型企业的参与情况。这种加大投资和创新的结合在能源领域内是独一无二的。虽然因为风险投资资金 20 世纪 90 年代后期以来的整体退出使得投资有所下降，但是该行业在此期间的快速创新提供给新设计、新产品和成本降低改进大量可以依赖的新知识。该行业的结构甚至类似于生物技术产业。大量的创业公司和少数几个大公司通过伙伴关系和知识产权许可合作以发展这种早期技术（Mowery，1998）。因此，如果私营部门机制和商业机会强大的话，联邦政府在能源领域创新方面并不是唯一的驱动者。

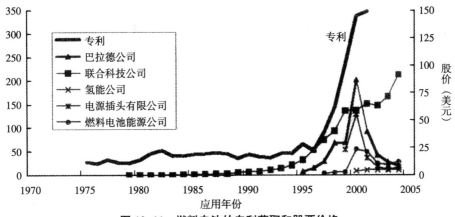

图 12-11　燃料电池的专利获取和股票价格

12.5　能源研发会出现戏剧性的增加吗？

　　鉴于此记录，将投资提升到与我们所面临的挑战相称的水平如何实现？在这里，我们依靠早期的工作达成了最佳水平能源研发的一系列合理方案，然后用历史数据衡量这个项目的可行性。

　　对能源研发的呼吁已经很普遍——尽管 1997 年科学技术顾问委员会的研究和 2004 年美国国家环境预报中心的报告都建议增加一倍的联邦能源研发投资，而且其他人也已经发现投资的较大增加是必要的。Davis 和 Owens（2003）发现，能源研发的期权价值证明增加目前水平 4 倍的开支是合理的。Schock 等（1999）通过提供应对石油价格冲击、电力供应中断、当地空气污染以及气候变化所需要的保险预算为能源研发估价。通过估算每个领域的风险程度和能源的研发计划的可能性以减少风险，他们发现增加 1/4 的能源研发投资，将是对其保险价值的一个"保守"估计。我们注意到，这个估计假定平均气候稳定目标在二氧化碳浓度为 650~750ppm，并包含 35% 的不稳定概率。对模型进行重新计算将 560ppm 的大气水平作为目标，政府间气候变化专门委员会在 A1T（"快速的技术变革"）的情况下，将能源研发的最理想投资额从 17 亿美元增加到了 27 亿美元，这是当前投资额的 6~9 倍。最佳投资水平的不确定性确实很大。为了融合这些估计，我们用两种方案来扩大能源研发，一个是当前投资水平的 5 倍，另一个是当前投资水平的 10 倍。

　　以往大型研发项目的工作为开展能源"阿波罗"或"曼哈顿"项目的可行性

提供了一个有效的测试，这通常被称为冒险。我们发现，目前支出水平 5~10 倍的增加并不是一个"天上掉馅饼"的建议：事实上，它与几个以前看到的联邦计划的增长是一致的，每一个计划的开展都是为了响应明确的国家需要。根据以往经验，这项投资在技术创新、商业机会和就业增长超出发展低碳经济既定目标方面的回报将达到几倍以上。我们收集数据并回顾自 1940 年以来实施的六个主要联邦研发活动的开支模式（见表 12-1）并用五项指标将它们分别与 5 倍和 10 倍的能源研发增加计划作比较。对于这八个方案，我们计算出一个"基准"消费水平。项目期间真实消费与基准消费的差额称为项目额外消费。我们通过项目高峰期间和总期间的五项指标将能源方案与其他方案比较。10 倍扩大能源投资方案是所有指标都在以前项目的范围以内，只有一项超过 10%。5 倍能源方案是指每项指标都在低一半的范围内。图 12-12 是根据一系列先前的项目绘制的能源研发状况图。然而扩大能源研发到今天水平的 4~5 倍将是一个重大举措，这样方案的财政规模都是在先前方案的范围以内，每一个项目产生的经济效益都明显地超出

表 12-1 能源研发情况和主要联邦政府研发计划的比较 （2002 \$b）

项目名称	部门	期间	峰值年份 （10亿美元）		项目总持续期 （10亿美元）		
			花费	增长	花费	额外花费	因素增加
曼哈顿计划	防御	1940~1945	10.0	20.0	25.0	25.0	n/a
阿波罗计划	太空	1963~1972	23.8	19.8	184.6	127.4	3.2
独立计划	能源	1975~1982	7.8	5.3	49.9	25.6	2.1
里根防御计划	防御	1981~1989	58.4	27.6	445.1	100.3	1.3
国家卫生研究所加倍计划	健康	1999~2004	28.4	13.3	138.3	32.6	1.3
反恐战争计划	防御	2002~2004	67.7	19.5	187.1	29.6	1.2
5 倍能源方案	能源	2005~2015	17.1	13.7	96.8	47.9	2.0
10 倍能源方案	能源	2005~2015	34	30.6	154.3	105.4	3.2

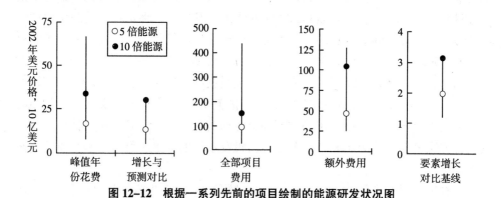

图 12-12 根据一系列先前的项目绘制的能源研发状况图

项目计划的直接目标。

公共部门投资的一项关键作用一直是激励和促进私营部门的活动。实际上，将私人部门的能源研发投资翻5~10倍甚至都不能与其他看到的高科技行业相媲美。从 1988~2003 年，美国能源产业的投资只占收入的 0.23%。与此相比，在 1975~1987 年，私人部门的研发投资平均占 1.1%，1978 年达到高峰时为 1.4%。当时美国经济整体研发投资占国内生产总值的 2.6%并且保持增长。高新技术产业，如医药、软件和计算机在研发上的投资通常占收入的 5%~15%（MIT，2002）。能源产业研发投资数量级的增长仍然脱离不了能源部门研发强度低于美国产业平均整体水平 2.6%的这个命运（BEA，2004；Wolfe，2004）。如果在未来十年里单电力行业就投入其收入的 2%用作研发，由此产生的 500 亿美元将会超过自 20 世纪 70 年代以来能源研发的所有累加值，但小于 1994~2003 年累加的 1680 亿美元收益，与北美电力行业 2001~2030 年 17000 亿美元更新和升级设备的花费预测相比，这更是小巫见大巫（Birol，2003）。即将到来的资本投资和联邦纲领性倡议及承诺的交汇将启用新的能力以充分利用在研究项目中开发的技术，并为整合市场信息反馈和激发学习效果提供机会。[8] 鉴于私营部门近期的投资下降，创造一种环境使企业在这些层面基础上开始投资，将是一个重要的政策挑战。

我们还研究了关于这些大型项目"排挤"其他研究并使用其他研究的数据描述的论文，我们发现，这些论点的证据很薄弱或者不存在。事实上，大型政府研发活动是更高水平的私营部门研发和在其他联邦计划研发。这样重大研发项目对整个经济领域的影响既可能是正面的也可能是负面的。研发积极的宏观影响产生于两种类型的"溢出效应"：企业不能完全回收他们创新产生的价值（Jones and Williams，1998）和出现的其他间接利益。例如阿波罗计划 10∶1 的效益比例（Apollo-Alliance，2004）以及其他意料不到的能源研发的应用，如对其他领域的产品改进（e.g.，Brown and Wilson，1998）。假设一个研发项目的直接利益超过投资，大型研发项目的主要负面后果是：他们可能会通过限制其他部门的融资途径和科学人员以挤出其他领域的研发。[9] 我们对挤出效应假设从两个方面进行检验：首先，大型联邦项目与其他联邦研发的开支减少是否有关；其次，这些项目是否会导致私营部门研发的支出降低。在联邦研发活动花费模型中，我们控制GDP，发现目标研发努力系数是小的、积极的和显著的。[10] 我们在私人研发解释模型中也发现了相似的结果。[11] 我们的私人研发数据只延伸到 1985 年，因此，我们不能找到足够早的数据来检验显著结果。然而，观察能源和生物技术这两者的研发趋势表明，私人投资增长的时期出现在大型政府研发增加的期间。对这些结果的一种解释是大型政府项目计划发送给私人投资者的承诺信号大于与争夺资金相关联的挤出效应或对科学家和工程师的限制。另一种解释是，在这些长期计划中，科学家和工程师的价值是不固定的。正如领域项目计划的缺乏已经导致了研究生项目的入学率降低，来自公众领袖的有承诺信号的大型长远计划在几年之内可以增加培训专业人员的数量。这些结果表明，即使挤出效应存在的话，以前项目的挤出效应也是微乎其微的。事实上，我们的研究结果表明的是挤出效应的反面：大型政府研发计划与较高水平的私人部门研发和其他联邦计划研发相关。[12]

12.6　结　论

首先，我们发现，能源研发投资需要几十年才能进入市场的传说显然是错误的。相反，创新和商业活动在能源领域很大程度上遵循研发活动和强度。事实上，有效的研发途径是非常值得关注的，使我们在关系国家和全球重要性的能源领域的投资寥寥无几。正是这第二个方面，能源研发受到了整体的关注，我们才发现真正的问题。

能源研发和创新活动的下降在过去 30 年里是很普遍的，而且呈现出持续趋势。虽然政府拨款对早期阶段的技术支持和向市场发送信号来说是必需的，但私人部门投资的迹象对技术可行性和市场潜力的预期也是一个重要指标。因此，私营部门投资的急剧下降特别关系到我们是否要采用一种创新型的策略，以应对社会目前面临的与主要能源相关的挑战。仅靠研发不足以带来我们需要广泛采用的新能源技术。然而，我们的统计报告证明，研发是以广泛创新为基础，包括改造市场和减少新兴技术商业化和扩散障碍的能源战略的重要组成部分。我们从过去项目中看到的证据表明，我们可以有效地扩大能源研发，而且不伤害其他经济部门的创新。同时，这样一个大而重要的项目将需要通过开发额外评估投资回报率的方法来告知跨技术、跨部门和创新过程各阶段的支撑配置。

致　谢

感谢能源基金会、卡斯滕家庭基金会和 1935 届的加利福尼亚大学的支持！

注释

[1] This section draws heavily on Nemet and Kammen (2007).

[2] See the "valley of death" discussion in PCAST, 1997.

[3] We disaggregate energy R&D into its four major components: fossil fuels, nuclear power, renewables and energy efficiency, and other energy technologies (such as environmental programs). While public spending can be disaggregated into more precise technological categories, this level is used to provide consistent comparisons between the private and public sectors. For individual years in which firm-level data is kept confidential, averages of adjacent years are used.

[4] Patents data were downloaded from USPTO, 2004.

[5] From 1980 to 2003, public R&D declined by 54%, private R&D by 67%, and patenting by 47%.

[6] While the general correlation holds here as well, the abbreviated time-series (1985-2002) and the constant negative trend reduce the significance of the results.

[7] Analysis based on the citation weighting methodology of Dahlin et al., 2004.

[8] It is important to note that this analysis does not suggest that energy utilities should necessarily be asked or expected to make this investment without strong assurance that public sector investment will itself increase, but more critically that these investments will be facilitated by regulation and incentives that reward research into clean energy technologies and practices.

[9] Economic analyses of the value of research have found that costs of policies are highly sensitive to the presence of R&D crowding-out effects, the actual extent of crowding remains subject to widely varying assumptions. See Goulder and Mathal, 2000 and Popp, 2004.

[10] Regression Model for Other Federal R&D:

$$\log\ (\text{Other}-\text{fed}-\text{RD}) = 3.35 + 0.03 * \log\ (\text{program}-\text{RD}) + 0.43 * \log\ (\text{GDP}) + e$$
$$\quad\quad\quad (0.06)\quad (0.01)\quad\quad\quad\quad\quad (0.03)$$

n = 31　r^2 = 0.87*significant at 95% level

[11] Regression Model for Private R&D:

$$\text{Private}-\text{RD} = -87.2 + 7.40 * \ (\text{program}-\text{dummy}) + 25.8 * \text{GDP} + e$$
$$\quad\quad\quad (5.22)\ (2.31)\quad\quad\quad\quad\quad (0.06)$$

n = 28　r^2 = 0.99*significant at 95% level

[12] In current work in progress we are collecting data to explore an alternative measure by looking at the effects on private R&D investment within the sector for which the government is initiating a large program.

参 考 文 献

[AAAS] American Association for the Advancement of Science: 2004a, "Nondefense R&D Budgets Face Major Squeeze." Issues in Science and Technology 21 (1): 17–19.

[AAAS] American Association for the Advancement of Science: 2004b, "Analysis of the Outyear Projections for R&D in the FY 2005 Budget," AAAS Report XXIX: Research and Development FY 2005, AAAS, Washington, DC, [online] http: //www.aaas.org/spp/rd/rd05main.htm, accessed July 2006.

Angelides, P.: 2004, "State Treasurer Phil Angelides Launches 'Green Wave' Environmental Investment Initiative," Office of the State Treasurer of California, Sacremento, CA.

Apollo –Alliance: 2004, The Apollo Jobs Report: Good Jobs and Energy Independence, New Energy for America, The Apollo Alliance, [online] http: //www.apolloalliance.org/docUploads/ApolloReport.pdf, accessed July 2006.

Argote, L. and Epple, D.: 1990, "Learning Curves in Manufacturing," Science 247: 920–924.

Arrow, K.J.: 1962, "The Economic Implications of Learning by Doing," Review of Economic Studies 29: 166–170.

[BEA] Bureau of Economic Analysis: 2004, Gross Domestic Product (GDP) by Industry, Bureau of Economic Analysis, Washington, DC.

Birol, F.: 2003, World Energy Investment Outlook, International Energy Agency, Paris.

Boston Consulting Group: 1972, Perspectives on Experience, Boston Consulting Group, Inc., Boston, MA.

Branscomb, L.M.: 1993, Empowering Technology: Implementing a U.S. Strategy, The MIT Press, Cambridge, MA.

Brown, M.A.and Wilson, C.R.: 1993, "R&D Spinoffs: Serendipity vs. A Managed Process," Journal of Technology Transfer 18 (3–4): 5–15.

Carter, Ashton B., Alic, John, Branscomb, Lewis, Brooks, Harvey, and

Epstein, Gerald: 1992, Beyond Spinoff: Military and Commercial Technologies in a Changing World, Harvard Business School Press, Cambridge, MA.

Cheney, D.: 2001, "National Energy Policy," National Energy Policy Development Group, Office of the Vice President, Washington, DC.

Colwell, R.R.: 2000, America's Investment in the Future, National Science Foundation.Washington, DC.

Cortwright, J. and Meyer, H.: 2002, Signs of Life: The Growth of Biotechnology Centers in the U.S., Brookings, Washington, DC.

Dahlin, K., Taylor, M., and Fichman, M: 2004, "Today's Edisons or Weekend Hobbyists: Technical Merit and Success of Inventions by Independent Inventors." Research Policy 33, 1167–1183.

Davis, G.A. and Owens, B.: 2003, "Optimizing the Level of Renewable Electric R&D Expenditurcs using Real Options Analysis," Energy Policy 31: 1589–1608.

Dooley, J. J.: 1998, "Unintended Consequences: Energy R&D in a Deregulated Energy Market." Energy Policy 26 (7): 547–555.

Duke, R.D. and Kammen, D.M.: 1999, "The Economics of Energy Market Transformation Initiatives." The Energy Journal 20: 15–64.

Edmonds, Jae: 2001, "The Science of Climate Change." Testimony Before the Senate Energy and Natural Resources Committee, [online] http: //www.pnl.gov/news/testimony/climate62801edmonds.stm, accessed July 2006.

Evenson, R.E., Waggoner, P.E., and Ruttan, V.W.: 1979, "Economic Benefits from Research: An Example from Agriculture." Science 205: 1101–1107.

Fossum, D., Painter, L.S., Eiseman, E., Ettedgui, E., and Adamson, D.: 2004, Vital Assets: Federal Investment in Research and Development at the Nation's Universities and colleges, RAND Santa Monica, CA, [online] http: //www.rand.org/pubs/monograph_reports/2005/MR1824.pdf, accessed July 2006.

Gorte, Julie Fox and Kaarsberg, Tina: 2001, Electricity Restructuring, Innovation, and Efficiency, [online] http: //www.nemw.org/ER_ERIE.htm, accessed July 2006.

Goulder, L.H. and Mathai, K: 2000, "Optimal CO_2 Abatement in the Presence of Induced Technological Change," Journal of Environmental Economics and Management 38: 1–38.

Griliches, Z.: 1987, "R&D and Productivity: Measurement Issues and

Econometric Results." Science 237 (4810): 31–35.

Griliches, Z.: 1990, "Patent Statistics as Economic Indicators: A Survey," Journal of Economics Literature 28: 1661–1707.

Hall, B.H., Jaffem A.B., and Trajtenberg, M.: 2001, "The NBER Patent Citation Data File: Lessons, Insights and Methodological Tools" NBER Working Paper 8498, [online] http: //papers.nber.org/papers/w8498pdf, accessed July 2006.

Harhoff D., Narin, F., Scherer, F.M., and Vopel, K.: 1999, "Citation Frequency and the Value of Patented Inventions," The Review of Economics and Statistics 81 (3): 511–515.

Hendricks, B.: 2004, "Testimony to the House Committee on Resources Oversight Hearing on Energy Supply and the American Consumer, Executive Director, Apollo Alliance," U.S. House of Representatives.Washington, DC.

Jacobson, M.Z. and Master, G.M.: 2001, "Energy: Exploiting Wind Versus Coal," Science 293 (5534): 1438.

Jefferson, M.: 2001, Energy Technologies for the 21st Century, World Energy Council, London.

Jones, C.I. and Williams, J.C.: 1998, "Measuring the Social Return to R&D," The Quarterly Journal of Economics: 1119–1135

Kammen, D.M.: 2003, The Future of University Nuclear Science and Engi-neering Programs, U.S. House of Representatives Science Committee, sub-committee on Energy, Washington, DC.

Kammen, D.M. and Nemet, G.: 2005, "Reversing the Incredible Shrinking Energy R&D Budget," Issues in Science & Technology, Fall: 84–88.

Kennedy, D.: 2004, "Climate Change and Climate Science." Science 304 (5677): 1565.

Kortum, S. and Lerner, J.: 2000, "Does Venture Capital Spur Innovation?" Rand Journal of Economics 31: 674–692.

Kuhn, T.: 2004, Annual Report of the U.S. Shareholder-owned Electric Utility Industry, Edison Electric Institute, Washington, DC.

Mansfield, E.: 1972, "Contribution of R&D to Economic Growth in the United States," Science 175: 477–486.

Marburger, J.H.: 2004, "Science for the 21st Century," Washington, DC, U. S. Office of Science and Technology Policy.

Margolis, R.M. and Kammen, D.M.: 1999a, "Evidence of Under-investment in Energy R&D in the United States and the Impact of Federal Policy," Energy Policy 27: 575-584.

Margolis, R.M. and Kammen, D.M.: 1999b, "Underinvestment: The Energy R&D Challenge." Science 285: 690-692.

May, R.M.: 1997, "The Scientific Wealth of Nations," Science 275 (5301): 793.

Maycock, P.D.: 2005, PV Technology, Performance, Cost and Market Update, 1990-2005, PV Energy Systems, Inc., New York, NY.

Meeks, R.L.: 2004, "Federal R&D Funding by Budget Function: Fiscal Years 2003-05," National Science Foundation, Division of Science Resources Statistics, Arlington, VA.

MIT: 2002, "R&D Scorecard 2002," Technology Review, December.

Morgan, M.G. and Tierney, S.F.: 1998, "Research Support for the Power Industry," Issues in Science and Technology, Fall, [online] http://www.issues.org/15.1/morgan.htm, accessed July 2006.

Mowery, D.C.: 1998a, "The Changing Structure of the U.S. National Innovation System: Implications for International Conflict and Cooperation in R&D Policy," Research Policy 27: 639-654.

Mowery, D.C.: 1998b, "Collaborative R&D: How Effective Is It?" Issues in Science and Technology 15 (1): 37-44.

Nakicenovic, N., Alcamo, J., Davis, G., de Vries, Bert, Fenhann, Joergen, Gaffin, Stuart, Gregory, Kenneth, Grübler, Arnulf, Jung, Tae Yong, Kram, Tom, La Rovere, Emilio Lebre, Michaelis, Laurie, Mori, Shunsuke, Morita, Tsuneyuki, Pepper, William, Pitcher, Hugh, Price, Lynn, Riahi, Keywan, Roehrl, Alexander, Rogner, Hans-Holger, Sankovski, Alexei, Schlesinger, Michael, Shukla, Priyadarshi, Smith, Steven, Swart, Robert, van Rooijen, Sascha, Victor, Nadejda, and Dadi, Zhou: 2000, Special Report on Emissions Scenarios: A Special Report of Working Group Ⅲ of the Intergovernmental Panel on Climate Change, Cambridge University Press, New York, NY, USA, [online] http://www.grida.no/climate/ipcc/emission/index.htm, accessed July 2006.

[NCEP] National Commission on Energy Policy: 2004, Ending the Energy Stalemate: A Bipartisan Strategy to Meet America's Energy Challenges, The National Commission on Energy Policy, Washington, DC.

Nemet, G. and Kammen, D.M: 2007, " U.S. Energy Research and

Development: Declining Investment, Increasing Need, and the Feasibility of Expansion," Energy Policy 35 (1): 746–755.

[PCAST] President's Committee of Advisors on Science and Technology: 1997, "Report to the President on Federal Energy Research and Development for the Challenges of the Twenty-First Century," [online] http: //www.ostp.gov/Energy/index. html, accessed July 2006.

Popp, D.: 2004, "ENTICE-BR: The Effects of Backstop Technology R&D on Climate Policy Models," NBER, Cambridge, MA, [online] http: //papers.nber.org/ papers/w10285.pdf, accessed July 2006.

Price Waterhouse Coopers: 2001, Money Tree Survey, [online] http: //www. Price Waterhouse Coopers.com, accessed July 2006.

Prudencio, R.: 2005, "Nth Power 2003 Energy Venture Capital Study," Nth Power LLC, San Francisco, CA.

Schock, R. N., Fulkerson, W., Brown, Merwin L., San Martin, Robert L., Greene, David L., and Edmonds, Jae: 1999, "How much is Energy Research and Development Worth as Insurance?" Annual Review of Energy and Environment 24: 487–512.

Solow, R.M.: 2000, Growth Theory: an Exposition, Oxford University Press, Oxford.

Stokes, D E.: 1997, Pasteur's Quadrant: Basic Science and Technological Innovation, Brookings Institution Press, Washington, DC.

USPTO: 2004, US Patent Bibliographic Database, [online] www.uspto.gov/ patft/, accessed July 2006.

Wolfe, R.M.: 2004, "Research and Development in Industry," National Science Foundation, Division of Science Resources Statistics, Arlington, VA.

第⑬章 能源传说十二

——气候政策将使美国经济垮台

在气候改变方面，不采取行动或至少是迟延行动的一个普遍看法是行动成本太高。例如，布什总统认为因成本高而反对《京都议定书》是合理的。在给国家海洋大气管理局的讲话中他指出，《京都议定书》将使美国损失 4000 亿美元和 490 万个工作机会（白宫，2002）。美国资本积累委员会（ACCF）——一个行业倡导组织，也经常用高成本、就业损失和破坏经济秩序来证明反对任何强制性气候改变的政策在州或联邦层面上是正确的（Thorning，2006a-c）。一遍又一遍重复这些相同观点、提出什么政策并不重要，因为成本都太高。

经济模型通常为这些高成本预测提供了基础。但重要的是要意识到，有多种类型的模型一直被用来预测气候政策的影响，并不是所有的人都认可这样灾难性的后果。尽管模型提供了大量的政策领域，它们结果的可靠性仅仅与假设、数据和建模结构是一致的。不幸的是，许多关注气候改变的模型被限定在一定的范围内，这使对我们能力的假设发生改变而且暗示似乎任何努力都太昂贵。此外，这些模型通常在解释说明采取行动的长远效益时，解释得很糟糕（如避免气候改变的破坏）。在许多情况下，这些效益甚至都没被包括——这又一次支持了我们负担不起对气候改变采取行动的传说。然而，事实是我们对将推迟它负担不起。推迟制定强制性的计划日期将使与气候改变相关的难题更大，增加未来必须承担的成本，并增加不可逆转的气候破坏风险，这些气候破坏能够摧毁地区经济（见专栏 13.1 对温室效应的简单描述）。

下面的篇幅将论述气候政策太贵的传说，讨论传说为什么存在，高成本的预测产生在哪，以及包含在模型里的假设如何导致成本被高估。我们也要检视政策设计的重要性，因为其中包含的元素和灵活性是保持低成本的关键。然而会有一个与气候变化政策有关的成本，改变不仅仅需要发生一次，而且战略应用、明智的政策将保持这些成本达到最低。最后，本章的最后部分谈到了推迟的强制性政策成本。对气候变化采取行动，如果我们做得好的话，我们的经济可能不会破产，但如果我们什么都不做、不采取行动，代价可能是经济破产。

专栏 13.1　温室气体效应

大部分到达地球的太阳能被海洋和陆地吸收，并以热或红外辐射的形式被辐射回大气层。大部分的红外能量被大气气体吸收和反辐射，如水汽和二氧化碳。这种被称为温室效应的现象，使地球温度比正常情况高了33℃（60℉）。随着吸收并反射红外线能量的气体浓度（也就是温室气体）的增加，温室效应也增加。

这样增加的结果是地球正在变暖。在1900~2005年间，地球的表面温度增加了约1.4℉（0.8℃）。过去10年是150年来最热的10年，也许这是过去1000年来最热的10年。记录上最热的22年从1980年已经开始发生了，2005年是史无前例最热的1年。

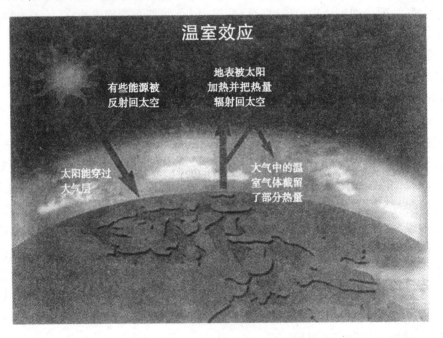

温室效应

有些能源被反射回太空

地表被太阳加热并把热量辐射回太空

太阳能穿过大气层

大气中的温室气体截留了部分热量

越来越多的科学共识是：这种变暖的原因主要是人类活动中排放的二氧化碳和其他温室气体造成的，这些活动包括工业流程、化石燃料燃烧和土地利用变化，如砍伐森林。对未来变暖预测给出的结论是到2100年全球增长的温度在2.5℉（1.4℃）到10.4℉（5.8℃），预计在美国会更高。除了气候变暖、海平面上升和降水量的变化，还包括更频繁的洪水和干旱，这很有可能。这些变化被广泛称为"气候变化"。

13.1　传说起源

评估任何即将提出的规定的核心原则是：收益应该超过成本。如果不是，那么政策被认为过于昂贵和不公正。这被证明是一个困难的环境法规标准，因为这类法规的福利往往是分散的（影响大量的个人），没有特定的市场价值，并可能到遥远的未来才会实现。相比之下，成本（即使较小）是更直接的、切实的（直接与产业的选择相关）和确定的。由于它的全球性，这个问题对气候政策来说甚至更为明显，我们对气候反应和避免最显著气候变化影响的利益的长期性缺乏全面了解。因此，对那些反对气候政策的人来说提出理由是相对比较容易的：①增加的成本相对于没有这样政策的国家将会影响我们的竞争力；②失业将更普遍；③相比于其收益，成本过高。这些论点是形成气候政策太昂贵传说的基础。

13.1.1　竞争力影响

对于前两个论点——环境政策将影响我们的国家竞争力并且导致失业，这种说法本质上是与经济和特定领域的成本水平相关的。在下一节中，我们将详细探讨政策成本问题。然而在这儿，我们的目的仅仅是指出，虽然这是应用于环境政策的一种常见观点，但是它最终没能得到实证分析的支持。此外，虽然经济学家已经研究了多种经济指标，如植物位置、行业进口、外国直接投资、贸易限制和国内资源禀赋，来确定环境监管对竞争力的影响，但是影响的确切性仍无法解决。

一些引人注目的研究表明，环境管制提高了竞争力。迈克尔·波特关于这一问题的研究经常被引用来支持这个理论。根据波特的观点，环境保护法规强制公司从根本上重新思考它们的生产流程——可以刺激创新，并致使降低生产成本和提高国际竞争力（Porter and Vander Linde，1995 a，b）。专注气候政策的 Repetto 等人（1997），认为温室气体的承诺不会损害美国的竞争力，相反可能会刺激部门投资。Berman 和 Bui（2001）从一个关键领域的视角看相关的问题——空气质量，评估加州炼油厂特定空气质量法规的影响。他们发现在洛杉矶领域，达到更加严格的环境标准的炼油厂，生产力和效率在增加，因为重新设计的生产流程需要遵守。

然而，在文献中竞争方面的环境法规的积极影响是不一致的（Jaffe，1995）。Jaffe 回顾了评估环境监管对竞争力影响的实证研究，而他发现"……几乎没有证据表明环保法规对竞争力有显著的负面影响……"但他还没有发现环境监管改善了国际竞争力。杰普森等（2002）同意 Jaffe 的意见并且得出结论，经验证据对于环保法规对竞争力的影响通常是不确定的。

最新的解决这一争论的努力再一次关注到气候政策在加州的影响[1]。阿诺德·施瓦辛格，加州的州长，已经承诺要采取重大行动应对气候变化。伯克利集团评估了 8 个潜在的被考虑的策略（Hanemann et al., 2006）。使用伯克利能源和资源（BEAR）模型，他们发现，总体来说，这 8 个政策的利益超过成本。作者发现，许多温室气体政策减少能源使用，进而降低在能源上的花费，并节省花在商品上的费用，这能提高经济增长和就业。他们总结道："在加州的气候行动，能为国家经济产生净收益，并增进经济增长和创造就业。"作者继续表明，短期的努力将给加州一个在技术和产业方面的竞争优势，这些是解决气候变化问题必需的。

值得注意的是，表明环境法规对美国竞争力产生负面影响的经验证据是不足的。然而，以上的研究（除 Hanemann 外）是针对过去监管的，并且与整体上观察到的特定政策成本相关。政策成本已经与一些最初的预测一样高了，这些影响极为重要。幸运的是，许多最初的预期政策成本高于实际成本，因为预测这些成本的经济模型不能够获取完整的弹性和经济的创新潜力。许多经济学家和环保学家长期以来一直认为，经济模型过高地估算了环境政策成本。因为它们不能准确解释这种创新潜力，对成本的过高估计似乎也是针对气候政策的。[2]

13.1.2 气候政策的经济模型

在过去 10 年，数以百计的关于气候政策对宏观经济影响的分析已经发布，这些分析采用多种经济模型和假设探讨经济将如何表现、科技如何发展等。[3] 分析宏观经济影响政策的标准工具，是一种被称为可计算一般均衡模型（CGE）的特定的"自上而下"的模型。[4] 而可计算一般均衡模型是由数学方程系统和大量的数据组成的。这些数据是指与整个经济相关的独立但有联系的元素，如生产和消费方式、资本输入、劳动力、能源、投资、税收等。最先进的可计算一般均衡模型可以解答这些方程，并同时确定元素和更广泛经济之间的关系，对估计和比较经济体对政策的潜在长期反应非常有用。

很多气候政策的最初成本估算，关注与《京都议定书》履行相关联的经济影响。在 2008~2012 年间，该协议要求发达国家平均减少排放量的 5%，美国平均减少排放量的 7%，这个值低于 1990 年的排放水平。[5] 大量的与满足《京都议定书》目标相关的成本预测都发生在 20 世纪 90 年代末，出自于可计算一般均衡模型。表 13-1 列出了最经常被引用的结果。这些结果来自：麻省理工学院、查尔斯河流所、美国能源信息署、经济顾问委员会、沃顿商学院计量经济学预测所和泰勒斯研究所。

表 13-1 低于 1990 年水平 7% 的京都模式结果对比

预测	MIT[1]	CRA[2]	EIA[3]	CEA[4]	WEFA[5]	TELLUS[6]
2010						
碳价[a]（美元/公吨，2001 年基价）	198	123	393	23[c]	299	NA
实际国内生产总值与参考对比的百分比变化	−1.5[b]	−1.3	−4.2	0.1%	−3.2	+.15
实际国内生产总值对 2001 年美元的影响	−177	−146	−501	−12	−375	+16
2020						
碳价（美元/公吨，2001 年基价）	134	198	344	NA	406	NA
实际国内生产总值与参考对比的百分比变化	−1.5[b]	−1.7	−.76	NA	−2.0	NA
实际国内生产总值对 2001 年美元的影响	−206	−248	−105	−NA	−290	NA

注：

a. 所有数字通过消费物价指数转换为 2001 年美元。

b. 麻省理工学院提供了一个国内生产总值的变化范围：从−0.5%~−1.5%，被解释为最小和最大的经济损失。由于国内生产总值没提供给麻省理工学院作参考案例，美国能源信息署指出读者应承担国内生产总值的核心价值部分，在 2010 年为 11866 亿美元，在 2020 年为 13759 美元（2001 年美元）。因此，损失的范围，在 2010 年是 590 亿~1770 亿美元，2020 年是 690 亿~2060 亿美元。

c. 经济顾问委员会提供的碳价格变化范围为每吨 15~25 美元，成本每年 80 亿~130 亿美元（在 2008~2012 年）（按 2001 年美元价值计算）。

1. 麻省理工学院把可计算一般均衡（CGE）模型称为排放量预测和政策分析（EPPA）模型。排放量预测和政策分析（EPPA）模型是动态递归的，因此未来的政策和事件没有影响短期决策或结果。

2. 查尔斯河流所使用可计算一般均衡多国贸易模型。

3. 美国能源信息署使用可计算一般均衡国家能源建模系统模型。

4. 从珍妮特·耶伦博士的证词到 1999 年 3 月 25 日关于能源及自然资源的美国参议院委员会，都建立在第二代模型模拟结果的基础上。

5. 沃顿商学院计量经济学预测所现在已经与 DRI 联合形成了全球通视咨询公司。

6. 泰勒斯研究所使用改造后的国家能源建模系统模型。

资料来源：《京都议定书》的 EIA 成本估算（1998）。http：//www.eia.doe.gov/oiaf/kyoto/tbl30.html、http：//www.eia.doe.gov/oiaf/kyoto/tbl31.html、http：//www.eia.doe.gov/oiaf/kyoto/pdf/sroiaf9803.pdf。

CEA 成本估算，www.gcrio.org/onLnDoc/ senate_energy990325.html。

沃顿商学院计量经济学预测所成本估算来自沃顿商学院计量经济学预测所（2002）。

泰勒斯研究所的估计来自于 Bernow（1999）。

2010 年，研究预测一公吨碳的价格范围是从 23 美元/吨到 393 美元/吨。预计对 GDP 的影响范围同样是多样的。2010 年，相比没有《京都议定书》，预计

GDP 的影响范围是从成本低位的+0.15%到成本高位的-4.2%，这表明经济从政策中获得了收益。引用高成本的估计，《京都议定书》的评论家用"灾难性的后果"和"严重损害"之类的词来描述实施这一国际协议对美国经济的影响。[6] 因此，一个更本源的传说——气候变化政策，会使我们的经济破产。

最近，以上经济模型中的三个研究机构，麻省理工学院、美国能源信息署、查尔斯河流所已经开始评估更加温和的国内气候政策的经济影响。这些政策是由议员麦凯恩和利伯曼提出的，成为著名的 2004 年的《气候管理法案》（SA2028）和 2005 年《管理与创新法案》（S1151）修订版。他们提出的政策是一个全面的元素框架，这些元素包括一个强制性的工业排放上限，允许公司灵活地"交易"排放，减排在上限之内确保成本效益的整体合规。这些建议所要求的上限使 2010年的排放水平稳定在 2000 年的水平。图 13-1 展示的是《京都议定书》和麦凯恩—利伯曼提案要求的减少水平的比较。从图 13-1 中可以看到，麦凯恩和利伯曼提出的排放目标水平相比于 《京都议定书》提出的排放目标水平，不是那么的严格，有一个更长的时间来调整。表 13-2 是对于这个更为温和政策的经济结果的比较。

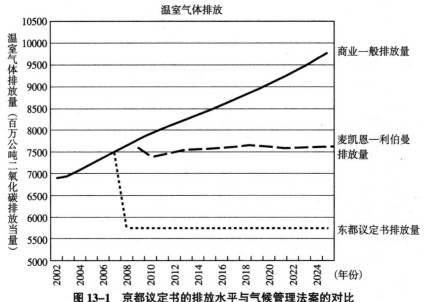

图 13-1　京都议定书的排放水平与气候管理法案的对比
（一般排放量和麦凯恩—利伯曼排放量——美国能源信息管理局（2004 年，表 118）；
京都议定书排放量——美国能源信息管理局，1998）

表 13-2　SA2028 减少碳排放到 2000 年水平的结果比较

项目名称[a]	麻省理工学院[b]	查尔斯河流所	美国能源信息署	泰勒斯研究所[c]
2010				
碳价（美元/公吨，2001年基价）	32	27~69	55	29
实际国内生产总值与参考对比百分比的变化	−0.02	−(0.2~0.4)	−0.26	NA
2001 年的价值的变化	−1.7	−227	−32	−5
2020				
碳价（美元/公吨，2001年基价）	53	44~110	125	81
实际国内生产总值与参考对比的百分比变化	−0.02	−(0.4~8)	−.22	NA
2001 年的价值的变化	−2.4	−311	−36	+30

注：a. 所有数字通过消费物价指数转换为 2001 年的价值。

b. 麻省理工学院方案 12。

c. 泰勒斯研究所为自然资源保护委员会（NRDC）准备了这个分析并使用了修改后的国家能源建模系统模型（NEMS）。

资料来源：麻省理工学院的估计来源于 Paltsev 等人，2003；查尔斯河流所的估计来源于 Smith 等人，2003；美国能源信息管理局的估计来源于美国能源信息管理局，2004；泰勒斯研究所的估计来源于 Bailie 等人，2003。

　　同样，因为使用的模型中的假设和固有的差异，经济模式反映的影响范围有很大的不同，就像《京都议定书》对它们的影响。在 2010 年，碳的价格范围估计是在泰勒斯研究所估算的低价 29 美元/吨和查尔斯河流所估算的高价 69 美元/吨之间。对经济活动的预期影响而言，范围是更广泛的。查尔斯河流所提出，到2020 年每年将损失 3110 亿美元。泰勒斯所提出，到那时，每年将获得 300 亿美元的净利润。

　　经济模型只能估算在特定的假设条件和模型结构下，经济将如何运行。正如从前面的例子里看到的，不同的假设和不同的模型结构会产生不同的结果。

　　再次，因为在使用的模型中的假设和固有的差异，经济模式反映的影响范围有很大的不同，如《京都议定书》对它们的影响。

13.1.3　模型假设

　　一般来说，在各种模型中减少温室气体排放的成本估计，严重地依赖于经济将如何运转和下列因素如何被表示的假设：①决策者在市场上拥有的远见水准；②在经济中的灵活度（多么容易适应改变）；③技术改变的特点；④能源需求对价格变化的敏感度；⑤具体政策；⑥在缺乏气候政策的情况下（基线或参考情况）经济和环境将如何表现；⑦避免气候破坏的好处是否被包括。对于上面的因素如何影响气候政策的模型结果，约翰·韦恩特发现：

● 越是对经济灵活性程度乐观的模型（易于替代新的与旧的技术），对经济的影响越低；

● 减排越是对能源价格的增加敏感，成本越低；

● 包含引导技术改变的影响在短期内将是温和的，长远来看则会有重大的影响；

● 如何通过碳税的重新征收来增加财政收入，将影响项目成本；

● 假定的基线或者排放的参考情况预测越低，达到任何特定目标的成本越低；

● 模型占排放的好处越多，净经济影响越低；

● 关于具体政策，尤其包括多重气体和全球交易的假设将产生更低的成本估计。

相比前面讨论过的那些模型，泰勒斯研究所（Bernow，1999；Bailie et al.，2003）拥有迄今为止对上述元素最乐观的模型结果。甚至没有考虑避免气候变化带来的好处，泰勒斯研究所（Bailie et al.，2003）得出结论，在 2020 年存在净收益，通过采取多管齐下的办法，就像麦凯恩、利伯曼提出的气候变化政策议案。[7] 形成鲜明对比的是，沃顿商学院计量经济学预测所（WEFA）表现出最少的乐观。具体来说，沃顿商学院计量经济学预测所（WEFA）研究认为一个在其基线有较高水平的经济增长，会产生更高的排放量，并没有一个互补的方案既减少温室气体排放，又没有特别的使用碳汇、国际贸易或排放抵消。[8]

事后来看，我们现在知道，泰勒斯研究所的许多假设是更为准确的。值得注意的是，温室气体的国际贸易已经开始。欧盟刚刚完成了它的第二个整年碳排放交易计划，其中包括所有 25 个成员国，包括通过清洁发展机制（CDM）较小国家的减排量和不发达国家的减排量。[9] 我们还知道，碳汇的使用被允许作为《京都议定书》的一部分，即使在美国，碳汇被数个州的气候计划公认为有合法的抵消理由。

今天还处在发展中的数量庞大的与国家气候相关的项目也支持由泰勒斯研究所模型提出者提出的假定——互补的计划将被执行（见专栏 13.2）。尽管认为交易是允许的，美国能源信息署和查尔斯河流所认为没有其他与气候相关的政策（在州或联邦的层面）将颁布（尽管一些包括美国东北部的九个州已经宣布打算开发一个区域上限和交易计划）。美国能源信息署和查尔斯河流所仅仅把他们的模型焦点局限在二氧化碳排放上，因此不能够捕获重要的低成本机会——在他们的模型中减少非二氧化碳温室气体排放（GHGS）。[10] 相比之下，麻省理工学院允许交易额和非二氧化碳气体减少。因此，麻省理工学院发现，在我们的能源供应中，相当少的燃料转换被要求达到目标，并且他们的结果是一个更低的成本估计。

专栏13.2 气候变化的国家行动

几乎每一个国家都正在做一些关于气候变化或清洁能源的工作。

国家统计数据——2006年6月：

● 8个州已开始区域温室气体减排行动（RGGI），并建立了美国第一个强制性的温室气体排放上限和交易制度（见图）。

● 10个州正准备效仿加州的车辆温室气体排放标准（康涅狄格州、马萨诸塞州、缅因州、新泽西州、纽约州、宾夕法尼亚州、罗得岛州、佛蒙特州、华盛顿州）。

● 22个州加上华盛顿特区有可再生能源配额制度（RPSs）。

● 28个州有气候行动计划。

● 14个州在全州范围内有温室气体排放的目标（加利福尼亚州、康涅狄格州、特拉华州、马萨诸塞州、缅因州、新罕布什尔州、新泽西州、新墨西哥州、纽约州、俄勒冈州、罗得岛州、佛蒙特州和华盛顿州）。

● 3个州要求公用事业部门抵消其部分的排放量。

● 美国40个州至少有一个实用工具，通过"净计量"，允许客户出售电能到电网。

● 美国35个州有实用的"绿色定价"选项。

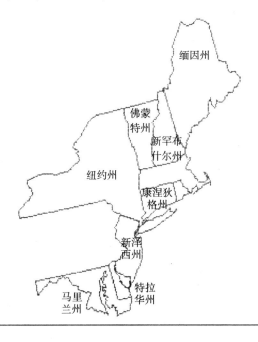

● 美国 27 个州有奖励措施，以促进乙醇的使用，这些州中的三个有任务。

● 22 个州有支持能源效率的公共利益基金，这些州中 14 个州支持可再生能源。

2006 年区域温室气体倡议：

● 最初用于发电机的 CAP 生产超过 25MW 的电。

● 第一阶段的目标是在 2009~2015 年稳定在 1.5 亿吨。

● 第二阶段是在 2015~2020 年减少 10%。

● 允许的偏移量：第一组包括垃圾填埋场沼气，来自变压器的微量水分测量仪，最终使用的燃烧效率，粪便管理，造林（如果 CO_2 价格大于 7 美元/吨，地理范围将增加）。

● 提出欧盟与清洁发展机制的联动灵活机制（如果补贴价格大于二氧化碳 10 美元/吨的价格）。

欲了解更多信息，请参阅区域温室气体减排行动网站 http：//www.rggi.org/。

该情景（和政策）模拟的重要性不能被夸大。正如 Weyant 所发现的，包括国际贸易的模型（和政策）将导致更低的成本。Reilly、Priinn（2006）和其他一些在斯坦福能量模型论坛的人最新的努力也发现，包括模型（政策）中的非二氧化碳气体在内减少了项目费用。不包括其他气体，美国能源信息署和查尔斯河流所的结果可能夸大了采取行动的成本。显然，在国家气候政策的努力中，包含这些其他气体的重要性没有被遗忘。例如，刚刚在新英格兰地区的 8 个州建立的区域温室气体行动组织（RGGI）打算把允许削减非二氧化碳气体的减少作为补偿和他们的建模项目——在 2~4 美元/吨的价格上可以得到充足的供应。

气候政策会使经济崩溃的传说，在很大程度上是建立在出自一些模型的高成本估计（通常来源于不切实际的假设）和观念（这些额外的成本将影响我们的竞争力）上的。重要的是理解模型的类型，这些模型依赖的关键假设，以及该模型开发人员是否已有一个日程安排，以衡量模型的相对预测力。不可否认的是，经济模型永远不会完美地预测未来。相反，当他们使用切合实际的假设并清楚地辨别受聘者时，他们对评估可替代政策设计元素的相对优势是有效的。他们的效用来源于把经济和某一时期的科学理论和大量的数据整合成一个可选择的评价一致性的框架的能力。经济模型可以最佳地用来提供见解，而不是绝对的答案，这些见解必须判断进入模型信息的有效性。

虽然许多模型都存在气候政策，但是在这一节中讨论的模型则是那些最常在关于气候政策的辩论中被引用的。重要的是要注意到，并非所有这些都预示可怕的后果。例如，受麦凯恩—利伯曼法案影响的麻省理工学院的 EPPA 模型（一个世界上主要的能源/经济模型）表明，GDP 只会降低 0.02%。换种说法，2020 年美国经济预计将从 2006 年的水平增长 52.34%，而不是 52.36%。[11]这种影响甚至没有在经济破产中有所暗示，正如其他研究表明，相比环境监管，像劳动力成本这样的元素在竞争力上有更大的影响。

13.2　好处——其他关键因素

另一个与经济模型和政策过于昂贵传说相关的问题是，大多数模型没有完全吸收避免诱发损失的气候的好处。相反，虽然一些模型已经在尝试，但大多数只关注政策的成本。正如前面提到的，模型中占气体排放减少的利润的比例越高，纯经济影响就越低。不幸的是，其至那些试图包含收益的模型也没有完全成功，部分原因是：并不是所有结果和影响都是可以量化的。Jorgenson 和 Goettles（2004）发现，一般来说，与气候变化相关的直接和间接影响的知识是"不完整的"，模型预测可能低估了气候政策的好处。出于这个原因，下面的小节讨论潜在的后果，但不提供对估计的比较。我们的目的是为气候政策提供背景和理由，并特别指出，不考虑行动的好处，任何政策都可能会显得过于昂贵。

13.2.1　潜在的气候变化的影响

渐渐地，广泛的科学共识已经达成——全球变暖主要是由人类（人为）活动中排放的二氧化碳和其他温室气体导致的，包括工业过程、化石燃料燃烧和土地使用的改变，比如砍伐森林。研究人员与联合国政府间气候变化专门委员会（IPCC，2001a）共同发现，除非排放减缓并最终消除，否则到 21 世纪末气温将增加 2~10°F。[12]下一个世纪的气候变暖预计更高——也许是过去的 2~10 倍。伴随这些变化，在美国和世界各地一个基本的和潜在的不可逆转的全球生态和自然系统的破坏是可预期的。这些预期把成本强加于社会，因此避免这些影响被认为是应对气候变化采取行动的好处。

当美国经济作为整体时似乎对一个循序渐进的气候变化——一个温和的温度升高（高达 4~7°F）——具有弹性。在美国，经济影响对个别行业或地区可能是更显著的。Smith（2004）发现，东南和南部大平原面临的风险最大，因为在农业方面，沿海地区地势低洼且气候条件过为温暖。拥有长期存在的基础设施的行业，如水资源和沿海社区，将会有最困难的调整。Smith 认为，到 2100 年应对0.5 米海平面上升的合理的财政支出（只有基础设施成本）的范围是 20 亿~138亿美元，这取决于是只有最宝贵的沿海财产被保护还是所有发达的沿海地区被保护。因为国家一般都不会有财力来管理这些巨大的成本，它们可能要由联邦政府承担，进一步把损害扩展到整个经济。

为了评估气候变化对经济的广泛影响，Jorgenson 和 Goettle 再次利用了基于一系列气候变化情况和相关影响的经济模型。虽然这些结果并不必然是结论性的，但它们确实表明一系列可以预料的潜在的好处（避免成本）。具体地说，伴随逐渐变暖，到 2100 年，美国可能会在 GDP 上经历 0.7%~1.0%的涨幅（在乐观的假设下），或 0.6%~3.0%的损失（在悲观的假设下）。然而，随着气候变化的继续，研究者发现超过临界阈值，任何福利都会减少，并最终扭转美国经济。尽管一些部门在低水平的变暖（例如改善农业）下可能获得收益，超越临界温度阈值，这些好处会减少并最终成为成本。

来自 Jorgenson 和 Goettle 的结果表明：最好只有一个对全方位潜在好处的评估。由于缺乏数据，某些市场领域（例如，旅游）和各种各样的间接影响（如气候变化诱发医疗支出）并没有被 Jorgenson 和 Goettle 包括在内。此外，经济建模的好处在于不考虑临界非市场影响，例如物种分布的变化或生物多样性和生态系统服务损失。诚然，附加一个经济价值给所有潜在影响是极其困难的，但关于这些影响的知识几乎肯定会抵消任何暂时的利益并添加可能的负面影响。

值得注意的是，大多数已经关注与气候变化相关联的经济影响的报告，包括Jorgenson 和 Goettle 在内，只看到渐进和线性变暖情景的影响。最近关于全球冰盖和飓风的科学证据表明：事实上，气候变暖的速度比最初预计的快。

冰川学家和海洋学家对全球冰盖空前比率的变化感到惊奇，不管是北极海冰还是陆基的冰川和冰原。例如，在格陵兰岛，15 年前冰河学家相信它的冰原是平衡的（即冰没有减少或增加）。今天，地质学家正在记录迅速的融化。格陵兰冰盖是第二大陆基冰原，有足够的水。如果全部融化，能把全球的海平面提高 6米（Rignot and Kanagaratnam，2006）。同样，南极西部正在迅速地失去冰。直到最近，南极东部被认为是在获得冰，但现在被认为是刚刚平衡，这样未来气候变暖可能会迅速转变为净亏损。总的来说，南极洲似乎已经失去了大约 450 立方公里的冰，大致是伊利湖过去三年的水量（Velicogna et al.，2006）。从这种情况发生的视角看，南极洲的冰如果融化，足够把海平面提高 70 米。

显示飓风日趋激烈的证据也越来越多。2005 年，两个独立的研究发现，在全球，飓风正变得越来越激烈（Emanuel，2005；Webster et al.，2005）。产生热带气旋的所有海洋，最近几十年都显示了这种改变。怀疑论者面对自然气候变化却忽视了建立良好的知识——自然周期不同步出现在各个不同的盆地。相反，它们往往在大西洋和太平洋盆地之间相位相反。然而，最近的变暖趋势，在所有六个热带气旋产生的海洋盆地都加大了，并代表了更多的证据，表明人类活动影响了气候，增强了温室效应，不单独与自然变异一致。

两极冰的加速损失、海平面上升和飓风强度的增加提出了重大的问题——沿海开发及人口面临的风险（几乎 53% 的美国人口沿着海岸线居住（Crossett et al.，2004））。最近一项由美国哥伦比亚大学的研究人员进行的研究（2005），关注大纽约地区的风险增加。他们估计，年度预期的气候变化对区域基础设施的影响可能是每年 100 亿~200 亿美元。这份报告估计，这种损失可以被该地区 1 万亿美元的经济体吸收，也注意到，损失不以任何类型的年度频率发生。相反，报告认为他们倾向于发生极端事件，这可能会严重影响该地区低洼的交通基础设施，包括隧道、桥梁、机场和道路都特别容易受洪水袭击。根据该报告，这种损害可能会给该地区带来成百甚至上千亿美元花费。

2005 年夏天之前，这种类型的损坏在令人担忧的同时，对于大多数人似乎是相当不可能的。谁能想象一个美国主要城市被淹没了以至于不得不关闭一段时间？卡特里娜飓风重创新奥尔良、密西西比州和阿拉巴马州的海岸线的景象，已经改变了人们对什么是可能的看法。在那场风暴的成本方面，美国国会预算办公室（CBO，2006 年）主任 David Holz-Eakin 估计，仅物质资本的损失就可能在 70 亿~130 亿美元的范围内。这项估计不包括生命损失、对国家和民族经济的长期影响，或对生态系统的破坏的非市场价值。从这个估计来看，这一次风暴的成本在 Smith（2004 年）给整个美国建议的与海平面上升相关的成本范围的上端。

虽然我们不确定全球变暖是否加剧了卡特里娜飓风，但它清楚地表明了在何种情况下，强烈的风暴更有可能发生。一个合理科学的评估表明我们将再次面临类似的事件。气候模型预测，强烈的风暴可能会发生得比我们在过去已经习惯了的更频繁，随着时间的推移可能会变得更加强大。由于海平面的上升，沿海的风暴和洪水造成的基础设施的损失可能会增加。

与气候相关的损失和成本一直是生活中的一个事实，但我们现在看到的是成本的大幅度增加。与气候相关的慕尼黑再保险公司，已经看到了相关影响的风暴。下面的两个图（见图 13-2 和图 13-3）说明了他们所观察到的这一趋势。他们的数据反映了越来越多的与天气相关的事件和日益增长的与天气相关的损害成本。

正如哥伦比亚报告所显示的，近期在路易斯安那州和密西西比州的事件和慕

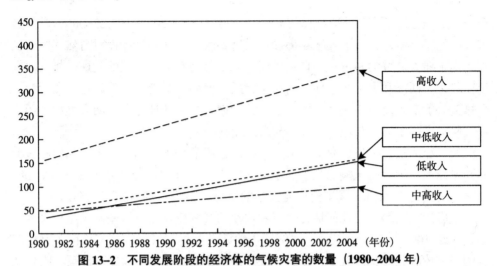

图13-2 不同发展阶段的经济体的气候灾害的数量（1980~2004 年）
（改编自慕尼黑再保险公司的数据，2005 年地质风险研究）

注：按世界银行 2004 年分类。高收入：人均 GDP >9385 美元；中高收入，9385>人均 GDP>3036 美元；中低收入：3035>人均 GDP>765 美元；低收入，人均 GDP<765 美元。

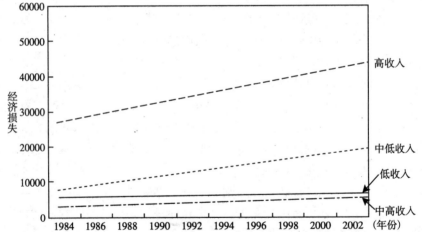

图13-3 处于不同发展阶段的经济体气候经济损失（2004 年美元价格，百万美元）
（改编自慕尼黑再保险公司的数据，2005 年地质风险研究）

注：按世界银行的分类（2004）。高收入：人均 GDP >9385 美元；中高收入，9385>人均 GDP>3036 美元；中低收入，3035 > 人均 GDP > 765 美元；低收入，人均 GDP < 765 美元。

尼黑再保险公司已经确认的趋势，相关影响的风暴将会给美国经济和全球经济强加持续的成本。

虽然关于确切性质、影响的程度和发生的速度仍然存在很大的不确定性，但这不应该被解释为肯定没有不良影响。这些影响的意义及其相关的成本将取决于其变化的速度和我们的适应能力。重要的是要意识到与气候变化相关的和不采取行动的真正成本。虽然一些利益集团继续声称气候政策过于昂贵，将会给美国经济造成灾难性的后果，但其实也许正好相反。不采取行动会导致地区性的影响——对于单个州、国家和全球（其中有些可以货币化，一些则不能）有深远的影响。把气候变化影响放到这种背景下，英国环境、食品和农村事务部国务大臣玛格丽特·贝克特（Margaret Beckett）说，"相比气候变化造成的潜在成本，应对气候变化的长期的全球行动的成本很可能是短期的和相对温和的"（Schelnhuber et al., 2006 Foreword）。然而，传说认为，在美国气候变化政策是过于昂贵的。从前文来看，应该显而易见的是——不采取行动可能是更昂贵的选择。

13.2.2　时机

我们等待采取有意义的行动的时间越久，问题就变得越糟糕，我们避免或者减少与气候变化有关的成本和影响的灵活性越小。这个问题越来越严重，因为温室气体排放正在加速，浓度水平在上升，地球正在变暖。图 13-4 展示了快速增长的主要温室气体二氧化碳的全球排放和浓度。

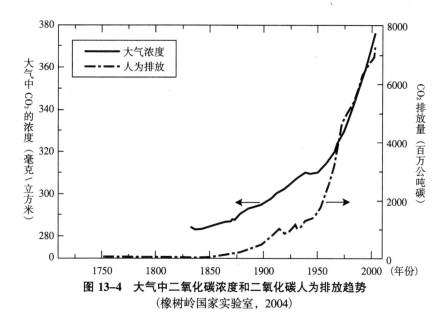

图 13-4　大气中二氧化碳浓度和二氧化碳人为排放趋势
（橡树岭国家实验室，2004）

拖延行动有一些后果，可能会直接增加气候变化的成本。首先，更高的大气二氧化碳浓度和更高温度（甚至略高的持续的温度）会导致更多的短期影响，像珊瑚漂白，物种灭绝，甚至与热相关的死亡。[13] 接下来，这些增加更加快速，我们不得不适应和准备应对改变的时间则更少。渐变的温度想必会产生逐渐变化的生态系统、渐进的海平面上升等，并使我们付出更多的努力，通过提高灵活性与时间来准备、适应和用更高的成本效益来管理解决这一问题。换句话说，更加快速的反应常常更加昂贵。此外，随着排放和浓度的增加，应对突发性和灾难性的气候改变的风险会增加。

在对大多数气候变化影响的模拟中，二氧化碳浓度随时间缓慢增长，气候系统被假定像刻度盘一样随着时间慢慢地上升。正如前面提到的，许多科学家，包括政府间气候变化专门委员会、美国宇航局、英联邦科学和工业研究组织（CSIRO）和国家研究理事会（NRC），现在认为影响可能不是渐进的。相反，他们警告说，这可能存在"危险"的大气中二氧化碳含量的阈值，如果达到了，则存在突然大规模改变气候系统的可能性（IPCC，2001b；Hansen et al.，2005；Preston and Jones，2006；NRC，2002）。因此，我们有一个类似开关，而非刻度盘的影响力：当达到特定的阈值水平，灾难性的后果将被触发。这种变化的一个例子是大西洋北部的温盐环流潜在的削弱或崩溃（海洋环流产生墨西哥湾流）。如果海平面温度和新鲜水溶冰戏剧性地增加，这就可能发生。这样的改变将从根本上改变北大西洋的气候，可能使它明显更冷。科学家们认为，一旦这种灾难性事件开始，它们可能是极其困难或者不可能逆转的。

确定的浓度、温度、时间和灾难性事件之间的联系一直是许多研究的主题。虽然科学知识增加了，但是特定的阈值尚未被最终确定。然而，因为存在一个共识——危险阈值的影响是有可能的。集中目标，如 550 ppm、440 ppm 甚至最近的 350ppm 被政府间气候变化专门委员会的科学家和其他人建议用来帮助确保相对于工业化前的水平（1861~1890），温度上升不超过 2℃。[14] 2℃的目标常常被认为是客观的，因为正如 Meinshausen（2006）所说，高于这个温度"不能被认为是免费的（可能是大规模的）不利影响"（p.265）。作为一个如此大规模的影响的例子，他提到，格陵兰的冰盖会融化，如果区域温度增加超过 2.7℃，伴随冰盖的融化，海平面将上升 7 米。

避免这种类型的影响是与 1992 年联合国环境变迁公约（UNFCC）呼吁建立一个"在气候系统中能防止危险的人为干扰的稳定的温室气体浓度"（UNFCC，1992）的目标是一致的。尽管术语"危险"需要一个对于多少干扰才算太多的主观评价，但是避免灾难性气候相关事件的目标可能每个人都会同意，而且同意不太高的气候政策成本是值得的。

欧盟已认定，气候变化影响会带来危险，所以政策的成本是合理的。他们已经正式通过了将 2℃（高于 1990 年水平）作为他们的气候目标并以此为可持续的，被整个社会和环境接受的最高的温度增加。欧洲环境署（EEA）的一份报告指出，为了实现这一目标，到 2100 年，全球温室气体排放量必须大大减少，在未来几十年里低于目前的水平（EEA，2004）。虽然无法保证这 2℃将阻止气候变化，但是我们的目标是尽量减少气候损失，避免灾难性事件的发生（欧盟应对气候变化努力的更多细节，详见专栏 13.3）。

提前行动的好处最近也被强调了，澳大利亚的科学家指出，虽然完全避免气候变化的影响在澳大利亚是不可能的，但是短期减排的努力可以帮助防止一些可预测的对国家的糟糕的影响（Preston and Jones，2006）。特别是他们断言，提早行动可以帮助避免主要降水变化、公共卫生影响、海平面上升、海岸被淹没和侵蚀及沿海基础设施被损伤。也许最重要的是，及早行动大大降低了大型突发性气候变化的风险。

努力应对气候变化的时机真的很重要——包括影响的规模和这些影响相关的成本。根据政府间气候变化专门委员会，排放减少越多、它们被介绍得越早，则会有更小更慢的变暖和海平面的上升（IPCC，2001b）。换句话说，来自世界各地的科学家一致认为，立即采取行动减少温室气体排放给我们提供了最好的机会——减少气候变化带来的影响，避免灾难性的全球气候变化。美国的决策者越是长久推迟或避免采取有意义的行动来减少碳排放，减少大气浓度水平就会越难，我们则将面临更多潜在的灾难和不可逆转的影响的风险。推迟有意义的行动在两方面增加了成本，需要减少绝对浓度水平和我们应对气候变化的后果引发的成本（如海平面上升，墨西哥湾流的变化，更强烈的风暴，干燥或潮湿的气候，等等）。

忽略不采取行动的代价，甚至随着排放和大气浓度上升，只关注减排的成本，扭曲图片和结果，会得出关于任何气候政策的最终成本。诚然，一些政策将会比别的更贵，但没有考虑行动的好处，任何政策看起来可能都太贵。我们不该问政策是否太昂贵了，我们应该问："我们怎样才能最好地减少这些影响"和"设计出最小成本的策略？"

专栏 13.3　欧盟气候变化的努力

欧洲联盟（欧盟）是应对气候变化的国际领导者之一。根据最新的排放监测数据，欧盟已经兑现了长期承诺——2000 年，二氧化碳排放稳定在了 1990 年的水平上（EC，2006）。欧盟还致力于通过《京都议定书》的协议，在第一承诺期（2008~2012 年），进一步使最初的 15 个国家（欧盟 15 国）二氧化碳排放量平均低于 1990 年的水平 8%。

为了达到这些目标，2000 年 3 月，欧盟委员会启动了欧洲气候变化计划（ECCP），包括一系列的政策和措施，像鼓励使用可再生能源、提高能源效率和大量的讨论欧盟排放交易计划（EU-ETS）。欧盟排放交易计划约占欧盟二氧化碳排放的 46%。

欧盟排放交易计划于 2005 年 1 月正式开始，并在其 25 个成员国覆盖了 11500 台装置，它是迄今为止存在的最大的排放交易计划。该计划包括两个阶段：热身阶段一，开始于 2005 年 1 月 1 日，到 2007 年末结束；京都议定书的第二阶段，在 2008 年 1 月开始，到 2012 年末结束。

最初在第一阶段，欧盟排放交易计划只覆盖了来自黑色金属（钢铁）、矿物质（水泥、玻璃或陶瓷生产）、能源（电力和从炼油厂直接排放）、纸浆和纸张的二氧化碳排放。适用设施被确定在各成员国提交的国家分配计划（NAPs）中。第一阶段，2005~2007 年，66 亿欧元津贴免费分配给公司。在 2006 年 12 月底，津贴的价格是每吨不到 7 欧元（约 19 美元），这相当于大约价值 990 亿欧元的资产。

排放数据来自 2005 年——该计划第一年，2006 年 4 月下旬，这个数据发布以后的价格下降，表明初次分配可能过于慷慨。市场观察——如点碳公司（一个紧随碳市场的电子新闻公司），甚至是欧盟自身的第二阶段，国家分配计划指导报告（EU，2005）——表明第二阶段的产业目标可能需要更严格，以达到《京都议定书》的目标。提交的 9/10 的第二阶段的国家分配计划被要求降低其上限和分配。在 11 月 29 日，欧盟委员会几乎削减 4700 万吨二氧化碳排放。2006 年 6 月到期的第二阶段国家分配计划，将制定具体细节，包括谁将被覆盖和企业是否将不得不购买更多他们的许可。然而，在写这一章时，断定这些目标是否会得到满足为时过早。但不管怎样，他们已经建立了贸易基础设施，确定了特定国家和行业的特定目标，定义了商品，实现了一组一致的规则和认证要求。这样，碳交易现在是现实的。所有这一切都只能被视为在正确方向上向应对气候变化前进了一步。

额外的信息请参见欧洲委员会环境网站：http://ec.europa.eu/environment/。

13.3　政策的设计是一个重要的成本因素

我们如何设计气候政策事宜，关系到我们是否将成功并关系着成本。一个严肃的长期的国际承诺，将使我们能够完全减少气候变化的影响。[15] 一个广泛利用短期机会并使我们走上一条通向加速低碳技术创新、发展和实施的框架，将确保这个成本尽可能的低。

我们将需要开始一场技术革命的政策，因为我们需要把我们的经济和掌控的能源转变成为低碳排放的。这样一个改变并不容易而且也不是免费的，但通过观察政策我们可以努力确保成本尽可能的低：①利用市场力量来发出一个明确的、长期的减少温室气体排放价值的信号；②通过给公司灵活性和财政资助的创新技术的发展促进技术的变化；③集中在一个广泛的框架，而不是在狭窄的一组选项中；④开始宜早不宜晚，因为时间允许我们更好地管理气候变化的政策成本。

13.3.1　市场力量

利用市场力量要求建立一个明确的针对温室气体排放的成本（或价格）。作为建立这个价格的主要政策工具之一，排放交易（总量管制和交易的一种形式）在过去几十年里已经出现。美国国会最近的气候变化中的许多建议都将交易元素包含在其核心政策要素之中。[16]根据一些预定义的公司目标，一个常规的总量管制与交易计划建立了一个全面或部门排放上限（按吨/年或其他合规期）并分配了一个特定数量的排放源的流通许可（一吨的温室气体排放权）。发行的许可的总数等于上限。公司有减少自身碳排放的灵活性，或根据自己的排放目标购买许可的自由。

碳排放交易的成本效益已经成为许多研究的主题，并且，一般说来，已经发现交易系统越广泛，成本越低（见 Edmonds et al., 1999 for empirical estimates on how the scope of trading reduces cost）。一个有助于确保最便宜的下降得更广泛的计划首先被利用。无论针对一个国家还是国家之间设计的交易系统，这都是事实。一个更广泛的交易范围，包括非二氧化碳气体、自愿补偿和跨时的借贷灵活性，也已被证明能够降低达到预定目标的成本。

13.3.2　技术改变是必要的

交易提供的一个基本优势是它提供了创新激励，因为应对气候变化将要求我们超越现有技术和政策，刺激创新是至关重要的。相比传统环保法规指定了必须使用的技术，排放交易被广泛认为为企业提供财政激励，迫使公司不断追求新的方法来减少其温室气体的排放（改善他们自己的流程和/或技术或支付钱给其他人来帮助其改进）。创新尤其有助于确保酸雨计划目标在成本尽可能低的情况下达到（见专栏 13.4），这一经验并未被为气候变化努力的支持者遗忘，他们认为广泛的创新是处理这个问题的关键。

然而，排放交易不是唯一需要的政策。为了有效地刺激这个技术革命的成本效益，我们需要能使技术从研发变成现实和广泛使用的政策。运用先进的经济建模和分析，Goulder（2004）定量探讨了技术创新问题。他发现，为了最有成本效益地刺激科技变化和减少温室气体排放，两个政策是必需的——促进科技创新政策，比如资助研发；限制排放政策，比如温室气体限额和交易计划。他的模型的结果显示，使用研发补贴和碳排放税（或限额和交易）两种措施达到长期二氧化碳排放目标的成本，大约不到单独使用研发补贴的 10 倍。

对美国气候变化技术项目（CCTP）的战略计划进行的分析，证实了削减温室气体排放成本的技术突破存在潜在可能性。美国气候变化技术项目战略计划草案的第三章，分析了 21 世纪各种先进的技术状况，全球温室气体排放增长的情况被认为先是缓慢，然后停止，并最终逆转，最终将温室气体浓度水平稳定在450~750ppm。应用先进技术实现不同级别减排成本，相比未受益于技术进步的状况是低的（CCTP，2005）。技术突破和将会使这些突破转化为广泛的商业使用的政策，对于确保我们以成本高效的方式转换到一个低碳排放的状态将是至关重要的。

Goulder 还发现，时间影响政策的成本。他的模型表明提前宣布政策降低了达到减排目标的成本。例如，他的研究结果显示，相比相同的气候政策的实施，提前 10 年宣布于 25 美元每吨碳排放税，可以减少贴现 GDP 成本大约 1/3。提前宣布将把技术转化为使用的政策是很重要的，因为它允许公司在它们较便宜的时候灵活地做出改变。如果公司确定其现在和将来的减排程度，他们将使其长期资本投资决策完全信息化并将选择一个最大限度地减少其总体成本的路径。利用自然投资周期的行业政策给新的减排技术的低成本部署提供了一个重大的机遇，因为强制采取立即的技术变化将相当昂贵（Lempert，2002）。

专栏 13.4　市场酸雨的成功

1990 年清洁空气法案修正案第四章提出的美国酸雨计划，是一个经常被引用的总量管制与排放交易的成功的故事。它被誉为成功的例子，因为不仅是整个经济领域二氧化硫的目标达到；它在成本大大低于之前实施的许多经济模型所预期的成本的情况下也被达到。此外，许多人认为这是一次成功，因为它展示了创新激励，从根本上说，相比传统的监管，是一种交易优势。

在这个程序中二氧化硫的排放明显被限制，而且公司有能力实现自己的减排计划或从别人/处购买许可。酸雨计划正式开始于 1995 年，并在两个阶段实施：1995~1999 年和 2000 年至今。最终的结果是一个全国每年上限为九百万吨的二氧化硫排放的交易系统，应用于美国几乎所有的发电单位。预期的这个项目第一阶段的平均成本，早期预测范围为从 307 美元每吨二氧化硫的高位到 180 美元每吨（以 1995 年美元价格为基准）。Ellerman（2000年）估计实际成本靠近预测的 187~210 美元的低端。相对于替代命令和控制政策，Ellerman 得出结论，合规成本降低高达 50%（Ellerman，2003）。

美国酸雨排放交易计划也被视为一个成功，因为它提供创新激励。在描述产生的创新时，Burtraw 等人（2005）指出燃料混合、洗涤器和运输是主要的受益者。第四章之前，火力发电厂锅炉被设计为针对特定类型的煤炭并被认为需要昂贵的装置来允许使用低硫煤炭。因为第四章的燃料混合实验，表明升级比预想中更容易和便宜，从而扩大了美国东部洗涤器的改进对西部煤的需求，包括脱硫效率、更好的性能和总体下降的运营成本都受政策驱使。铁路运输（低硫煤）也受益于铁路线路升级、机车和汽车设计上的投资和创新，至少，部分的是由于酸雨计划（环境法律研究所（ELI），1997）。

作为第一个经济范围的限额和交易程序，它在控制温室气体方面提供了很多经验教训，并成为随后的环境交易项目的模型。

这些投资决定的时机对于成本是尤其重要的，因为温室气体的主要来源是发电站、工厂和运输基础设施使用的资本设备。这些都是长期的和昂贵的。替换基础设施和引入新技术将逐渐便宜于对基础设施或技术加速的短期投资要求。

不幸的是，今天我们几乎看不到激励技术变革所必需的努力。特别是，能源部门继续它的传统碳路径，使用传统的化石燃料技术，没有很多表明实质性改变的迹象。原因之一是有根本的市场和政策力量阻止技术革命在能源行业发生。开发技术要取代现有的、根深蒂固的能源系统，需要大规模的投资。最近 Brown 等人（2006）进行的一项气候变化技术项目的研发投资的研究，强调在探索性研究解决新颖和先进理念方面需要更多的投资以便揭示"突破性"技术。他们认为这种研究可能会导致革命性的技术进步，并因此显著改变能源在全球经济中的生产、转换和使用方式。这个组合回顾并得出结论，成功要求追求多个技术途径，没有单一的技术能够解决气候变化的影响。

然而，业界和联邦政府，也减少了对能源研究和开发的投资。美国能源部的数据显示，在长达 25 年的 1978~2004 年，美国政府在能源研发上的投资下跌了近 60%（NCEP，2004）。国家能源政策委员会（NCEP）报道，能源研发的私人部门的投资也从 1990 年营业额的 0.8% 降至 2004 年营业额的 0.3%。相比之下，私营部门在医药研发上的投资大约占营业额的 12%。该委员会得出结论，在整个美国经济中，能源行业是投资最低的研发密集型高科技行业。

政策不仅是激励能源技术投资所必需的，也是把这个技术投入使用必需的。

技术开发但未使用，无论以何种标准衡量，都太昂贵了。然而，很多承认政府在加强能源研发上有作用的人也只是停止在这个地步。他们说，一旦技术被开发，消费者只会去买它。事实上，经验没有证实这一点。Lempert（2002）发现，新技术的获得很少影响公司辞退老年人和淘汰更多的污染车间，并提高采用新的、更高效的资本设备的速度。没有能把低碳技术的需求放到位的政策，这些技术的采用太慢、太不一致并过于昂贵，使该国经济要到本世纪中期才能实现其目标。

13.3.3　一个广泛的政策框架，将有助于降低成本

让技术进入市场有助于我们大规模有效地降低减排成本。然而，专注于技术只是答案的一部分。美国的决策者也需要一个覆盖经济所有部门的大规模的创新，包括制造、运输、建筑、农业和能源部门。

然而，仅瞄准长期技术创新的政策可能会错过一个今天就可以实现的降低减排成本的选择——效率的提高。效率提高能节约能源，降低来自能源生产和使用的温室气体排放，并且从成本角度来看，通常可以省钱。经常应用于改进效率的"低垂的果实"是一个说明性的名字。

效率努力的成本效益被已解决气候变化的公司最有力地证明了。以英国石油公司为例，它们在 1998 年启动了一项计划来减少从经营中产生的 10% 的温室气体排放，到 2010 年低于 1990 年的水平。他们在自己的经营范围内实施了一个交易系统。他们把重点放在减少能源消耗上并特别注重提高能效。在 2001 年，他们达到了目标——比他们的日程安排提前 9 年实现并节省了钱。Lord Browne，英国石油公司的首席执行官指出："为了一个约 20 亿美元的投资，在前三年我们添加了 650 亿美元的价值。"[17] 同样的成功，杜邦公司（DuPont）的目标是，到 2010 年减少至 1990 年的温室气体水平的 65%。[18] 在 2004 年，相比 1990 年他们已经取得了 72% 减排和 7% 的总能源的使用，并取得近 30% 的生产增长。

经济学家往往对政策是没有成本的持怀疑态度。毕竟，如果能源效益改进能节约资金则公司被假定能在最大化利润的同时减少成本。理论认为，公司会寻找这样的项目而没有任何附加的奖励。一个自然激励的存在，是为了减少输入成本特别是能源。但是理论并不总是正确的——即使是英国石油公司（BP）和杜邦公司（DuPont）也没有利用低成本效率改进，直到他们具体地着手这样做。在现实中，存在信息壁垒，那么就存在克服这些障碍的成本。此外，在政策实施之前采取行动，还可能有政治风险。如果企业在政策实施前采取行动，是有风险的——政府不会承认早期行动并要求进一步的努力。而且，并不是所有公司的资源水平都与英国石油公司（BP）和杜邦公司（DuPont）相当，并且大多不能冒险进行回

报不确定的小规模投资。还有，政府和具体的政策在这个问题上的作用——激励，灵活的温室气体减排目标、长期目标和过渡援助——可以帮助行业成本高效地减少它们的温室气体排放。

具有成本效益的气候政策将利用市场的力量，刺激技术的开发和部署，将有一个广泛的经济范围，并将给低成本缩减提供诱因，它们来自能源效率的提高。一个综合的政策——允许灵活性、适当的时机和提供一个长期的政策承诺保证，都将共同确保气候政策尽可能是成本有效的。

13.4　结　论

一个共同的主题——回荡在反对气候政策和/或通过提倡推迟采取行动应对气候变化的政策中——现在采取行动的成本太高了。这个传说主要基于来自经济模型的成本预测。然而，模型及其估计，与数据、假设和使用的算法是一样好的。尽管对于洞察政策选择的相对优势，模型是有用的，但是他们并不打算确定绝对值——那些成本或收益可能很容易地根据输入倾斜。许多观察到气候政策成本的模型，范围很有限，使关于政策本身的灵活性和范围或对其的回应导致的结果的经济能力的严厉假设，显得任何努力都过于昂贵。此外，模型通常在做一个糟糕的工作——解释说明采取行动的长期利益（即避免气候变化造成的损害）。事实上，因为这些好处可能很难货币化，在许多情况下这些好处甚至不被包括。不解释说明这些好处支持传说，我们就不能采取行动应对气候变化。这一章的重点是提出了一个想法，当作为一个整体时，我们不能推迟行动。推迟实施强制性的计划使得问题更大，会增加未来几代人必须承担的成本，增加可能会摧毁区域经济的不可逆转的气候破坏。

应对这一问题，需要一场技术革命，将我们的经济转变成低温室气体排放的。为确保这个革命很快开始，成本保持在低水平，四大力量施加给了我们的政策制定者。市场的力量必须参与——市场一定要看到价值较低的温室气体排放量。一个新技术组合必须被开发并且必须被推广使用。政府必须制定一个针对所有经济部门的、广泛的、灵活的政策框架，宜早不宜迟。政府必须标记市场：开始投资的时间是现在。它必须发出一个明确的、长期一致的信号，表明它长期致力于采取行动。

改变我们的经济成为一个较低的碳排放的经济，将不会立即发生。但成本，却不是微不足道的、难以管理的。综合政策的开始宜早不宜迟——允许灵活性、适当的时机和提供一个长期的政策承诺保证，都将一起确保气候政策尽可能是成本有效的。虽然就如何最好地开始这场革命没有一个正确答案，但是有一个正确的开始时间——现在。现在实施气候政策，不至于使经济破产，但等到未来就有可能。

注 释

[1] California, on its own, has a population equivalent to Canada's and GHG emissions levels similar to countries like France or Brazil.

[2] See for example, Goodstein and Hodges, 1997; Harrington et al., 2000; and Goulder and Laurence, 2004.

[3] See Weyant et al., 1996 for a more detailed discussion of the types of models that have been used to analyze this issue. See Bemow et al., 1998 for criticisms of CGE climate policy models.

[4] In contrast to "top-down" models, "bottom-up" models are typically based on engineering cost studies that represent the details of specific technologies.Often, they have very detailed data on the energy sector and much less detail about on other sectors and other broader macroeconomic elements of the economy.

[5] EIA estimated in its Annual Energy Outlook 2003 that U.S. emissions in 1990 were 6172 million metric tons of carbon dioxide equivalent; a 7% reduction implies a target level of emissions at 5740 million metric tons—Figure 1 (EIA, 2003). EIA, however, assumed this target was somewhat flexible because biological sinks could be included; as such a net reduction target of 3% was often discussed.

[6] See Antonelli et al., 1997 and Michaels, 2002 for critical opinions regarding the Kyoto Protocol.

[7] The Tellus results are similar to those of a study—Scenarios for a Clean Energy Future—conducted for the U.S. Department of Energy and the Environmental Protection Agency by researchers from five DOE national laboratories. An engineering -economic assessment of technologies and market -based policies, it looked at the benefits and costs of reducing carbon dioxide emissions in 2020 by 30%~ 32%compared to a business-as-usual forecast.It concluded that the overall economic benefits of the technologies and policies could result in a benefit (avoided energy cost) equal to or greater than the cost of implementing the policies and investing in the technologies (Brown et al., 2001).

[8] A greenhouse gas off set is an emission reduction or atmospheric carbon removal made voluntarily by one entity and is assumed transferable for use by another.

[9] The Clean Development Mechanism (CDM) is one of the three market mechanisms established by the Kyoto Protocol. The CDM is designed to promote sustainable development in developing countries and assist Annex I Parties in meeting their greenhouse gas emmissions reduction commitments. It enables industrialized countries to invest in emission reduction projects in developing countries and receive tradeable credits for reductions achieved.

[10] Non-CO_2 gases refer to other greenhouse gases—including methane, nitrous oxide, and a number of manmade, industrial-process gases such as hydrofluorocarbons, perfluorocarbons, and sulfur hexaflu-oride.

[11] Estimated from EIA GDP projections available at http://www.eia.doe.gov/oiaf/aeo/excel/aeotab-19.xls.

[12] IPCC was established by the World Meteorological Organization (WMO) and the United Nations Environment Programme (UNEP) in 1988. Its role is to assess the scientific, technical and socio-economic information relevant for the understanding of human impact on climate change.

[13] A recent report authored by scientists with the National Science Foundation, the National Oceanic and Atmospheric Administration, and the U.S. Geological Survey warns of the increasing danger to coral and other marine life, as oceans around the globe become more acidic because of escalating carbon dioxide atmospheric concentration levels (Kleypas et al., 2006).

[14] For a more detailed discussion of the science surrounding dangerous climate change impacts see Schellnhuber et al., 2006.

[15] Because much of the world is already started to engage in this commitment by way of the Kyoto Protocol, our focus here is exclusively on U.S. policy.

[16] Emissions trading is a core element in the legislation proposed by Senators McCain (R-AZ) and Lieberman (D-CT) (Climate Stewardship and Innovation Act, S.1151), Senator Bingaman (D-NM) (Climate and Economy Insurance Act (S.A. 868), Senator Feinstein (D-CA) (Strong Economy and Climate Protection Act, discussion draft), Representatives Gilchrest (R-MD) and Olver (D-MA) (Climate Stewardship Act, H.R.759) and Representatives Udall (D-NM) and Petri (R-WI) (H.R.5049). (The bill numbers shown here are from the 109th Congress.)

[17] BP CEO Lord Browne's Speech to the Institutional Investors Group November

26 2003. Available at http://www.pewclimate.org/companies_leading_the_way_belc/company_profiles/bp_amoco/browne_cfm.

[18] In 2004 Dupont had revenues of $27.3 billion and employed 60000 people.

参考文献

Antonelli, Angela, Schaefer, Brett D., and Annett, Alex: 1997, The Road to Kyoto: How the Global Climate Treaty Fosters Economic Impoverishment and Endangers U.S. Security Heritage Foundation Backgrounder #1143. [online] http://www.heritage.org/Research/PoliticalPhilosophy/BG1143.cfm, accessed January 2006.

Ballie, Alison, Bernow, Stephen, Dougherty, William, and Lazarus, Michael: 2003, Analysis of the Climate Stewardship Act: A Study for the Natural Resources Defense Council, Tellus Institute, Boston, MA.

Berman, E. and Bui, L.T.M.: 2001, "Environmental Regulation and Productivity: Evidence from Oil Refineries". Review of Economics & Statistics 83 (3): 498-510.

Bernow, Stephen, Rudkevich, Aiexandr, Ruth, Michael, and Peters Irene: 1998, A Pragmatic CGE Model for Assessing the Influence of Model Structure and Assumptions in Climate Change Policy Analysis, A Report to the Office of Air and Radiation, Office of Atmospheric Programs, U.S. EPA, Tellus Institute Study #96-190, Boston, MA.

Bemow, Stephen, Cory, Karlynn, Dougherty, William, Duckworth, Max, Kartha, Sivan, Ruth, Michael, and Goldherg, Marshall: 1999, America's Global Warming Solutions, Tellus Institute study for the World Wildlife Fund and Energy Foundation, [online] http://www.tellus.org/energy/publications/solution.pdf, accessed December 2005.

Brown, Marilyn A., Levine, Mark D., Short, Walter, and Koomey, Jonathan G.: 2001, "Scenarios for a Clean Energy Future," Energy Policy 29 (14): 1179-1196.

Brown, M.A., Antes, M., Franchnk, C., Koske, B.H, Michaels, G., and Pellegrino, J.: 2006, Results of the Technical Review of the Climate Change Technology Program's R&D Portfolio, Oak Ridge National Laboratory, Oak Ridge, TN [online] http://www.ornl.gov/sci/eere/communications.htm, accessed July 2006.

Burtraw, Dallas, Evans, David, Krupnick, Alan, Palmer, Karen, and Toth,

Russell: 2005, "Economics of Pollution Trading for SO₂ and NOx, Annual Review of Environmental Resources 30: 253–289.

[CBO] Congressional Budget Office: 2005, "Macroeconomic and Budgetary Effects of Hurricanes Katrina and Rita," Statement before the Committee on the Budget, U.S. House of Representatives by Douglas Holz-Eakin, Director Congressional Budget Office, [online] http://www.cbo.gov/ftpdocs/66xx/doc6684/10-06-Hurricanes.pdf, accessed March 2006.

[CCTP] U.S. Climate Change Technology Program: 2005, Strategic Plan Draft for Public Comment, September, [online] http://www.climatetechnology.gov/stratplan/draft/index.htm accessed July 2006.

Columbia University: 2005, "What are the Projected Costs of Climate Change in the Region's Coastal Communities and Coastal Environments?" Climate Change Information Resources New York Metropolitan Region, [online] http://ccir.ciesin.columbia.edu/nyc/ccir-ny_q2e.html, accessed January 2006.

Crossett, K., Culliton, T., Wiley, P., and Goodspeed, T.: 2004, Population trends along the Coastal United States, National Oceanic Atmospheric Administration. [online] http://oceanservice.noaa.gov/ programs/mb/pdfs/coastal_pop_trends_complete.pdf, accessed March 29, 2006.

[EC] European Commission: 2005, Communication from the Commission: Further Guidance on Allocation Plans for the 2008–2012 Trading Period of the E.U. Emissions Trading Scheme, [online] http://ec.europa.eu/environment/climat/pdf/nap_2_guidance_en.pdf, accessed November 2005.

[EC] European Commission: 2006, Greenhouse Gas Monitoring and Reporting. Climate Change: EU on Track to Reach Kyoto Targets, Latest Projections Show, European Commission -Environment, [online] http://ec.europa.eu/environment/climat/gge_press.htm, accessed June 3, 2006.

Edmonds, Jae, Scott, Michael, Roop, Joseph, and MacCracken, Christopher: 1999, International Emissions Trading and Global Climate Change, Pew Center on Global Climate Change, Arlington, VA.

[EEA] European Environment Agency: 2004, Impacts of Europe's Changing Climate, Report No. 2/2004, [online] http://reports.eea.europa.eu/climate_report_2_2004/en, accessed June 7, 2006.

[EIA] Energy Information Administration: 1998, Impacts of the Kyoto Protocol on U.S. Energy Markets and Economic Activity, Energy Information Administration

Office of Integrated Analysis and Forecasting, [online] http://www.eia.doe.gov/oiaf/kyoto/pdf/sroiaf9803.pdf, accessed November 2005.

[EIA] Energy Information Administration: 2003a, Analysis of Senate Amendment 2028, The Climate Stewardship Act of 2003, [online] http://www.eia.doe.gov/oiaf/analysispaper/ sacsa/pdf/ s139amend_analysis.pdf, accessed January 2006.

[EIA] Energy Information Administration: 2004, Annual Energy Outlook, [online] http://www.eia.doe.gov/oiaf/archive/aeo03/index.html, accessed October 2005.

Ellerman, Denny, Joskow, Paul L., Schmalensee, Richard, Montero, Juan-Pablo, and Bailey, Elizabeth M.: 2000, Markets for Clean Air: The U.S. Acid Rain Program, Cambridge University Press, New York, NY.

Ellerman, Denny, Joskow, Paul L., and Harrison, David: 2003, Emissions Trading in the U.S. Experience, Lessons and Considerations for Greenhouse Gases, Pew Center on Global Climate Change, Arlington, VA.

[ELI] Environmental Law Institute: 1997, Implementing an Emissions Cap and Allowance Trading System for Greenhouse Gases: Lessons from the Acid Rain Program, Environmental Law Institute. Washington, DC.

Emanuel, Kerry: 2005, "Increasing Destructiveness of Tropical Cyclones Over the Past 30 years," Nature 436: 686–588.

Goodstein, Eban and Hodges, Hart: 1997, "Polluted Data," The American Prospect 35 November–December, 64–69.

Goulder, Laurence: 2004, Induced Technological Change and Climate Policy, Pew Center on Global Climate Change, Arlington, VA.

Hanemann, Michael and Farrell, Alex (Project Directors): 2006, "Managing Greenhouse Gas Emissions in California," The California Climate Change Center at UC Berkeley, [online] http://calclimate.berkeley.edu/managing_GHGs_in_CA.html, accessed January 2006.

Hansen, James, Naarenko, Larissa, Ruedy, Reto, Sato, Makiko, Willis, Josh, Del Genio, Anthony, Koch, Dorothy, Lacis, Andrew, Low, Ken, Menon, Surabi, Novakov, Tica, Perliwitz, Judith, Russell, Gary, Schmidt, Gavin, and Tausnev, Nicolas: 2005, "Earth's Energy Imbalance: Confirmation and Implications" Science Vol. 308, June, 1431–1435.

Harrington, Winston, Morgenstern, Richard D., and Nelson, Peter: 2000, "On the Accuracy of Regulatory Cost Estimates," Journal of Policy Analysis and Management Spring, 19 (2): 297–322.

［IPCC］Intergovernmental Panel on Climate Change：2001a，"Climate Change 2001：The Scientific Basis，" Contribution of Working Group I to the Third Assessment Report of the Intergovernmental Panel on Climate Change，Cambridge Press，New York，NY.

［IPCC］lntergovernmental Panel on Climate Change：200lb，"Climate Change 2001：Synthesis Report，" in R.T. Watson and the Core Writing Team（eds）A Contribution of Working Groups Ⅰ，Ⅱ，and Ⅲ to the Third Assessment Report of the lntergovernmental Panel on Climate Change，Cambridge University Press，Cambridge，United Kingdom，and New York，NY.

Jaffe，Adam，Peterson，Steven R.，Portney，Paul R.，and Stavins，Robert N.：1995，"Environmental Regulation and the Competitiveness of US Manufacturing：What Does the Evidence Tell Us?" Journal of Economic Literature 33（1）：132–163.

Jeppesen，Tim，List，John，and Folmer，Henk：2002，" Environmental Regulations and New Plant Locations Decisions：Evidence from a Meta–Analysis，" Journal of Regional Science 42（1）：19.

Jorgenson，Dale and Goettles，Richard：2004，U.S. Market Consequences of Global Climate Change，Pew Center on Global Climate Change，Arlington，VA.

Kleypas，J.A.，Feely，R.A.，Fabry，V.J.，Langdon，C.，Sabine，C.L.，and Robbins，L.L.：2005，Impacts of Ocean Acidification on Coral Reefs and other Marine Calcifiers：A Guide for Future Research，A report from a workshop sponsored by the National Science Foundation，the National Oceanic and Atmospheric Administration，and the U.S. Geological Survey，［online］http：//www.ucar.edu/communications/Final_acidification.pdf，accessed July 2006.

Lempert，Robert：2002，Capital Cycles and the Timing of Climate Change Mitigation Policy，Pew Center on Global Climate Change，Arlington，VA.

Meinshausen，Malte：2006，"What does a 2 Degree Celsius Target Mean for Greenhouse Gas Concentrations? A brief Analysis Based on Multi –Gas Emission pathways and Several Climate Sensitivity Uncertainty Estimates，" in Hans Joachim Schellnhuber，Wolfgand Cramer，Nebojsa Nakcenovic，Tom Wigley and Gary Yohe（eds）Avoiding Dangerous Climate Change，Cambridge Press，UK，pp.265–279.

Michaels，Patrick：2002，"Global Warming and the Kyoto Protocol：Paper Tiger，Economic Dragon，" American Legislative Exchange Council，［online］http://www.alec.org/meSWFiles/pdf/0208.pdf，accessed January 2006.

［NCEP］National Commission on Energy Policy：2004，Ending the Energy

Stalemate: A Bipartisan Strategy to Meet America's Energy Challenges, [online] http: //www.energycommission.org/files/ contentFiles/report_noninteractive_44566feaabc 5d.pdf, accessed July 9, 2006.

[NRC] National Research Council: 2002, Abrupt Climate Change: Inevitable Surprises, National Research Council. National Academies Press, [online] http: // fermat.nap.edu/catalog/10136.html, accessed July 9, 2006.

Oak Ridge National Laboratory: 2004, Carbon Dioxide Information Analysis Center, Oak Ridge National Laboratory, U.S. Department of Energy, Oak Ridge, TN, USA, [online] http: //cdiac.esd.ornl.gov, accessed July 9, 2006.

Paltsev, Sergey, Reilly, John, Jacoby, Henry, Ellerman, Denny, and Tay, Kok Hou: 2003, Emissions Trading to Reduce Greenhouse Gas Emissions in the United States: The McCain-Lieberman Proposal, MIT Joint Program on the Science and Policy of Global Change. Report #97, [online] http: //web.mit.edu/globalchange/ www/MITJPSPGC_Rpt97.pdf, accessed November 2005.

Porter, Michael and van der Linde, C.: 1995a, "Toward a New Conception of the Environment –Competitiveness Relationship," Journal of Economic Competitive- ness 9 (4): 97–118.

Porter, Michael and van der Linde, C.: 1995b, "Green and Competitive," The Harvard Business Review, September–October, 120–134.

Preston, B.L. and Jones, R.N., 2006, "Climate Change Impacts on Australia and the Benefits of Early Action to Reduce Global Greenhouse Gas Emissions," Commonwealth Scientific and Industrial Research Organisation (CSIRO), Prepared for the Australian Business Roundtable on Climate Change, [online] http: //www. csiro.au/csiro/content/file/pfbg, html, accessed July 9, 2006.

Reilly, John, Jacoby, Henry, and Prinn, Ronald: 2003, Multi –Gas Contributors to Global Climate Change: Climate Impacts and Mitigation Costs of Non-CO_2 Gases. Pew Center on Global Climate Change, Arlington, Virginia.

Repetto, Robert, Maurer, Crescencia, and Bird, Garren: 1997, U.S. Com- petitiveness is Not at Risk in the Climate Negotiations, U.S. Climate Notes, [online] www.wri.org/cpi/notes/comp–us.html, accessed January, 2006.

Rignot, E. and Kanagaratnam, P.: 2006, "Changes in the velocity structure of the Greenland Ice Sheet," Science 311: 986–990.

Schellnhuber, Hans Joachim, Cramer, Wolfgand, Nakcenovic, Nebojsa, Wigley, Tom, and Yohe, Gary (eds): 2006, Avoiding Dangerous Climate

Change, Cambridge Press, UK.

Smith, Anne E., Bernstein, Paul, and Montgomery, W. David: 2003, The Full Costs of S.139, With and Without its Phase II Requirements, Charles Rivers Associates, [online] http: //www.crai.com/pubs/pub_3694.pdf, accessed November 2005.

Smith, Joel B: 2004, A Synthesis of Potential Climate Change Impacts on the U.S., Pew Center on Global Climate Change, Arlington, VA.

Thorning, Margo: 2006a, "Can We Afford to Heed Gore," Op-Ed, Baltimore Sun, [online], http: //www.accf.org/pdf/053006_BaltSun_GW.pdf, accessed July 9, 2006.

Thorning, Margo: 2006b, Testimony before the U.S. Senate Committee on Energy and Natural Resources on "Design Elements of a Mandatory Market Based Greenhouse Gas Regulatory System," Climate Change Conference April 4, 2006, [online] http: //energy.senate.gov/public/_files/panel2.pdf, accessed July 9, 2006.

Thorning, Margo: 2006c, "California Climate Change Policy: Is AB 32 a Cost-Effective Approach?" American Council for Capital Formation, [online] http: //www.accf.org/pdf/Analysis061406.pdf, accessed June 16, 2006.

[UNFCC] United Nations Framework on Climate Change: 1992, [online] http: //unfccc.int/resource/docs/convkp/conveng.pdf, accessed November 2005.

Velicogna, Isabella and Wahr, John: 2006, Measurements of Time-Variable Gravity Show Mass Loss in Antarctica Science Vol 311: 1754-1756.

Webster, P.J., Holland, G.J., Curry, J.A., and Chang, H.-R.: 2005, "Changes in Tropical Cyclone Number, Duration, and Intensity in a Warming Environment," Science 16 September: 1844-1846.

[WEFA] Wharton Econometric Forecasting Associates: 2002, "Kyoto Protocol and Beyond" The High Economic Cost to the United States, "Prepared for the American Council for Capital Formation by DRI-WEFA, [online] http: //www.accf.org/pdf/EcoImpact-GHG-US.PDF, accessed January 2006.

Weyant, J.P., Davidson, O., Dowlatabadi, H., Edmonds, J., Grubb, M., Parson, E. A., Richels, R., Rotmans, J., Shukla, Pr., and Tol, R. S. J.: 1996, "Integrated Assessment of Climate Change: An Overview and Comparison of Approaches and Results," in J.P. Bruce, H. Lee, and E.F. Haites (eds) Chapter 10 in Climate Change 1995: Economic and Social Dimensions of Climate Change, Cambridge University Press, New York, NY.

Weyant, John: 2000, An Introduction to the Economics of Climate Change Policy, Pew Center on Global Climate Change, Arlington, VA.

Whitehouse: 2002, "President Announces Clear Skies & Global Climate Change Initiatives," [online] http: //usgovinfo.about.com/gi/dynamic/offsite.htm? site=http: //www.whitehouse.govonews/releases/2002/02/20020214%2D5.html, accessed June 2, 2006.

World Bank: 2004, "World Development Indicators 2004," [online] http: // web.worldbank.org/wbsite/external/datastatistics, accessed July 26, 2005.

第⑭章 能源传说十三
——发展中国家并没有在对全球气候变化的关注中尽到自己的责任

由发展中国家制定及发动的关于减缓与能源相关的气候变化的政策和行动，引发了一场旷日持久的争论。这个争论即如果没有迅速成长中的发展中国家做出类似的回应，那么这一切是否有意义。而这一争论建立在这一传说的基础上——发展中国家在强制性地减少排放量方面做的不够，而且如果他们不能做出足够努力的话，全球的努力就成为空谈了。

这一观点强调了如下几种说法：

任何允许发展中国家排放温室气体的协议都将使得减排国家所做的努力白费。这将急剧增加美国的汽油、电力及燃油成本，会对美国经济造成极大的损失（美国传统基金会，2001；见美国资本形成委员会，2002）。

美国采取了坚定的立场：《京都议定书》中作出的承诺，即发展中国家"有意义地"参与对于取得协议目标和得到众议院的支持都是非常关键的。同时美国政府认为在成功应对气候改变和全球性变暖的问题上需要这样的参与（国会研究处，2000）。

这一章将会解释为什么这个传说不完全真实，甚至根本不真实——发展中国家在丝毫没有意识到这对于全球气候将意味着什么的情况下不断地排放温室气体。本章首先将介绍发展中国家做出什么样的努力才能被认为是足够的。然后简明地描述国际上关于发展中国家应当发挥什么作用的一系列看法，总结很多关于发展中国家所作出的回应以及他们缺席的政府间协议会议，考虑对于在未来发挥越来越重要作用的他们要做出什么样的志愿行动，才算是一个好的开端。

14.1　在全球性温室效应中发展中国家扮演了什么样的角色？

　　发展中国家在平衡世界温室气体浓度方面发挥什么样的作用主要取决于他们应该扮演什么样的角色。有一种观点认为谁造成温室效应，谁就应该对其负责。换句话讲，地球大气中的温室气体是由于化石燃料的使用，而这主要是由发达国家造成的，尤其是欧洲和北美国家，而这些国家借此也获取了相当多的财富，所以谁受益谁就应该对此引发的环境后果负责。另外一种不同的观点就是，抛开过去不讲，所有未来会引发环境问题的国家都应该负责。也就是说，如果要稳定未来的温室气体排放，就必须要考虑到未来各国的气体排放量，然而，全球发展中国家的气体排放量已经超出了传统发达国家的气体排放量。

　　在相当大的程度上，这两种观点迥异的原因来自于人们对公平/公正或现实/实用主义的侧重点不同，在许多的情况下，人们面对这两方面会顾此失彼，所以现在的政策讨论面临着要找出一条能同时兼顾两者的方案。

　　首先从公平的角度考虑，气候变化主要是由于将碳化石燃料转化为温室气体的人类活动，这个观点即使没被完全认同也被大家广泛接受（IPCC，2001），毫无疑问，自从工业革命诞生开始尤其是 20 世纪中期，各国的气体排放就成了温室效应的起因。这个难题通常由被称为发达国家或者工业化国家燃烧消耗化石燃料引起——如美国、西欧及其他的经济发达国（如日本）。对这些燃料的使用和消费造就了这些国家的高收入、高生活水准，这在很大程度上加大了发达国家与发展中国家的差距（南北差异）。特殊的是，那些盛产天然气及石油的国家（通常被定义为南半球国家），他们的生活主要受益于自然资源的恩惠（Haggett，1975，pp.460-461），他们可以提供化石燃料来满足发达国家的需要。

　　从全球来看，自 1751 年起，超出 3000 亿吨的碳由于化石燃料（伴随着水泥生产）的使用被释放到空气中，这些气体有半数是从 20 世纪 70 年代中期被释放到空气中的，到了 1990 年，更多的温室气体被释放到空气中，这些排放主要来自美国、加拿大、日本、澳大利亚及其他世界上相对发达的一些国家。到 2003 年，美国依然有占全球 22% 的二氧化碳排放量，向空气中排放了数吨的碳（Marland et al.，2006）。

　　二氧化碳的人均排放量资料显示了发达国家和发展中国家的鲜明对比。如：美国的资料显示 2003 年人均碳排放量为 5.43 吨，而中国为 0.86 吨，印度为 0.33

吨，加纳为 0.1 吨 (Marand et al., 2006)。人均碳排放量与人均国民生产总值强相关（尽管高收入与低收入的关系比中等收入水准的关联程度稍高一些）(Baumert et al., 2005)。发展中国家认为公平起见，关于碳减排的责任，应该按照人均碳排放量而不是国民总排放量。

而且，他们认为他们有权利通过经济增长和发展来缩小发达国家与发展中国家的差距，当然这一过程会显著增加能源的消耗。如果绝大多数可负担得起的能源途径与化石燃料的燃烧有关，那么温室气体排放的限制直接导致他们的经济发展水平受到制约。换句话来讲，发展中国家在减少全球性温室气体排放的过程中，不仅要顾及他们不能造成温室效应的现实，同时还要考虑他们的发展目标才是更应该优先关注的事情。

同时，许多观察者及政策制定者指出了忽视公平以及正义的问题。那些造成了温室效应的国家并不能依靠自己去解决这些问题，所以必须依靠整个地球的力量。就国民碳排放总量而论，中国现在是第二大经济体，印度第四，韩国第九，墨西哥第十一 (Marland et al., 2006)。一些大的、经济增长的发展中国家碳排放量的增长速率比发达国家要快得多，有一种偏见认为，发展中国家群体的碳排放量在 2020 年之前要超过发达国家的碳排放量（见图 14-1）。所以，依靠发达国家大量地减少碳排放量来稳定温室气体是不够的。如果要稳定世界碳循环，发展中国家必须在未来发挥实质性的作用。事实上，两种观点都是有道理的。总的来说，谁在引起全球温室效应中扮演了更重要的角色并在这个过程中获益，谁就应该负起领导解决这一问题的责任来。如果只做一点是不负责任的。但是发达国家在上一世纪已经排放入大气层中的温室气体，是不可能通过减少他们现在的气体排放量来解决的。不管发达国家做什么，相对更大的、增长迅速的发展中国家在

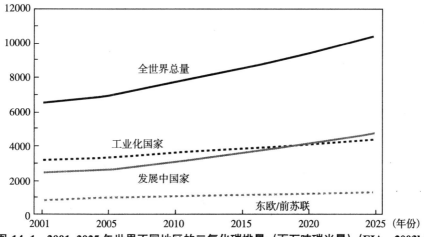

图 14-1 2001~2025 年世界不同地区的二氧化碳排量（百万吨碳当量）(EIA，2003b)

排放温室气体方面都会在下半世纪中或更长的时间里占主导地位。因此，发展中国家对于全球性的温室效应有着不可推卸的责任。目前面临的挑战是在这两种观点中找出一种平衡来，这种平衡应既能够在政策中体现又能够改善环境。

14.2　现在对于发展中国家部分有着什么样的法律条文？

关于发展中国家在稳定大气温室气体方面作用的讨论植根于一系列国际组织及其他政府的举措中——而许多活动正以独立于这些举措的方式出现。

现在主导的制度惯例是联合国气候变化框架公约（UNFCCC），它是 1992 年在里约热内卢召开的联合国环境与发展会议上达成的数条协议之一，而在距此 25 年之前在斯德哥尔摩召开的联合国人类环境会议上，在应对地球环境问题中引入了代间公平这一概念。

《联合国气候变化框架公约》通过了年度缔约方大会（COP），参与缔约国大会的国家是该公约的缔约国。最知名的《联合国气候变化框架公约》的《京都议定书》，在 1997 年的缔约方大会上形成，国际条约旨在将环境中的温室气体稳定到一定的浓度，防止世界气候环境系统的恶化。《京都协议书》主要针对附录 1 中的国家，这些国家在 1990 年释放出来二氧化碳至少占全球排放量的 55%。这些国家认可这一协议，并且承诺会在 1990 年的水平上，相应地减少温室气体的排放量。

尽管大家都知道，《京都协议书》并不是被联合国气候变化框架公约唯一吸纳的体系。大会中的第 12 章要求各参与国周期性地提供其在遵照协议中所采取的措施。自联合国气候变化框架公约的缔约方扩大到附录 1 以外后，这就涉及大量的发展中国家；在大部分情况下，他们提交的报告非常具有专业性及洞察力。另外，缔约国大会年度会议继续对环境气候变化的应对政策和措施进行讨论，政府间气候变化专门委员会的定期汇报将提供有关气候变化的信息总结、影响及适应潜力、应对措施。

除联合国以外，联合国环境规划署和联合国可持续发展委员会（CSD）这样的主体同样关注气候变化对维持全球及国家可持续发展的影响。其他的多边机构如全球环境基金（GEF）同样也在关注支持这一难题，建立于 1991 年的全球环境基金旨在帮助发展中国家支援那些能够保护地球环境的项目，多个地区和部门的国际气候变化影响、评估与适应组织的一个项目就在 2002~2005 年对一些发展中国家的自我评估提供了帮助与支持。

作为少数未通过《京都议定书》的国家之一，美国处于各方压力之中。从而，要通过其他途径展现他们为应对全球气候变化做出的努力。当前的方案种类繁多，包括用能源技术研究及发展来扩大碳减排的技术选择范围。多边科学技术合作包括有 19 个国际成员国的碳整合领导人论坛，17 个成员国的国际氢能经济合作组织，11 个成员国的核能源第四代国际论坛，16 个成员国的沼气市场计划以及被称为国际热核聚变实验堆的核聚变能源伙伴关系。除了这样的以科学和技术为导向的伙伴关系之外，美国的举措还包括清洁能源的计划（CEI），2002 年的世界可持续发展首脑会议的总统倡议，亚太清洁发展和气候合作。美国其他的相关举措包括参与亚太经贸合作组织论坛和世纪挑战账户集团。

其他发达国家气候变化的相关措施涉及发展中国家，这意味着，整个全球布局结构将会相当复杂，超越了《京都议定书》的范畴——考虑到发达国家的职责就是在不增加碳排放趋势的情况下为发展中国家提供可供选择的能源以帮助发展中国家发展，这就能改变气候。着眼于发展中国家在《京都议定书》中的作用就能切中要害。

14.3　在应对全球气候变化的过程中发展中国家要做些什么？

尽管发展中国家并没有在温室气体排放限量（例如一些发达国家，包括美国）上达成一致，但在许多情况下他们非常关注气候的变化，即使他们的动机通常要从可持续发展中获利。实际上，在许多情况下，他们在证明重要清洁能源替代品及考虑环境适应性作为应对可能出现的环境变化策略中是全球领导者。

最突出的例子是巴西，一个较大的发展中国家，这是世界上唯一拥有此类产业部门的国家——其主要能源来自于可再生资源。从某种程度上来说，这是因为这个国家有水力发电的潜能。20 世纪 70 年代和 80 年代，巴西承建了一些大型的水电站，如伊泰普水利发电站及土库曼大堤，今天巴西超过 80% 的能源是依靠水力发电。但它也反映了这样的决定，推动了用生物质来生产液体燃料的传统界限：依他们的情况来讲，可以从制糖业中生产酒精。2003 年 6 月，国家汽油供应中包括 25% 的乙醇，到 2006 年，全国的公路车辆皆可以使用汽油或者是乙醇（EIA，2003a）。这样，尽管巴西消耗了世界 2.2% 的能量，但是因能源利用引起的碳排放只占到世界的 1.5%，现在没有国家可以在这方面与巴西媲美，尽管巴西大规模地发展水电站及生物能比单独减少碳排放有其他环境影响，但这些影响并不全是积极的。

其他例子不胜枚举，比较明显的有：

● 中国在工业能源效率上有了较大的提升。1997~2000年，中国的能源消耗降至9%而GDP却在持续上升，所有这些变化几乎都是工业节能和工业产品不断增加的结果（Lewis et al., 2003）。尽管从2000年开始，总的能量消耗有所增加，但是20世纪晚期的减排成绩对于经济发展中的大国来说是史无前例的。

● 印度用替代燃料来取代以石油为基础公路车辆燃料的成效。1998年，由环境保护者提起的一桩诉讼案，引发印度最高法院强制性将首都新德里公路上的车辆燃料改换为压缩天然气（CNG），这是历史中世界城市公路车辆燃料的一个最显著的变化。到2002年，公路燃料的转换彻底完成，这一大规模的运作保持的一个特性就是迅速将传统的公路汽车燃料转化为低气体排放量的燃料（Bose and Sperling, 2002; Jalihal and Reddy, 2006）。同时，印度在修复发电厂以提升利用率减排方面也是世界领先者。

● 巴贝多斯在太阳能热水器方面的成就。除却巴西，在清洁能源方面作为半球领先者的唯一的发展中国家（除了巴西的大规模应用）就是巴贝多斯，它在利用太阳能热水器方面可以与塞浦路斯及以色列相提并论。在这一个小国中，有32000台太阳能热水器用于居民商业建筑及旅馆内。大概1/3为家庭住户使用——在西半球中也是这样地被广泛使用，有三家小型产品与服务公司正在迁入其他地区，并且作为太阳能热水器供应商打入世界市场。它是西半球国家热水器的主要供应商，作为行业领先者，它在30年前就获取了丰厚的回报（Perlack and Hinds, 2004）。

● 中美洲各国之间的积极合作，在发达国家通过碳增汇、在发展中国家通过改进气体排放来减少排放量的议题上达成一致。在京都议定书之前，联合国气候变化框架公约计划被称作共同执行活动（AIJ），之后又被称作为共同减量（JI）来鼓励支持这样的协议。从世界范围来讲，这些收效甚微，但是在追求减排的国家中，中美洲的各个合作国是比较积极主动的，如美国电力部门和哥斯达黎加在植树造林项目之间达成协议。

在这些案例中，发展中国家在探索温室气体排放和减排方面均有成效，而且这些成效的意义并不在于应对于国际间气候变化的协议，而在于对其国家地区或者当地的经济环境互惠互利。温室气体的排放量会相应减少是由于降低成本（如中国的工业部门和印度的发电厂），提升局部地区空气质量（如印度的压缩天然气的使用）及可持续发展（如巴贝多斯的太阳能热水器和中美洲之间的共同减量措施）的刺激。气候改变的益处被高调地关注和报道，但是其最直接和短期的利益就是行动的原因。

同时，在国际舞台上，发展中国家在其他重要合作中发挥了领导者的作用。2002 年在新德里召开的第八次联合国气候变化框架公约缔约国大会上（COP-8），发展中国家在环境适应力及气候变化方面成功地扩大了国际上各国的响应度。各国基于对自身发展的考虑及应对气候变化的薄弱之处，催化了气候变化和可持续发展的德里部长宣言（通常被称为《德里宣言》），这要求采取紧急行动以推进适应措施。从那时起，联合国气候变化框架公约（UNFCCC）已经引起大家对国际交流中国家适应计划的关注。尤其是低端发达国家以及许多发展中国家（包括中国和印度在内）已经加入了《京都议定书》。每年的缔约国大会（COP）上不断在讨论如何整合这些协议来支持那些应对未来气候变化的政策及方法。最初的分析表明成本效益比较的结果对规模是有依赖性的，这个结果具有很重要的政策含义。以当地规模来讲，应变性净利益是最大的。而以全球规模来讲，规避性净利益是最大的（见图 14-2）。

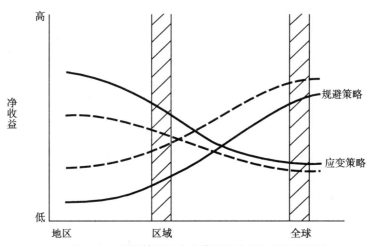

图 14-2 规避策略和应变策略净收益的尺度依赖性

注：实线描述了温和的气候变化；虚线描述了更为实质性的气候变化，改编自 wilbanks，2003。

当然，这些记录并不意味着所有发展中国家对于全球气候变化达成了实质性的总体响应。事实上，一些出口石油的发展中国家也是对于气候变化风险直言不讳的怀疑论者。但是在一定时期内，发达国家并没有通过实际行动减少碳排放的趋势，同时欧洲的一些国家也出现了这种情况，而发展中国家在这方面的努力呈现出分散、复杂的局面，总起来看，他们的这些努力并不具有革命性的意义。当然发达国家的努力也没有达到这种效果。

早期的实验成果显示下面的几种结论：

● 发展中国家只是在经济与环境"双赢"的情况下或者在区域无力应对气

候变化时才会对减排产生兴趣，并不是由于自身恪守减排承诺。

● 在许多案例中，发展中国家不通过国家政策或者行动而是通过自下而上的分配计划来对全球气候变化回应并在全球的响应中起到领导作用，因为协同效应通常是相当大的。

● 即使许多观察者认为发达国家比发展中国家有能力应对环境变化时产生的一些危机及代价，但发展中国家在考虑环境变化产生的一系列问题上是先于多数发达国家的。

14.4　现在的反应模式会对未来的政策产生什么样的影响？

这些发展中国家的响应可归为一种重要的模式，原因有两点：首先，证据就是在很多情况下，发展中国家的一些贡献已经超过了其应负的责任；其次，这暗示了增加发展中国家的贡献的途径是通过一些公平而且实用的方式使之与这些国家自身的实际、直接利益相关联。在实际成效上，扩大发展中国家作用的出发点是为了关注怎么做才对这些国家有意义，同时发达国家在既可以稳定大气浓度又能协助发展中国家可持续发展的前提下应该怎样做。

例如，让发展中国家关注气候变化的一个重要的动机是察觉到他们应对气候变化影响的能力薄弱，因此，现在首先要做的是协助发展中国家提升他们的应对能力，同时评价其本国的环境气候变化。他们发现自身弱点而并非依赖其他国家帮助的能力越强时，就越能发现这种全球的、国家的、局部的有效响应对气候变化的价值。

发展中国家应对环境气候变化的另一特点就是有一系列的政策及技术支持（AAG，2003）。发达国家鼓励发展中国家应对气候变化的一个十分有效的方法就是向这些国家开发和证明这些技术和政策有益于减轻气候变化带来的影响（通过温室气体排放量的减少或人类和自然的适应），同时又有利于本国的可持续发展。现行的主要能源技术制约是一个很大的障碍。你可以想象一个国家能源决策者在讲：你们并不想我们利用本国的煤炭，是吗？你们不希望我们买上更多的石油，对吗？你们不希望我们向核能转移，对吗？你们也不希望我们建立大坝进行水力发电或者砍倒我们的树木从生物质中获取能源，对吗？而且你们自己并不能用其他的可再生能源作为主要的能源供给来源，因为它要么太少要么太贵？你们希望我们做什么？是让我们发展得更好还是让我们让道？对于他们制造出的问题所应当承担的那部分责任，发达国家应当创造稳健的、支付得起的选择满足发展中国家不断增长的能源需求，同时又能从能源供应系统中减少碳的排放量。

认真关注发展中国家的适应能力是非常值得的。我们知道避免温室效应负面作用的气体浓度水平要比有适应能力的地球浓度水平高，降低浓度及适应力都是一些补救措施，而不是竞争手段（Wilbanks et al., 2006）。京都议定书 II 正在考虑这些国家适应性投资的信誉，起码是在脆弱的发展中国家考虑减缓投资。对于发达国家来说，其承担解决问题的主要责任就是气候变化的结果及原因，不管对于发达国家还是发展中国家，这在维护及支撑适应力方面，都是极为重要的（例如，在北极：北极气候影响评估（ACIA），2004），了解适应力及潜力的缺陷和代价，可以为未来制定复杂的政策提供参考。

在这些方法中，发展中国家对于应对气候变化所创造出来的价值及信息对我们来说是十分重要的，我们现在要学习的不是去假设他们什么也没做，而是这些发展中国家应该怎样怀着一种合作及创造共同利益的精神去发挥他们的作用。

参考文献

［AAG］Association of American Geographers: 2003, Global Change and Local Places: Estimating, Understanding, and Reducing Greenhouse Gases, in R. Kates, T. Wilbanks, and R. Abler（eds）, Cambridge University Press, Cambridge, MA, USA.

［ACIA］Attic Climate Impact Assessment: 2004, Impacts of a Warming Arctic, Cambridge University Press, Cambridge, MA, USA.

American Council for Capital Formation: 2000, "A U.S. Perspective on the Economic Impact of Climate Change Policy," Special Report, Margo Thorning, Center for Policy Research, ［online］www.accf.org/publications/reports/sr –us –perspective. html, accessed July 21, 2006.

Baumert, K., Herzog, T., and Pershing, J.: 2005, "Navigating the Numbers: Greenhouse Gases and International Climate Change Agreements," World Resource Institute, Washington, DC, USA.

Bose, R. and Sperling, D.: 2002, "Transport in Delhi, India; Environmental Problems and Opportunities," Transportation Research Record, 1815, pp. 3–10.

Congressional Research Service 2000, "Global Climate Change Treaty: The Kyoto Protocol," CRS Report 98 –2, updated March 6, 2000, ［online］www. ncseonline.org/NLE/CRSreports/Climate/clim–3.cfm, accessed July 21, 2006.

[EIA] Energy Information Administration: 2003a, "Brazil: Environmental Issues," Country Analysis Briefs, EIA, Washington, DC, USA.

[EIA] Energy Information Administration: 2003b, International Energy Outlook, 2003, Washington, DC, USA.

Haggett, P.: 1975, Geography: A Modern Synthesis, 2nd ed., Harper and Row, New York, NY, USA.

Heritage Foundation: 2001, "Why President Bush is Right to Abandon the Kyoto Protocol," Policy Research & Analysis Backgrounder #1437, [online] http://www.heritage.org/Research/EnergyandEnvironment/BG1437.cfm, accessed July 21, 2006.

[IPCC] Intergovernmental Panel on Climate Change: 2001, Climate Change 2001: The Scientific Basis, Cambridge University Press, Cambridge, MA, USA.

Jalihal, S. and Reddy, T.: 2006, "Assessment of the Impact of Improvement Measures on Air Quality: Case Study of Delhi," Journal of Transportation Engineering 132, pp. 482–88.

Lewis, J., Fridley, D., Sinton, J., and Lin, J.: 2003, "Sectoral and Geographic Analysis of the Decline in China's National Energy Consumption in the Late 1990s," Proceedings of the ACEEE Summer Study on Energy Efficiency in Industry, Rye Brook, NY, July 29–August 1, 2003, ACEEE, Washington, DC, USA.

Marland, G., Boden, T.A., and Andres, R.J.: 2006, "Global, Regional, and National Fossil Fuel CO_2 Emissions." In Trends: A Compendium of Data on Global Change, Carbon Dioxide Information Analysis Center, Oak Ridge National Laboratory, U.S. Department of Energy, Oak Ridge, TN, USA.

Perlack, R. and Hinds, W.: 2004, "Evaluation of Renewable Energy Incentives: The Barbados Solar Water Heating Experience," Technical Report Series 2004–1, Renewable Energy Centre, Barbados.

Wilbanks, T.J.: 2003, "Geographic Scaling Issues in Integrated Assessments of Climate Change," in J. Rotmans and D. Rothman (eds), Scaling Issues in Integrated Assessment, Swets and Zeitlinger, pp. 5–34.

Wilbanks, T.J., Leiby, P., Perlack, R., Ensminger, J.T., and Wright, S. B.: forthcoming, "Toward an Integrated Analysis of Mitigation and Adaptation: Some Preliminary Findings", in special issue, Mitigation and Adaptation Strategies for Global Change.

第 ⑮ 章 结 论

——用真理取代传说：重新思考能源
和美国社会之间的关系

15.1 引 言

L.H.M. Ling（2001）在其评价方法在社会科学中的适当作用的文章中，以一条鱼和一只乌龟的故事开篇。Ling 写道，从前，有一条多彩而骄傲的小鱼。他有很多朋友并热爱着他周围的水。他游得很快、很敏捷、很优雅。有天他遇到一只乌龟，一位很久不见的朋友。

这条鱼和乌龟打招呼，说道："嗨，乌龟妹妹，你好吗？好久不见。你去哪里了？"

乌龟答道："我很好，谢谢。我去陆地上出差了。"

"哦，真的吗？陆地是什么？与可爱的水里有什么不同吗？"

"有很多不同。"

"那是什么样的？"

乌龟停顿了一下。很难找到合适的词汇描述鱼儿从未经历过或见过的东西。但是这条没有耐心的鱼儿打断了乌龟的思绪。

"陆地像水中吗？"

"额，不像……"

"你能在里面游泳吗？"

"不能。"

"你往深处去时，会感觉到压力吗？"

"不会，完全不是那么回事。"

"当太阳照在上面的时候，它会随着闪闪的阳光跳舞吗？"

"不，也不是……"

这条没有耐心的鱼生气了，"我已经问了你很多关于陆地的问题，而你只回答不。据我所知，你的陆地根本就不存在。"

带着这种想法，这条傲慢的、深深失望的鱼游开了。

乌龟感叹息道："当一个人的问题是基于对旧事物的成见时，他怎样理解新事物呢？"

尽管这明显是虚构——乌龟和鱼还没学会说英语——Ling 的故事提醒了我们三件重要的事情。

第一，同一地方的居民会有十分不同的观点。他们持有不同的价值观和信念，并怀着相互抵触的兴趣和目的。结果，例如风电厂对有些人来说是吸引人的特色景观，对另外一些人来说却是有碍观瞻之物。

第二，这个故事提醒我们，对于我们身处其中之物我们很难去反对和对其进行批判。我们所有人——不管我们喜不喜欢——都会被卷入一系列我们自身内心深处所坚持的设想。社会学家 Emile Durkheim 和 Marcel Mauss（1963）把对其他文化的研究比作一个初见光明的盲人。在获得光明之前，一个盲人无法观察到这个围绕着我们的现实世界，身处其中我们面对着混乱、形式、色彩和模糊的视觉印象。只有在非常慢的情况下并付出大量的努力，他们才能学会管理刺激物、从混乱中建立秩序、区别和分类事物。

类似地，我们自身的文化就像我们的物理感官一样是我们的一部分。由于它被以理所当然和无形地接受，所以很难对其客观评价。此外，对我们文化的批评，有些傲慢和审判的味道。面对这种批评时，大部分人——就像那条鱼——只想走开。Anthony Giddens 曾说，我们根深蒂固的社会系统，"就像一个无法逃离的房间的墙壁，但是在房间里，他/她可以自由活动"（Pickering，1993，p.583）。

第三，这个故事解释了，为什么持有截然不同观点的人之间的谈话常常十分困难。在其评价科学史的研究中，Thomas Kuhn 用"无从比较"这个词来描述似乎是阻碍科学家群体之间进行顺畅和有意义的对话的不可逾越的沟通障碍。确实，Ludwig Fleck（1970）、Thomas Kuhn（1962，1977）和 Derek de Sola Price（1966）等心理学家长期以来一直认为，不同的人群借由"思维集合"、"范式"和"无形学院"来宣扬和信仰不同的文化习俗。试图从外部与这些人沟通，就好比用其基本不懂的外语和一个人说话。

对于能源政策，这个故事说明，分析家和学者永远都不应当忘记，社会中的某一特定部分人群的预期、经验和知识水平是不同的。能源分析总是会受到一定数量的基础假设的干扰。与此同时，观点的不同常常也丰富了视角，而对于不同的观点之间的联系的分析经常能够带来理解上的重大突破。就像本书试图阐释的，在能源政策领域中，相互抵触的价值观、信念和解释并不鲜见。

15.2　不确定性、能源政策和未来

作为能源分析中相互冲突的利益和观点的一个例子，请思考能源预测的发展历史。对能源政策的广泛评估可以追溯到 20 世纪 40 年代，社会学家 A.Rosa 等人（1988）认为能源分析发生过三次浪潮或转变。第一个浪潮从 20 世纪 40 年代到 70 年代早期，由那些强调能源对社会的经济表现的重要性的经济学家主导。那些研究通常是衡量经济表现和其增长——特别是像国内生产总值之类的——并将之与一个特定国家的能源消耗量作比较。这样的评估发现能源消耗和经济增长之间有极高的一致性，并使能源消耗对美国经济的持续增长是必须的这一观点成为永恒的无可争议的观点。另外，能源政策包含了对经济表现和增长的评估（编制销售数据和消费测量值），并制定策略以为保证经济增长提供充足的能源。

第二波浪潮开始于当代能源思维被 20 世纪 70 年代的能源危机打破之时。这个"第二波浪潮"挑战了能源与经济财富之间的关系。新的研究显示，发达国家的能源消耗方式十分不同。横贯全国的调查、纵向的分析，和生活水平相似的国家的能源使用模式检验几乎都指向同一个方向：一个社会要实现工业化就必须满足高能源消耗的临界值，但是之后维持现有生活水平所需的能源数量远远超过了这个临界值。能源分析成了计算能源效率有多大，和为那些已经超出能耗临界值的国家探索替代能源的工具。

"第三波浪潮"——尽管其较早时候就已崭露势头——是在接近 20 世纪 70 年代末的时候开始确立下来的，并持续到现在。这一波的研究主要是关注于正在施行的方案和对未来的预测。能源政策分析常常是关于不同技术选择的论辩，并针对应该如何管理供需以创造一个更可持续发展的社会提出了深刻的见解。这些分析常常推测当前的趋势、描绘未来世界的蓝图，并给政策制定者提出了实现这个蓝图的不同选择。

当然，对还没有被意识到的能源传说的偏好，使预测能源的未来特别困难。从某种角度来看，这正是将很多分析家吸引过来的东西。Philip J. Brown（1984）评论说，20 世纪 70 年代能源危机之后，每个人都想从事能源预测的工作的原因之一是，他们意识到了能源对每个人的生活的重要性。但 Brown 称，他们也认识到了明显的统计上的难题和进行长期预测的十足复杂性。Brown 指出，即便是最优秀的分析家也很难预测某天的政治选举。预测一次选举需要大量信息的综合：

①哪里的选票记录在同一地区；②哪里的选举结果是一维的（也就是一个获胜者和一个或多个失败者）；③哪里可以获得验票和重新计票的完整数据；④哪里是最后（选举日）在一个投票点投票。相比之下，能源预测复杂得多：数据常常来自许多地方和机构；结果是多维的，以收集到的信息而定；完整的数据很难获得和验证；数据的收集一般要花好多个月。那么，考虑到选举预测的相对简单性，请思考有多少分析家仍然预测错。

并不只有专家才会把事情搞错。在他们对家庭能耗的评估中，Loren Lutzenhiser 和 Bruce Hackett（1993）指出，由于能源是无形的，大部分人用非专业的方式，如平均成本，计量他们的能耗。消费者也错估了与电灯、冰箱、制热和制冷要求相关的能源。投资于能源技术时，一般人往往不现实地要求快速的回报。与此同时，美国人已经将他们的生活方式建立在了人为的廉价能源上——所以他们易发生冲动型消费。

未知的意外使专家和消费者思考能源的方式更加复杂了。在他们预测欧洲能源的分析中，综合研究国际中心（2000，p.8）把易于导致巨大偏差情况的意外分了至少三种类型：不可能的意外（如巴尔干半岛的战争）；想象得到的意外（如石油价格冲击）；自然意外（就是地震和其他自然灾害）。

但是当前的能源预测不仅仅是预测未来——他们也在不经意地塑造未来。William Mcdowall 和 Malcolm Eames（2006）称，能源方案常常混合描述性和规范性的检验，但是却能把他们的思想包装成结论性的分析（而没有意识到他们的一些基于价值的评估）。Mcdowall 和 Eames 指出，理论家对氢能源的未来的分析时常将正式的定量推断与精心设计的理想未来图景结合起来。因此，通过指出技术变化的驱动力，他们使期望的未来看起来似乎是必然的——因而提高了这一未来变成现实的可能性。

社会学家和政治科学家往往把这种事称作"自我实现的预言"。理论家 Robert W. Cox（1992，p.133）指出，当代社会——"经济"意义上的或"国家主权"意义上的——最丰富的观点中的一些能够存在只是因为它们不断在人们的脑海中重现。他们将其生动地总结为，"国家没有像一幢建筑物或一根灯杆一样的物理存在，但是它仍然是一个真正的实体。它是一个真正的实体是因为每个人以好像它是一个真正的实体的方式行事"。此外，一旦观点开始确立下来，就很难被去除。经济学家 John Kenneth Galbraith（2006，p.86）说："经济学家是简练的，此外，还是概念化的；大部分经济学家使这些在他们毕业后持续了一生。"

K. Matthias Weber（2006）补充道，大部分涉及能源的先见和预测都表现为分析练习，但是尽管如此，其在形成研究规划和技术选择方面还有第二个——通常是秘密的——作用。这些分析一般是在支持现有系统和强化特别的社会技术安排的基本假设的基础上做出的。Weber 认为，这些预测只关注经过仔细挑选的问题，倾向于低估不确定性和偶然性，忽视社会自适应性的需要，还时常高估它们自身的影响。

作为一个历史上的例子，请思考 20 世纪 40 年代和 50 年代对核电的广泛关注。虽然远没有接近 70 年代末"第三次浪潮"所做的能源预测那样统一和全面，但是 1946 年，芝加哥大学的校长 Robert M. Hutchins 断言，核电会使"热量如此充足，以至于其甚至可以用来在雪花飘落的时候就将其融化。"Hutchins 继续宣称：

很少的一些人在中央核电站每天为一些极为简单的工作花上几个小时，就可以满足社会全部的制热、照明，和电力需求，并且这些电厂是如此的经济，以至于它们的成本都很难计算。

(Ford and Daniel，1986，p.30)

原子能院委会的主席，Lewis Strauss（1954，p.A1）评价说，原子能会引领一个时代。他这样评价：

我们的孩子将住在电价便宜到无须计算的家里；将把大量特定时期的区域性饥荒当作历史事件来了解；将可以毫不费力地在海上或海底旅行，以及以最小的危险和最大的速度在空中旅行；将会比我们的寿命长得多，因为疾病被克服了，并且人们开始明白是什么使人老去。这些都不是奢望。

但是历史表明这些预测都成了 Weber 总结的三个谬误的牺牲品：低估了不确定性（政策制定者仍在努力提高核废料的管理水平和反应堆的安全性），忽视了社会自适应性的需要（由于三里岛和切诺贝利核泄漏事故，大部分人对核电厂依然持负面看法），高估了政府和原子能源委员会的影响（自从 1978 年之后美国就没有下令建设新的反应堆）(Sovacool，2005)。相比于 20 世纪 50 年代的乐观预期，70 年代和 80 年代针对核电厂的辩论是如此激烈，以致 David J. Rose（1981，p.80）将其描述为"在黑暗中用链锯进行的一场睿智的、优美的、仁慈的决斗"。

15.3 挖掘美国的能源传说

怀着挑战关于能源政策的传统思维的希望，本书中阐释的 13 个传说说明了支撑日常能源决策的错误信息和预设的广泛性。从检验这些传说中获得的一个结论是，受过教育的人会持有相反的观点。例如政府干预对自由市场的影响，Jerry Taylor 和 Peter Van Doren 称，能源价格合理地反映了市场状况，并且任何存在的价格扭曲主要都是当前的政策的结果。按照这个思路，对这种定价问题最好的补救措施是取消扭曲价格的政策。类似地，Amory Lovins 描述了给予受到青睐的，在没有帮助的情况下无法完成的技术大量的补贴和监管上的方便。他评论道，"无补贴区"被创造出来，以纠正"误导性的联邦政策"引起的市场扭曲。根据 Lovins 的观点，政府能够提供的唯一最大的帮助就是不提供帮助。

相比之下，一些章节提倡大幅提高联邦政府在开发能源技术解决方案上的参与度。例如，Joe Romm 断言，所有的替代燃料车方案都需要有技术进步和强有力的政府支持措施才能成功。Daniel Kammen 和 Greg Nemit 建议联邦政府对能源研发的支持力度提高 5~10 倍。Benjamin Sovacool、Richard Hirsh 和 Marilyn Brown 都倡导联邦政府更多地支持下一代能源技术的发展。Rodney Sobin 持有一个较为折衷的观点，他提倡用更有力的支持性的市场拉动政策，取代技术推动策略。

与之相呼应，能源危机是"炒作"这一传说，阻碍了调动实现能源技术解决方案所需的大量资源。更高的公众认知是确保关键的能源问题被理解的一个方法。但即使是本文的作者之间，对如何实现这点也持不同意见。Rosalyn Mckeown 专注于通过环保教育和自由选择学习机会来提高公众认知的需要。相较之下，Dan Kammen 和 Greg Nemet 侧重于投资于科学教育和使技术工艺里程更完整的研发。Benjamin Sovacool 和 Richard Hirsh 就这个议题给出了一个变通的建议，扩大的研发投入既要效率（例如消除常见的联邦立法在全国范围内带来的重复劳动）也要效果（以最主要的阻碍为目标，这些阻碍可能是社会性的、经济性的或技术性的）。

其他的不同意见影响着本书前言所提到的能源可持续发展指标体系的每一个方面：石油安全、电力可靠性、能源效率和环境质量。这种观念的差异需要充分讨论。

探讨石油安全问题时，Jerry Taylor 和 Peter Van Doren 质疑传统原油不足的看法。他们还指出了在美国北部的焦油砂和油页岩所发现的非传统石油的丰富储量。为了解决石油价格波动的问题，他们选择了长期期货合约这一市场机制。另外，Joe Romm、Lee Lynd 等人和 Marilyn Brown 的文章称，能效的提高和替代燃料是关键。Joe Romm 将解决石油安全和温室气体排放问题最好的两个选择限定在能源效率和插电式混合动力车上。混合了纤维素乙醇的燃料驱动的有效的插电式混合动力车，是他的最终解决方案。Lee Lynd 和其同事侧重于纤维素乙醇作为一种可持续的运输燃料的优点，并解释了技术改良现实的进展如何将其变成可行的和负担得起的。Marilyn Brown 详细描述了车辆燃油经济性的停滞不前和发布更严格的燃油使用效率标准的需要。

为了确保电力可靠性，Tom Casten 和 Robert Ayres 侧重于破除能效提高和分布式发电（燃气和可再生能源）的障碍带来的利益。电力系统几乎不变的低效率带来了过度的燃料消耗，并使环境问题、安全问题和财政问题更加恶化。Benjamin Sovacool 和 Richard Hirs 还强调了分布式发电的价值，既包括矿物燃料发电，也包括可再生能源发电。Sodney Sobin 将他的目光聚焦于可再生资源发电的价值，并称，"长期来看，可再生能源可以取代矿物能源，将我们电气化的、范围广泛的电力系统带到满足人类需要的可持续发展的道路上来"。

Amory Lovins 描述了认为能源效率"黔驴技穷"了的传说，这使人们低估了它们所能节省的能源量。他认为，30 年的经验解释了能源效率的提高有为数众多的障碍，可能和 80 种不同的市场失灵一样多。Lovins 认为，如果这个传说被推翻，这些市场失灵的情况都可以转化成商业机会。类似地，Ed Vine、Marty Kushler 和 Dan York 侧重于能源效率的商业案例，并反驳了能源效率不可能作为一种电力系统资源来依赖的观点。另外，Jerry Taylor 和 Peter Van Doren 提出了这样一个案例，即需求方管理计划已经被证明无法实现需求的大幅降低，并且其代价高昂，同时方法上的缺陷阻碍了其成本效益的提高。

这 13 个传说涵盖了与能源和环境质量相关的许多问题及其对照问题。关于气候变迁，Tom Wilbanks 强调了发展中国家所发挥的重要作用，并凸显了它们对作为降低气候变迁影响的一部分的整合方案的适应性战略的投资。另外，Eileen Claussen 和 Janet Peace 强调了对低成本和无成本的减轻措施进行直接投资的国内机会。确实，他们着重强调了环保活动面临的主要困境的不同方面：美国公民应该关注于本地措施（即减少美国国内温室气体排放）还是全球措施（即增加对能源需求迅速提高的欠发达国家提供国外援助）？社会学家 Frederick H.Buttel 和 Peter J Taylor 告诫道，过去集中精力于全球问题的努力已经使国内措施对改善环境问题无能为力了，同时解决国内问题的措施无意间减弱了全球应对环境破坏的努力。

这 13 个传说的结果是不确定的。一个令人忧心的可能性是，它们将成为自我实现的预言，就像"国家"或"主权"的产生。如果当今的电力系统已经处在最佳状态这一传说盛行，同时如果能效提高和分布式发电的障碍无法消除，那么分布式发电所能带来的利益可能无法实现。如果社会不愿投资于减少纤维素乙醇所需土地的能源研发，那么粮食和燃料无法兼顾这一传说将成为真正的现实。如果消费者继续低估他们通过节约能源而省钱的机会，那么这些机会将无法实现。如果氢能经济作为解决石油依赖的方案维持其首要地位，诸如插电式混合动力车和纤维素乙醇的替代燃料永远无法获得具有成本效益所需的关注。能源传说的持续存在会将未来重要的能源选择排除在外。

15.4　四个假设性的能源原则：包容性、对称性、自反性、谨慎性

　　考虑到与能源和美国社会相关的持续的趋势，美国面临的能源难题的不断增加，以及大多数能源方案和预测只有可能的未来——我们基于四个原则提出一个新的思考能源方式。这四个原则是：

　　（1）包容性——公众必须更多地参与能源决策的制定；

　　（2）对称性——对能源技术的合理分析必须同时关注技术和社会问题；

　　（3）自反性——分析家必须了解他们自己的假设；

　　（4）谨慎性——与能源相关的决策必须使当代和后代都受益。

　　第一个假设——包容性——认识到了公众的不同意见必须被更充分地考虑到能源政策的制定中。在冷战的高潮时期，Harvey Brooks——哈佛大学的一名技术和公共政策教授——提了一个简单的问题：当专家不同意时，普通公众应该做什么？那时，许多技术问题——天花疫苗、饮水氟化、核武器的大气层试验、持久性有机污染物如二氯二苯三氯乙烷（DDT）的健康危害——似乎科学专家都没有解决。

　　Brooks 评论道，政策争议总是无可避免地使价值受损，并且没有实用的方法可以将社会利益从现存的技术问题中分离出来。Brooks 认为，只有专家和公众中的通才聚到一起，使普通人的价值观和偏好得到表达，政策问题才能被解决。Brooks 称，因为专家在他们的领域保有专业性，而通才是社会偏好方面的"专家"，所以这样更公平。"只有通才和专家之间不断地交锋，"Brooks 认为，"才能将社会的价值观和客观事实综合到政策决策中，以使其既有政治上的合法性又与当下的技术知识水平相一致。"（p.40）Philip J. Frankenfeld（1992）补充道，当代社会中有很多危险物——危险的化学品和废弃物、核能、基因修饰生物，这需要公众更积极地参与政策制定。Frankenfeld 建议创造一种政体，其中的技术公民被赋予四项权利：获得知识和信息的权利、参与权、知情同意权、生命权或避免危险的权利。或者就像国会议员 Mark Udall 所称，"包含不同人群的参与"。

　　要调查能源技术的某些方面，大部分只需要到外面走走或查看一下自家四周。公众必须成为更积极的参与者，这样被优先选择与社会整合的技术才更能符合他们的利益。应当鼓励人们参与有关能源政策的公开讨论、研讨会和辩论，以使他们的观点被考虑进能源政策的发展中。同时，政府应通过学校和一些自由选

择的学习机会为当地居民推动有关能源的教育和信息项目。

我们的第二个假设是对称性的一种：就是说能源技术的政策分析者应该同时关注社会性和技术性的问题，而非只是其中之一。关注技术发展的对称维度对于理解能源技术的演进至少有两个含义。第一，它提醒我们当前的能源系统——包括加油站、煤矿和各种类型的生产和消费技术——从来都不是绝对必然的。相反，每一项技术都是社会谈判和妥协的结果。由于当前的系统是由参与者选择和阐述的，所以它也可以被参与者改变。第二，使能源技术的偶然性有形化让我们可以研究和分析能使当前的技术被社会所接受的因素。换句话说，对称性分析有助于向我们展示对于一种特定技术（或一套技术）的成功，何种社会条件是必须的，与此同时，这种条件可能是其他技术不被接受。

传统上，技术专家和政策制定者常常试图通过明确地将"技术的"和"社会的"区分开以描述能源系统的技术发展。社会学家 John Law（In Schot，1992，p. 38）评论道，这种描述常常用一些影响技术发展的"社会性"因素来补充技术讨论，就像"其提供了社会（或经济，或科学，或政治）在一侧，而技术在另一侧的'资产负债表'。分析家开始研究这两栏之间的转换"。

相比之下，我们提倡着眼于能源技术的社会性和技术性方面的对称性方法。最终，当小说家 Upton Sinclair（1927，p.ix）看到他的同胞加利福尼亚人对 20 年代的石油繁荣的反应时，他决定写一本小说叫作《石油！》。"难道你没看到我们在这里得到了什么吗？" Upton Sinclair 对他妻子说："人类的本性赤裸裸地呈现出来了！" Eugene A. Rosa 等人（1988，p.149）称：

能源——尽管本质上是一个物理变量，但是它几乎深深地渗透到社会的所有方面。生活方式、沟通和互动的广泛模式、集体活动以及社会结构的主要特征和变化的条件都受到能源的可获得性，将能源转化成可用形式的计数方式，以及能源的最终使用方式的限制。

而 Lynton K. Caldwell（1976，p.32）指出了 BQion、能源生产过程、能源使用的内在的社会属性。他评论道："如果有一个综合性的能源问题，那么它就是一个能力有限的世界中的选择和价值观问题。同时由于这个理由无法带来纯粹的技术性解决方案，所以这也是一个道德和政治问题。"

因此，我们认为对政治、经济、社会学、心理学和历史的理解是确保政策制定者理解他们关于能源的措施的深度和广度的基本条件。在对美国能源部的历史的介绍中，Jack M. Holl（1982）称："成功的改变、创新或者改革需要了解导致现状的历史力量。就像一个记忆缺失的人，一个没有记忆的机构缺乏目的、方向和角色定位。"（pp.10-11）

以这种方式使用对称性分析有助于揭示技术发展的偶然性。就像 David Nye

（1999，p.3）所说，"大规模的系统，如电网，在它们最初阶段被设定的时候，确实具有一些灵活性。但是，随着所有权、控制权和技术规范的确立，它们开始变得更加僵化，更缺乏对社会压力的响应。"换句话说，Nye 认为，成功的能源技术似乎时常只有在它们得到广泛使用之后，才是可预测的。通过这种方式，对称性的概念强调，一项技术是否有用——或"被搁置"，或"被边缘化"——的问题，无法在其被采用之前得到确定的回答。这个问题必须保持开放。只有这些技术开始充分地融入社会中，这些问题才能得到解答，而即便那时，它未来的成功与否依然是个开放式问题。

我们的第三个假设是一种自反性：分析家和政策制定者必须对他们自己的潜在价值观更为自知。这个假设很大程度上源自于社会学家 David Bloor，他认为学术调查必须具有——至少部分具有——自反性。Bloor（1976，p.5）阐释道：

> 社会学应具有自反性。原则上它的解释方式必须适应社会学自身……这是理论的一个明显的需求，否则社会学会成为其自身理论的一个有力的反证。

Bloor 认为，科学社会学近来的趋势已经对知识的传播提出了有趣的见解，但是未能严格地检验它们自身的若干假设。

自反性不仅对相反观点进行批评，而且对其自身的知识保持怀疑。社会学家 Steve Woolgar（1988）将之称为"良性的内省"，或将自反性描述为自知。社会学家 Malcolm Ashmore（1989）简单地称之为"对我们所做的做更深的思考"。Michael Lynch（2000）补充到，自反性包括对自身进行方法论的训练，以使其自己认识到它们的观点的哲学根源和历史背景，从而对其个人偏见更为自觉，并学习批判性地反思其自身的个人价值观。

提高自反性还隐含着对所有知识都处在隐含的理论和观点之中或建立在其基础之上的认识。Mats Alvesson 和 Kai Sköldberg（2000，p.vii）指出，自反性"首要的问题是充分认识到研究文本和现实研究之间众所周知的矛盾关系。"久而久之，一个特定的人、机构或者文化的价值观和利益就可以将其实践引到它们开始被认为是理所当然的时点上。社会学家 Daryl Chubin 和 Sal Restiva（1983，p.69）甚至宣称：

> 当他们对其进行研究时，传统的历史学家、哲学家、心理学家和社会科学家倾向于想要使科学保持静止，并处在良好的状态下。但是当他们研究科学时——通常在将其理想化之后，部分地通过简化其社会性表现——科学正在发生变化。在没有考虑使用准则、"瞎搅和"，以及对"纯粹的"科学的"成功"反复试错的作用的情况下，他们惊讶于其成功。最后他们充当着科学辩护者和理论家的角色。

Chubin 和 Restiva 认为，这个难题是对他们自身的认知假设更苛刻、更自知，而非默默地或毫无感觉地接受它们。

目前，大多数消费者对于他们的能源决策依然是明显地不具自反性。例如，本书中的一些章节已经揭示了一些美国人认为接入他们家的电力是来自于"墙上的插座"，而非发电厂。那些认识到电能来自于发电站的美国人中的大部分坚信，这些电能大多数产自于水电站和核电站（而非实际上的煤电厂），而且对大部分人来说，如果他们确实是刚开始思考这些问题的话，人们倾向于高估他们关于能源和社会的知识。最近的一项研究甚至发现，70%的弹性燃料汽车的车主没有意识到他们所驾驶的汽车可以使用替代燃料（Hess，2006，p.54）。因此，对于能源分析者、政策制定者和更具自反性的公众的需要是至关重要的。能源传说的双重不可见性——许多能源技术已经内化到社会之中，并且那些关于他们的传说进一步增加了一个失真层——进一步凸显了自反性作为一个假设的重要性。

最后一个假设——也许是最重要的假设——是对待能源的谨慎性。Douglas Maclean（1980，p.3）下面的评述所概括的是一个真正谨慎的能源战略：

我们所面临的问题中没有一个在促成一项能源政策中比在确保满足我们自身当前需要的资源，储存和保护这些资源，以及将接我们的班的后代所利用的环境之间找到一个满意的平衡更重要或更根本。

这与世界环境与发展委员会的报告——也被称为布伦特兰报告——《我们共同的未来》对可持续发展的原始定义的描述是一致的。根据这个报告，可持续发展"既满足当代人的需要又不影响后代满足其需要的能力。"

我们的能源谨慎性概念很大程度上是从"适当技术"的概念和工业生态学、环境影响评估和政治地理学等领域中得出的。"适当技术"的定义与 Lewis Mumford 的民主技术的概念有很多共同点。Lewis Mumford 将其称为以个人为中心的、资源丰富的以及持久的技术。对 Mumford 来说，民主技术一般采用小规模生产的方式，利用与自然环境协调的要素（pursell，1993），由当地所有和控制。

在广受好评的《小即是美：以人为本的经济学》一书中，经济学家 E.F. Schumacher（1973）称，大型的、代价高昂的技术项目总是失败（或带来计划外的或不良的结果）的原因是它们实施的范围错了。Schumacher 创造了"中间技术"一词——后来被称为"适当技术"——来概括他的信条，即技术必须：①在一个特定社区中，必须支持当地经济的增长；②独立于知识和资本的外部资源；③采用最简单的生产方式；④使用对社会和自然环境危害最小的本地资源（pp. 162–168）。

相似地，环境影响评估领域的践行者已经抛弃了他们仅仅分析技术的环境影响的传统方法，以便于用一种更全面的方法评估技术影响社会、经济、文化和生态的力量的表现形式（Shopley and Fuggle，1985；Erickson，1994；Gilin，1995）。例如，一个地区曾经仅仅检验大坝对鲑鱼种群的影响，现在会调查大坝对财产权、当地农业的发展、社区就业、税收结构、对景观的干扰、教育潜力和大量"可持续发展问题"的影响（Pope et al., 1994; Gismondi, 1997; Payraudeau and Ven der Werf, 2005）。

实践对待能源的谨慎性需要一种考虑可持续发展的全面方法。政治地理学家 Martin Mowforth 和 Ian Munt（2003）认为，大多数关于"可持续能源"或"可持续发展"的言辞只是狭隘地着眼于"能源"、"环境"或"经济"。相反，Mowforth 和 Munt 坚称，技术决策必须基于它们的环境、社会、文化、经济和教育的综合后果。

未来必须对小型的、本地化的能源系统，还有集中式的、大型的系统开放。就像技术的选择是多样的，选择的标准亦是这样。特别是，分析家应该考虑以下类型的问题：

（1）它危害环境吗？

（2）它会使当地社区的社会结构退化吗？

（3）它会破坏传统文化吗？

（4）它会使当地经济受益并利用当地资源吗？

（5）它提供教育或本地参与吗？

（6）它会促进旨在节能和提高能效的工作吗？

（7）它能使后代获得幸福吗？

尽管这些质问也许看起来非常明确，但是大部分技术评估总是忽视一个特定能源系统能对社会造成的全部可能影响。此外，一些技术决策促进了可持续发展的一些方式，却直接损害了其他方式。

例如，在一个小乡村社会建立一座大型的核电厂对当地经济十分有利，但却会通过抬高当地物价和提高当地资产的外部所有权来扭曲其社会结构。类似地，建设一座大型水坝也许有助于取代有污染的煤电厂（因而改善环境），但是在这个过程中，会破坏水生生物的栖息地，并使大量的家庭和企业迁址。

关键是，谨慎的能源决策必须充分考虑社会—技术后果的所有组合。最后，实现谨慎性将指向来自于自然的能源选择（通过利用可再生能源或提高能源效率的措施），而非透支未来（通过耗尽自然资源或局限于有污染的选择）。我们必须永远记住，对一个特定文化的评价并不一定是它所能开发的工具，而是工具的使用。

15.5 最后的反思

总的来说，本书努力通过揭露根植美国文化之中并支撑美国人日常能源决策的主要传说，对读者进行能源政策教育，并让其了解美国的能源政策。另外，通过探索传说，可以将文化中隐藏的方面推向前台，并提醒我们能源技术既有社会性的方面又有技术性的方面。在这个非常特别的意义上，传说没有涉及特定事实百分之百的真实性，而是呈现了人们所感知到的真实。这些关于能源和社会的认知和信念显示了其在推动和制约改变。

来自不同背景（大学、智库、实业和政府）的作者参与到对能源技术和政策的讨论中，注定会产生观点的差异。从检验这些传说的过程中得到的第一个教训是，受过良好教育的人会持有相反的和相互矛盾的观点。就像乌龟和鱼的故事，不同的经验、利益和价值观会产生关于能源政策和技术固有的冲突态度。

第二个教训是，美国社会可利用的技术选择确实是各种各样的和多方面的。电力公司可以依赖粉煤电厂、分散的太阳能板、联合循环天然气发电厂、集中式风电场、大型水电厂和能源效率提高措施。相应地，通过依赖于当前的基础加油设施或寻求一个转换系统，人们可以购买若干燃料——汽油、柴油、生物柴油、电能、纤维素乙醇或氢能——中的任何一种驱动的汽车。

第三个教训是，不同的技术产生了将能源概念化的截然不同的方式。核能、矿物燃料和可再生资源之间；供需措施之间；氢动力车和插电式混合动力车之间；政府干预和市场之间的冲突比技术之间的冲突更严重。这凸显了新技术和既得利益者之间的交锋；呈现了一场关于如何最好地管理电力系统、工业化电厂和企业对能源的使用的争辩；并且呈现了关于现代生活和身份认同的相互抵触的概念之间的冲突。此外，还有分散式和集中式的认知概念之间，对于自然和人类资源的统一地和分散地管制之间，如常管理企业与更完整地考虑环境、安全、可靠性和公众健康的外部性的集合的比较产生的冲突。能源政策的冲突在于其既是物质的又是非物质的，既是制度性的又是技术性的，既是社会性的又是科学性的。

第四个教训是，我们的能源命数天然是不确定的和开放的：有许多技术和政策选择可供利用，并不存在银子弹。大量的能源挑战需要寻求多样化的能源方案；但是与此同时，有限的政策手段和投资资金妨碍了对所有可能性的寻求。不管我们努力开创一个基于扭曲的、传说式的观念的能源未来，还是基于批判性的、自反性的和谨慎性的战略的能源未来，都取决于我们自己。

参考文献

Alvesson, Mats and Sköldberg, Kaj: 2000, Reflexive Methodology: New Vistas for Qualitative Research, Sage, London, UK.

Ashmore, Malcolm: 1989, The Reflexive Thesis: Wrighting Sociology of Scientific Knowledge, University of Chicago Press, Chicago, IL, USA.

Bloor, David: 1976, Knowledge and Social Imagery, University of Chicago Press, Chicago, USA.

Brooks, Harvey: 1984, "The Resolution of Technically Intensive Public Policy Disputes." Science, Technology, & Human Values 9 (1), Winter, pp. 39–50.

Brown, Philip J.: 1984, "Forecasts and Public Policy," The Statistician 33 (1), pp.51–63.

Brundtland, Gro Harlem: 1987, Our Common Future, World Commission on Environment and Development, Oxford University Press, Oxford.

Buttel, Frederick H. and Taylor, Peter J.: 1992, "Environmental Sociology and Global Environmental Change: A Critical Assessment," Society and Natural Resources 5, pp. 211–230.

Caldwell, Lynton K.: 1976, "Energy and the Structure of Social Institutions." Human Ecology 4 (1), pp.31–45.

Chubin, Daryl E. and Sal, Restivo: 1983, The 'Mooting' of Science Studies: Research Programmes and Science Policy, in Karin D. Knorr-Cetina and Michael Mulkay (eds), Science Observed: Perspectives on the Social Study of Science, Sage, London, UK, pp.53–84.

Cox, Robert W.: 1992, "Towards a Post-Hegemonic Conceptualization of World Order: Reflections on the Relevancy of Ibn Khaldun," in James N. Rosenau and Ernst-Otto Czempiel (eds), Governance Without Government: Order and Change in World Politics, Cambridge University Press, New York, USA, pp. 133–152.

Durkheim, Emile and Mauss, Marcel: 1963, One Some Primitive Forms of Classification: Contribution to the Study of Collective Representations, University of Chicago, Chicago, USA.

Erickson, Paul A.: 1994. A Practical Guide tn Environmental Impact Assessment, University of California Press, San Diego, USA.

Fleck, Ludwig: 1979, Genesis and Development of a Scientific Fact, University of Chicago, Chicago, USA.

Ford, Daniel: 1986, Meltdown: The Secret Papers of the Atomic Energy Commission, Simon & Shuster, New York, USA.

Frankenfeld, Phillip J.: 1992, "Technological Citizenship: A Normative Framework for Risk Studies," Science, Technology, and Human Values 17 (4), pp. 459–484.

Galbraith, John Kenneth: 2006, "Obituary: John Kenneth Galbraith," The Economist, 379 (8476), p. 86

Giplin, A.: 1995. Environmental Impact Assessment: Cutting Edge for the Twenty-First Century, Cambridge University Press, Cambridge.

Gismondi, Michael: 1997, "Sociology and Environmental Impact Assessment," Canadian Journal of Sociology 22 (4), pp. 457–449.

Hess, Glenn: 2006, "Bush Promotes Alternative Fuel," Chemical and Engineering News, pp. 50–54.

Holl, Jack M.: 1982, The United States Department of Energy: A History, DOE, Washington, DC, USA.

International Centre for Integrative Studies: 2000, Cloudy Crystal Balls: An Assessment of Recent European and Global Scenario Studies and Models, European Environmental Agency, Paris, France.

Kuhn, Thomas S.: 1962, The Structure of Scientific Revolutions, University of Chicago, IL, USA.

Kuhn, Thomas S.: 1977, The Essential Tension: Selected Studies in Scientific Tradition and Change, University of Chicago, IL, USA.

Ling, L.H.M.: 2002, "The Fish and the Turtle: Multiple Worlds as Method," in Michael Brecher and Frank P. Harvey (eds), Millennial Reflections on International Studies, University of Michigan Press, Ann Arbor. MI, USA, pp. 283–313.

Lutzenhiser, Loren and Hackett, Bruce: 1993, "Social Stratification and Environmental Degradation: Understanding Household Carbon Dioxide Production," Social Problems 40 (1), pp. 50–73.

Lynch, Michael: 2000, "Against Reflexivity as an Academic Virtue and Source of Privileged Knowledge," Theory, Culture & Society 17 (3), pp. 363–375.

Maclean, Douglas: 1980, "Benefit-Cost Analysis, Future Generations and Energy Policy: A Survey of the Moral Issues," Science, Technology, & Human

Values 5 (31), pp. 3-10.

McDowall, William and Eames, Malcolm: 2006, "Forecasts, Scenarios, Visions, Backcasts and Roadmaps to the Hydrogen Economy: A Review of the Hydrogen Futures Literature," Energy Policy 34, pp. 1236-1250.

Mowforth, Martin and Munt, Ian: 2003, Tourism & Sustainability: Development and New Tourism in the Third World, Routledge, London, UK.

Mumford, Lewis: 1964, "Authoritarian and Democratic Technics," Technology and Culture 5, pp. 2-12.

Nye, David: 1999, Consuming Power: A Social History of American Energies, MIT Press, New York, NY, USA.

Payraudeau, Sylvain and ven der Werf, Hay: 2005, "Environmental Impact Assessment for a Farming Region: A Review of Methods," Agriculture, Ecosystems and Environment 107, pp. 1-19.

Pickering, Andrew: 1993, "The Mangle of Practice: Agency and Emergence in the Sociology of Science," American Journal of Sociology 99 (3), pp. 540-598.

Pope, Jenny, Annandale, David, and Morrison –Saunders, Angus: 2004, "Conceptualizing Sustainability Assessment," Environmental Impact Assessment Review 24, pp. 595-616.

Price, Derek de Sola: 1966, "Collaboration in an Invisible College," American Psychologist 21, pp. 1011-1018.

Pursell, Carroll: 1993, "The Rise and Fall of the Appropriate Technology Movement in the United States, 1965-1985," Technology & Cuture 34 (3), pp. 629-637.

Rosa, Eugene A., Machlis, Gary E., and Keating, Kenneth M.: 1988, "Energy and Society." Annual Review of Sociology 14, pp. 149-172.

Rose, David J.: 1981, "Energy and History," American Heritage 32 (June/July), pp. 79-80.

Schot, Johan W.: 1992, "Constructive Technology Assessment and Technology Dynamics: The Case of Clean Technologies," Science, Technology, and Human Values 17 (1), pp. 35-36.

Schumacher, E.F.: 1973, Small is Beautiful: Economics as if People Mattered, Harper & Row, New York, NY, USA.

Shopley, J.B. and Fuggle, R.F.B.: 1985, "A Comprehensive Review of Current Environmental Impact Assessment Methods and Techniques," Journal of Envi –

ronmental Management 18, pp. 25–47.

Sinclair, Upton: 1927, Oil! (California Fiction), University of California Press, Los Angeles, CA, USA.

Sovacool, Benjamin K.: 2005, "Think Again: Nuclear Power," Foreign Policy 150 (September/October), [online] www.foreignpolicy.com/story/cms.php? story_id= 3250, accessed July 2006.

Strauss, Lewis: 1954, "Speech to the National Association of Science Writers, September 16th1954," New York Times (September 17), p. IA.

Udall, Mark: 2005, Presentation at the Alliance to Save Energy, Washington, DC, July 15, p. 1.

Weber, K. Mattias: 2004, "Expectations, Foresight and Policy Portfolios: Shaping of or Adapting to the Future?" Presentation at the Expectations in Science and Technology Research Workshop, Risoe National Laboratory, Denmark, April 29 –30, 2004, [online] http://www.york.ac.uk/org/satsu/expectations/Roskilde% 202004/Weber% 20Foresight, % 20portfolios% 20and% 20expectations.ppt, accessed July 2006.

Woolgar, Steve: 1988, "Reflexivity is the Ethnographer of the Text," in S. Woolgar (ed.) Knowledge and Reflexivity: New Frontiers in the Sociology of Scientific Knowledge, Sage, London, UK, pp. 1–13.

北京市版权局著作权合同登记：图字：01-2013-4773

Energy and American Society：Thirteen Myths By Benjamin K. Sovacool and Marilyn A. Brown
© Benjamin K. Sovacool and Marilyn A. Brown 2007
First Published 2007 by Springer Science & Business Media BV
Chinese Translation Copyright © 2014 by Economy & Management Publishing House
This Translation of Energy and American Society：Thirteen Myths，The Edition is Published by
Arrangement with Springer Science & Business Media BV

图书在版编目（CIP）数据

能源和美国社会：谬误背后的真相/（美）索尔库（Sovacool，B. K.）等主编；锁箭等译. —北
京：经济管理出版社，2013.9
ISBN 978-7-5096-2671-9

Ⅰ.①能…　Ⅱ.①索…　②锁…　Ⅲ.①能源经济—研究—美国　Ⅳ.①F471.262

中国版本图书馆 CIP 数据核字（2013）第 235388 号

组稿编辑：璐　栖
责任编辑：勇　生　王格格
责任印制：黄章平
责任校对：李玉敏

出版发行：经济管理出版社
　　　　　（北京市海淀区北蜂窝 8 号中雅大厦 A 座 11 层　100038）
网　　址：www. E-mp. com. cn
电　　话：（010）51915602
印　　刷：北京银祥印刷厂
经　　销：新华书店
开　　本：720mm×1000mm/16
印　　张：25.75
字　　数：490 千字
版　　次：2014 年 6 月第 1 版　2014 年 6 月第 1 次印刷
书　　号：ISBN 978-7-5096-2671-9
定　　价：90.00 元

·版权所有　翻印必究·
凡购本社图书，如有印装错误，由本社读者服务部负责调换。
联系地址：北京阜外月坛北小街 2 号
电话：（010）68022974　　邮编：100836